Verantwortung –
Anteilnahme –
Dissidenz

Verantwortung – Anteilnahme – Dissidenz

Patriarchatskritik als Verteidigung des Lebendigen

Festschrift zum 70. Geburtstag von Claudia von Werlhof

Herausgegeben von Mathias Behmann,
Theresa Frick, Ursula Scheiber
und Simone Wörer

PETER LANG
EDITION

Bibliografische Information der Deutschen Nationalbibliothek
Die Deutsche Nationalbibliothek verzeichnet diese Publikation
in der Deutschen Nationalbibliografie; detaillierte bibliografische
Daten sind im Internet über http://dnb.d-nb.de abrufbar.

Gefördert von

Umschlagabbildung:
Amazone, Siebdruck 2011 von Ursula Beiler.
Abdruck mit freundlicher Genehmigung
von Ursula Beiler, www.urbeil.eu.

Gedruckt auf alterungsbeständigem,
säurefreiem Papier.

ISBN 978-3-631-63979-5

© Peter Lang GmbH
Internationaler Verlag der Wissenschaften
Frankfurt am Main 2013
Alle Rechte vorbehalten.
Peter Lang Edition ist ein Imprint der Peter Lang GmbH

www.peterlang.de

Claudia von Werlhof

„Indem die mit der laufenden Weltzerstörung zusammenhängende Krise der Moderne schrillere und gefährlichere Züge angenommen hat, bin ich nun (…) zu einer Art *Kassandra* geworden, einer irgendwie matriarchalen Wächterin in einem das Leben mit Krieg bedrohenden Patriarchat – und ich sage dazu nur: *Ich hätte mich viel lieber geirrt* und würde mich viel lieber irren."

Claudia von Werlhof, Der unerkannte Kern der Krise. Die Moderne als Er-Schöpfung der Welt, S. 14

Zur Jubilarin:

em. Prof. Dr. Claudia von Werlhof, geboren 1943 bei Berlin, Dipl.-Volksw. 1968, Dr. rer. pol. Soziologie 1974, Habilitation Politikwissenschaft 1984. Jahrelange Forschungsaufenthalte in Lateinamerika. 1988 bis 2011 (Emeritierung) Professorin für Frauenforschung am Institut für Politikwissenschaft an der Universität Innsbruck. Arbeitsgebiete: Frauenarbeit, Agrarsektor, Globalisierung, Ökofeminismus, Technikkritik; „Bielefelder Ansatz" und Entwicklung der „Kritischen Patriarchatstheorie". Zahlreiche Publikationen, u. a. Herausgabe der Reihe „Beiträge zur Dissidenz" im Peter Lang Verlag (derzeit 28 Bände). 2007 Gründung des „Forschungsinstituts für Patriarchatskritik und alternative Zivilisationen – FIPAZ" (www.fipaz.at); 2010 Gründung der „Planetaren Bewegung für Mutter Erde – PBME" (www.pbme-online.org).

Inhaltsverzeichnis

V. Jenseits des patriarchalen Paradigmas: Moderne Matriarchatsforschung, Matriarchatspolitik und die Ökonomie des Schenkens

Vorwort

HerausgeberInnen

Wenn es nach *Claudia von Werlhof* ginge, ja hätte sie jemals die Gelegenheit dazu gehabt, in dieser Sache Einfluss zu nehmen, so würde es diese Festschrift wahrscheinlich gar nicht geben. Claudia von Werlhof mag zwar in ihrer Erscheinung unübersehbar und in ihren messerscharfen Analysen unüberhörbar sein, doch ist sie zuletzt eine bescheidene Frau, der es immer nur um die Sache geht, niemals um ihre Person. Als wir im Sommer 2012 die Idee dazu hatten, eine Festschrift anlässlich des 70. Geburtstags unserer gemeinsamen Doktormutter herauszugeben, wussten wir also, dass wir dies nur auf *eine* Art machen konnten: auf geheimem Wege. Denn wir, eine Gruppe von DoktorandInnen von Claudia von Werlhof, wollen es uns nicht nehmen lassen, „unsere" Claudia zu ehren und ihr auf diesem Wege zu danken. Von Beginn unseres Studiums an hat sie uns mit ihrem Denken berührt, geprägt und v. a. stets herausgefordert, und sie hat in unseren Lebenswegen – so verschieden sie auch sein mögen – tiefe Spuren hinterlassen.

Zunächst haben wir gar nicht erwartet, dass dieses Festschrift-Projekt auf so breite Zustimmung stoßen würde. Doch es zeigte sich schnell, dass fast alle AutorInnen, die wir angefragt hatten, umgehend ihre Bereitschaft bekundeten, sich mit einem Beitrag daran zu beteiligen. Auch die Suche nach einem Verlag, der die Herausgabe zu möglichst günstigen Konditionen übernehmen sollte, war rasch erfolgreich. *Norbert Willenpart*, Leiter des Peter Lang-Büros in Wien und mittlerweile langjähriger Bekannter von Claudia von Werlhof, zeigte sich sofort von diesem Projekt begeistert. Darüber hinaus bot uns der Verlag an, das Buch ohne hohe Druckkosten zu produzieren – ein Angebot, das wohl auf anerkennender Wertschätzung für Claudias Arbeit und auf Basis jahrzehntelanger erfolgreicher Zusammenarbeit[1] beruht. Angesichts der Schwierigkeit, Mittel für Publikationsprojekte aufzutreiben, haben wir dieses Angebot gerne und dankbar angenommen. Und alle haben „dichtgehalten"!

Claudia von Werlhof als Vor-Denkerin

Es ist gar nicht so einfach für uns, das bewegte Leben von Claudia von Werlhof in gegebener Kürze zu schildern, wie es für Festschriften dieser Art üblich ist.

---

1   Seit 1996 erscheint im Peter Lang Verlag die von Claudia von Werlhof herausgegebene Reihe „Beiträge zur Dissidenz", die mittlerweile bereits 28 Bände zählt.

Wie der Titel des Buches zum Ausdruck bringen soll, handelt es sich bei Claudia von Werlhofs Leben um eines, das vor allem durch die bedingungslose Übernahme von Verantwortung im Sinne der Aufklärung erkannter Missstände sowie durch das Mitgefühl und die Anteilnahme an der Situation derjenigen, die durch diese zu Schaden kommen, geprägt ist. Weder hat Claudia von Werlhof jemals die Konfrontation gescheut, wenn es darum ging, Dinge anzusprechen, die nicht in den „Mainstream" passen, noch hat sie je gezögert, auf kompromisslose Art Parteilichkeit zu demonstrieren – ob mit den Frauen, der Natur oder den Indigenen. In einer Welt aber, in der diese von ihr so empfundene „Selbstverständlichkeit", sich mit der Natur und den Unterdrückten zu solidarisieren, keinesfalls zur Norm gehört – gerade und v. a. nicht in den Wissenschaften –, ist diese für sie so charakteristische Grundhaltung gleichbedeutend mit *Dissidenz*. Einen spannenden Beleg dafür, wie ein von solcher Dissidenz geprägter Lebensweg aussehen kann, liefert uns *Renate Genth* in ihrer „Laudatio für Claudia", in der sie nicht nur über ihr erstes Zusammentreffen mit Claudia (damals noch in Bielefeld) und die jahrzehntelange Zusammenarbeit berichtet, sondern bspw. auch die Bedeutung betont, die die einschneidende Erfahrung der Reaktorkatastrophe von Tschernobyl im Jahr 1986 für das weitere Leben und Denken von Claudia von Werlhof hatte. Zugleich dient die Laudatio unserem Buch als Einleitung, weshalb wir uns auf diesem Wege noch einmal ganz herzlich bei Renate Genth für die Erlaubnis bedanken möchten, ihre anlässlich der Emeritierungsfeierlichkeiten für Claudia von Werlhof im Juni 2011 an der Universität Innsbruck gehaltene Festrede in der vorliegenden Festschrift abdrucken zu dürfen.

Vielleicht vermag das Bild auf dem Buchumschlag ganz gut die angesprochene Grundhaltung auszudrücken, mit der unsere Jubilarin ihr Leben bisher gelebt hat. Es stammt von *Uschi Beiler*, einer Tiroler Künstlerin und langjährigen Freundin von Claudia von Werlhof. Es zeigt eine amazonenhafte Gestalt[2] in widerständiger Haltung, vor Kraft strotzend und mütterlich zugleich, mutig hinblickend, neue Wege beschreitend, ohne die Verbindung zum Boden unter ihren Füßen zu verlieren. Es scheint uns ein treffendes Bild dafür zu sein, wie wir Claudia von Werlhof kennen und schätzen gelernt haben – als Frau, die sich, wie sie selbst immer sagt, Zeit ihres Lebens der Frage danach verschrieben hat, was die Welt im Innersten „auseinanderreißt". Und das beinhaltet die Frage, wie wir angesichts der existenziellen Bedrohung durch die gegenwärtige Krise, die als Krise des Kapitalismus und der Moderne schlechthin immer unvorstellbarere

---

2 Uschi Beiler übermittelte uns ihr Bild mit den Worten: „Claudia ist eine echte Amazone! Sie geht unbeirrbar ihren Weg, nichts kann sie aufhalten, für Mutter Erde zu kämpfen! Vergelt's Göttin!"

Ausmaße annimmt, das „gute Leben" und damit einen Weg in eine lebens-freundliche Zukunft (wieder-)finden können. Das Wirken von Claudia von Werlhof lässt sich aber kaum auf einen bestimmten Bereich einschränken. So ist sie nicht nur eine leidenschaftliche Denkerin und außergewöhnliche Wissen-schaftlerin, sondern vor allem auch alleinerziehende Mutter, Aktivistin und seit kurzem auch ausgebildete Dorntherapeutin. Eine Trennung von Theorie und Praxis scheint es in ihrem Leben nicht zu geben – Denken, Handeln und Fühlen sind immer miteinander verbunden, genauso wie sie sich gleichermaßen Geist, Seele und Leib zuwendet.

„Ihr habt den Kopf nicht nur zum Haareschneiden!" Diesen Satz haben wir seit unserer ersten Begegnung mit Claudia unzählige Male gehört. Als wir sie kennengelernt haben – die einen von uns früher, die anderen später –, wurde uns klar, dass sich unser Denken auf radikale Weise ändern würde, ja müsste. Als StudentInnen am Institut für Politikwissenschaft an der Universität Innsbruck sahen wir uns bis zu diesem Zeitpunkt (und mit wenigen Ausnahmen) vor allem mit Lehrenden und Inhalten konfrontiert, die man als „systemaffirmativ" be-zeichnen könnte – positivistische, disziplinäre Wissenschaft par excellence. Dank Claudia von Werlhof bestand Grund zur Hoffnung: *Ein anderes Denken, ja eine andere Wissenschaft ist (auch an der Universität) möglich!*

Zur Kritischen Patriarchatstheorie

Im Geiste dieser Dissidenz sind über die Jahrzehnte hinweg, in denen Claudia von Werlhof als Universitätslehrerin tätig war (23 Jahre davon als Ordinaria am Institut für Politikwissenschaft der Universität Innsbruck), unzählige Bücher, Artikel und Manuskripte entstanden, deren Erkenntnisse wir seit geraumer Zeit unter dem Titel „Kritische Patriarchatstheorie" zusammenfassen. Was aber ihre Entstehung betrifft, so reicht die Kritische Patriarchatstheorie bis in die 70er Jahre des vorigen Jahrhunderts zurück, als die Frauenforschung als neue Sicht-weise in den Wissenschaften eingeführt wurde. Im Rahmen des „Bielefelder Ansatzes" (den Claudia von Werlhof gemeinsam mit *Veronika Bennholdt-Thomsen* und *Maria Mies* entwickelte) gelang unter Anknüpfung an die maß-geblich von *Immanuel Wallerstein* geprägte „Weltsystemanalyse" sowie unter großem theoretischen und praktischen Aufwand eine kapitalismuskritische Re-vision der „Drei-Welten-Theorie" aus der Perspektive der sog. „Entwicklungs-länder". Claudia von Werlhof hat diesbezüglich jahrelang empirisch-sozio-logische Studien in verschiedenen Ländern Lateinamerikas betrieben. Während die Ergebnisse dieser neuen Frauenforschung aber zunächst v. a. sozial-, kultur- und ökonomiekritisch angelegt waren, wurden sie in den 80er und 90er Jahren zunehmend durch naturwissenschafts-, ökologie- und technologiekritische For-

13

schungen ergänzt, die insbesondere in einer sozialwissenschaftlichen Kritik der „Maschine" sowie einer Kritik des modernen Naturverhältnisses kulminierten. Hier waren nicht zuletzt die Forschungen von *Renate Genth* von entscheidender Bedeutung. Auf Basis der feministischen Technikkritik der 90er Jahre, die an die Technikkritik der vorangegangenen Jahrzehnte anknüpfte, kam es dann auch zur Ausprägung eines neuen und umfassenderen Patriarchatsbegriffs, der neben dem Herrschaftsaspekt zunehmend dessen wahnhaften „Schöpfungs"-Charakter in den Vordergrund rückte. Über den Umweg zahlreicher Alchemie-kritischer Überlegungen ging daraus schließlich die Theorie des „kapitalistischen Patriarchats" als Projekt einer „Schöpfung aus Zerstörung" hervor. Das Patriarchat wurde fortan nicht länger lediglich als von Herrschaft geprägte Familien- und Staatsordnung analysiert, sondern als umfassender Versuch der Herstellung einer „technologischen Formation", die insbesondere seit Beginn der Neuzeit gesellschaftsumbildend wirkte. Gleichzeitig entwickelte sich die Moderne Matriarchatsforschung, die noch lebende Matriarchate in die Analyse mit einbezog und von der zahlreiche Impulse für die Patriarchatskritik ausgingen. Während die gegen Ende der 90er Jahre entstandene, weitgehend patriarchats-, ökologie- und kapitalismusunkritische sog. „Gender-Forschung" nämlich bewusst den Anschluss an die bestehende Wissenschaft und Politik suchte, waren sich moderne Matriarchats- und kritische Patriarchatsforschung einig im Widerstand gegen die Globalisierung eines konzernorientierten und kriegerischen Neoliberalismus.

Es mag an dieser Stelle sinnvoll erscheinen, in gebotener Kürze auf die zwei zentralen Begriffe einzugehen, die für die Kritische Patriarchatstheorie als umfassender, *zivilisationspolitisch* ausgerichteter Gesellschaftstheorie entscheidend geworden sind: den neuen Begriff von „Zivilisation" sowie den bereits erwähnten, erweiterten „Patriarchats"-Begriff. „Zivilisation" nämlich intendiert im patriarchatskritischen Kontext nicht den üblicherweise gemeinten Unterschied zu „Barbarei"/„Wildheit", sondern es wird davon ausgegangen, dass alle historisch vorfindbaren gesellschaftlichen Großordnungen als „Zivilisationen" verstanden werden können, die sich anhand von fünf Grundverhältnissen umfassend beschreiben lassen. Zu diesen Grundverhältnissen zählen das *Naturverhältnis* (zu dem Ökonomie und Technik gehören), das *politische Verhältnis* (in dem die Regeln der gesellschaftlichen Verfasstheit formuliert sind), das *Geschlechterverhältnis* (das das Zusammenleben von Männern und Frauen sowie die Reproduktion der Gattung betrifft), das *Generationenverhältnis* (hier geht es um das Zusammenleben der Generationen und damit um das Verhältnis zu Vergangenheit und Zukunft) sowie das *Transzendenzverhältnis* (das die Fragen nach dem Woher und Wohin des menschlichen Lebens innerhalb der Natur behandelt). Erst mit diesem neutralen und somit objektiven Zivilisationsbegriff ist ein adäquates Analyseinstrumentarium geschaffen worden, das einen seriösen, unvoreingenommenen Vergleich insbesondere von „Matriarchat" und „Patriarchat" als den beiden „Grundmodellen" von Zivilisation, über die wir weltweit und historisch verfügen, ermöglicht. Und so wird vor dem Hintergrund dieses neuen Zivilisationsbegriffs unter „Patriarchat" auch keine bloße Hausväter- oder allgemeine Herrschaftsordnung verstanden, die durch Aufklärung, „Fortschritt" und Kapitalismus angeblich zunehmend verschwindet, sondern eine allgemeine Gesellschaftsordnung im Sinne von „Zivilisation", die historisch entstanden ist und heute in Gestalt des „kapitalistischen Patriarchats" ihren vorläufigen „Höhepunkt" erreicht hat. Der Unterschied zum Matriarchat, dessen Grundverhältnisse nach den Erkenntnissen der Modernen Matriarchatsforschung im Prinzip lebensfreundlich, egalitär und gewaltfrei gestaltet sind, besteht dabei darin, dass diese im Patriarchat prinzipiell gegenteilig, d. h. lebensfeindlich, autoritär, gewalttätig und ohne Bewusstsein von Verantwortung angelegt sind. Und so geht die Kritische Patriarchatstheorie letztlich von der These aus, dass es sich beim Patriarchat um ein Projekt handelt, das sich gegen die Zivilisation des Matriarchats als „mütterlicher Ordnung" richtet und die Absicht verfolgt, diese in eine „väterliche Ordnung" zu verkehren. Insbesondere durch den mit Beginn der Neuzeit möglich gewordenen „Fortschritt" in Naturwissenschaft, Technik und Ökonomie wird in diesem Sinne nichts Geringeres als die im Prinzip vollständige Unabhängigkeit von Mutter (und) Natur durch eine „Schöpfung aus Zerstörung" jenseits der Naturzyklen zu erreichen versucht, wobei dieses Vorhaben heute in der technologischen „Ersetzung" bzw. im Projekt der völlig andersartigen, „posthumanen" „Neu-Schöpfung" des Lebens, der Gesellschaft, *ja der Erde selbst* gipfelt.

Was diesen letzten Punkt anbelangt, so hat sich Claudia von Werlhof in den vergangenen Jahren intensiv mit der Entwicklung und Anwendung atomarer und postatomarer Militärtechnologien befasst, wodurch es ihr möglich wurde, ihre „Alchemie-These" und damit die Kritische Patriarchatstheorie um eine zusätzliche Ebene zu erweitern. So charakterisiert sie die modernste Form der Alchemie als „Militär-Alchemie" und zeigt auf, dass das utopische Projekt einer „Schöpfung aus Zerstörung" eine neue Makro-Dimension in Form des „ultimativen Muttermords" an der Erde selbst erreicht hat: der Planet als solcher, so Werlhof, soll in eine riesige (Kriegs-)Maschine verwandelt werden. Das Jahr 2010 könnte in dieser Hinsicht als entscheidender Wendepunkt in Claudia von Werlhofs Leben und Wirken betrachtet werden. Öffentlich wies sie auf eine Diskussion hin, die die Anwendung derartiger Technologien im Umwelt- und Katastrophenbereich thematisierte, insbesondere auf die Arbeiten von *Rosalie Bertell* (v. a. auf ihr Buch „Planet Earth. The Latest Weapon of War") sowie die Erkenntnisse anderer engagierter NaturwissenschaftlerInnen auf diesem Gebiet. Es folgte eine Reihe von Kontroversen und Konflikten, die nicht nur „altbekannte GegnerIn-

nen" auf den Plan rief, sondern auch den schmerzlichen Bruch mit Weggefährt
Innen zur Folge hatte. Werlhof sah sich regelrechten Diffamierungen ausgesetzt, die sie als Wissenschaftlerin wie als Person zu diskreditieren versuchten.
Dennoch setzte Claudia von Werlhof ihre Forschungen auf diesem Gebiet fort.
Und indem sie sich als Sozialwissenschaftlerin verstärkt mit (militärisch-)naturwissenschaftlichen Zusammenhängen vertraut machte sowie deren Alternativen studierte, ließ sie die Grenzen wissenschaftlicher Disziplinen weit hinter
sich. Noch im Jahr 2010 gründete sie die „Planetare Bewegung für Mutter Erde
– PBME", und 2011 war es ihr möglich, eine deutsche Fassung von Rosalie Bertells Buch unter dem Titel „Kriegswaffe Planet Erde" zu veröffentlichen. Claudia von Werlhof arbeitet derzeit an ihrem *opus magnum* zur Kritischen Patriarchatstheorie, in dem sie sich mit dem Patriarchat als „Zivilisation der Alchemisten" beschäftigt.

Zum Inhalt des Buches

So liegt sie nun vor, diese Festschrift stattlichen Umfangs, die Beiträge von
langjährigen WeggefährtInnen und FreundInnen, SchülerInnen und Geistesverwandten, aber auch KritikerInnen von Claudia von Werlhof vereint. Und wir
sehen: Es ist gut geworden! So bewegt und vielfältig sich Claudias Leben zeigte,
so begegnen uns auch die Beiträge in diesem Buch. Kaum übersehbar ist zunächst die Tatsache, dass darin deutsch- wie englischsprachige Artikel nebeneinander zu finden sind, und selbst ein spanischer Beitrag (mit englischer Übersetzung) hat den Weg ins Buch gefunden. Wir haben uns bewusst gegen eine einheitliche Übersetzung ins Deutsche entschieden, um die internationale Vernetzung von Claudia von Werlhof aufzuzeigen, deren Engagement und Arbeit weit
über die Grenzen Österreichs und Europas hinausreichen. So finden wir also
Beiträge, die sowohl sprachlich, im Ausdruck, in ihrer Form, in ihrem Inhalt und
von der Perspektive her vielfältiger nicht sein könnten. Und doch weisen sie alle
– auf die eine oder andere Weise – einen Zusammenhang mit Claudia von Werlhofs Werk und Wirken auf. Es ging uns nicht darum, einen Sammelband zur
Kritischen Patriarchatstheorie zu publizieren, sondern das Umfeld der Kritischen
Patriarchatstheorie zu erkunden, Kontinuitäten und Brüche festzustellen und
aufzuzeigen, aus welchem Kontext heraus die Kritische Patriarchatstheorie entstanden ist und sich weiter entwickelt hat.

Das Buch ist in fünf Abschnitte gegliedert. Im ersten Abschnitt (I.), der den
Titel trägt: *Claudia von Werlhof als Wegbegleiterin in die Dissidenz, oder: Über
die Praxis des „sentipensar"*, finden wir Artikel, die sich aus sehr persönlicher
Perspektive mit Claudia von Werlhof und ihrem Werk auseinandersetzen. Diese

Beiträge befassen sich unter anderem mit der eigenen Biographie und mit Claudia von Werlhofs Spuren, die darin zu finden sind.

Den Anfang macht *Gustavo Esteva*, dessen empathischer Essay Ausdruck seiner ganz eigenen Wahrnehmung von Claudia als einer radikalen und dissidenten Denkerin und Aktivistin ist, die in ihrer Kritik des herrschenden Systems keine Angst kennt. Er erinnert sich an den Beginn ihres wissenschaftlichen Werdegangs, an ihre Arbeit mit Indigenen und KleinbäuerInnen in Lateinamerika sowie an die wissenschaftlichen Texte, die daraus vor über 30 Jahren entstanden sind. Bis heute haben sie an Aktualität nichts eingebüßt. Der Begriff der „Hausfrauisierung" liegt Esteva dabei besonders am Herzen, trug dieser doch wesentlich zum Verständnis der Rolle der „Dritten Welt" für die industrialisierten Länder des Nordens bei. Claudia von Werlhof war zudem eine der ersten, die die Bedeutung der Antiglobalisierungsbewegung der Zapatisten in Mexiko erkannte. Die Freundschaft, die die beiden über die Jahre und über die geographische Distanz hinweg aufrecht erhalten konnten, führt Esteva abschließend vor allem auf *eine* Gemeinsamkeit zurück: das „sentipensar" – das denkende Fühlen oder fühlende Denken.

Als nächstes kommt *Mariam Irene Tazi-Preve* zu Wort. Sie liefert uns in ihrem Beitrag einen an ihrer persönlichen Erfahrung als Studentin und spätere Wissenschaftlerin angelehnten Überblick über Claudia von Werlhofs Schaffen als Professorin an der Universität Innsbruck. Als ehemalige Doktorandin beschreibt sie ihr Kennenlernen der Kritischen Patriarchatstheorie, ihre Begeisterung sowie das Interesse am Gehörten in Claudias Vorlesungen und Seminaren. Sie teilt mit uns die Widerstände und Konflikte, denen sie auf ihrer weiteren beruflichen Laufbahn begegnete, sowie die Probleme und Hindernisse, die sie am eigenen Leib in der Praxis der Arbeitswelt zu spüren bekam. Dabei verknüpft sie ihren Erfahrungsbericht mit der Darstellung ihrer aktuellen Forschungsschwerpunkte zu Mutterschaft im Patriarchat sowie der Struktur der bürgerlichen Kleinfamilie als zentraler Säule der patriarchalen Gesellschaft.

Und schließlich blickt *Ursula Scheiber* mit uns gemeinsam zurück an den Beginn ihres „Eintauchens" in die Kritische Patriarchatstheorie sowie ihrer Beschäftigung mit den Bergen als Doktorandin bei Claudia von Werlhof. Sie erkennt dabei die Begriffe „Berg" und „Leben" als zentral für ihre wissenschaftliche Forschung, die in ihrer Synthese als „Bergleben" die lebensbejahende Prämisse für eine mögliche Alternative zum gegenwärtigen, feindlichen Umgang mit der alpinen Bergnatur bilden. Diesen analysiert Scheiber als lokalen und vor Ort stattfindenden Versuch, die patriarchale Utopie einer „Neuschöpfung" des Berges aus seiner Zerstörung heraus umzusetzen. Die Lebendigkeit der Berge (wieder) wahrzunehmen und demnach ein naturfreundliches und lebensbejahendes Naturverhältnis einzunehmen, formuliert sie als möglichen Ausweg aus der zerstörerischen Krisensituation, die gegenwärtig das zukünftige Leben in den Bergen grundlegend bedroht.

Der zweite Abschnitt (II.) *Das „kapitalistische Patriarchat" als Weltsystem – Allgemeine Analyse und konkrete Beispiele des Umgangs mit Frauen und Natur* widmet sich, wie der Titel bereits andeutet, nicht nur der generellen Analyse des „kapitalistischen Patriarchats" als „allgemeinem Kriegssystem", sondern zeigt anhand konkreter Beispiele zudem auf, wie v. a. Natur und Frauen, die im Kapitalismus als auszubeutende „Ressourcen" gleichgesetzt werden, unter der patriarchalen Gesellschaftsordnung in ihrer modernen Ausprägung zu leiden haben.

Den Beginn macht hier *Immanuel Wallerstein*, dessen Weltsystemanalyse für Claudia von Werlhofs Schaffen und somit für die Entstehung der Kritischen Patriarchatstheorie von großer Bedeutung war. In seinem Artikel *World-System Analysis and Critical Theory of Patriarchy* eröffnet uns Wallerstein einen Einblick in die Verbindung zwischen beiden Theoriegebäuden – der Weltsystemanalyse und der Kritischen Patriarchatstheorie. Dabei zeigt er nicht nur Kontinuitäten in Thesen und Ausgangnahmen, sondern vor allem auch Brüche, Differenzen und Grenzen auf. Wallerstein geht davon aus, dass wir gegenwärtig zwei tiefgreifende, miteinander verwobene Strukturkrisen erleben: die Krise des kapitalistischen sowie die Krise des patriarchalen Systems. Er geht in seinen Ausführungen der Frage nach möglichen Alternativen nach und betont, dass eine demokratische und egalitäre Gesellschaft nicht ohne das Konzept des „buen vivir" entstehen kann. Gemeinsam mit Claudia von Werlhof gelte es, eine „bessere", nicht-patriarchale Welt zu suchen, die nicht unter dem Primat der Kapitalakkumulation steht. Zudem müsse man u. a. ökologische Fragen in den Blick nehmen, neue Konzepte für Energiegewinn und -verbrauch finden sowie bestehende Bedürfnisse hinterfragen. Wallerstein schließt mit dem Aufruf, Differenzen zu überwinden, um stattdessen mit gemeinsamen Kräften für eine mögliche „bessere" Welt zu kämpfen.

In ihrem Artikel *The Raid* wendet sich *Barbara Alice Mann* sodann einem der Kernelemente des Patriachats zu: der Angriffs- und Überfallkultur. Sie beschreibt aus indigener Sicht das Dilemma, in dem die Menschen, die in eine derartige Kultur hineingeboren werden, stecken sowie die falschen Hoffnungen und Illusionen, die eine solche mit sich bringt. Vom Feudalismus über den Kolonialismus bis hin zum „Turbokapitalismus" zeigt Mann historisch und aktuell auf, wie sich die Angriffskultur des Patriarchats zunehmend ausbreitet und immer mehr Opfer fordert – allem voran Frauen und indigene Völker auf der ganzen Welt sowie Mutter Erde. Wer aus einer von der Überfallkultur geprägten Zivilisation ausbrechen will, sieht sich mit dem Angriff auf das eigene Menschsein und der Bedrohung seines Lebens konfrontiert – eine Tatsache, die auch Claudia von Werlhof bereits im Zusammenhang mit ihren Forschungen zur „Militäralchemie" am eigenen Leib erfahren musste. Barbara Mann schließt ihren Beitrag mit der Frage nach einer Alternative zum Patriarchat im Allgemeinen sowie dem Kapitalismus im Besonderen und verweist auf das Matriarchat und die Schenkökonomie.

Der dritte Beitrag des zweiten Abschnitts stammt von *Veronika Bennholdt-Thomsen*. Sie beschäftigt sich in ihrem Aufsatz *Von Frauenforschung und Frauenstudien zu Gender Studies* mit der Relevanz der Geschlechterfrage und ihrer spezifischen Begrifflichkeit für den Entwicklungs- bzw. Globalisierungsdiskurs. Dabei zeigt sie auf, dass der sog. „gender"-Ansatz, wie er Ende der 1990er Jahre gegen jene Frauenforschung installiert wurde, die sie gemeinsam mit Claudia von Werlhof und anderen Mitstreiterinnen zwei Jahrzehnte zuvor erkämpft hatte, zur Zurückweisung der „biologistisch" legitimierten Geschlechterhierarchien gar nicht notwendig sei. Als Bestandteil der Entwicklungsideologie diene er, wie sie bspw. anhand der WTO-Politik aufzeigt, vielmehr der Rechtfertigung der neoliberalen Globalisierung, bei der es sich um einen spezifischen Enteignungsprozess handle, der die von örtlichen, genealogischen und leiblichen Zugehörigkeiten bestimmte natürliche Vielfalt negiere und durch eine am Weltmarktprofit orientierte, künstlich produzierte Monokultur internationaler Chemiemultis ersetzen wolle (hybrides und genmodifiziertes Saatgut statt regionale Versorgungs-Lebensmittel). Sie zeigt, wie verheerend der „gender"-Ansatz, den sie als „Biologismus pur" dechiffriert, insbesondere in der deutschsprachigen Rezeption gewirkt hat und plädiert als Alternative für die Subsistenzperspektive, die sich am „Mutterprinzip" orientiert.

Im Anschluss daran rückt *Jörg Becker* in seinem Beitrag *Der Missbrauch von Frauen in der Kriegsbildberichterstattung* wesentliche Zusammenhänge innerhalb des „militärisch-sexistisch-medialen Industriekomplexes" in den Mittelpunkt. Mit ausgewählten Beispielen aus Russland, Österreich, Israel, dem Iran und Libyen, dargestellt anhand von Bildern aus einer Privatsammlung von über 200 Pressefotos mit dem Motiv „Frauen im Krieg", führt er unterschiedliche Zeugnisse der strukturellen Vermengung von Herrschaft, Gewalt, Krieg, Sexualität und Geschlecht vor Augen. Dabei wird die Visualisierung patriarchaler Macht und Gewalt durch eine deskriptive Form des Kommentars ergänzt, die zugleich historische Kontinuitäten und Brüche innerhalb der modernen Kriegsberichterstattung deutlich werden lässt.

Und last but not least erzählt *Andreas Exenberger* in seinem Aufsatz über die Arroganz des Kapitalismus und die Beharrlichkeit der Natur die Geschichte eines Industrietycoons, der an dem Versuch gescheitert ist, den Dschungel zu besiegen. Es handelt sich dabei um Henry Ford, der in den 20er Jahren des 20. Jahrhunderts die erste Kautschukplantage in der westlichen Hemisphäre errichten wollte und dafür sein Konzept der effizienten Fabrikarbeit als Industriestadt „Fordlândia" in den brasilianischen Dschungel verpflanzte. Exenberger schildert, wie sich das Ökosystem, in das die eigens konstruierten Bäume zur Kautschukgewinnung eingebettet wurden, gegen seine Vernichtung zur Wehr setzte und wie die errichtete Monokultur schließlich an einer Blattkrankheit einging. Die Geschichte von „Fordlândia" könne, so Exenberger, als eine Art Miniatur der Kolonisierung gesehen werden und erinnere frappierend an viele spätere Entwicklungsprojekte, die vom technokratischen Geist des Kapitalismus getragen sind, der stets an der „alchemistischen" Neuschöpfung von Mensch und Natur, d. h. der Verwandlung des wahren Lebens in etwas Künstliches, scheitere.

Während sich Abschnitt II. vorwiegend der Analyse und beispielhaften Abschilderung der Auswüchse des kapitalistischen Systems gewidmet hat, geht es im dritten Abschnitt (III.), einen Schritt weiter, bereits um mögliche Alternativen dazu. Dementsprechend lautet der Titel: *Auswege aus dem „kapitalistischen Patriarchat"* – *Die Subsistenzperspektive als dissidente Praxis weltweit*. Hier finden sich konkrete Beispiele von Konzepten und Bewegungen wieder, die Ausdruck der Bemühungen sind, alternative Formen des Wirtschaftens und Zusammenlebens zu erarbeiten.

Den Beginn macht die Ökofeministin *Vandana Shiva*, die sich in ihrem Beitrag kritisch mit den Begriffen und Konzepten der „green economy" sowie des „nachhaltigen Wirtschaftens" auseinandersetzt. Dabei entlarvt sie „green economy" als den patriarchalen Versuch, unter einem „ökologischen Deckmantel" sämtliche natürliche Güter sowie die Erde selbst weiterhin zu technologisieren, zu monetarisieren und zu privatisieren. Die zunehmende Zerstörung der Natur, die Beschneidung demokratischer Prinzipien und die weltweite Zunahme von Gewalt und Armut analysiert sie als eine ausweglose Situation, in der die „green economy" keine Alternative darstellt, auch wenn sie sich als solche präsentieren möchte. Stattdessen plädiert sie für eine „Gaia-Ökonomie", die die Rechte von Mutter Erde achtet, sowie eine damit verbundene Erddemokratie als eine politische Bewegung, die von „unten" kommend entstehen muss.

Silvia Federici wendet sich danach aus feministischer Perspektive den „commons" als Grundlage einer alternativen, antikapitalistischen Wirtschaftsweise zu, die gegenwärtig durch verschiedene soziale Bewegungen eine Renaissance erleben. Dabei streicht sie besonders die traditionelle Verbindung von Frauen und „commons" hervor: Frauen sind als die primären Subsistenzproduzentinnen diejenigen, die sich als erste gegen die laufende fortgesetzte ursprüngliche Akkumulation von Boden und Naturgütern zur Wehr setzen (müssen). Federici weist allerdings auch darauf hin, dass aufgrund der Gefahr der Plünderung sowie der Usurpation durch das kapitalistische System bei der Suche nach Alternativen Vorsicht geboten sei. Trotzdem sieht sie in den „commons" die pri-

20

märe Alternative zum kapitalistischen Wirtschaftssystem, die lokal und von Frauen ausgehend (wieder)entdeckt werden müsse.

Auch *Maria Mies*, langjährige Weggefährtin und Mitstreiterin von Claudia von Werlhof, widmet sich in ihrem, der Internationalität des Themas entsprechend auf Englisch verfassten Text der „neuen Attraktivität" der „alten" Wirtschafts- und Gesellschaftsform der „commons". Sie betont, dass „commons" nur sinnvoll sein und als Alternative gelebt werden können, wenn sie in eine Gemeinschaft der Verbundenheit und eine Wirtschaft der Subsistenz eingebettet sind und damit das gemeinsame Sorge-Tragen sowie die generelle Pflege des Lebens ermöglichen. Mies schildert die ursprüngliche Charakteristik der „commons" sowie ihre Zerstörung durch Privatisierung der ehemaligen Gemeingüter. Dieser Prozess war und ist bis heute begleitet von Gewalt und Krieg und wurde im 20. Jahrhundert global institutionalisiert. In ihrem Text geht sie sowohl auf konkrete Widerstandsbewegungen gegen die Vereinnahmung und Privatisierung der „commons" als auch auf das Internet ein – jenes vielgepriesene „neue Gemeingut", dessen zerstörerische Wirkung und Charakter sie ebenfalls kritisch beleuchtet.

Resisting Capitalist Patriarchy: The Nayakrishi Way heißt der Artikel von *Farida Akhter*, der uns im Anschluss daran zunächst einen kurzen Einblick in ihre persönliche Beziehung sowie die bestehende inhaltliche Nähe zur Patriarchatskritik und Subsistenzperspektive von Claudia von Werlhof, Maria Mies und Veronika Bennholdt-Thomsen liefert. Die gemeinsame Betroffenheit sowie der Zusammenhang zwischen Frauen des Nordens und Südens innerhalb des kapitalistisch-patriarchalen Systems stehen für Akhter im Zentrum. Sie widmet sich speziell den destruktiven Auswirkungen des patriarchalen Natur- und Geschlechterverhältnisses in Bangladesh. Am Beispiel der „Nayakrishi"-Initiative beschreibt sie, inwieweit Landwirtschaft und Produktion jenseits der Trennung von Produzent und Produkt bzw. der systematischen Anwendung destruktiver Technologien im Rahmen industrieller Produktionsweise erfolgen können. Dem neoliberalen Diktat „TINA" (There is no alternative!) hält Akhter dabei das „TAMA" (There are many alternatives!) entgegen und zeigt damit die Bedeutung dissidenter Praxis gegenüber der neoliberalen Globalisierung auf.

Der letzte Aufsatz dieses Abschnitts mit dem Titel *Wenn die Bauern wiederkommen – revisited* stammt von *Christa Müller*, die auf aktuelle Phänomene unterschiedlicher Gegenbewegungen zur heutigen postfordistischen Industrie- und Konsumgesellschaft, wie z. B. das „guerilla gardening", eingeht. Sie interpretiert die erstarkenden Gegenbewegungen als Zeichen der sich „zuspitzenden Verwerfungen" der Gegenwart. Dabei beschreibt sie die zentralen Hintergründe und Motive einer subsistenzorientierten, heterogenen, jungen Ökobewegung, der es neben gelebter Partizipation und Wissensaustausch v. a. um eine Versorgungsökonomie jenseits von Verwertungslogik geht. Zugleich lenkt Müller ihre Aufmerksamkeit auf die unmittelbaren Auswirkungen der Einflussnahme neuer subsistenzorientierter Praxen und Kulturtechniken auf das Selbstverständnis moderner Städte.

Nach diesem eher praxisbezogenen Teil geht es in Abschnitt IV. vorwiegend um theoretische Fragen und Problemkonstellationen, die innerhalb des begrifflichen Bezugsrahmens *Natur – Leben – Leiblichkeit – Zusammenhang* angesiedelt werden können. So steht hier weniger eine spezifisch ökonomische Kapitalismuskritik im Vordergrund, sondern es geht, dem Untertitel des Abschnitts entsprechend, um *philosophische Überlegungen zu einem anderen Naturverhältnis*. Dies impliziert Technikkritik genauso wie die Kritik an herrschenden Denkformen und Ideologien v. a. in Bezug auf das Verhältnis von Mensch und Natur, sodass auch Fragen des Transzendenzverhältnisses nicht unberührt bleiben.

Der Abschnitt beginnt mit dem Beitrag von *Renate Genth* mit dem Titel *Vom alten Naturverhältnis zur modernen Naturwissenschaft – Mortifikation als systemische Methode*, in dem sie sich mit der gegenwärtigen Krise im Naturverhältnis sowie den Konsequenzen daraus beschäftigt. Unter Anwendung des Begriffs der „Mortifikation", den sie Claudia von Werlhofs Konzeption der patriarchalen Alchemie als „Schöpfung aus Zerstörung" entlehnt, veranschaulicht Genth die Praxis patriarchaler Alchemie („Mortifikation") als „Patriarchat in Aktion" in moderner Naturwissenschaft, kapitalistischer Wirtschaft und Maschinentechnik. Sie verweist auf die konkrete Ausgestaltung des für die Moderne charakteristischen lebensfeindlichen Naturverhältnisses in Form von Abstraktion und zugleich auf die immer bedrohlicher werdende „Mortifikation" des lebendigen Denkens. Angesichts der zunehmenden Aufkündigung des Wirklichkeitsverhältnisses, das sich nicht zuletzt in der grundlegenden Abnahme menschlicher Denk-, Unterscheidungs- und Handlungsfähigkeit äußert, zeigt sich Genths Analyse zufolge die Notwendigkeit einer bislang ungenügenden Wiederbelebung einer „Ethik der Lebensfreundlichkeit" und der Durchsetzung echter menschlicher Vernunft.

Danach versucht *Simone Wörer* in ihrem Artikel *Homo transformator und die Krise der Weiter-Gabe* die These zu belegen, wonach der Kern des Patriarchats von psychotischer und nekrophiler Qualität ist. Insbesondere seit der Neuzeit, v. a. mit der Etablierung der modernen (Natur-)Wissenschaft und der Entwicklung der Maschinentechnik, werde die konkrete Realisierung der Utopie (als kollektiv-psychotische Phantasie) einer patriarchalen Neuschöpfung von Welt als mutter- und naturunabhängiger radikalisiert. Im Zuge der Anwendung der Kritischen Patriarchatstheorie als Bildungstheorie führt Wörer ein neues Menschenbild ein, den „homo transformator". Er ist zentraler Akteur der „Megamaschine" und soll v. a. in den Institutionen, die die Bereiche Bildung und

Wissenschaft, d. h. Wissensgenerierung und Wissensvermittlung, okkupieren, (technologisch) hergestellt werden. Als Kontrast dazu und vor dem Hintergrund der Bestrebung, eine patriarchatskritische Theorie der Gabe zu formulieren, eröffnet uns Wörer in ihrem Beitrag den Blick auf ein mögliches alternatives Bildungs- und Wissenschaftsverständnis als „Weiter-Gabe", in dessen Zentrum Genevieve Vaughans „homo donans" steht.

Angesichts des allseits (wieder-)entdeckten „Körperdiskurses" setzt sich die Philosophin *Elisabeth List* im Anschluss daran in ihrem Artikel *Was heißt Leben? Biopolitik, Biotechnologie und die Frage nach dem Lebendigen* mit Formen der Verfügung und Instrumenten zur Herrschaft über das Leben auseinander. Leben, so List, erscheine im Kontext der Biotechnologien und der Biopolitik als wissenschaftlich, politisch und technisch zu kontrollierende Ressource. In ihrem Blick auf erkenntnistheoretische Prämissen und Entwicklungen zeigt sie auf, wie das Leben als „Erzeugnis des Labors" und mit dem Vorstoß in die molekulare Dimension zunehmend technisch manipulierbar und verfügbar gemacht wird („life sciences"). Sie weist darauf hin, dass Biopolitik seit der Antike darauf abzielt, den „Volkskörper" mittels Überwachung, Bestrafung bzw. mit verschiedenen Techniken der Medizin und schließlich der Biotechnologie zu modellieren, um bevölkerungspolitische Ziele zu realisieren. Insbesondere der Körper der Frau als „generatives Potential" sei vornehmliches Objekt biopolitischer Kontrolle und biotechnologischer Manipulation. List stellt in ihrem Artikel die Frage danach, was das „Leben" ist und betont die Notwendigkeit einer „Sicht von innen" auf die Situiertheit und Positionalität, die sie als Grundstrukturen des Lebendigen herausarbeitet. Daneben verweist sie v. a. auf die (ureigene) Spontaneität, Selbstbewegung, Umweltfähigkeit, Sensitivität und Leiblichkeit. List zeigt, dass erst die Erfahrung und Akzeptanz der Begrenzung des Lebens uns letztendlich eine neue Sicht desselben eröffnen könne, die dieses nicht mehr zum Objekt erklärt.

Danach geht *Mathias Behmann* in seinem Aufsatz mit dem Titel *Natur und Leiblichkeit bei Heidegger und Descartes – Patriarchatskritische Überlegungen zu einer Rehabilitation ‚vorkritischer' Metaphysik* der Frage nach, wie innerhalb der Philosophie auf die gegenwärtige Zivilisationskrise zu reagieren wäre, die im Kern als Krise des Naturverhältnisses der vorherrschenden Gesellschaftsordnung begriffen wird – dem global gewordenen „kapitalistischen Patriarchat". Im Rahmen einer kritischen Auseinandersetzung mit der subjekt- bzw. transzendentalphilosophischen Tradition abendländischen Philosophierens, dargestellt anhand von Descartes und Heidegger, plädiert er für eine Wiederaufnahme des Naturbegriffs bzw. der Natur in den philosophischen Diskurs, die seit Descartes und Kant als eigenständige, lebendige Realität keine Rolle mehr spielt. Gegen den modernen Anthropozentrismus (inkl. Heidegger) ginge es, so Behmann, um den Aufbau einer neuen matriarchal-animistischen Naturphilosophie. Nur eine solche könne über den Umweg der Etablierung eines neuen Naturverständnisses einen Beitrag zur Lösung der gegenwärtigen Zivilisationskrise leisten, die auf einem antagonistischen Naturverhältnis basiert. Heideggers Frühphilosophie scheint dafür aber ungeeignet, weil sie nicht aus der transzendentalphilosophischen Umklammerung ausbricht und somit „idealistisch" bleibt, während bei Descartes die Natur zwar noch als Substanz vorkommt, allerdings bereits in einer neuzeitlich deformierten Form (*res extensa*), wie sie ihrerseits die Grundlage bildet für die naturwissenschaftlich-technisch-ökonomische Weltbemächtigung und damit das alchemistische Welt-neu-„Schöpfungs"-Projekt des „kapitalistischen Patriarchats".

Die „Negativität" bildet für *Werner W. Ernst* die methodische „Ausgangnahme" für eine „Mängelanalyse", die er in seinem Beitrag „*Negativität*", „*Trennung*" und „*vorlaufender Zusammenhang*" anhand von fünf grundlegenden und miteinander verwobenen „Modalitäten" entfaltet: 1. Herkunft, Ursprung, Hervorbringung bzw. die Frage nach dem Anfang; 2. Liebe und Sexualität; 3. Gemeinschaft und Organisation; 4. Ökonomie; 5. Wissenschaft, Technik und Kunst. Allen thematisierten Bereichen ist eine auf (gewaltsamer) Trennung beruhende, setzende Denkform („Denkgewalt") gemein. Darin kommt nach Ernst eine tiefgreifende Beschädigung des Menschen zum Ausdruck, der erst aus dem Verständnis des Zusammenhangs dieser Modalitäten und der je eigenen Verstrickung in diese („Eigendelinquenz") entgegengewirkt werden könne. Werner Ernst zeigt auf, dass wir, solange wir „systemisch denken", am zerstörerischen Geschehen der von ihm herausgearbeiteten Fundamentalmängel teilhaben, diese sogar weiter vorantreiben. Ein „Ausstieg" aus dem System, so schwer vorstellbar ein solcher auch sein möge, kann nur über den Zusammensturz aller Systeme erfolgen, dem Hinter-uns-Lassen der „Systeme im Kopf". Dann erst, so Ernst, könnte sich uns der (rettende) Blick auf ein Denken jenseits der Denkgewalt und der Setzungslogik offenbaren, ein nicht anthropozentrisches Denken, welches dem „vorlaufenden Zusammenhang" geschuldet ist.

Der letzte Abschnitt (V.) des Buches mit dem Titel *Jenseits des patriarchalen Paradigmas: Moderne Matriarchatsforschung, Matriarchatspolitik und die Ökonomie des Schenkens* enthält Beiträge, die sich mit erkenntnistheoretischen und handlungsanleitenden Paradigmen auseinandersetzen, die sich generell an der Pflege des Lebens sowie am „Mutter-Kind-Verhältnis" orientieren. Hier wird, da es um *vor*patriarchale Verhältnisse geht, jener historische Bruch zum Patriarchat in seinen unterschiedlichen Dimensionen thematisiert, durch den wir aufgefordert sind, Matriarchat und Patriarchat als „zivilisatorische Grundmodelle" voneinander zu unterscheiden und in ihrer jeweiligen Verfasstheit zu analysieren. Erst durch den Blick in die matriarchale Frühgeschichte bzw. auf noch lebende Matriarchate der Gegenwart, so die Einsicht, kann deutlich werden, was im Kontrast dazu Patriarchatskritik bedeutet.

In diesem Sinne bringt *Heide Göttner-Abendroth* mit ihrem Aufsatz über *Die philosophischen Grundlagen der Modernen Matriarchatsforschung* vorerst Klarheit in die seit ihren Anfängen bei Bachofen und Morgan von vielen Vorurteilen geprägte Matriarchatsdiskussion, indem sie eine klare, strukturelle Definition matriarchaler Gesellschaften vorlegt, die sie – basierend auf ihren eigenen jahrzehntelangen Forschungen in noch existierenden Matriarchaten – auf ökonomischer, sozialer, politischer und kulturell-weltanschaulicher Ebene beschreibt. Sie zeigt ihren Weg auf, der sie von der ursprünglichen Beschäftigung mit der europäisch-westlichen Philosophie, in der sie zunehmend ihre Identität als Frau vermisste, zur Begründung der Modernen Matriarchatsforschung als neuem Paradigma mit eigener Methodologie geführt hat, die einerseits aus einer weit gespannten Interdisziplinarität, andererseits aus einer tiefgreifenden Ideologiekritik besteht. So wurde es ihr möglich, den von patriarchaler Herrschaftsideologie geprägten und damit tendenziösen Begriff von „Geschichte" zu korrigieren und v. a. auch die Ethnologie von Rückprojektionen bürgerlich-patriarchaler Verhältnisse in die frühe Kulturgeschichte zu befreien. Matriarchale Gesellschaften nämlich dürfen nicht – parallel zum Begriff „Patriarchat" – als „Frauen- bzw. Mütterherrschaft" begriffen werden, sondern es handelt sich dabei, wie Göttner-Abendroth betont, um friedliche, herrschaftsfreie, egalitäre Konsens- bzw. Ausgleichsgesellschaften mit einer sakralen Kultur, in der die gesamte Welt als göttlich gilt.

Im Anschluss daran geht *Kurt Derungs* in seinem Beitrag mit dem Titel *Kontinuität, Diskontinuität und animistische Naturphilosophie* der Frage nach, wie in der Archäologie und den Kulturwissenschaften allgemein mit der Interpretation von gesellschaftlichen Umwälzungen und Brüchen verfahren wird. Dabei plädiert er für einen Paradigmenwechsel weg von klassisch patriarchalen Fortschrittstheorien, wie etwa evolutionistischen Ansätzen oder dem materialistisch-dialektischen Weltbild, die zwar Veränderungsprozesse im Sinne soziologischer Brüche feststellen, diese aber umgehend in einem Kontinuum des steten Wachstums und Kulturfortschritts verorten. Geht man hingegen vom matriarchalen Paradigma aus, d. h. von der gesellschaftlichen Verfasstheit matrifokaler Gemeinschaften, wie sie die Moderne Matriarchatsforschung beschreibt, können, so Derungs, andersgesetzliche (nicht-patriarchale) Phänomene erst in ihrer ursprünglichen Bedeutung, abseits etwa kolonialistischer Projektionen, erkannt und damit Brüche als echte Zäsuren deutlich werden. Den großen Bruch vom animistisch-matrifokalen Paradigma zur Etablierung einer patriarchalen Trennungs- und Herrschaftsideologie erläutert Derungs dabei anhand von vier Beispielen aus der Landschaftsanthropologie, wobei es bei allen erwähnten Muttergöttinnen bzw.

ursprünglich allumfassenden Landschaftsahninnen im Laufe ihrer Transformationsgeschichte nicht nur zu einer Reduktion ihrer Funktion, sondern auch zu einer Vermännlichung bzw. „Verväterlichung" im Sinne einer Usurpation ihrer schöpferischen Potenz kommt.

Und abschließend plädiert *Genevieve Vaughan* in *Shifting the Paradigm to a Maternal Gift Economy* für ein neues Paradigma, das die Schenkökonomie („gift economy") als mütterlich-nährendes Prinzip sichtbar macht. Anhand der ursprünglichen Erfahrung, dass in der Mutter-Kind-Beziehung nicht das Tauschprinzip, sondern das Schenkprinzip wirksam ist, zeigt Vaughan auf, dass es sich beim Schenken um eine Ur-Logik handelt, die aller Ökonomie zugrunde liegt, wobei sie vom Tauschparadigma des kapitalistischen Marktes pervertiert, geplündert und systematisch zerstört wird. Die Schenkökonomie wird von indigenen und matriarchalen Gesellschaften praktiziert, doch auch im Kapitalismus findet sie ihren Ausdruck, beispielsweise in der Haus- und Pflegearbeit sowie generell in allen Tätigkeiten, die der Subsistenzorientierung entspringen. Vaughan zeigt auf, wie die Schenklogik Beziehungs- und Gemeinschafts-stiftend wirkt – dies, so Vaughan, betreffe nicht nur den zwischenmenschlichen Bereich, sondern auch die Beziehung zwischen den Menschen und der Natur. Sie appelliert daran, dass es anstelle der Assimilation an das zerstörerische und Gabeplündernde kapitalistisch-patriarchale System essentiell sei, ein Bewusstsein dafür zu schaffen, dass wir das Schenken brauchen, um überleben zu können, ja dass wir eine „maternal species", also eine mütterlich-fürsorgliche Gattung sind. Es ist nach Vaughan an der Zeit, dies zu respektieren und aktiv zu pflegen.

Dank

Neben den AutorInnen der vorliegenden Festschrift gilt unser Dank vor allem *Norbert Willenpart* und dem *Peter Lang Verlag*, ohne den es dieses Buch wahrscheinlich nicht geben würde. Außerdem danken wir der *Forschungsplattform* „*Politik – Religion – Kunst*" und der *Fakultät für Politikwissenschaft und Soziologie* an der Universität Innsbruck für die finanzielle Unterstützung. *Andreas Leisner* möchten wir für sein engagiertes Lektorat der englischen Texte danken und *Martin Haselwanter* dafür, dass er mit uns dieses Projekt aus den Startlöchern gehoben hat. Wir danken auch der Künstlerin *Uschi Beiler* für das Titelbild und dem Fotografen *Jork Weismann* für die Bereitstellung des Fotos von Claudia von Werlhof, das wir am Beginn des Buches abgedruckt haben. Die Jubilarin selbst kommt in dieser Festschrift nicht mit einem eigenen Beitrag vor. Wir wollen es uns jedoch nicht nehmen lassen, dieses Vorwort mit ihren Worten abzuschließen:

„Aber unser Denken, Fühlen und Handeln wird letztlich an den Fragen der Zeit gemessen werden und nicht an dem, was uns lieber wäre. Das Leiden an dieser Zeit der Zerstörung, nicht ihre aus dieser Sicht fragwürdige Idylle, ja, unsere weltweite Betroffenheit und unser Wunsch, dieser Situation, die wir als systematisch produzierte zu begreifen gelernt haben, ein Ende zu bereiten, haben der Ausgangspunkt unserer Überlegungen, Analysen und Praxen zu sein."[3]

Innsbruck, im Februar 2013

Mathias Behmann
Theresa Frick
Ursula Scheiber
Simone Wörer

---

3 Werlhof, Claudia von: *Die „Kritische Patriarchatstheorie" – Alternative zur Herrschafts- und Transformationslogik neuzeitlicher Wissenschaft.* In: Projektgruppe „Zivilisationspolitik" (Hg.): *Kann es eine „neue" Erde geben? Zur „Kritischen Patriarchatstheorie" und der Praxis einer postpatriarchalen Zivilisation,* Peter Lang, Frankfurt a. M., 2011, S. 40

27

Laudatio für Claudia[*]

Renate Genth

Liebe Claudia,

wir kennen uns seit 36 Jahren, habe ich ausgerechnet, näher allerdings erst seit 25 Jahren, also seit der entscheidenden technisch-naturwissenschaftlichen Katastrophe von Tschernobyl. Ich habe Dich kennengelernt als liebenswürdig, strahlend, äußerst zuverlässig, ungeheuer tüchtig, großzügig, hilfsbereit, aber auch kompromisslos, und ich habe Dich als treue Freundin schätzen und lieben gelernt. Statt an einen Stier als Geburtszeichen denke ich bei dir eher an die Elefantenmutter, die in Indien die Züge zum Entgleisen brachte, weil ein Zug ihr Junges getötet hatte. Was man wohl mit ihr gemacht hat? Im Zweifelsfall hat man sie umgebracht. So geht man mit Lebewesen um, die sich über erlittenes Unrecht empören. Im Verständnis für die Reaktion der Elefantenmutter haben wir uns auch getroffen, in unseren Vorstellungen von Mütterlichkeit und vom Matriarchat. Aber dazu später.

Also ich musste überlegen: „Wann habe ich Claudia von Werlhof das erste Mal wahrgenommen?", war zunächst meine Frage für diese Laudatio. Schließlich kenne ich sie, wie gesagt, schon so lange und kann deshalb nicht über sie sprechen, ohne die persönliche Erinnerung zu beleben. Das ist ihr auch angemessen, weil ebenso ihre Arbeit und ihr Werk nicht von ihren persönlichen Erfahrungen und ihrem Lebensweg zu trennen sind. „Ich muss immer durch die Erfahrung hindurchgehen", hat sie früher einmal gesagt. Sie musste alles buchstäblich am eigenen Leib oder eben in der eigenen Seele erleben. Das war in vielen Fällen auch sehr schmerzlich. War aber dort eine Erfahrung angekommen und hatte sich zur Erkenntnis gemausert, dann bildete sich ein Jahresring um ihren eigenen Lebensbaum und war nicht mehr zu tilgen. Deshalb also mein Versuch einer persönlichen Spurensuche.

Es war 1975 in Halle bei Bielefeld in einem schönen alten Fachwerkhaus, das von einer universitären Wohngemeinschaft bewohnt wurde. Ich habe dort einen Bekannten besucht und stand mit ihm in einer Art Halle, von der aus eine

---

[*] Diese Rede wurde am 27.06.2011 anlässlich der offiziellen Emeritierungsfeier für Claudia von Werlhof an der Fakultät für Politikwissenschaft und Soziologie, Universität Innsbruck, gehalten.

Treppe hochführte. Da kam eine Frau mit langen Haaren herunter, sehr groß und schön und strahlend, und während sie grüßte, erklärte mein Bekannter: Das ist unsere neue Assistentin. Länger als einige Minuten dauerte unsere Begegnung kaum, und ich nahm Claudia kurz zur Kenntnis, denn ich kam aus Berlin und dort gab es eine Fülle bemerkenswerter Frauenpersönlichkeiten, die ich kannte. Aber ich erinnere mich dennoch daran – Claudia auf der Treppe. Das Bild ist geblieben.

Und es war nicht wahrscheinlich, aber es stand in den Sternen, dass wir uns fürderhin immer wieder begegneten, oft bei gemeinsamen Freundinnen, und uns schließlich miteinander befreundeten. Denn sie war ausgeschwärmt in die Welt hinaus, vor allem nach Lateinamerika und schaute und fühlte aus der Perspektive der südamerikanischen Bauern und vor allem der indigenen Frauen, dieser „letzten Kolonie", um an einen ihrer Buchtitel zu erinnern. Sie liebte die indigenen Völker und ging im Zuge der feministischen Frauenforschung von der „Betroffenheit" aus. Das schloss das Subjekt der Forschung ebenso ein wie deren Objekt. Sie ergriff Partei, wie sie formuliert, „für die, bei und mit denen geforscht wird, weil deren und die eigene Betroffenheit überhaupt der Grund für eine Forschung sind, die letztlich der Praxis gesellschaftlicher Veränderung zugunsten der negativ Betroffenen dienen soll. Ich gehe davon aus, dass ‚Betroffenheit' darin besteht, im Anderen also nicht das Andere, sondern das Eigene, sich selbst von außen zu sehen, das Unbekannte in sich selbst zu erforschen."[1]

So entwickelte sie ein heftiges, leidenschaftliches Mitgefühl mit den Frauen und Bauern Südamerikas, die, wie sie darstellt, auf horrende Weise ausgebeutet und abhängig gemacht wurden. Und der infame Ausgangsort dieser maßlosen Unterdrückung und Verachtung jeglicher Integrität dieser Menschen waren für sie Europa und der Kapitalismus:

„Der Kapitalismus ist in Europa, aus Europa heraus durch die Leistung der Europäer entstanden."[2] „Dieser Kapitalismus mit seiner politischen Form des sogenannten ‚demokratischen' Staates ist angeblich das ‚Bild der Zukunft' für den ‚Rest der Welt'."[3] Es ist die „Verherrlichung ‚des weißen Mannes'", wie sie schreibt, „als dem Schöpfer von Kultur, Zivilisation und Menschlichkeit. Der weiße Mann als Mensch an sich."[4]

Diesem Europa mit seiner Arroganz als Erster Welt steht die sogenannte Dritte Welt gegenüber, die „bisher immer Objekt ganz undemokratischer und

---

1 Claudia von Werlhof, Wenn die Bauern wiederkommen, Bremen 1985, S.27
2 Claudia von Werlhof, Was haben die Hühner mit dem Dollar zu tun?, München 1991, S.118-119
3 ebenda
4 ebenda

unkultivierter Methoden der Beraubung, Ausplünderung, Vergewaltigung und Verstümmelung gewesen"[5] ist. Und sie fährt fort: „Gleichzeitig mit der Unterwerfung der Welt geschah die Unterwerfung der Frauen, in Europa bekannt als sogenannte Hexenverfolgungen, die Jahrhunderte dauerte... Erst auf dieser Grundlage ... ‚erhob' sich die westliche Welt zur Ersten Welt und schuf zu ihrer Rechtfertigung den Humanismus und die Aufklärung. ... Nach wie vor beruht unsere Freiheit auf der Unfreiheit anderer, unsere Gleichheit auf anderer Ungleichheit, unsere Gewaltlosigkeit auf Gewalt gegen andere, unser Reichtum auf deren Armut, unsere Demokratie auf Diktatur anderswo; ...“[6] Demnach gab es also nur eine Welt und nicht drei.

Das war und ist Claudias Grundposition. Deshalb habe ich so ausführlich zitiert. Dass es nicht abstrakt Europa war, wie es die allgemeine Theorie des Imperialismus meint, war stets mein Einwand, da ich viele Bewegungen in Europa als Gegenbewegungen dieser Unterdrückung und Ausbeutung gesehen habe, zumal aus meiner Sicht zunächst Europa selber die erste Region der Unterdrückungs- und Ausplünderungsmaßnahmen war, wie Claudia ja selber in Hinsicht auf die Frauen erklärte. Europa wurde zum Modell einer kriegerischen Klassengesellschaft, die durch die Geldwirtschaft verheert wurde und durch ständige Kriege die Völker aufeinander hetzte. Erst als den herrschenden Gruppierungen die technischen Mittel zur Verfügung standen, fuhren sie in alle Welt und exportierten das Modell.

1943, im Bombenhagel nahe Berlin, wurde Claudia von Werlhof in Deutschland geboren. Welch eine verrückte Zeit, um geboren zu werden! Aber es gab die feste Grundlage für die klare Haltung: Nie wieder Krieg! Daran hält Claudia bis heute nicht nur fest, sondern ist geradezu erneut aufgebrochen, weil sie die Kenntnis von der Entwicklung neuer infamer weltbedrohender Waffen gewonnen hat.

Aber erst einmal bleibe ich auf der Spur ihres Lebensweges, bevor ich im Heute ankomme.

In Bielefeld hatte sie in den 70er Jahren eine Assistentenstelle an der Fakultät für Soziologie. Das waren damals wunderbare Positionen. Sie waren unabhängig. Dort wurde der größte Teil der Forschung durchgeführt. Neue Perspektiven entstanden, neue Methoden. Es gab damals weit bis in die 80er Jahre hinein eine wirklich freie Forschung. Das muss betont werden, denn die ist heute weitgehend abgeschafft. Ein niederschmetternder Befund. In Bielefeld entwickelte Claudia zusammen mit Veronika Bennholdt-Thomsen und Maria Mies den „Bielefelder Ansatz". Der bestand in der genannten Perspektive, den Standort

---

5   ebenda
6   ebenda

der Frauen und der sogenannten „Dritten Welt" als Peripherie des Systems der einen Welt einzunehmen und deren Lebenstätigkeit, u. a. die Subsistenzwirtschaft zum Maßstab zu machen. Das war zunächst Selbstversorgung im Sinn der indigenen Bauern und Frauen Südamerikas. Damit konnten sie sich früher, vor der Kolonialzeit, gut ernähren, lebten im Einklang mit der Natur und waren frei und selbständig. Durch Zwang, Raub, Kreditwirtschaft, Verführung und Propaganda wurden sie abhängig gemacht und verarmten, viele wurden land- und ernährungslos und mussten in die Slums der Megastädte abwandern, wo sie im Gegensatz zu ihrer vorherigen Subsistenzlebensweise oder der ihrer Vorfahren in ein elendes Leben sanken.

1986 wurde für Claudia zu einem entscheidenden Jahr. Der Kernreaktor in Tschernobyl explodierte, und radioaktive Wolken verseuchten große Teile Europas. 1982 hatte Claudia ihren Sohn Götz geboren. Die Geburt war das alles verändernde Ereignis und Erlebnis ihres bisherigen Lebens. Götz wurde zum festen Mittelpunkt ihres Lebens. Dazwischen habilitierte sie noch. Eine alleinerziehende Mutter hatte es damals wie heute nicht leicht. Der Alltag wurde zu einer ständigen Management- und Organisationsaufgabe. Götz war noch nicht vier Jahre alt, als Tschernobyl geschah und die alltägliche Ernährung zu einer Sysiphos-Aufgabe wurde, weil die Nahrung kontaminiert war. Tschernobyl. Da wurden die Mütter auch zu Expertinnen der Kernenergie im Kampf um die Gesundheit ihrer Kinder. Claudia setzte sich buchstäblich mit der ihr zu eigenen Vehemenz und Leidenschaft an die Spitze einer Mütterbewegung und wurde von Alice Schwarzer als „Tschernobyles Muttertier" beschimpft. Als sie mir das mitteilte – denn in dieser Zeit kamen wir immer öfter zusammen –, sagte ich ihr, dass ich das kaum als Beleidigung auffassen würde, selbst wenn es so gemeint wäre, sowohl was die Mutter angeht als auch das Tier. „So etwas kann man nur aus einer Haltung der Naturfeindlichkeit als Beschimpfung meinen. Und das ist nicht deine Haltung!" Diese Beschimpfung zeigte, wie schon von Anfang an auch die neue Frauenbewegung gespalten war, auf andere Weise als die alte.

Da 1000 Jahre wie ein Tag für Kernenergietechniker sind – diese selbsternannten Götter –, haben wir nach jetzt 25 Jahren ein noch verheerenderes Ereignis in Fukushima. Damals in Deutschland bekamen die Kinder allerdings noch nicht, wie heute in Japan, Geigerzähler in die Hand, um zu sehen, wie verseucht ihre Mahlzeiten oder ihr Spielzeug oder ihr Spielplatz und sie selber sind.

Für Claudia jedenfalls war die Situation klar. Es bildete sich ein neuer fester und voluminöser Jahresring um ihren Lebensbaum: „Tschernobyl war für mich und andere so etwas wie ein ‚Moment der Wahrheit', ein Augenblick, in dem sich entschied: Wohin gehöre ich, und wohin gehöre ich nicht. Da gab es auf einmal keine Möglichkeit mehr, unentschieden zu bleiben, selbst wenn man es wollte. Es entschied sich. Tschernobyl war ein Wendepunkt."[7] Claudia entdeckte die Technik- und Naturwissenschaftskritik und machte sie sich zu Eigen. Da rückten wir beide näher zusammen. Ergebnis war ein gemeinsames Projekt über den Zusammenhang von Frauen und Computertechnologie. Wir haben in den Kursen, die wir organisiert und begleitet haben, sogar eine simple Computersprache gelernt. Es ging darum zu verstehen, wie diese Maschine funktioniert. Denn mit einem ungeheuren Aufwand an Ideologie und Propaganda wurde sie eingeführt, damit die Menschen sie akzeptierten und sich an sie banden. Der Erfolg ist deutlich und durchschlagend, die Abhängigkeit immer dichter.

Claudia verließ das Projekt kurz vor Ende, und ich musste es allein weiterführen. Denn sie ging wieder außer Landes, diesmal nach Österreich, nach Innsbruck. Hier erlitt sie am Institut der Universität tiefe Verletzungen, die ihr immer wieder zugefügt wurden. Man nahm ihr alle Möglichkeiten, sich an dem Institut zu entfalten. Doch, wie es ihre Art ist, tüchtig zu sein, nahm und nimmt sie ihre Arbeit ungeheuer ernst. Ihre verschiedenen Themen verbanden sich zu einer neuen Theorie. Sie entfaltete die These von der Alchemie als Methode des Patriarchats und des Kapitalismus, und damit kam sie zur schlussfolgernden Darstellung, dass es sich bei der Alchemie als Technik und Religion nicht um ein überwundenes archaisches Stadium handelt, sondern dass Methode und System der Alchemie höchst modern sind und äußerst fortschreitend. In diesem Zusammenhang entfaltete sie ihre interdisziplinäre „Kritische Patriarchatstheorie" als Theorie vor allem auch der Neuzeit und der Moderne. Mit der Auffassung, dass die Geldwirtschaft alchemistisch ist, hat sie Zeugen in Shakespeare (in „Timon von Athen") und in Goethe (in Faust I und II).

Die Alchemie, die zunächst durchaus matriarchal war und den Beobachtungen von Verwandlungsprozessen in der Natur entstammt, wurde völlig pervertiert: „Diese Wissenschaft hat das Ziel, die lebendige Materie, ja das Leben selbst in der Entstehung durch ein experimentelles ‚Standardverfahren' so zu beeinflussen, daß dabei eine Transformation zu einer ‚höheren' Materie ... geschieht. ... Ich nenne die patriarchalisierte Alchemie daher den Versuch einer ‚Schöpfung aus Zerstörung'."[8] Da galt es zunächst aus Blei Gold, aber auch künstliches Leben herzustellen. Die Naturwissenschaft ging sehr viel weiter mit ihrer „Schöpfung aus Zerstörung" und verallgemeinerte sie theoretisch zum Urknall als Entstehungsthese, dass aus der totalen Zerstörung, einer gigantischen

---

7   Claudia von Werlhof, Mutter-Los, Frauen im Patriarchat zwischen Angleichung und Dissidenz, München 1996, S.7
8   von Werlhof 1996, S.71

Explosion, das gesamte Weltall entstanden sei. Dass dieser Größenwahn Monster wie Atomkraftwerke und Atombomben usw. produziert hat, ist mittlerweile in die Erfahrung eingegangen. Für Claudia ist Ausgangsort und Grundlage dafür das Patriarchat mit seiner Entstehung aus dem Krieg und daraus resultierend eine fortschreitend zerstörerische, mittlerweile umfassende Aktivität. Die Methode ist zunächst die „Mortifikation"[9]. Das Ergebnis ist durchschlagend für Menschen, Tiere, Pflanzen, Landschaften: Kriege, Krankheiten, Vertreibungen, Massentötungen, Vernichtung und Verwüstung. Aber das alchemistische „Große Werk" braucht die Zerstörung, um darauf die angeblich mögliche „Neuschöpfung" aufzubauen. Dieses Prinzip ist inzwischen in alle Dimensionen des Seins übernommen worden.

Claudia ist und bleibt eine Dissidentin, wie sie sich selber versteht. So nennt sie die Haltung in dem Buch, das mir am meisten gefällt: „Mutter-Los. Frauen im Patriarchat zwischen Angleichung und Dissidenz."[10] Die Buchreihe, die sie herausgibt, heißt entsprechend „Beiträge zur Dissidenz". In dem Buch „Mutter-Los" geht es ihr auch um Mütterlichkeit und um das Matriarchat. Sie schreibt: „Nicht ist Matriarchat Frauenherrschaft ..., sondern Anerkennung der Mütterlichkeit der Welt samt der gesellschaftlichen und kulturellen Folgen, die das hat."[11] Sie bezieht sich dabei auch auf den Unterschied im antiken Griechisch zwischen archè und kratos, also der kontextuelle Bezug bei archè ist durchaus auch der von Macht und Herrschaft, etwa im Begriff Patriarchat, aber qua Ursprung, während kratos die krude Gewaltherrschaft meint. Deshalb ist auch der Begriff der Demokratie eigentlich herabwürdigend. Andererseits ist der Begriff Patriarchat eine Verkehrung und Utopie, denn Männer sollen hier der Ursprung des Lebens sein oder werden: eben, mittels der Alchemie.

In Dissidenz ist Claudia mit der herrschenden Lehre, mit den Wissenschaften, in Dissidenz ist sie auch mit Teilen der Frauen- bzw. der heutigen Gender-Bewegung, von denen sie ebenso angefeindet wurde. Da versteht sie sich als Paria und nicht als Parvenu, wie Frauen in der Gender-Bewegung. Dabei ist sie großzügig, wenn sie auf andere Dissidenten trifft. In ihrem Selbstverständnis ist *das* eine matriarchale Haltung der patriarchalisierten Welt gegenüber. Doch Dissidenz kann auch manchmal einsam machen und vor allem Feinde, manchmal mächtige Feinde auf den Plan rufen.

---

9 Claudia von Werlhof, Das Patriarchat: „Befreiung" von Mutter (und) Natur, in: Projektgruppe „Zivilisationspolitik"; Aufbruch aus dem Patriarchat – Wege in einer neue Zivilisation?, Frankfurt am Main 2009, S.75
10 von Werlhof 1996
11 von Werlhof 1996, S.11

Als einen Akt der Dissidenz versteht sie auch die Subsistenzperspektive. Für sie ist das „eine andere Geisteshaltung, eine andere Art des Sehens."[12] Es geht darum, die Dinge nicht kalkulierend zum eigenen Nutzen zu betrachten, sondern, wie sie formuliert: „Das bedeutet ein völlig neues Naturverhältnis, das nicht mehr auf Ressourcen, Ausplünderung und Beherrschung aus ist. ... Natur ist aber das, was wir selbst sind. ... Natur ist die Verwandtschaft aller Lebewesen. Warum sollen wir uns denn anthropozentrisch als höher und besser begreifen als das Leben, das um und in uns ist: eine lebende, miteinander verwobene, nicht hierarchisch geordnete Natur."[13]

Und ihre Haltung, die sie heute mit leidenschaftlichem Engagement praktiziert, formuliert sie auch in dem Buch „Mutter-Los" als Konsequenz aus der Erfahrung mit Tschernobyl gleich zu Anfang: „Und es ist, als ob wir seitdem nicht mehr so tun können, als hätten wir die Verantwortung nicht, gleich welches die Umstände sind, unter denen wir leben. Und wenn wir dann darangehen, wie wir denn mit der Tatsache unserer Verantwortung umgehen können, dann sehen wir, daß wir auch die Verantwortung für die Erde samt ihrer nicht-menschlichen Lebewesen haben. Denn ohne diese können wir unsere Verantwortung ja gar nicht verwirklichen ... Wir haben es plötzlich glasklar sehen können ..., daß überall auf der Welt lebensfreundliche Verhältnisse einkehren müssen, andernfalls dieses Leben schon bald nicht mehr oder nur noch mit schweren Beschädigungen auf unabsehbare Zeit möglich sein wird."[14] Also geht es darum, mit dieser Perspektive auch die Seiten zu wechseln, und das heißt, sich aus der Gesellschaft heraus auf die Seite der Natur zu stellen, so Claudia.

Je tiefer ich mich in Claudias Schriften erneut versenkt habe, desto mehr konnte ich ihre Empörung teilen, die bei ihr gleichsam zum Fundament ihrer Persönlichkeit wurde, wenn ich das so sagen darf? Es ist die Verbindung von Gerechtigkeits- und Verantwortungssinn – da muss ich wieder an die Elefantenmutter denken. Diese Sinne haben sich mit dem scharfen Blick für Unterdrückungs- und Ausbeutungsbedingungen verbunden, so dass sie immer empfindlicher reagiert, so empfindlich, dass sie zur Zeit gegen die mächtigsten Machenschaften antritt, gegen die verheerende Manipulation ebenso elementarer wie umfassender irdischer Lebensbedingungen. Sie hat 2010 eine neue Bewegung ausgerufen, die „Planetare Bewegung für Mutter Erde". Hier fügt sich jetzt vieles von ihrem langjährigen Engagement unterschiedlicher Art zu einem neuen festen Jahresring zusammen. Sie verfolgt die experimentellen Forschungsunternehmungen, die die gesamte Erde gleichermaßen und gleich auf einmal betref-

---

12 von Werlhof 1996, S.167
13 von Werlhof 1996, S.175
14 von Werlhof 1996, S.7

fen, nicht erst sukzessive. Es geht um die experimentelle Erhitzung der Ionosphäre, das „Ionospheric Heating". Da einige alternative Naturwissenschaftler
vermuten, dass dieses Anheizen der Erde zu Wetterturbulenzen und Erderuptio-
nen führen kann, hat sie sich auf diese Spur gesetzt und ruft zur Überprüfung
auf. Dass Wetterkatastrophen, Erdbeben, Vulkanausbrüche und Tsunamis künstlich hervorgerufen werden können, hat in den 70er Jahren bereits die UNO diskutiert und einen Verbotsbeschluss erwirkt, nachdem der Vietnamkrieg schon
ein Experimentierfeld dafür darstellte. Die Annahme, dass ein solcher Beschluss
eine durchschlagende Wirkung auf das Handeln der zu den Experimenten befä-
higten Staaten hätte, wäre nach allen Erfahrungen von UNO-Beschlüssen naiv.
Bekannt ist auch, dass durch solche Experimente oft auch die unbeabsichtigten
Wirkungen für die Forschung wichtig sind, um gezielt vorgehen zu können, zumal sie durchschlagender sein können als die beabsichtigten. Das ist der blinde
Fleck aller angewandten Forschung. Bekannt ist aber auch, dass der größte Teil
der Forschung militärischen Zwecken dient. Will sich jemand dieser For-
schungszentren nähern, wird er bereits weiträumig durch riesige Zäune und gefährliche Wachdienste ferngehalten – so in einer Reportage in der FAZ vor einigen Jahren bei einem Versuch, sich der HAARP-Anlage in Alaska zu nähern.
Hier – und man kann getrost zu Recht den ansonsten nichtssagenden Allerwelts-
begriff nehmen – kämpft Claudia ihr wichtigstes, wenn auch nicht letztes Ge-
fecht und wird *dafür* brutal angefeindet und verleumdet, gleichsam an den Pran-
ger gestellt.

So hat sich ihr Werk über ihre persönlichen und wissenschaftlichen Erfahrungen zu einer umfassenden Theorie zusammengefügt: Der Kapitalismus
braucht die grundlegende „letzte Kolonie", die Frauen. Sie geben das Muster ab
für die Ausgebeuteten: die Hausfrauisierung. „Die Bauern und Hausfrauen als
besonders charakteristisch, weil direkt naturabhängige Produzenten innerhalb
des fortgesetzten Prozesses kapitalistischer ‚ursprünglicher Akkumulation'."[15]
Die agrarische Produktion wurde in ihr Gegenteil verwandelt: „nämlich in die
Produktion, die in Abstraktion von der Natur geschah, als ‚unendlich' gedacht
war, d. h. unabhängig von natürlichen ‚Beschränkungen' und ebensolcher
‚Knappheit', frei bzw. befreit von der Notwendigkeit, menschliche Grundbe-
dürfnisse zu befriedigen, frei von der Verantwortlichkeit der Lebenserhaltung
und frei zur Verwandlung dieses Lebens in totes Kapital: in einem Wort, in Industrie. Der parallele Prozeß der ‚Verbäuerlichung' und ‚Hausfrauisierung' der
Mehrheit der Weltbevölkerung, der ihnen ... aufgezwungen wurde, beweist aber,
daß eine wirkliche ‚Unabhängigkeit' von der Natur und eine wirkliche Trennung
von ihr nichts als idealistisches Wunschdenken (gewesen) ist. Die Industrie

---

15 von Werlhof 1991, S.94

bleibt tatsächlich indirekt von der Natur abhängig, ist immer in der landwirtschaftlichen Produktion begründet ... und ... in der ,Produktion' neuer lebendiger Arbeitskraft. Deshalb sind Bauern und Hausfrauen als Produzentinnen im Kapitalismus ein Ausdruck der Art und Weise, wie die kapitalistische Gesellschaft mit der andauernden und unvermeidbaren Abhängigkeit von den ,natürlichen Schranken' umgeht."[16] Dieser Kapitalismus baut auf der Maschinenlogik als letztem Ausdruck alchemistischer Logik auf, wird als Maschine selber verstanden. Diese wiederum ist das entscheidende Gegenbild zur Natur, gleichsam selbst hergestellte „Natur". Die Maschine ist die ureigene Schöpfung des Patriarchats – in ihr wird pater archè zum Ereignis: Am Anfang der Vater. Es ist seine Schöpfung. Die Natur wird dafür, zumindest im Selbstverständnis, nicht mehr gebraucht. Sie liefert nur noch das Material und soll tendenziell ganz ersetzt werden. Deshalb kann man auch hemmungslos damit experimentieren und sie ausplündern und zerstören. Im Kapitalismus kommt das Patriarchat zu seiner höchsten und angestrebten Entwicklung mit dem Mittel der Durch-Maschinisierung der gesamten Erde.

Aus dieser technikkritischen Perspektive entstand schließlich die Abrundung von Claudias Bemühungen um ein neues Verständnis der Welt heute: die „Kritische Patriarchatstheorie" als ein ganz neuer interdisziplinärer Ansatz, wenn nicht sogar ein neues wissenschaftliches Paradigma.

Claudia von Werlhof, ich wünsche Dir alles erdenklich Gute für dein ferneres Leben und hoffe sehr, dass ich dich auf diesem neuen Weg nicht aus den Augen verliere.

---

16 von Werlhof 1991, S.95

I.

Claudia von Werlhof als Wegbegleiterin in die Dissidenz, oder: Über die Praxis des „sentipensar"

„[…] die Entscheidung, dem Ruf zu folgen, bedeutet ein Sich-Einlassen auf die neu erfahrene Realität als einer erschreckenden Wahrheit – und das hcißt ein Sich-Öffnen für die darin liegende *Erkenntnismöglichkeit.* Denn nur im Fühlen zeigt sich der Weg zum Denken und zur Erkenntnis."

Claudia von Werlhof, Kann es eine neue Erde geben? Zur ‚Kritischen Patriarchatstheorie' und der Praxis einer postpatriarchalen Zivilisation, S. 385

1. Nuestra Claudia

Gustavo Esteva

No sé cómo decir lo que quiero decir. Y me doy cuenta que esto me pasó muchas veces con Claudia: no sabía qué decir, ni cómo, cuando platicábamos. Era siempre la sorpresa. No era cosa de expresar que estaba yo en acuerdo o en desacuerdo con sus ideas, porque no era cuestión meramente intelectual. Era también sentir. O para ser exactos, sentipensar.[1]

A la distancia, pienso que el efecto que producían a menudo nuestras conversaciones era una combinación de dos extremos constantes en Claudia: libertad y radicalidad.

Era siempre la libertad extrema. No se trata de forma alguna de libertinaje, porque era libertad política: un desafío profundo a las normas establecidas, de toda índole, para expresar sin reservas ni temores lo que había construido o inventado, aguantando a pie firme los riesgos de hacerlo. Por eso su libertad incluyó siempre bravura, coraje, entereza. Los riesgos fueron siempre grandes y sus desafíos tuvieron consecuencias. Cuando hace pocos años compartió abiertamente las bien fundamentadas hipótesis de Rosalie Bertell provocó reacciones furiosas del establecimiento que le plantearon una auténtica amenaza. Fue lindo ver el movimiento de solidaridad que se produjo de inmediato, cuando empezaron a llegar cartas emotivas desde Tanzania, Nueva Zelandia y muchas partes del mundo para apoyarla. El incidente ilustra la bravura, como consecuencia de la capacidad de expresar y ejercer libremente las convicciones.

La libertad era también radicalidad. Se trataba siempre llegar a las raíces profundas de lo que se discutía, de lo que estaba en juego. Traspasar la superficie sin temores, no quedarse en juegos especulativos, explorar lo que había en el fondo. Creo que esta actitud tan radical le permitió llegar tan lejos como llegó.

Nuestra amistad se hizo estrecha rápidamente por nuestra común fascinación por los campesinos, de los que ella se enamoró en Venezuela y yo en México. Es todavía útil, más de tres décadas después, consultar sus inmensos informes de campo, con la riqueza de sus conversaciones con campesinas y campesinos...

---

1 Para aclarar el significado de la palabra en español "sentipensar", que yo inventé: significa pensar desde el sentimiento, o más bien, lo que correspondería más a Claudia, reconocer que el sentimiento/ la emoción no están separados del pensamiento, que juntos forman un flujo único.

Y es indispensable, hasta hoy, seguir repasando sus elaboraciones críticas, que contribuyeron a desmantelar los velos teóricos e ideológicos que encubrían la naturaleza de la realidad campesina. Desde diversos puntos del espectro ideológico se pronosticó sistemáticamente – hasta hoy – la extinción de los campesinos, porque según las teorías y prácticas dominantes tendrían que convertirse en obreros agrícolas, del mismo modo que las amas de casa se incorporaban al mercado de trabajo. La contribución de Claudia "¿Por qué los campesinos y las amas de casa no desaparecen en el sistema capitalista mundial?", que según entiendo apareció por primera vez en 1985, en la serie de documentos de trabajo de la Universidad de Bielefeld, parece tener en la actualidad más pertinencia que nunca. Era una intuición formidable y a la vez un resultado analítico bien fundamentado, algo común en Claudia.

Esa ruta de análisis la llevó a la formulación de la categoría de "amadecasasización del trabajo" (*housewifization of labor*) que sigue siendo una categoría clave para entender lo que pasa en el capitalismo, particularmente en la hora de la crisis. Claudia, junto con María Mies y Veronika Bennholdt-Thomsen, sintetizaban en esa expresión una vigorosa crítica de las posiciones políticas dominantes, de izquierda y derecha, y de la ciencia moderna. Descalificaron con todo rigor diversos enfoques teóricos y analíticos de la sociedad, mostrando desde los años ochenta algunas evidencias que en la actualidad se están poniendo nuevamente de moda, como la reproducción continua de la acumulación "originaria" o "primitiva" o lo que ahora se denomina "acumulación por despojo". En países como México, la aplicación de aquella categoría a nuestra condición, la "feminización del Tercer Mundo", la hipótesis de que nuestros países en conjunto cumplían para los países "desarrollados" la función que en ellos tenían las amas de casa, fue clara luz en medio de la oscuridad, una posibilidad de entender de otra manera lo que estaba pasando. Desde esa posición, Claudia abanderó, junto a muchos de nosotros, la crítica radical de la empresa desarrollista, que dominaba la mentalidad de las elites intelectuales, políticas e institucionales, en la izquierda o la derecha...como ocurre hasta hoy.

Los zapatistas reforzaron fuertemente nuestros lazos de amistad. En 1995, apenas un año después de la insurrección, Claudia vino a Chiapas para conocer de primera mano la experiencia zapatista. Sus retóricas preguntas a Ramona siguen siendo un punto de referencia para quienes sospechamos que el movimiento zapatista es la iniciativa política más radical del mundo, y quizá la más importante, como dijeron después de Claudia Noam Chomsky, Immanuel Wallerstein y Pablo González Casanova. En pocos días Claudia logró empaparse de la realidad zapatista y entender a fondo lo que ahí estaba pasando...y sigue pasando. Pudo ver que ahí estaba naciendo el movimiento anti-globalización que estallaría pocos años después y que la crítica zapatista de la globalización neoliberal llegaba mucho más lejos que las versiones dominantes entre los movimientos sociales, al definirla como la cuarta guerra mundial (encabezada por el capital financiero), al mostrarla como crisis de la modernidad misma, al apuntar alternativas al capitalismo no definidas por el socialismo y al anticipar el fracaso necesario del neoliberalismo. Las preguntas a Ramona incluían temas que no se habían discutido en México: el matriarcado y la civilización occidental. El análisis resultó realmente deslumbrante cuando mostró las insuficiencias de lo que había planteado Bonfil, en cuanto al México profundo, el México de la civilización mesoamericana, y enunció la posibilidad de una civilización no-patriarcal cuya emergencia socava el poder occidental en México y en el mundo entero. Claudia guió desde entonces los ojos de quienes hemos estado viendo en el zapatismo un movimiento femenino, no solamente por la importancia que en él han tenido las mujeres, desde antes de que empezara la insurrección y en todos los aspectos de la construcción zapatista, sino también por la *naturaleza* del movimiento mismo, por su orientación fundamental, por el sentido de sus iniciativas, que se apartan claramente, en palabras y obra, de los sesgos patriarcales dominantes.

A final de cuentas, como reiteró Claudia en su notable ensayo: "Ninguna crítica del capitalismo sin la crítica del patriarcado: por qué la izquierda no es alternativa", su construcción teórica, lo mismo que su actividad práctica, a lo largo de toda su vida, han sido siempre un desafío radical al mundo dominante desde una radicalidad estrictamente femenina. Ya en 1980, en sus "Notas sobre la relación entre sexualidad y economía", Claudia mostró la necesidad de formular nuevas definiciones de los conceptos básicos – en particular de economía y sexualidad. Aún antes, en 1978, publicó un artículo en que mostraba que el trabajo de la mujer era un punto ciego de la economía política. Fue un artículo que entre otros muchos efectos obligó a Iván Illich a revisar sus nociones de la "economía fantasma" que había apuntado en *Némesis médica*, en 1976. Gracias a ese artículo y a sus conversaciones con Claudia, Illich descubrió que la actividad prototípica del ama de casa moderna es una creación de la sociedad industrial, esencial para su existencia, y que es condición del trabajo asalariado contemporáneo. (Ver la "Guía bibliográfica" que preparó Illich para sus seminarios de 1980, que aparecen al final de *El trabajo fantasma,* en la cual hace un reconocimiento explícito de la inspiración que encontró en el trabajo de Claudia para explorar lo que hasta entonces había sido un punto ciego).

"Los hombres que dirigen el mundo han llegado al final de su camino. No tienen respuestas para las cuestiones cruciales de nuestro tiempo". Estas frases podrían escribirse hoy, pero son las primeras de *Mujeres: la última colonia,* el libro que publicaron María Mies, Veronika Bennholdt-Thomsen y Claudia, cuya primera edición en alemán apareció en 1980. Hay una línea muy clara, continuamente enriquecida, entre lo que escribió Claudia hace 32 años en ese libro y lo que acaba de publicar, con Mathias Behmann: *Teoría crítica del patriarcado: Hacia una ciencia y un mundo ya no capitalistas ni patriarcales*. Retoma aquí su antigua defensa de la subsistencia, tras identificar el capitalismo como una guerra contra la subsistencia, para mostrar cómo ésta permite conectar lo material con lo inmaterial y conduce a una espiritualidad de la tierra, de la naturaleza silvestre, en la que amor y conocimiento se pertenecen mutuamente y en la que se afirma la vocación de detener la destrucción en curso a través de una esfera que amplía e intensifica la interacción con los seres vivientes. Puesto que estos son los términos de la apuesta de Claudia, puesto que se sustentan en la crítica del patriarcado capitalista como sistema alquímico y en el análisis histórico del patriarcado como sistema de guerra y en una nueva concepción filosófica, no parecen pertinentes los términos de ecología o incluso de ecofeminismo para reflejar sus preocupaciones, pues son términos que aún se asocian con la separación racionalista que Claudia ha dejado atrás. Su lucha actual por la Pachamama refleja mejor la medida en que sus antiguas intuiciones sobre la mujer en la sociedad moderna, sus décadas de investigación rigurosa en una variedad de campos y su compromiso práctico con la vida tienen espléndida unidad en Claudia, en nuestra Claudia.

Y como pensaba al principio, no sé bien cómo decir lo que quiero decir. He pensado a veces que la gran estatura física de Claudia es buena metáfora sobre la forma en que hemos de verla: siempre hacia arriba, a lo más alto. Pero no es eso lo que quiero decir. Esto de sentipensar no se deja expresar bien en unas líneas. Y de eso se trata siempre cuando se habla de Claudia.

San Pablo Etla, noviembre de 2012

Our Claudia

I don't know how to put into words what I wish to say. And I realize this has happened to me many times with Claudia: I didn't know what to say, or how, when we spoke. It was always a surprise. It wasn't a matter of expressing whether I agreed or disagreed with her ideas, because it wasn't a purely intellectual matter. It was also about feeling, or to be exact, sentipensar.[2]

From a distance, I think the effect our conversations often had was a combination of two constant extremes within Claudia: freedom and radicalism.

It was always extreme freedom, but not in some form of decadence or recklessness as it was political freedom: a profound challenge of established norms, of all kinds, to express without reservation or fear what she conceived or felt, with no fear for the consequences. As a result, her sense of freedom always included bravery, courage, and integrity. The risks were always great, and her challenges had consequences. A few years ago, when she openly shared the well-founded hypothesis of Rosalie Bertell, it provoked irate reactions from within the establishment, presenting a genuine threat to Claudia. It was beautiful to see the solidarity movement that took place almost immediately, as emotional letters from Tanzania, New Zealand, and many parts of the world began to arrive expressing their support. The incident illustrated bravery as a consequence of her ability to express and courageously exercise her convictions.

This freedom was also radical; always aiming to get at the root of what it discussed, of what was at stake. To penetrate the surface without fear, to never stay trapped in the world of speculative games, to explore what existed at the core. I believe that this attitude, so radical, is what enabled her to come as far as she did.

Our friendship grew rapidly through our shared fascination for the *campesinos*, for those with whom she fell in love with in Venezuela and I in Mexico. It's still useful, more than three decades later, to consult her vast reports about her experiences in the field, the richness of her conversations with farmers and peasants – and it is indispensable, up until today, to continue revisiting her critical writings that contributed to dismantling the theoretical and ideological veils that cloak the reality of peasant life. From diverse points along the ideological spectrum, the extinction of the peasants was systematically predicted, because according to dominant theories and practices they would have to convert them-

---

2 Word-creation that could be translated literally with "feelthink," which means to think from/with/in your feelings and emotions. There is no separation between what you feel and what you think, it is one flow.

selves into salaried workers, in the same way that housewives would become incorporated into the labor market. Claudia's contribution "Why Peasants and Housewives Do Not Disappear in the Global Capitalist System?", which I believe appeared for the first time in 1985, in the series of working papers of Bielefeld University, seems to have more relevance today than ever. It was a formidable insight and at the same time a well-founded analytical result, something common in Claudia.

This analytic route led to the formulation of "the housewifization of labor," a category that remains a key in understanding capitalism, particularly in a time of crisis. With this expression, Claudia, together with Maria Mies and Veronika Bennholdt-Thomsen, synthesized a vigorous criticism of the dominant political positions, of the left and right and of modern science. They rigorously discredited various analytical and theoretical approaches of society, so much so that beginning in the eighties, they were presenting evidence around the continuous reproduction of the "original" or "primitive" accumulation or what is now named "accumulation by dispossession" and has recently become the widely accepted trend. In countries such as Mexico, the application of this category to our situation, the "housewifization of the Third World," the hypothesis that this group of countries fulfilled for the "developed" countries the function that housewives fulfill in their households, was a clear light amidst darkness, a possibility to understand what was happening in a new way. From this position, Claudia championed, together with many of us, the radical critique of the development enterprise that dominated the mentality of the intellectual, political, and institutional elite on the left and right, as is still the case today.

The Zapatistas strongly reinforced our friendship. In 1995, just a year after the uprising, Claudia came to Chiapas to get to know, first-hand, the Zapatista experience. Her rhetorical questions to Ramona continue being a point of reference for those who suspect that the Zapatista movement is the most radical initiative in the world and perhaps the most important, as said first by Claudia and later by Noam Chomsky, Immanuel Wallerstein, and Pablo González Casanova. In just a few days, Claudia managed to soak up the Zapatista reality and thoroughly understand what was and still is happening there. She could see that amidst the Zapatista uprising was the birth of the anti-globalization movement that would explode a few years later and that the Zapatista's criticism of neoliberal globalization would have a significantly broader reach than the dominant versions belonging to the social movements of the time, defining it as the Fourth World War (headed by financial capital), showing the crisis as a reflection of modernity itself, pointing out alternatives to capitalism not defined by socialism, and anticipating the necessary failure of neo-liberalism. Claudia's questions for Ramona included themes that hadn't been discussed in Mexico: matriarchy and

Western civilization. The analysis was truly dazzling, shedding light onto the insufficiencies that Bonfil had proposed regarding the *Mexico Profundo* (deep Mexico), the Mexico of Mesoamerican civilization, and put forward the possibility of a non-patriarchal civilization whose emergence undermines Western power in Mexico and in the whole world. From there, Claudia guided the eyes of those who see within Zapatismo a women's movement, not only because of the significant role women have played in the movement, from before the insurgency began and in all aspects of the Zapatista construction, but also in the nature of the movement itself, for its fundamental orientation and the meaning and direction of their initiatives, that deviate clearly, in both words and action, from the dominant patriarchal biases.

Ultimately, as Claudia reaffirmed in her noteworthy essay: "No Critique of Capitalism without a Critique of Patriarchy! Why the Left is No Alternative," her theoretical construction, just as her practical activity, throughout all of her life, has always radically challenged the dominant paradigm from a strictly feminine radicalism. Beginning in the 80s, in "Notes on the Relation between Sexuality and Economy," Claudia already showed the need to formulate new definitions of our basic concepts – economy and sexuality in particular. Still before then, in 1978, she published an article that demonstrated that the work of women was a blind spot in the political economy. It was an article which, amongst its many effects, forced Ivan Illich to revise his notions of the "shadow economy" that had been pointed out in *Medical Nemesis* in 1976. Thanks to this article and his conversations with Claudia, Illich discovered that the prototypical activity of the modern housewife is a creation of industrial society, essential for its existence, and is a condition of contemporary wage labor. (See the "Bibliographic Guide" that Illich prepared for his seminars in 1980 and that appears at the end of *Shadow Work,* in which he explicitly recognizes the inspiration he found in Claudia's work exploring what until then had been a blind spot).

"The men that lead the world have arrived at the end of their road. They have no responses for the crucial questions of our time." This phrase could have been written today, but these are the first words of *Women: The Last Colony*, the book published by Maria Mies, Veronika Bennholdt-Thomsen, and Claudia, whose first edition in German appeared in 1980. There is a very clear line, continuously enriched, between what Claudia wrote 32 years ago in that book, and what she has just published with Mathias Behmann: *Critical Theory of the Patriarchate: Towards a Science and World No Longer Capitalist or Patriarchical.* It resumes her former defense of subsistence and livelihood after identifying capitalism as a war against it, to show how it allows us to connect the material with the immaterial and leads to a spirituality of the earth and land, of wild nature, in which love and knowledge belong together and which affirms the call to stop the ongoing

destruction by creating the conditions to expand and enhance our interaction with all living beings. Since these are terms based on the criticism of capitalist patriarchy as an alchemical system and on the historical analysis of patriarchy as a system of war and a new philosophical conception, ecological terms or terms used in eco-feminism don't seem relevant as a means to reflect her concerns. The reason for this is that they are terms still associated with a rational separation between people and nature that Claudia has left behind. Her current struggle for the Pachamama best reflects the extent to which her former intuitions about women in modern society, her decades of rigorous investigation in a variety of fields, and her practical commitment to life unite magnificently within Claudia, in our dear Claudia.

And so, as I said at the beginning, I'm not quite sure how to say what I want to say. I have thought, at times, that Claudia's great physical stature could be a good metaphor for the way in which we have all come to see her: always upwards, to the highest point. But this does not adequately express what I want to say. This kind of sentipensar is not easily expressed in a few lines. And this sensibility is always present when we talk about Claudia.

San Pablo Etla, November 2012

2. Vom „Widerständig-denken-Lernen" bei meiner Doktormutter Claudia von Werlhof zur patriarchatskritischen Familientheorie

Mariam Irene Tazi-Preve

Ich war eine junge Studentin, selbst gerade einer Identitätskrise entflohen, wieder eingestiegen in den Uni-Betrieb und schnell herausgefunden, dass es da nicht so viel gab, was mich in den Bann ziehen konnte. Die Professorin, die mir allerdings sofort auffiel, war Claudia von Werlhof, die ans Institut kam, als mein Sohn gerade ein paar Monate alt war. Daher hatte ich ihr Hearing verpasst, nachher aber ihr Redemanuskript ergattert. Das war irgendwie ganz anders als alles bisher Gehörte. Faszinierend. Mit allem, was ich von ihr ab nun hören sollte, ging ich sofort in Resonanz. „Die Männer wollen uns auf ihr Niveau herunterziehen", sagte sie und meinte den Gleichheitsanspruch, auch so gemein werden, so hinterhältig, so primitiv um Karriere, Geld, Macht, Einfluss kämpfen, einander aus dem Feld schlagen durch „Schläue", „Angepasstheit", „Raffinement". Wie schmerzlich wahr das sein sollte, im „System", in der Arbeitswelt, erfuhr ich später in Wien, wo ich lange Zeit wissenschaftlich tätig war.

Und ein anderer Ausdruck, der meine wissenschaftliche Arbeit für immer prägen sollte, „Wir müssen vom Glauben abfallen", ja, das stimmte ebenfalls mit meinen Erfahrungen überein. Den Glauben an die Welt, so wie sie angeblich ist, hatte ich schon als Kind und Jugendliche verloren, dass das (Familien-)System richtig wäre, nein, das durchschaute ich schon früher, da stimmt etwas ganz fundamental nicht. Und dass das ganz wesentlich mit dem Geschlechterverhältnis zu tun hat, wurde mir auch bald klar.

Das Fundament fürs „Nicht-Glauben" hatte nämlich bereits meine Mutter gelegt, die zur Feministin wurde, als ich ein Teenager war. Die damals sagte: Sie habe nach der Lektüre ihrer ersten Emma verstanden „Das Unrecht hat einen Namen". Ab diesem Zeitpunkt war sie nicht mehr zu halten. Ihr Erweckungserlebnis zum Feminismus fand in den 1970ern statt, und sie nahm mich als Tochter gleich mit. Widerstand, soziales Bewusstsein, Antifaschismus, Antirassismus, da hatte meine Mutter schon vorgearbeitet. So wurde ich zur ersten Feministin in meiner Klasse im Akademischen Gymnasium der 1970er Jahre in Innsbruck.

Ich hörte also von Claudia, dass unser Verständnis von Politik und Ökonomie einem willkürlichen Denksystem unterliegt. Dass es sich um Ideologiegebäude und Denknormen handelt, die sich auf bestimmte Leitbilder zu Geschlecht, Natur, Technik gründen. Ich folgte ihren Ausführungen mit offenen Augen und Ohren. Sie stillte einen Hunger, der bei anderen Lehrenden nicht zu stillen war. Dort ging es um Parteien und Strukturen, wie die funktionierten, oder auch warum nicht, wie wer abgestimmt hatte, welche Funktionen Parteien und Verbände hatten. Ich langweilte mich zutiefst. Und ich war nicht die einzige. Claudia von Werlhof begriff Politik als politisches Denken, d.h. als das, was uns alle anging, mit einem weiten globalen Blick, der aufzeigte, wie alles miteinander zusammenhängt und also auch das Unrecht in der sogenannten Dritten Welt das unsere war. Ja, die Welt verändern, ja, sozialer Anspruch, was sonst? Theorie und Praxis müssten zusammengehen, hörte ich, sonst sei die ganze Wissenschaft nichts wert.

Die Funktionsweisen des Systems, des Familien-Systems, des Arbeits-Systems, des politischen Systems, des Systems des Umgangs miteinander, des ökonomischen Systems, das Ganze zu sehen und zu denken, den großen Zusammenhang zu sehen, das stieß bei mir auf fruchtbaren Boden. Hatte ich doch schon in jungen Jahren den Glauben an das, was als Norm galt, verloren, die Diskrepanz zu dem, was meine Wahrheit war, war einfach zu groß. Nichts lag mir näher als „vom Glauben abzufallen".

Wenn Claudia von Politik sprach, meinte sie nicht eine formale Auffassung von Demokratie, sondern sie meinte das Denken hinter den Bezügen. Das faszinierte mich als damalige Studentin der Politikwissenschaft. Es ging also nicht um die Abbildung des Bestehenden, die Beschreibung und „Verdoppelung der Wirklichkeit" (Ernst 1986), sondern um die Kritik an eben dieser Verfasstheit. Und darum, diese Zustände nicht einfach hinzunehmen. Also in Frage zu stellen, worauf das politische Agieren hierzulande und in der gesamten westlichen Welt beruht. Das bezog sich auf den westlichen Ich-Begriff, den Begriff von Arbeit, die Geschichte des Staates, die Geschichte des Vernunftdenkens, das Entstehen der klassischen Ökonomietheorie, und erst dann konnte man erkennen, um welchen Preis die postindustrielle Gesellschaft existiert. Dann wird die Gewalt daran sichtbar. Den Menschen musste nämlich alle Lebendigkeit ausgetrieben werden, der Natur die Bodenschätze entrissen und den Menschen, die noch mit ihrem Land verbunden waren, eben dieses Land weggenommen werden.

Claudia von Werlhof meinte also nicht das „politische System und seine Parteien", sondern „ein Politisches, das der Wahrheit über den Zustand unserer Gesellschaft(en), Zivilisation und Natur verpflichtet ist." (Werlhof 2010, 17) Im Gegensatz zur „Entleerung des Wissens" durch eine zunehmend profitorientierte Wissenschaft geht und ging es ihr immer um die Inhalte. In der Arbeit mit den Studierenden war es ihr ein wesentliches Anliegen, die Tradierung des herrschenden Kanons zu durchbrechen, das Projekt der Aufklärung und die Prämisse eines angeblichen Vernunftprinzips in Frage zu stellen. Der „Monokultur des Geistes" (Shiva 1993) stellte sie die Vielfalt des „dissidenten" Denkens und Lebens gegenüber.

Fragen zur Ökonomie entstanden bei Claudia von Werlhof aus der unmittelbaren Versorgung mit dem Lebensnotwendigen. Also aus dem Blick von unten herauf und nicht von oben hinunter. Vieles, was nun die Lebensgrundlage der Menschen auch bei uns heute zerstört – wie die Aufstände in Spanien, Griechenland und Portugal zeigen –, hat Claudia von Werlhof vor vielen Jahren bereits vorausgesehen. Hören wollte das keiner, weder die Beschreibung der Zustände in der sogenannten Dritten Welt und wie das mit der unseren zusammenhängt, noch die Analyse dazu.

Ganz wesentlich zur Arbeit und Theorieentwicklung von Claudia von Werlhof gehört die Rezeption der Erkenntnisse der Matriarchatsforschung. Der Aus- bzw. Rückblick in eine nichtpatriarchale Kultur, historisch und aktuell, bietet Ansätze zur Erklärung, worauf sich das Patriarchat gründete und gründet, und was es zu überwinden erhoffte. Daraus entwickelten sich auch ihre eigenen Thesen zur Kritischen Patriarchatstheorie, so die von der Ersetzung einer mutter- und naturlosen Welt durch das Patriarchat. Die Forschungen zu noch existierenden matrilinear lebenden Gesellschaften bieten konkrete Modelle für das „gute Leben", das uns durch die sogenannte Globalisierung gerade unter den Füßen weggezogen wird. Auch meine Forschungsarbeiten zur Privatheit orientieren sich daran, dass eine andere Welt möglich ist. So wohnt matrilinearen Familienverhältnissen eine unschlagbare Logik inne, denn sie ist an der sozialen Ursprungsgruppe von Mutter und Kind orientiert, wo sowohl Kinder als auch Erwachsene eine emotionale Stabilität und Rückhalt finden, die sie in der Kleinfamilie vergeblich suchen.

Und dann Claudias radikale Thesen. Eine wahrhaftige Freude war es zu hören, dass widerständiges Denken das ist, welches uns den Glauben an das „Wahre und Schöne" wiedergibt. Und dass die Welt gerade umgekehrt die Werte der „Niedertracht" (Bernhard 1989) hochhält, nämlich Konkurrenz, Ellbogentechnik, Neid, Hierarchien, dass Gegeneinander statt Miteinander gefragt sind. Und diesen sollen nun eben auch Frauen nacheifern, eben „gleich wie die Männer".

„Man stellt dir zuerst das Bein und lacht dich dann aus", sagte Claudia, es ist der Hohn, der oft noch dazukommt (Streeruwitz 2011). Sie sprach über das Leiden an den Verhältnissen, sie benannte das, was sonst tabuisiert bleibt. Sie sagte Unaussprechliches, versteckt hinter vermeintlich neutralem Wissensstoff. Dass da gar nichts Neutrales dran war, erfuhr ich von Claudia. Dass wir auf einem Wissenskanon aufbauen, der zwar als sakrosankt präsentiert wird, den aber die definieren, die die „Denkgewalt" (Ernst 1986) haben.

Das System, in dem nur patriarchale Werte zählen, wo die Männer überrepräsentiert sind und Frauen „sich bewähren müssen", um dann im Kampf um Geld, Macht, Prestige eh ständig das Nachsehen zu haben. Die angeblich notwendigen Strategien erweisen sich als ganz plump, geradezu primitiv. Claudia sprach von den „patriarchalen Frauen", da wurde mir zum ersten Mal klar, dass Frauen dem Patriarchat nacheifern, es in sich tragen, bis in die Wurzeln damit infiziert sind, Jahrtausende an Geschichte der Unterdrückung nun abgelöst wird durch das Angebot, im System reüssieren zu können. Was sich nachgerade ständig als Trick entpuppt. Bei „Versagen" heißt es dann, sie habe sich eben nicht genug angestrengt und müsse mehr „Machttechniken" lernen.

Nein, sagte sie, wir haben als Menschen im Gegenteil die Verpflichtung zu Anstand, zu Würde, zum Für-etwas-eintreten, für das zu sein, worum es sich zu leben lohnt, denn sonst können wir uns „nicht mehr in den Spiegel schauen".

Erst viel später, schmerzlich in der Arbeitswelt Wiener Prägung angekommen, wusste ich, wie sehr mich meine Doktormutter ruiniert hatte „für das normale Leben", das Leben, in dem diese Werte in absurder Weise verkehrt und als richtig hingestellt werden. Sich menschlich zu verhalten sei „sozial unintelligent", musste ich mir anhören. Und dass man „sich abputzen müsse" und am besten „nirgends anstreife", damit man nicht „in Schwierigkeiten gerate". Und ich geriet unentwegt in Schwierigkeiten, weil ich das einfach nicht begreifen konnte.

Ich erinnere mich an meine Doktormutter Claudia von Werlhof, die nie zurückwich, die immer widerständig blieb, mir schien gar, jeder Angriff beflügelte sie geradezu, um noch genauer zu erläutern, worum es ihr ging. Um noch mehr herauszustellen, wie sehr Widerstand nötig ist, um nicht unterzugehen im Zeitgeist, dem, was „man tut", wie man sich zu verhalten habe, in der Wissenschaft, in der intellektuellen Debatte, wenn sie überhaupt stattfand.

Und das in Österreich, dem Land der LeisetreterInnen, wo Strategie alles ist und man der grundsätzlichen Meinung ist, dass es sich am besten lebt ohne jede Meinung, weil da könnte man eben in Schwierigkeiten geraten. Wo in den hierarchischen Strukturen Raffinement alles und Menschliches nichts ist, zutiefst geprägt vom monarchistischen und höfischen Verhalten der k. u. k. Monarchie. Die den ÖsterreicherInnen tief in den Knochen steckt. Das Land, in dem die Umdrehung des Anstands zur Perfektion geraten ist. Da ist es schwer für einen geraden Menschen durchzukommen, das hat mich fasziniert und angezogen. Hielt ich es ja auch nicht aus, litt ich schon früh unter der Grobheit meines Umfeldes, wo das Unanständige noch einen moralischen Anspruch erhält. Das sei alles Recht, die Gemeinheit gegenüber den Frauen, der Natur und all dem, was sich der Norm nicht fügt

Wie lange hat Claudia von Werlhof den Institutskonflikt durchgestanden (Werlhof 1996). Die Gemeinheit kennenlernen in der akademischen Welt, die Unmenschlichkeit, die sich als Wissenschaft geriert. Gemein mit anderen machte sich Claudia nie. Indem sie immer alle Fragen als politisch sah, ob die Strukturen und Organisation des eigenen Instituts oder das in den 1990er Jahren geplante MAI-Abkommen[1]. Immer sah sie sich involviert, immer sah sie die – zerstörerische – politische Absicht dahinter. Das verstörte. Noch dazu eben in Österreich. Da befindet sich der rosa Elefant in der Küche, aber keine/r redet darüber. Auch den persönlichen Umgang von KollegInnen und StudentInnen untereinander machte sie zum Thema. Sie sprach über Kunst, Kultur und Natur, und dann gar auch noch von Spiritualität. Das musste irritieren. Dass sie sich weigerte, die Wissenschaftsdisziplinen auseinanderzuhalten, alles zusammen sah. Den weiten Blick hatte und hat. Wo doch jede Disziplin eifersüchtig ihre Wissenschaftsstandards verteidigt und jedes Zuwiderhandeln ihres Kanons mit dem Vorwurf der „Unwissenschaftlichkeit" bedenkt. Die Sanktionen waren natürlich rigoros. Verächtlichmachung, Verleumdung, Blockieren, Ausschluss. Wie zuletzt ganz massiv geschehen in der Folge des Interviews im Standard zum Erdbeben in Haiti. Das wiederum wurde Claudia zum Anlass, erst recht hinzublicken darauf, was da wirklich passiert, und was sie da aufdeckte, gemeinsam mit anderen WissenschaftlerInnen, ist womöglich noch ungeheurer als das zu Fall gebrachte MAI-Abkommen. Und hat ihr eine ganz neue Arbeit eingebracht: nämlich die „Planetare Bewegung für Mutter Erde".

Das MAI-Abkommen sollte ja damals durch die Hintertür eingeführt werden, Regierungen führten geheime Verhandlungen, die nicht an die Öffentlichkeit dringen sollten. Viele der durch das GATS-Abkommen eingeführten Deregulierungen – der Abbau des arbeitsrechtlichen Schutzes, der sozialpolitische Rückbau – sind aber bereits zur Wirklichkeit geworden. Damals aber wurde sie angefeindet, weil sie solche Themen in die Universität trug mit der Aufforderung an alle KollegInnen, sich dieser Problematik auch in ihrer Theorie zu stellen. Oder aber in praktischem Protest. Nichts davon geschah.

In Claudia von Werlhofs Arbeit als erste Professorin für Geschlechterforschung in Österreich ging es also nur am Rande um ein Hickhack zwischen Männern und Frauen, sei es auf der individuellen oder sozialen Ebene, sondern darum, den Fortschrittsglauben in Frage zu stellen. Und darum, dass wir alle, Frauen oder Männer, an jedem Ort, an dem wir sind, hinterfragen müssen, wohin wir eigentlich gehen. Und ob wir dafür einstehen können. Ob wir durch unser Handeln auf persönlicher wie auf systemischer Ebene am Wohlergehen

---

1 Multilateral Agreement on Investment – Verfassung einer einheitlichen globalen Wirtschaft als Ende aller nationalen Souveränität.

der/des anderen und aller teilhaben oder an ihrem Leid und zu ihrem Schaden mitarbeiten.

Wie sehr war Claudia die Lehre ein Anliegen. Dass sie sich immer sofort einbrachte, wie in der Studentenbewegung im Herbst 2009. Da sprach sie im besetzten Sowimax der Universität Innsbruck zu den StudentInnen und nannte die soziale Bewegung eine „Liebeserklärung an das Leben". Sie stellte das spontane Aufbegehren der Studierenden in den Kontext dessen, was in der Ökonomie aktuell passiert, indem sie über Bildung als Ware sprach und die Aushöhlung von Bildung. Ihre Wahrhaftigkeit hat uns immer alle berührt. So geschah es mit mir, so geschah es mit so vielen Studierenden und MitstreiterInnen in den ökonomischen und matriarchalen Netzwerken, die sich um die ganze Welt spannen. Dass es immer um Freiheit geht, um das Wahrhaftige und die persönliche Würde. Das ist es, was mich mit Claudia von Werlhof über all die Jahre verbunden hat und verbindet.

Claudia bringt Wirtschaft und Wissenschaft zusammen, benannte auch immer die Verantwortung der Wissenschaft für das, was ökonomisch und politisch auf diesem Planeten passiert. Dass es einen Elfenbeinturm gar nicht gibt, weil uns die Realität in Form der Ausgliederung der Universitäten und der Kommerzialisierung von Bildung ja schon längst getroffen hat. Wir ja an unserer eigenen Abschaffung mitwirken sollen, und dass Claudia von Werlhof daher auch den WissenschaftlerInnen dauernd auf die Füße trat. Die Zurichtung des Menschen zur Maschine ist ein durchgängiges Thema von Claudia. Und sie sieht diese Maschinen eben überall, an der Universität, in der Politik, in der Ökonomie. Was sie schmerzt, ist, dass nun auch die Studierenden schon zum Material für die Abrichtung am Arbeitsmarkt wurden, dass die Professoren deren „employability" vorbereiten sollten, sich beteiligen am Maschinenprojekt.

Ich bin stolz darauf, dass ich als Werlhof-Schülerin gelte, wie mir zuletzt eine Kollegin anlässlich einer Konferenz in San Francisco sagte. Mein Vortrag handelte davon, wie fatal sich die patriarchalen Surrogate als Ersatz für Matrilinearität auswirken, und zwar auf privater wie auch auf öffentlicher Ebene. Ja, kritisch war der Vortrag, patriarchatskritisch natürlich. Claudia von Werlhof entwickelte die „Kritische Patriarchatstheorie", eine umfassende „Meta-Theorie des 21. Jahrhunderts" (Behmann 2009) als Paradigma des Versuchs der zerstörerischen Neuschaffung von Welt. Diese Theorie lässt sich sowohl im Mikro- als auch im Makrobereich anwenden und verortet auch meine Arbeit ganz neu.

Claudia hatte mich früh gelehrt, dass die Wissenschaft etwas mit dem Leben zu tun hat und kein Abstraktum ist. Es geht um die Würde des Menschen, um die Liebe, um das tägliche Versorgen der Menschen. So kam ich zu meinem eigenen Thema, das Politische am Privaten, dass die Misere der Mutterschaft direkt etwas mit der Politik zu tun hat (Tazi-Preve 2004). Und dass die Kleinfamilie eine der Säulen des Systems ist, immer noch, trotz der Befreiungsversuche durch die zweite Frauenbewegung.

Wie geht nun unsere Arbeit zusammen? Beide nehmen wir Normen nicht hin. Wir sehen die Gewalt und das Leid und immer den Gesamtzusammenhang. So erfordert ein umfassendes Verstehen von Privatheit den simultanen Blick auf die Politik, die Gesellschaft und die individuelle Ebene.

Ich habe mich in den 1990er Jahren im Rahmen meiner Diplomarbeit und Dissertation, die beide von Claudia von Werlhof betreut worden waren, auf die individuelle Ebene der Mutterschaft und dem Leiden an ihr begeben, um dort schon sehr bald festzustellen, dass das individuelle Leid mit den sozialen Strukturen und Bedingungen, unter denen Mutterschaft gelebt werden muss, zusammenhängt. Und dass darüber hinaus der alte Spruch „das Private ist politisch" nirgendwo so wahr ist, wie beim Umstand, wie der Staat zu seinem Nachwuchs kommt und unter welchen Umständen dieser aufzuwachsen hat. Eben in der Mutterschaft als Institution.

Mein weiterer wissenschaftlicher Weg führte mich in die empirische Forschung. Meine Themen erweiterten sich von der Mutterschaft zur Demographie, der Familien- und Bevölkerungspolitik, immer wieder zum Schwangerschaftsabbruch. Dann kamen die Väter in mein Blickfeld, sozusagen als Kehrseite der Mutterschaft, und ich fragte mich, wo sie wohl geblieben seien. Die Beschäftigung mit Umfragen und Statistiken schärfte meinen Blick noch einmal für die Fakten, um dann wieder den Schritt zurück zu tun zur theoretischen Verortung, um zu sehen, was das anhaltende, ja sich verschärfende Ungleichgewicht zwischen den Geschlechtern auf individueller Ebene mit der systemischen zu tun hat. Das führte mich zur Analyse der Kleinfamilie als eine der tragenden Säulen des Patriarchats.

Die Arbeit führte mich u. a. auch an ein Institut, wo die theoretische Gesundheit von Frauen in den Mittelpunkt gerückt, die praktische und persönliche der Mitarbeiterinnen dagegen täglich in Mitleidenschaft gezogen wurde. Enormer psychischer Druck führte zu kurzfristigen Arbeitsverhältnissen, die Frauen waren sozusagen dauernd auf der Flucht. Da dies mein erstes Erwerbs-Arbeitsverhältnis war, traf ich unverhofft auf die brutalisierten Regeln der Arbeitswelt und wies selbst andauernd auf die Diskrepanz hin. Die tägliche Abholung meines Sohnes vom Kindergarten wurde zur Nagelprobe. Ähnliche Dinge häuften sich, sodass auch ich mich bald aus diesem Arbeitsverhältnis begab. Sollte nicht eine Theorie mit einer guten Praxis einhergehen, hatte uns Claudia eingebläut. Ich lernte, dass das Gegenteil der Fall war. Und sie deprimierender Weise wieder Recht hatte.

Meine Erfahrungen in 20 Jahren wissenschaftlichem Berufsleben liefen darauf hinaus, dass am „System", an den Prämissen und normativen Vorstellungen, nicht gerüttelt wird. Und dass ein solches Denken auch nicht erwünscht ist. Dass also all das, was ich von Claudia gelehrt worden bin, das „System" sprengt und mir immer wieder die Unerträglichkeit der Verhältnisse vor Augen geführt wurde.

Ich habe diesen Spagat des Darin-arbeiten-müssen aber Nicht-daran-zu-glauben nicht gut gemeistert. Aber ich musste mein Kind erhalten, und ich wollte Anerkennung für meine Tätigkeit als Sozialwissenschafterin. Erst in jüngster Zeit ist es mir gelungen, diese Spannung hinter mir zu lassen und mich ganz dem Weg zu widmen, der ohnehin seit meiner Studienzeit für mich vorgezeichnet war. Der Wahrheit verpflichtet, wie Claudia sagt, arbeite ich aktuell an einer patriarchatskritischen Analyse der Kleinfamilie.

Obwohl die Belege für das Leiden an der Kleinfamilie überwältigend sind, wird diese unermüdlich propagiert und als einzige Form familialen Lebens gepriesen. Über die Zeit gewandelt erhielt sie ein neues modernes Gesicht. Schon historisch hatte das Modell Kleinfamilie nämlich ganz andere Absichten als das Wohlergehen der einzelnen Mitglieder. Sie diente als rechtliche Begründung von Patrilinearität, also primär von Vererbung von Besitz oder als moralischer Imperativ, begründet durch die christliche Doktrin.

Der Geburtenrückgang und die hohen Scheidungsraten führen aktuell zur Rede von der Krise der Familie. Gleichzeitig suchen aber Menschen, die in einer immer restriktiver werdenden Arbeitswelt leben, Zuflucht in der angeblich privaten Idylle. Die Kleinfamilie soll nun zum Glücksort für emotional bedürftige Menschen werden, wo Kinder behütet aufwachsen sollen. Auf der anderen Seite hat das Aufwachsen unter kleinfamilialen Bedingungen aber auch weitreichende gesellschaftliche Konsequenzen: Emotional bedürftig gebliebene Menschen produzieren den süchtigen Menschen unseres Zeitalters, Motor unserer (post-) industrialisierten Welt.

Gewalt nimmt in der Kleinfamilie ihren Ursprung. Sigmund Freud hat durch sein Modell der Triangulierung die Vater-Mutter-Kind-Familie theoretisch untermauert, als Konstante normiert, als Ideal festgeschrieben. Trotz aller Fallbeispiele vom Leid an der Kleinfamilie hielt er an ihr fest als Ideal. Von dieser Konstellation gehen aber Neurotisierungen aus, die die PatientInnen ein Leben lang auf die Therapeutencouch bringen, auf der dann zumeist auch die Mutter liegt – weil sie die einzige ist, die wirklich zuständig ist für die Kinder. Die Mutter erscheint als übermächtig oder feindselig oder nicht genügend nährend oder selbst in tiefe Gefühlsverwirrungen verstrickt. Am Vater wird gelitten durch autoritäre Anwesenheit oder der verletzenden Geringschätzung durch Abwesenheit. Die Beziehung der Eltern untereinander scheint fast nie „gut", was später auch von den nun Erwachsenen allerorts frustriert festgestellt wird. Also ein

Leiden an dem „Nicht genug" oder dem „Nicht-gut-genug" an Zuwendung durch ein „Zu wenig" an Erwachsenen.

Aber niemand sagt den Beteiligten, dass die Kleinfamilie nicht funktioniert, weil die familiale Konstruktion per se das Problem darstellt (Tazi-Preve 2010). Das weiß die Psychoanalyse und die ganze Therapieszene schon lange. Aber sie spricht es nicht aus. Dass es aber grob fahrlässig ist, weiter zu suggerieren, das sei die Normalität, der man weiter nacheifern müsse, das ist das wahre Problem. Emotional notorisch Unterversorgte tragen dann mit an einer Arbeitswelt, die Selbstbestätigung nur durch materiellen Erfolg und Karriere in Aussicht stellt. Die dann die Werte mittragen, die zerstörerisch wirken. Die Kleinfamilie ist also der Ort, wo Menschen zu einem Männlichkeits(Menschen)bild herangezogen werden, das keine Verantwortung für die weiteren Generationen kennt, sondern ausschließlich das eigene Wohlergehen im Blick hat.

Der normative Diskurs zur Kleinfamilie erhält nur aus patriarchatskritischer Sicht eine legitime Erklärung. Andere Erklärungsmuster wie soziale Theorien greifen viel zu kurz und begreifen die Geschlechterfrage selten als systemische. Nur mit einem interdisziplinären und patriarchatskritischen Blick werden Ursachen, Absicht, Reichweite und Konsequenz dieses Projekts einer kollektiven und kontrollierten Kontrolle über die Reproduktion und Sozialisierung von Menschen sichtbar.

Zwischen Claudia und mir ist der Diskurs[2] seit meiner Zeit als Studentin an der Universität Innsbruck nie abgerissen. Er beflügelt und bestärkt mich fortwährend in meiner Arbeit und dem Bewusstsein, allein der Wahrhaftigkeit verpflichtet zu sein.

Literatur:

Behmann, Mathias. 2009. *Idee und Programm einer Matriarchalen Natur- und Patriarchatskritischen Geschichtsphilosophie. Zur Grundlegung der Kritischen Patriarchatstheorie angesichts der „Krise der allgemeinsten Lebensbedingungen"*, in: Projektgruppe „Zivilisationspolitik": *Aufbruch aus dem Patriarchat – Wege in eine neue Zivilisation?*, Beiträge zur Dissidenz, Nr. 23, Frankfurt am Main: 107-177.
Bernhard, Thomas. 1989. *Holzfällen*. Frankfurt am Main.
Ernst, Werner. 1986. *Legitimationswandel und Revolution. Studien zur neuzeitlichen Entwicklung und Rechtfertigung politischer Gewalt*, Berlin.

---

2 Und dies trotz immer größer werdender räumlicher Distanz.

Shiva, Vandana. 1993. *Monocultures of the Mind. Biodiversity, Biotechnology and Agriculture*. New Dehli – London.

Streeruwitz, Marlene. 7.5.2011. *Wenn Sie mich fragen*. Standard A12.

Tazi-Preve, Mariam Irene. 2004. *Mutterschaft im Patriarchat. Mutter(feind)schaft in politischer Ordnung und feministischer Theorie – Kritik und Ausweg*. Werlhof, C. von (Hg.): Beiträge zur Dissidenz. Bd. 14. Frankfurt a. M.

Tazi-Preve, Mariam Irene. 2010. *Familie als matriarchale Sozialordnung*. In: Uschi Madeisky (Hg.) *Die Ordnung der Mutter – Wege aus dem Patriarchat. Dokumentation des Internationalen MutterGipfels 2008*. Christel Göttert Verlag: 57-94.

Werlhof, Claudia von. 1996. *Mutter Los. Frauen im Patriarchat zwischen Angleichung und Dissidenz*. München.

Werlhof, Claudia von. 2009. *Capitalist Patriarchy and the Negation of Matriarchy: The Struggle for a „Deep" Alternative*. In: Genevieve Vaughan (Ed.). *Women and the Gift Economy. A Radically different Worldview is possible*. Toronto: 139-153.

Werlhof, Claudia von. 2010. *Über die Liebe zum Gras an der Autobahn. Analysen, Polemiken und Erfahrungen in der „Zeit des Bumerang"*. Rüsselsheim.

3. Die Berge und das Leben.
Ein persönlicher Rückblick an den Anfang

Ursula Scheiber

der **Berg** trägt
Er bewegt
öffnet sich

aus Deinen Brüsten
die Milch

aus
Deinen Klüften
das Blut
erdverschmiert

gebären
nähren
hervorbringen

das Land
die Weite
das **Leben**[1]

„BergLeben", dieser Titel stand zu Beginn der Idee, eine wissenschaftliche Arbeit über das Leben in und mit den Bergen zu schreiben. Im Nachhinein betrachtet sind die beiden Begriffe „Berg" und „Leben", die den Titel bilden, sowie ihre Verbindung die Essenz von allem bisher Geschriebenen.[2] Sie sind konzentrierter Gesamtausdruck einer Spiritualität, die von der „Verbundenheit alles Seienden"[3] Ausgang nimmt. Sie sind Prämisse, wenn es darum geht, einen Blick aus der derzeitigen, allumfassenden Krise der allgemeinen Lebensbedingungen[4] hinaus

---

1 Auszug aus einem Gedicht von Annemarie Regensburger, erschienen in: Berge Bewegen, Ausstellungskatalog, Stams, 2008; Hervorhebung der beiden Wörter Berg und Leben: U.Sch.
2 Damit beziehe ich mich auf mein laufendes Dissertationsprojekt, das von Claudia von Werlhof betreut wird.
3 Vgl. Behmann in: Projektgruppe „Zivilisationspolitik", 2009, S.138
4 Vgl. dazu die Beiträge von Werlhof und Behmann in: Projektgruppe „Zivilisationspolitik", 2009.

zu schicken. Sie sind dissidenter Ausruf einer Systemkritik, die anhand der Kritischen Patriarchatstheorie den Geschehnissen vor Ort auf den Grund zu gehen versucht. Ein persönlicher Rückblick an den Anfang soll meinen Zugang zur Perspektive der Kritischen Patriarchatstheorie und damit zu einer anderen Art von Wissenschaft erklären, um sich in weiterer Folge dem tatsächlichen Umgang mit den Bergen und der Frage nach seiner Zukunftsfähigkeit zu widmen.

Am Ende des Studiums der Beginn eines anderen Denkens, Fühlens und Handelns

Ich saß im Büro von Professorin Claudia von Werlhof, im zweiten Teil meiner Diplomprüfung. Ein „ordentlich" und planmäßig absolviertes Diplomstudium der Politikwissenschaft lag hinter mir, meine Diplomarbeit zum Thema „Alpinismus und Politik"[5] auf dem Tisch vor mir. Bald hatte ich es geschafft, das Studium beendet, hinaus in die Welt, bereit für etwas Neues. Doch im intensiven Prüfungsgespräch vertieft stellte sich Unzufriedenheit ein, eine gewisse Unruhe, meine Gedanken wanderten vor und zurück. Sie begannen um die Erkenntnis zu kreisen: Da gibt es noch eine ganze Welt an kritischem Denken zu entdecken. Die Welt erschien unter dem Blickwinkel der für mich neu entdeckten Patriarchatskritik auf einmal ganz anders, ein Gefühl von Wissensdurst und Erkenntnishunger machte sich breit. Ich könne doch im Herbst wiederkommen und mich der Dissertantengruppe anschließen, meinte Claudia von Werlhof auf die Frage nach meinen Zukunftsplänen. Das wirkliche Studium sollte mit diesem Tag der Diplomprüfung erst richtig beginnen und damit der eigentliche Weg in die Wissenschaft als der persönliche „*Prozess des Wissend-werdens*"[6].

Aufgewachsen inmitten hoher Berge, im Tiroler Ötztal, prägte und prägt bis heute die natürliche Umgebung mein Leben auf unbewusste und mit dem Studium langsam auch bewusst gewordene Art und Weise. Die Berge sollten im Mittelpunkt meines Dissertationsprojektes stehen, als Dreh- und Angelpunkt der Erkenntnis, so viel war von Beginn an klar, unklar hingegen der Weg dorthin. Unwissenheit und vielleicht auch Naivität prägten diesen Zeitpunkt des Beginnens, darüber, wie umfassend und tiefgehend die Beschäftigung in den kommenden Jahren werden würde, wie mühsam dieser Weg sich gestalten würde, ein Weg mit Höhen und Tiefen, Verzweiflung und Aha-Erlebnissen, Rückblicken und Ausblicken. Ein jahrelanger Prozess des Lesens, Denkens, Nachspürens, Fühlens, Verstehens, Nichtverstehens, Schreibens und Wiederverwerfens war die Folge. Die Beschäftigung mit den Erkenntnissen und Thesen der Kriti-

---

5   Scheiber, 2005
6   Daly, 1991, S.31

schen Patriarchatstheorie im Studieren der Publikationen von Claudia von Werlhof und im Besuch ihrer Lehrveranstaltungen öffnete die Augen und die Sinne grundlegend und immer wieder aufs Neue. Sie erwiesen sich als so umfassend, erklärend und tiefgreifend, dass nichts anderes passieren konnte, als das eigene Weltbild und Weltverständnis komplett aufzurütteln und zu verändern und alles bisher Gelernte, ja um sich Geschehende in einem neuen Licht zu betrachten. Ich erinnere mich an die regelmäßigen Dissertant_innen-Treffen im Büro von Claudia von Werlhof, die Diskussionen in der Gruppe, ihre Ausführungen und neuen Erkenntnisse beziehungsweise an den Blick auf die Geschehnisse, den sie mit uns teilte. Oft saß ich nur da, spitzte die Ohren und kam aus dem Staunen nicht mehr heraus, ob der plötzlichen Offensichtlichkeit der Zusammenhänge, der Brutalität der weltweiten Geschehnisse und der Plausibilität der Kritischen Patriarchatstheorie als „Erklärungsinstrument". Claudia von Werlhof schaffte es, eine umfassende Neugier und ein tiefgehendes kritisches Denken zu wecken, wie ich es vorher in meinem Diplomstudium in dieser Dimension nicht entwickelt hatte. Empathie und kritisches Hinterfragen, bewusste Subjektivität und Teilnahme waren und sind ihre Forderungen an die Wissenschaft und an uns als herangehende Wissenschaftler_innen.[7] Das Doktoratsstudium wurde über die wissenschaftliche Beschäftigung hinaus zu einer Persönlichkeitsentwicklung, zu einem „Lebensstudium" – zwar, so wie das Leben selbst, kein Honiglecken, jedoch etwas, das einen mit Haut und Haaren erfasst und nicht mehr loslässt. Das Forschen wurde damit zu einem intensiven persönlichen Bewusstwerdungsprozess[8], keine „rein" denkerische Arbeit, sondern eine wissenschaftliche Beschäftigung mit Leib, Seele und Kopf, mit den Sinnen und den Gefühlen als Quelle der Erkenntnis[9]. Dieser jahrelange Forschungsprozess hat mich nicht theoretisierend von meiner Herkunft in den Bergen entfernt und in einen urbanuniversitären Elfenbeinturm verbannt, sondern mich meiner Umgebung und den Menschen, die hier leben, näher gebracht, mein Verhältnis zur (Berg-)Natur vertieft und mich zur ruralen Bodenständigkeit zurückkehren lassen. Das, was einem am Herzen liegt, ist das, mit dem man sich beschäftigen sollte, diese Erfahrung aus der persönlichen Betroffenheit heraus bildete die Motivation über all die Jahre. *„Wissenschaft ist eine zutiefst persönliche und zugleich soziale Tätigkeit."*[10]

---

7 Vgl. dazu Werlhof, 1985, S.41
8 Vgl. die Methodischen Postulate der Frauenforschung in Mies/Shiva, 1995, S.55
9 Vgl. Mies/Shiva, 1995, S.76
10 Fox Keller, 1998, S.14

Die Berge und ihre Lebendigkeit

War der Anspruch zu Beginn meines Dissertationsprojektes gewesen, über die Berge und das Leben mit ihnen weltweit zu schreiben, so fokussierte sich der Blick im Laufe der Zeit. Ausschlaggebend dafür war die Konzentration auf das eigene Selbst und die natürliche Umgebung, den Lebensort. Er ist Ausgangspunkt und Topos, an dem das Denken, Fühlen und Handeln unmittelbar sein kann und damit, im Zuge meiner wissenschaftlichen Beschäftigung, radikalisiert werden konnte. Ja, es entstand eine Radikalisierung im wahrsten Sinne des Wortes als eine Verwurzelung und ein Bewusstmachen der eigenen Wurzeln. Hinzu kam, dass die Zeit reif geworden war, dass die aktuellen Ereignisse gleichsam nach einer hinterfragenden Betrachtung und einer patriarchatskritischen Analyse ihrer tatsächlichen Beweggründe und Ziele schrien. Die Naturzerstörung und Transformation der Bergwelt durch touristische Großprojekte erreichte in den vergangenen Jahren in den Ötztaler Bergen ein noch nie dagewesenes Ausmaß. Manche dieser Projekte wurden gerade erst in der Zeit der Forschungen zu meiner Dissertation umgesetzt, die wissenschaftliche Beschäftigung mit dem Phänomen der Naturzerstörung wurde von den tatsächlichen Naturzerstörungsprojekten regelrecht eingeholt. Es entstand ein spannender Prozess, der reale, aktuelle Geschehnisse mit der für mich neu angeeigneten patriarchatskritischen Sichtweise nebeneinander herlaufen ließ und eine unmittelbare Analyse „par exemple" ermöglichte. Die touristische Scheinwelt begann zu bröckeln, der Blick hinter die Kulissen zeigte ihr wahres Gesicht, und plötzlich erschien alles ganz anders, als es einem als Bewohnerin des Tals seit Jahren und stetig neu vorgegaukelt wird. Ich fand mich in einem Erkenntnisprozess wieder, der folgender Erfahrung Claudia von Werlhofs ähnlich ist:

„Im Gegenteil, die Entscheidung, dem Ruf zu folgen, bedeutete ein Sich-Einlassen auf die neu erfahrene Realität als einer erschreckenden Wahrheit – und das heißt ein Sich-Öffnen für die darin liegende Erkenntnismöglichkeit. Denn nur im Fühlen zeigt sich der Weg zum Denken und zur Erkenntnis. Diese Erkenntnis bestand im Verlust jeglicher Illusion – da kippt etwas um und weg – der Glaube an irgendeine Normalität war endgültig dahin. Ich gelangte in eine andere Dimension, in die der ungeschminkten Realität, nämlich der der Natur selber, auf deren Seite wir uns zu schlagen haben – was ja bisher nicht wirklich geschieht – und unter mir ein einziger Abgrund."[11]

Unten und *Oben*, *Innen* und *Außen*, diese vier Merkmale des Berges kristallisierten sich als *die* Topoi oder Orte heraus, an denen die patriarchatskritische

---

11 Werlhof, Claudia von: „Die Planetare Bewegung für Mutter Erde": Warum es sie gibt und geben muss, in: Projektgruppe "Zivilisationspolitik", 2011, S.385

Betrachtung des Lebens in den Bergen anzuknüpfen und sich zu verorten hatte. Diese Form und Struktur war für mich auf einmal klar da und stimmig. Alles andere als stimmig zeigte sich jedoch das, was an den vier Bergtopoi Tal, Gipfel, Berginneres und Gletscher vor meinen Augen tatsächlich geschah. Bei näherer Betrachtung entpuppte es sich als absurd, in seiner buchstäblichen Begriffsbedeutung als misstönend, unharmonisch, brutal, zerstörerisch, ausbeutend und zutiefst entfremdend. *Es ist der patriarchal-alchemistische Versuch der Schöpfung einer neuen, angeblich besseren Bergwelt aus ihrer Zerstörung.*[12] Schreibend entstanden so harte Worte über eine bittere Realität: Der zerstörerische und transformierende Umgang mit der Natur ist Ausdruck des Versuchs, die patriarchale Utopie der Ersetzung und Neuschaffung der Natur umzusetzen. Dieser Versuch ist nicht nur global und allgemein zu erkennen, sondern auch regional, in den Alpen, und lokal, am Topos, angekommen. Anhand von Beispielen spezifischer Tourismus-Szenarien an den vier von mir herausgearbeiteten Topoi konnte die Materialisierung der patriarchalen Utopie einer „*Er-Schöpfung*"[13] *der Berg-Welt* ersichtlich gemacht werden: Futuristische Bergstationen aus Stahl und Beton statt natürliche Felsgipfel, Kunstschnee als Ersatz für die entschwindenden Gletscher, die kapitalistische Ausbeutung der Ressourcen aus dem Berginneren sowie ein Mega-Funpark, der sich im Tal auf ehemaligen Agrarkultur-Flächen ausbreitet und ein angebliches alpines „Natur-Erlebnis" ohne alpine Natur ermöglichen soll. *Kern all dieser Projekte ist die Utopie einer ständig wachsenden touristischen Wertschöpfung aus der Zerstörung des Berges und seiner versuchten Ersetzung.* Corrado Mornese spricht allgemein und treffend von einem stattfindenden „*lowlandization process of the mountain*"[14], man könnte sagen einer "Tieflandisierung" der Berge, die in den vergangenen Jahrhunderten in den Alpen stattgefunden hat. Damit meint er die kolonialistische Unterwerfung der alpinen Zivilisationen unter das sich ausbreitende System des europäischen Tieflands, beginnend mit der Christianisierung der Berggebiete. Der Prozess der „lowlandization of the mountains", d.h. der versuchten Begradigung, im Sinne einer Kontrolle, Mechanisierung und „Monotonisierung" der Bergnatur und der dazugehörigen Kultur, wird seit Beginn der Neuzeit durch Kapitalisierung, Modernisierung und Industrialisierung zunehmend realisiert. Aktuelle, daraus folgende Methoden dieses Prozesses sind die Urbanisierung und maschinentechnische Verformung der Berge durch infrastrukturelle Eingriffe im Zeichen des

---

12 Die patriarchalisierte Alchemie der „Schöpfung aus Zerstörung" ist die Methode zur Umsetzung der patriarchalen Utopie einer mutter- und naturlosen Welt. Vgl. dazu Werlhof, 2011, S.71 und 79ff.

13 Werlhof, 2012

14 Mornese, Corrado: Heretic women, in: Zucca, 2005, S.73

Massentourismus. Ziel dieses Prozesses ist heute wie in seinen Anfängen „*the* „*death*" *of the mountain per se*"[15], oder, patriarchatskritisch formuliert: die Mortifikation[16] und Ersetzung des Berges durch (s)eine Neuschöpfung aus seiner Zerstörung.

Wie sollte man dem Ganzen begegnen? Wie können wir die Erkenntnis aushalten, dass die natürliche Umgebung der Heimat zusehends ausgebeutet, zerstört und transformiert wird?

„*Heimathaben ist etwas ganz Selbstverständliches, möchte man meinen. Dazu gehört, dass man sich ihrer erst bewusst wird, wenn es um einen herum zu bröckeln beginnt, wenn Heimat zerfällt, weil hemmungslos abgerissen, gebaut, gerodet, planiert, erweitert, erschlossen und zusammengeschlossen wird.*"[17]

Ich begab mich auf den mitschuldigen – da selber im Tourismus Tätige und die touristische Infrastruktur Benutzende – und zugleich unschuldigen, d.h. die Wahrheit suchenden Weg der Erkenntnis und des Vermittelns der gewonnenen Erkenntnisse. Eigentlich ergab sich dieser Weg vielmehr Schritt für Schritt im Gehen, ohne sich im Vorhinein über die Konsequenzen und Folgen wirklich im Klaren zu sein. Das einzige, was klar wurde, war: Es muss gleichzeitig an zwei Strängen gearbeitet werden, zum einen, indem die tatsächlichen Zerstörungen aufgezeigt, benannt und patriarchatskritisch analysiert werden, zum anderen im konkreten Sich-Begeben auf den Weg, der auf die Seite der Natur[18] führt, auf die Seite der Berge als lebendige und lebensspendende Umgebung. Claudia von Werlhof beschreibt diesen unschuldigen Weg der Wahrheit wie folgt:

„*Wir handeln „unschuldig", wie Ghandi es nannte, ohne Kalkül, nur der Wahrheit wegen, und das gewaltlos (ahimsa/sathyagraha), waren seine Begriffe dafür. Sie stehen uns zur Verfügung.) Und im selben Sinne denken und fühlen wir, ja, nur unter der Voraussetzung einer solchen Unschuld, die allein der Wahrheit verpflichtet ist, kommen wir auch zu einem entsprechenden Fühlen und Denken. Denn ohne diese Unschuld würden sie nur in der Gestalt des Schreckens und des anschließenden Verdrängens bestehen können.*"[19]

---

15 Siehe Mornese, Corrado: Heretic women, in: Zucca, 2005, S.73
16 Die Mortifikation, d.h. die Tötung, ist zentrale Methode der patriarchalen Alchemie. Sie schafft die Grundlage, die „materia prima", oder den Rohstoff für die weitere Neu-Schöpfung einer angeblichen „besseren" und „höheren" Materie. Vgl. Werlhof, 2010b, S.153ff. Diese patriarchal-alchemistischen Vorgänge können nicht nur in den modernen Naturwissenschaften als solche erkannt werden, sondern u. a. auch in Maschinentechnik und kapitalistischer Ökonomie. Vgl. Werlhof, 2010b, S.158f.
17 Vanzo, Günther: Heimatsterben, in: PRO VITA ALPINA Information Nr. 103, Längenfeld, März 2007, S.6
18 Vgl. Werlhof, in: Projektgruppe "Zivilisationspolitik", 2011, S.20
19 Werlhof, in: Projektgruppe "Zivilisationspolitik", 2011, S.383f.

Nicht aufhören Fragen zu stellen und Antworten darauf zu suchen, diese Aufforderung gab Claudia von Werlhof uns Doktorand_innen immer wieder mit auf
den Weg. Wegweiser war und ist das „*sentipensar*"[20], das denkende Fühlen oder
fühlende Denken, wie es Gustavo Esteva unvergleichlich in einem Wort auszudrücken vermag. Das „sentipensar" beinhaltet auch das Gespür, auf dem richtigen Weg der Erkenntnis zu sein, ohne Kalkül oder Berechnung, sondern wis-
send und spürend, dass so der „Hase im Pfeffer" gefunden werden konnte, der
Grund allen Geschehens.

Den Wortbedeutungen auf den Grund zu gehen und an konzentrierten Begriffen weiterzuarbeiten erwies sich als eine erkenntnisreiche Methode auf diesem
Weg. *Pater arché* bedeutet, dass der Vater (pater) angeblicher und umzusetzen
versuchter Ursprung (arché) allen Lebens ist. Dementsprechend deutlich und
klar kann die Utopie des Patriarchats als eine die Mütter, Frauen, die Natur und
die Berge verdrängende und zu ersetzen versuchende erkannt werden. *Mater
arché* meint den wirklichen Ursprung allen Lebens in und aus der Mutter (Natur) und damit verbunden Ereignisse der Geburt oder Hervorbringung als allge-
meines, grundlegendes mütterliches Geschehen in der Natur.[21] Mutter Er-
de/Natur ist Vorbild für die Menschen(-Mütter) und nicht umgekehrt: „*Die Geburt ist Mimesis, durch die die Frauen die heiligen Gebärvorgänge der Erdmut-
ter wiederholen.*"[22] Diese grundlegende matriarchale Erkenntnis bedeutet für
mich in Verbindung mit den Bergen gebracht: Die schwangere Frau ahmt den
Berg nach, ja, sie wird durch die Schwangerschaft selber zum Berg und die mimetische Verbindung von Frau und Berg/Natur wird sichtbar. „Berg" steht in
sprachlicher Verwandtschaft mit „Geburt", aus „bhera", was sich erheben,
wachsen, bewahren, tragen, bergen meint, aber auch in begrifflicher Verbindung
mit gebären, Geburt, verbergen und schützen. Das Wort „Berg" ist demzufolge
mit dem „Gebären" und der „Geburt"[23] verwandt. Die Berge selbst sind Erscheinungen der Göttin, die das Leben hervorbringt, bei sich leben lässt und ernährt. Eine neue/alte Lebensweise in den Bergen, die von mater arché Ausgang
nimmt, würde sich auch an der ursprünglichen Begriffsbedeutung von „bhera",
der Verbindung von Berg und Geburt, orientieren. Das patriarchale Naturverhältnis hingegen sieht von den allgemeinen Ereignissen Schwangerschaft und
Geburt als ursprüngliche, lebensbedingende Geschehnisse und von den Beson-

---

20 Vgl. Gustavo Esteva, in diesem Band.
21 Vgl. dazu Behmann, in diesem Band.
22 Böhme, 1988, S.90
23 Vgl. Peskoller, 1997, S.9. Der Bedeutungszusammenhang zeigt sich auch in anderen
    Sprachen, etwa in Hebräisch „Hara" für „heiliger Berg" und „schwangerer Bauch", siehe
    Krammer-Stark, 2004, S.240.

derheiten der Natur, etwa den Bergen, ab. Der daraus resultierende lebensfeind-
liche Umgang mit dem Berg behandelt ihn als auszubeutendes Objekt, als pro-
fitbringende Ware oder mechanisch benutzbares Sportgerät.

Die Liebe zum Leben als Ausweg

„Wieder, inmitten des Patriarchats und inmitten seiner größten Verbrechen, ins
Gefühl dieser Liebe zu kommen, das ist eigentlich des Rätsels Lösung."[24]
Leben ist lieben, betont Claudia von Werlhof.[25] Der Zustand der Liebe lässt
das Leben erkennen, die Lebendigkeit der Natur sowie die Verbundenheit zu ihr
und in ihr. Ein liebendes Verhältnis zur Natur kann nie lebenszerstörend sein,
ein lebensbejahender Umgang mit der Natur ist einzig und allein zukunftsfähig,
da auch wir Menschen der Natur zugehörig sind. Schon der Begriff „Leben"
trägt etymologisch betrachtet die Zukunftsfähigkeit in sich, stammt er doch vom
germanischen „lib-ae" für „fortbestehen" und „bleiben" ab. Liebe ist *das* Er-
kenntnismittel[26], gerade auch in der Wissenschaft, und insbesondere wir Frauen
sind dazu aufgerufen, uns nicht von der Natur weiter zu entfremden und trennen
(zu lassen). Stattdessen sollten wir sie wieder aufsuchen, mit ihr kooperieren,
ein „*echtes Gefühl liebevoller Zuwendung zur Erde*"[27] zulassen, eine „*verbin-*
dende Ver-Leib-lichung/Ver-Lieb-lichung/Ver-Leben-digung"[28], d.h. die Verbindung von Leib, Liebe und Leben wieder wahrnehmen. Die Wahrnehmung sowie
die Ästhetik als die Erkenntnis, die über die leiblichen Sinne gewonnen wird,
erweisen sich als *die* Methoden, um wieder bewusst in Kontakt mit der Natur zu
kommen. Man könnte auch sagen, es geht darum, einen „Erkenntnissinn" für die
Natur und das Leben im Allgemeinen zu entfalten.[29] Die Kritische Patriarchatstheorie betont, dass die Struktur des menschlichen Zusammenlebens sich an der
Naturwahrnehmung, am Naturverhältnis orientiert. Derart, wie eine Zivilisation
mit Natur umgeht, gestaltet sich das Leben in den anderen zivilisatorischen Verhältnissen[30] als lebensfreundlich oder lebensfeindlich.

---

24 Werlhof, 2011, S.216
25 In GEA: brennstoff, N.7, Jänner 2007, S.8
26 vgl. Fox Keller, 1998 sowie Werlhof, 1991, S.16
27 Boff, 1999b, S.26
28 Werlhof, 2011, S.211
29 vgl. Werlhof, 1991, S.27
30 Die fünf zivilisatorischen Verhältnisse sind nach Renate Genth: das Naturverhältnis, das
   Verhältnis zwischen den Geschlechtern und Generationen, das politische Verhältnis sowie
   das Transzendenzverhältnis. Siehe Genth, in: Projektgruppe „Zivilisationspolitik", 2009.

„Leben" als „*Grundbegriff der Biologie und der Philosophie*"[31], also als eigentlicher grundlegender Begriff von Wissenschaft, muss wieder in den Mittelpunkt rücken und der Fortbestand des Lebens Sinn und Zweck allen Tuns sein. Es gilt, eine das Leben liebende und lebensfreundliche Haltung einzunehmen. Auf den Berg und die vier erwähnten Topoi angewandt, kann von einer *Topophilie*, d.h. von einer Liebe zum Topos, gesprochen werden, die notwendig ist, oder der „*Liebe zu dem Ort, an dem er [oder sie, Anm. U.Sch.] lebt und sich mit einem Garten umgibt.*"[32] Der Wohnort wäre damit wieder Ort des Lebens, des Tätigseins, der Lebensproduktion und der Kultur, die das gute Leben in Verbindung mit allen Wesen pflegt. Denken und Fühlen kommen aus dem Leben, Wissen und Erfahrung entstehen aus dem Tun, aus der Subsistenz als lebensspendende und lebenserhaltende Arbeit, als sinnliche Produktion und Konsumption.[33] Menschen, Topos und Naturraum würden sich in dieser Einheit wieder zur Lebenswelt verbinden, einem Mikrokosmos, der von der Zugehörigkeit und Bezogenheit lebt. Das ist Heimat im ursprünglichen Sinne, aus dem germanischen „haima" für „Heim, Welt" abstammend, was bezeichnenderweise in etymologischer Verwandtschaft zu einem altindischen Begriff steht, der „*Erde, Welt, Wesen und Boden*" bedeutet.[34]

Wenn von Heimat in diesem Sinne die Rede ist, dann ist das Konzept der Erd-Demokratie, so wie es Vandana Shiva erarbeitet hat, für unsere Analyse erkenntnisreich.[35] Dieses Konzept einer zukunftsfähigen Zivilisation stützt sich in seiner Begrifflichkeit auf „Mati"[36], was in Indien den Boden meint, zugleich aber auch die Mutter/*Materie*, die ökologische und spirituelle Heimat, den heiligen Raum sowie die Verbindung zu den Vorfahren. Eine neue, lebensfreundliche Zivilisation nimmt in ihren Verhältnissen vom Boden und vom konkreten Lebensort, dem Topos, Ausgang. Das dem entsprechende Zusammenleben wäre eine naturfreundliche Topie oder Eutopie[37], d.h. auf die Verwirklichung des guten Lebens am konkreten Ort ausgerichtet. Die Lebensproduktion oder Wirtschafts- und Lebensweise einer solchen als Aufbruch aus dem Patriarchat zu entstehenden „eutopischen" Zivilisation ist die Subsistenz[38]. Sie hängt mit dem

---

31 Meyers Kleines Lexikon Philosophie, Mannheim, 1987, S.247
32 Boff, 1999b, S.209
33 Vgl. Mies/Shiva, 1995, S.389
34 Kluge, 2002, S.402
35 Vgl. Shiva, 2006
36 Mies/Shiva, 1995, S.140
37 In Anlehnung an den Begriff „Eutopia", den der Ökonom Manfred Max-Neef, Begründer der alternativen Barfuß-Ökonomie, verwendet. Vgl. Max-Neef, 1986, S.62ff.
38 Vgl. Bennholdt-Thomsen, u.a., 1999 sowie Mies/Shiva, 1995, S.389ff. und Werlhof, in: Kumar, 2007.

Boden unmittelbar zusammen, beide bedingen einander[39], der Boden gibt Verwurzelung, er ist die Basis. Subsistenz ist demnach eine lokale, verortete, bodenverbundene und am Topos orientierte Ökonomie, die auf Erd-Spiritualität[40] basiert. Erd-Spiritualität meint, sich an dem, was ist, zu orientieren und die Verbindung (wieder) wahrzunehmen. In diesem Sinne ist es an der Zeit, *erdspirituell*, das heißt *„aus der Verbundenheit alles Seienden heraus zu handeln, zu fühlen und zu denken"*[41] und dementsprechend auch eine Berg-Spiritualität entstehen zu lassen: *die Verbundenheit mit dem Berg zu fühlen und daraus zu handeln.*

Berge leben und Bergleben

Wenn leben lieben ist, dann inkludiert der Begriff „Bergleben" die Liebe zu den Bergen und zur Wildnis sowie die Ausrichtung des eigenen Handelns und Wirkens gemäß dieser Verbindung. Eine dementsprechende Wahrnehmung ist nicht nur lebensfreundlich, sie erkennt die Bergnatur als lebendige Umgebung, als Lebenswelt an. In der aufgezeigten Verbindung der beiden Begriffe „Berg" und „Leben" drückt sich eine ökofeministische Perspektive aus, die – dem Ökofeminismus folgend – das Leben und die Natur in den Mittelpunkt des Erkenntnisinteresses stellt. Auf meine wissenschaftliche Beschäftigung mit dem Bergleben angewandt gelangt so die Verbindung Natur-Frau-Leben-Geburt-Berg ins Zentrum der Analyse. Es geht darum, zu einer weiblichen und mütterlichen Ordnung (zurück) zu finden, die sich *„an dem, was ist, und wie es ist – sozusagen an der ‹‹Topie››, dem konkreten Hier und Jetzt als Ort innerhalb des All(e)s"*[42] orientiert, an *„konkreten Orte[n], sinnlichen Welten, unmittelbaren Naturerscheinungen und bekannten Wirklichkeiten"*[43]. Eine *zukunfts*fähige Zivilisation in den Bergen muss dem Rechnung tragen, was ist, sich an dem orientieren, wie die Berge sind, muss ihnen ent*sprechen*, mit ihnen kommunizieren, ihre Lebendigkeit wahrnehmen und diese respektieren und pflegen. Das Leben in den Bergen ist mehr als anderswo auf die Kenntnis der Besonderheiten der Natur und die Praxis der Zusammenarbeit angewiesen.[44] Wir müssen daher zu *Bergmenschen* werden, die sich dem Berg zugehörig fühlen und auf Seiten des Berges stehen, mit ihm wohnen, arbeiten und leben[45], wenn wir überleben wollen. Es gilt, aus

---

39 Vgl. Werlhof, in: Kumar, 2007, S.260
40 Vgl. Werlhof, in: Kumar, 2007, S.381f.
41 Werlhof, 2010, S.303
42 Werlhof, in: Sitter-Liver, 2007, S.427
43 Werlhof, in: Sitter-Liver, 2007, S.441
44 Peskoller, 1997, S.203
45 Vgl. dazu die Haltung der Pachamamicos in Bolivien: Sie nehmen die Berge als ihre Großeltern war, jede Familie fühlt sich einem Berg oder einer Wasserquelle zugehörig.

einem die Natur als Lebendige verneinenden Naturverhältnis so schnell wie möglich auszusteigen, sich den Bergen und der Natur im Allgemeinen wieder in Lebensfreundlichkeit anzunähern, ihre Lebendigkeit zu spüren und sich bewusst mit dem Leben wieder zu verbinden. Nicht nur das Denken über den Berg[46], sondern das Fühlen und Denken mit dem Berg sind notwendig, das Sich-in-die-Umgebung-hinein-Fühlen, mitzuempfinden und sich als der Natur zugehörig inmitten von Natur wiederzufinden, als *„Leben, das leben will, inmitten von Leben, das leben will."*[47] *Die Berge leben, sie sind Lebewesen, so wie die Natur allgemein lebendig ist.* Daraus folgt die einzige zukunftsfähige Alternative und der Weg, den es zu beschreiten gilt, um die Krise der allgemeinen Lebensbedingungen zu überstehen: Der Fortbestand des Lebens in den Bergen ist nur möglich, wenn die Berge (wieder) als lebendig wahrgenommen und respektiert werden. Das ist die Antwort auf die Frage, die zu Beginn der wissenschaftlichen Beschäftigung mit dem Leben in den Bergen stand: Wie ist ein zukunftsfähiges Leben in den Bergen möglich, trotz aller Zerstörung, die passiert und aller Wahrscheinlichkeit nach noch passieren wird? Die hoffnungsvolle Botschaft war und ist im „BergLeben" zu finden und damit in der ersten Formulierung des Arbeitstitels für meine Dissertation von Beginn an enthalten. Dieser Titel war Ausgangspunkt und ist auch vorläufiger Endpunkt. Der Kreis schließt sich.

Als Dissertantin bei Claudia von Werlhof habe ich einen Zeitraum gefunden, um im „sentipensar" wachsen und reifen zu können. Daraus ist eine wissenschaftliche Arbeit über das Leben in den Bergen im Entstehen, die nicht endgültig ist, sondern bereits einen weiteren Weg geöffnet hat. Es ist ein Weg, der über den Zeitraum der wissenschaftlichen Beschäftigung als Dissertantin hinaus das weitere und umfassende Denken, Fühlen und Handeln vorgibt:

„Es gibt etwas zu tun, viel zu tun, und zwar von der anderen Seite des Zauns, von der Wildnis aus."[48]

(Diesen Hinweis verdanke ich einem Vortrag des damaligen bolivianischen Botschafters in Deutschland, Prudencio Walter Magne Veliz, am 6.4.11 in Innsbruck.)
46 Vgl. den Titel der Habilitationsschrift von Helga Peskoller „BergDenken", siehe Peskoller, 1997.
47 Nach Albert Schweitzer und dem Hauptsatz seiner Ethik der Ehrfurcht vor dem Leben.
48 Werlhof, 2011, S.217

Literatur:

Auer, Sibylle: *„Heiliges Land Tirol"? Enteignung, Zerstörung und Umwand-lung von alten Baum-, Stein- und Quellkulten*, Frankfurt am Main, 2009
Bennholdt-Thomsen, Veronika/Brigitte Holzer/Christa Müller (Hrsg.): *Das Sub-sistenzhandbuch – Widerstandskulturen in Europa, Asien und Lateinamerika*, Wien, 1999
Berge Bewegen, Ausstellungskatalog, Stams, 2008
Böhme, Hartmut: *Natur und Subjekt*, Frankfurt am Main, 1988
Daly, Mary: *Gyn/Ökologie. Eine Methaethik des radikalen Feminismus*, Mün-chen, 1991
Fox Keller, Evelyn: *Liebe, Macht und Erkenntnis. Männliche oder weibliche Wissenschaft?*, Frankfurt am Main, 1998
GEA: brennstoff, N.7, Jänner 2007
Kirchhoff, Jochen: *Was die Erde will. Mensch, Kosmos, Tiefenökologie*, Klein Jasedow, 2009
Kluge: Etymologisches Wörterbuch der deutschen Sprache, 2002
Krammer-Stark, Renate: *Die Zerstörung von Matriarchat und Subsistenz als Ursachen der heutigen Gesellschaftskrise? Untersucht an den Beispiellän-dern Österreich, Ladakh und Uganda*, Dissertation, Innsbruck, 2004
Max-Neef, Manfred: *Economía descalza*, Stockholm, Buenos Aires, Montevi-deo, 1986
Merchant, Carolyn: *Der Tod der Natur. Ökologie, Frauen und neuzeitliche Na-turwissenschaft*, München, 1994
Metzler: Philosophie Lexikon, Stuttgart, 1999, S.318
Meyers Kleines Lexikon Philosophie, Mannheim, 1987
Mies, Maria/Vandana Shiva: *Ökofeminismus. Beiträge zur Praxis und Theorie*, Zürich, 1995
Mornese, Corrado: *Heretic women*, in: Michela Zucca: *Matriarchy and the mountains 5*, Report N.34 des Centro di Ecologia Alpina, Trento, 2005
Naess, Arne: *life's philosophy. reason and feeling in a deeper world*, Ath-ens/Georgia, 2008
Peskoller, Helga: *BergDenken. Eine Kulturgeschichte der Höhe*, Wien, 1997
Projektgruppe "Zivilisationspolitik": *Aufbruch aus dem Patriarchat. Wege in eine neue Zivilisation?*, Frankfurt am Main, 2009
Projektgruppe "Zivilisationspolitik": *Kann es eine „neue" Erde geben? Zur „Kritischen Patriarchatstheorie" und der Praxis einer postpatriarchalen Zi-vilisation*, Frankfurt am Main, 2011

Scheiber, Ursula: *Politische Berge. Das Verhältnis von Alpinismus und Politik unter besonderer Berücksichtigung der Zeit des Nationalsozialismus*, Diplomarbeit, Innsbruck, 2005

Shiva, Vandana: *Erddemokratie: Alternativen zur neoliberalen Globalisierung*, Zürich, 2006

Stopczyk, Annegret: *Nein danke, ich denke selber. Philosophieren aus weiblicher Sicht*, Berlin, 1996

Vanzo, Günther: *Heimatsterben*, in: PRO VITA ALPINA Information Nr. 103, Längenfeld, März 2007

Werlhof, Claudia von: *Wenn die Bauern wiederkommen. Frauen, Arbeit und Agrobusiness in Venezuela*, Bremen, 1985

Werlhof, Claudia von: *Das Patriarchat als Utopie von einer mutterlosen Welt. "Utopie, nein danke!"*; in: Beat Sitter-Liver (Hrsg.): *Utopie heute I. Zur aktuellen Bedeutung, Funktion und Kritik des utopischen Denkens und Vorstellens*, Fribourg/Stuttgart, 2007

Werlhof, Claudia von: *Über die Liebe zum Gras an der Autobahn*, Rüsselheim, 2010

Werlhof, Claudia von: *Vom Diesseits der Utopie zum Jenseits der Gewalt*, Freiburg, 2010b

Werlhof, Claudia von: *„Die Planetare Bewegung für Mutter Erde": Warum es sie gibt und geben muss*, in: Projektgruppe "Zivilisationspolitik" (Hrsg.): *Kann es eine „neue" Erde geben? Zur „Kritischen Patriarchatstheorie" und der Praxis einer postpatriarchalen Zivilisation*, Frankfurt am Main, 2011, S.379-389

Werlhof, Claudia von: *Die Verkehrung. Das Projekt des Patriarchats und das Gender-Dilemma*, Wien, 2011

Werlhof, Claudia von: *Der unerkannte Kern der Krise. Die Moderne als Er-Schöpfung der Welt*, Uhlstädt-Kirchhasel, 2012

II.

Das „kapitalistische Patriarchat" als „Weltsystem" – Allgemeine Analyse und konkrete Beispiele des Umgangs mit Frauen und Natur

„[…] die Globalisierung zeigt, dass unsere Ökonomie keineswegs ein Paradies auf Erden schafft, wie der Fortschritts-, der Zivilisations-, der Modernisierungs- und der Entwicklungsgedanke es uns ständig nahelegen, sondern ganz im Gegenteil mehrheitlich auf der Welt, heute inzwischen auch hier in den Industrieländern, und bei den Frauen sowieso immer schon sichtbar, eine weitgehende Verelendung bewirkt."

Claudia von Werlhof, Vom Diesseits der Utopie zum Jenseits der Gewalt, S. 71

4. World-Systems Analysis and Critical Theory of Patriarchy

Immanuel Wallerstein

In 2000, Claudia wrote a piece for my Festschrift in which she recounted our many contacts together since the 1970s. I met her originally when she came to a meeting in Hamburg convened to discuss my then recently-published volume I of *The Modern World-System*. Claudia came because she found some resonance in my work with her own empirical work in Latin America on what some call the "primitive accumulation" of capital. We have had continuing contact since that first meeting and have been involved together in various scholarly endeavors.

As became clear to both of us, resonance did not mean perfect accord on everything. But I don't think I have perfect accord with anyone. What is important is whether there exists sufficient common ground to make the discussion fruitful. And this, I think, we have. What I should like to do in this essay is to outline what I think are the somewhat different ways in which we have been framing the issues, and what that implies for what we should be doing intellectually, morally, and politically in the coming decades.

One place to begin is in temporalities. I have been arguing that there is something called a capitalist world-economy, which came into existence about 500 years ago in a part of the globe (essentially western Europe and parts of the Americas). This world-economy then, following its internal logic, expanded to incorporate the entire globe by the middle of the nineteenth century. I call this "the modern world-system" and I have tried to explicate the rules by which it has operated. These rules have included the continuing use of sexism and racism as fundamental mechanisms in maintaining and furthering the endless accumulation of capital.

Claudia has been studying patriarchy, whose rules she has been endeavoring to explicate, and which she considers fundamental to human historical development over a period of 5-7,000 years. She argues that it follows that whatever has been going on in the last 500 years cannot be understood or evaluated without taking into account the continuing existence of patriarchy and the pressures it imposes on all human interactions.

Of course, we both believe that the negative consequences of capitalism and patriarchy are not merely suffered by their victims but resisted, indeed resisted very strongly, by those who suffer these negative consequences. If that is so, then another way of formulating the temporality differences is the following: We could say there have been 50,000 years of a process of seeking to impose patriarchal rules which finally concretized as a system called patriarchy circa 5-7,000 years ago. And then we could say that there have been 5,000 years of a process seeking to implement the endless accumulation of capital which finally concretized as the modern world-system or capitalist world-economy 500 years ago.

What I think is very important in our further analysis and theorizing on these subjects is to intrude the concept that all systems have lives. They come into existence, and this must be explained. They "concretize" – that is, they live by certain rules which are particular to them, and we must analyze what these are. This is their "normal" reality.

And then (thirdly) they inevitably move too far from equilibrium and cannot continue in their "normal" mode. They bifurcate, meaning that the system is in structural crisis and is "chaotic" or wildly fluctuating. There are then two alternative outcomes or ways of settling down into a new stable system. The two alternatives are always quite different. And what determines which way we collectively "choose" – that is, which way the bifurcation tilts in one direction or the other – is inherently unpredictable, but certain to occur.

I believe myself that we are today living in the structural crisis of the capitalist system. I believe also that we are living in the structural crisis of the patriarchal system. I believe the two crises are linked. In the case of the capitalist system, I believe the "choice" is between two possible systems: one that retains the defining features of the capitalist system – hierarchy, exploitation, and polarization – without being capitalist; and one that is relatively democratic and relatively egalitarian.

It is clear to me that no system can be relatively democratic and relatively egalitarian if it is patriarchal, in the sense that Claudia uses the term. Nor can it be relatively democratic and relatively egalitarian if it does not incorporate, as both Claudia and I want, the concept of "buen vivir" which has become so important in the politics of the last 20-30 years.

As I see it, the overall struggle for the new system we both want is being fought on very many fronts. One of them is the relation of men and women. We agree on the important degree to which what many call gender is socially created. And we agree that the forms of human sexuality are and always have been multiple and cannot be reduced to any simple binary distinction. And I think we agree that the technical advances of science have made the modes of human reproduction much more complex, with ever-increasing social complications. How we want to structure the optimal relations and obligations as a result of these realities continues to be a matter of debate amongst us. And we should pursue this debate vigorously and with great immediacy.

Class too is socially created and class too has been central to our lives, certainly in the capitalist world-economy, and in other ways for a long time before the capitalist world-economy came into "normal" existence. The interrelation of the class struggle and the claims of meritocracy have been obfuscating. All persons do not have identical skill levels or potentials, even if a large part of "merit" is not genetic but the result of a family's class position. If, for example, we break through various "glass ceilings", have we thereby eliminated class exploitation or strengthened it? How do we get patriarchy out of class oppression?

Both Claudia and I have been very concerned with the ecological consequences of the existing systems. It is easy to see what is wrong with the whole approach that defines humanity as somehow "conquering" nature. It is less obvious what is a sensible balance of uses of energy. In our better world that is non-patriarchal and not based on the primacy of accumulating capital, we still will want to meet human needs (however modest we redefine them to be). We shall therefore need some forms of energy consumption. And thus far, in the debates, it has become clear that there is no form that does not have negatives for some segment of humanity, none without an unequal allocation to different classes, none without a differential impact on women.

I could go on discussing health issues, allocations of resources among different age strata, wars (big and small), and many other major issues we confront. The point I am trying to make is that all these issues are going to be decided in the coming 20-40 years. And whatever the world collectively chooses can be expected to last for a reasonably long while thereafter. This is no time for those fighting capitalism and those fighting patriarchy to emphasize their differences. It is a time rather for them to join forces in this crucial struggle for the better world that we believe is possible – possible, but far from certain.

5. The Raid

Barbara Alice Mann

I have had a lifetime, over sixty-five years of it so far, in which to puzzle out the origin and uses of Western racism. It inflicts economic, spiritual, and physical death on its victims, yet demonstrating as much does not end its practice, while mysteriously enough, the ballyhooed Western goal of ethnic "diversity" never comes to fruition. Instead, indigenous peoples are vigorously excluded from the global conversation, while any non-indigenous people challenging the system find themselves suddenly afflicted with the same invisibility as those indigenous-born. This can only mean that there is a significant function behind racism that benefits a powerful structure, one that does not respond to the claims of ethical rectitude or, even, intellectual integrity. I have struggled to puzzle out what that structure might be and have come to this answer: Racism is the flying buttress of The Raid.

As acrid as it is to the indigenous victims of it, racism is just a sub-set of the raid. The gross socio-economic inequities that result from the raid require the quasi-religious tool of racism to rationalize and sustain those disproportions, which might otherwise trouble perceptive members of the raiding culture. Racism provides people brought up in raiding cultures with a handy "opinion, *called religion*," as the great Woodlands orator of the Three Fires Confederacy, Egushawa, put the matter in 1791 (italics in the original). Western leaders "inculcate" racism "on the minds of their children," leading them to believe "that they please God by exterminating" indigenous peoples.[1] Such a god is nothing but a totem of the raid. Nonetheless, having been taught from infancy that seizing every last asset belonging to indigenous peoples is not only acceptable, but also actively pleasing to that god, the denizens of raiding cultures are effectively desensitized to their own bullying. People born into raiding cultures are conditioned, then, not to question the raid, but to embrace it, on the promise that, in recognition of their own innate superiority, their raiding god will cause some of the booty to be tossed out in their direction.

---

1 Alexander McKee, *Minutes of Debate in Council on the Banks of the Ottawa River (Commonly Called the Miami of the Lake), November, 1791* (Philadelphia: William Young, 1792) 8.

This is a false hope, however, for the culture of the raid ensures that only certain, privileged actors are granted the loot, and that their seizures diminish the booty left over for anyone else. These elites take not out of need, but out of the urge to control, lest they be controlled, themselves. The henchmen of their raid are thoughtless young men, modeled on the 5,000-year-old Assyrian "hero," Gilgamesh. Part bull, part cow, and only "two-thirds" god, as the harsh autocrat of the high-walled city of Uruk, Gilgamesh decides to use his inordinate size and prowess to coerce everyone else to bow to his whims.[2] He "harries without warrant," raping and killing at will, so that by "day and by night, his tyranny grows harsher."[3] The gods can control him, but typically allow him to run wild, as long as he benefits, rather than imperils, their rule. This ancient, Indo-European ethic remains as hard at work in corporate governance today, as it was in the god-governance of *The Epic of Gilgamesh*.

Post-antiquity, there arose a new and improved version of the raid: feudalism. The thrust was still the same, to allocate the best of everything available to those cruelly able and willing to steal it from the weak. Warlords extorted protection money and goods from the peasantry under the dire threat of immediate, physical assault by their hired thugs, still lightly termed "knights." In the late fifteenth century, as Europe stumbled across the knowledge that a wider world than Europe existed, the raid was improved yet again, fashioned into colonialism, whose unending tsunami of raids was perpetrated against whatever cultures failed to fend off penetration.

As against the peasants of yore, brute force remained the basis of the colonial raid, but its elite beneficiaries now began to disguise this fact by physically removing themselves from the scene of the crime. Down-on-their-luck colonists were dispatched worldwide, with orders to ship the cornucopia back home, in return for a small cut of the action. In the five-hundred-year crime spree that followed, a complete theft of the land and assets of indigenous peoples resulted, powered by the engine of slavery. Colonized peoples have always recognized as much, but their analysis of the situation was unable to move through the bubble of racism shielding the raiding culture from consciousness.

Colonialism survived as long as it did by allowing all Europeans, through the male, to share in at least tiny proceeds of the raid. All indigenous peoples remained completely available to have been raided, with Mother Earth classed among the most debased, for as an indigenous female body, she was put to whoring for even the lowest-level colonizer. This availability of indigenous victims to all Europeans, as justified by the mechanism of racism, quieted potential

---

2   *The Epic of Gilgamesh* (New York: Penguin Books, 1999) 2, line 48.
3   *Gilgamesh*, 3, lines 67 to 70.

envy. By pretending to share the bounty of their raid, elites kept the ordinary folks from noticing just how inequitable the raid's distribution really was.

The modern expression of the raid is capitalism, but the convoluted excrescences of its modern theory work to disguise the fact that the system is still entirely dependent upon the permission granted to the few to continue helping themselves to the goods, services, and bodies of the many. Physical force remains the primary tool, but it recedes into a background threat to emerge from the shadows only should one, like Julian Assange, step seriously out of pre-ordained line. Thus, instantaneous and violent retribution has been replaced by the less immediate, but not less looming, threat of reputation-ruining, socio-economic annihilation, should people not bow down to the raid.

Since the old narcotic of anthropomorphic gods no longer works quite so well as in previous centuries to tranquilize the public, electronic wizardry now numbs popular consciousness. The dead-end narcissism bred by Facebook and Twitter, with their synthetic urgencies, fool the young, anyway, into believing that they are autonomous, while eating up everyone's time, time that might otherwise be put to analytical use. Continually flashing images of plenty hypnotize and addict all e-users, while cloaking the fact that only a tiny minority will ever acquire access to the enticing bounty.

The more embedded the raid is in any culture, the more of its assets the privileged are allowed to seize with impunity. Elites take up more physical space, personal time, education, status, fine food, and years to live than are available to the rest. The possibility of elevation into the elite is left open, however, dangled before the dazzled eyes of the populace, as is a carrot before a carriage horse to urge it forward, to all appearances, of its own volition. Hence, the carefully crafted fame of such purportedly "self-made" men as Donald Trump is bruited about to maintain the illusion that upward mobility exists. A minute fraction of low-born people is even allowed to ascend, but those elevated are, like Britain's Tony Blair, gingerly culled from the herd to ensure that, should the chips be down, they will act in accordance with the values of the raiding elite. To prove that things are all better now, racial and ethnic minorities are, today, occasionally tokenized among the candidates for rapture into the elite, but they remain second-class elites.

Meantime, the European women's movement, which began among upscale Western women as a demand to share independently of the men in the proceeds of the raid, eventually pluralized to include everyone in all Western classes. As shares shrank, traditional colonialism collapsed entirely, replaced by an economic raid conducted without personal presence, as was made feasible by swift, electronic communications. The raid continued, but without obvious perpetrators. As the pace of the raid increased, however, the indigenous assets available for raiding dwindled, until by the twenty-first century, raiding was redirected against fellow Europeans as well as against indigenous Others.

Potential raiders now denied what they had been assured was their birthright have pushed hard against the new definition of themselves as raidable, yielding the sorts of right-wing, physical assaults that are becoming commonplace in Europe and the U.S. today. These attacks are not restricted to direct anti-immigrant convulsions, but include, for instance, the horrific Norwegian slaughter by Anders Breivik on 22 July 2011, during which, in cold blood, he mowed down seventy-seven young people (traditionally permissible targets). At his trial, Breivik fought to be regarded as sane, boldly scorning remorse for his actions. Such men as Breivik are unabashedly attempting to recover the raiding privileges to which they still believe themselves entitled as European males. Correctly perceiving that they are now conclusively shut out of the proceeds of the capitalist raid, instead of questioning its merits, they are trying to resuscitate the old structure of the colonial raid.

Those from the raiding culture who question its propositions are silenced, using the tactics developed under colonialism to subjugate indigenous peoples. The primary tactic used to be raw murder, but, as Breivik showed, massacring inconvenient people is no longer an acceptable public spectacle. Instead, modern dissenters from the culture of the raid face a living death, shut out of employment, deliberately blocked from social advancement, vilified as unprofessional, and dragged out into the town square by media hounds for public thrashings. This treatment was meted out to political scientist Dr. Claudia von Werlhof in February, 2010, when she questioned whether the devastating Haitian earthquake of 12 January 2010 might have been touched off during the U.S. experiments with its High Frequency Active Auroral Research Program (HAARP).

As early as 1897, the groundbreaking scientist, Nikola Tesla, is said to have created a small, electro-mechanical oscillator, with which, it was widely reported, he accidentally set off earthquakes in Manhattan.[4] By what alchemy, then, did asserting the ability of humans to create earthquakes become ridiculous? Why should it have been hushed up that the U.S., or at least, Halliburton, had explored this technology, given the widely spread rumor that Bush-era Vice President Dick Cheney had once let slip among reporters on a plane that the U.S. had the ability to initiate earthquakes? In fact, it was neither incredible nor secret that causing earthquakes was within the capacity of humans. It was just *forbidden* knowledge. Speaking of it out loud came too close for official countenance

---

4   Dale Pond and Walter Baumgartner, *Nikola Tesla's Earthquake Machine: With Tesla's Original Patents Plus New Blueprints to Build Your Own Working Model* (Santa Fe: Message Company, 1995).

to acknowledging that reckless, brute force might be the animating principle of capitalist culture. Dr. Von Werlhof was, therefore, quickly defamed by the lapdog media as a member of the "tinfoil" hat brigade, with pressure immediately exerted in Austria to have her fired from her professor's position.[5]

Interestingly, with the lapse of two years' time from the HAARP-Haiti brouhaha, the Smithsonian Institution, a U.S. governmental museum, ran a cheery, oh-wow article entitled, "How Humans Cause Earthquakes."[6] Of course, the author carefully ignored Tesla and sidestepped HAARP, to refocus attention onto the new hot-button topic of fracking, or hydraulic fracturing, an oil-drilling method in shale, which simultaneously destroys groundwater and bedrock, causing 4-point earthquakes in its wake. Fracking has been around since 1947 (and might have been what Cheney was referring to), so it is hardly news. The official admission is nonetheless notable, however, because it uses the standard propaganda technique of deflecting public attention from dangerous topics, here Tesla and HAARP, onto a less explosive yet related topic, in this instance, fracking. Since fracking is within the spectrum of manmade earthquakes, the misdirection successfully siphons off public ire over earth-tampering, to refocus it onto fracking, a tamer, more elite-manageable subject than either Tesla or HAARP.

The nearly frantic response that Von Werlhof elicited was a sure tipoff that the raiding culture was feeling imperiled by the presence of her finger on its trigger, something no unapproved finger is ever supposed to stroke. One of the most remarkable aspects of the raiding crowd is how jittery it is. It would be downright funny to watch how easily the raiders are frightened into a stampede at the first sign of resistance, if it were not for the number of people trampled in their mad dash for cover.

Any who, like Von Werlhof, survive having questioned the frame stories of the raid are typically challenged next, in a snide tone of voice, to name any workable alternative to Western capitalism. So pervasive is the cultural propaganda that no alternative exists, that many Westerners genuinely do not know of other, successful models of culture. Primary among these alternatives are the matriarchies of the North American Woodlands, whose Grandmothers went to great lengths to disembowel the local raiding culture a thousand years ago, overthrowing the prior, hierarchical, priest-led mound cultures to do it.

---

5   "Haiti Earthquake Blamed on HAAARP Says Scientist," AHRCANUM, WordPress.com, Blog, 10 March 2010, <http://ahrcanum.wordpress.com/2010/03/10/haiti-earthquake/>.

6   Sara Zielinski, "How Humans Cause Earthquakes," on Surprising Science, Smithsonian.com, Blog, 16 April 2012, <http://blogs.smithsonianmag.com/science/2012/04/ how-humans-cause-earthquakes/>.

Matriarchies exist not just in North America but worldwide, in varied and quite distinct forms, as Heide Göttner-Abendroth detailed in *Matriarchal Societies*.[7] The only consistent feature among all matriarchies is the gift economy. Instead of being based, like the raid, on the imagery of male penetration of something pliant, the gift economy is, as Genevieve Vaughan has repeatedly shown, based on the imagery of the mother suckling her child.[8] Among the eastern Woodland nations of North America, this imagery goes even farther, seeing the origin of the gift economy in the suckling of humanity by Mother Earth. So ardently held is this trope, that planting is done in raised mounds, consciously construed as the "breasts" of Mother Earth.[9] Only the women touch them, for men do not farm.

The gift economy is an economy of scale, under which towns were kept deliberately petite, within the carrying capacity of Mother Earth at that spot. The community was traditionally small enough for everyone in it to know everyone else by sight and name. Each person was justly cherished as vital to the continuance of the communal whole, and everyone shared equally in the fruits of its efforts. All goods were deposited with the Clan Mothers, for equitable distribution by the Grandmothers (both official position titles). Furthermore, those female and male elders who led the community had personally to have walked within it, daily. They saw, with their own eyes, and were unable to escape, the immediate impact of every decision they made. They *shared* that impact and were responsible to the people for it. At the will of the people, they could be deposed, should they have made consistently foolish, careless, or selfish decisions.

Grasping the gift economy is as direct as this—just grasping as feudalism, colonialism, and capitalism are as simple as acknowledging the raid. Western scholars have strained against conceding as much in either instance, having pounded out, instead, centuries' worth of obscurantist verbiage on both subjects. Indigenous peoples long ago noted that, when Western elites talk the most voluminously, they are trying to confuse the peasantry with obfuscation. In this instance, learned Western tomes pretend that economics are mystically beyond

---

7   Heide Göttner-Abendroth, *Matriarchal Societies: Studies on Indigenous Cultures across the Globe* (New York: Lang Publishing, 2012).

8   See, for instance, Genevieve Vaughan, *Homo Donans* (Austin, TX: Anomaly Press, 2006) 20, free on-line at http://www.gift-economy.com/homod/homodonans_frt.html>; and Genevieve Vaughan, ed., *Women and the Gift Economy* (North York, Ontario, CA: Inanna Publications and Education, Inc., 2007) 6, free on-line at <http://www.gift-economy.com/womenand. html>.

9   Arthur C. Parker, *Parker on the Iroquois*, Ed. William N. Fenton (Syracuse, NY: Syracuse University Press, 1986) 37; Barbara Alice Mann, *Iroquoian Women: The Gantowisas* (New York: Peter Lang Publishing, 2000) 220. See my full discussion of gifting economics in Chapter 4.

the understanding of the ordinary citizen and best left to those in their midst who are two-thirds god, but the fact is that capitalism's *homo economicus* as well as the gift's *homo donans* are easily comprehended, even by children. It is vital that all people take the initiative to comprehend these systems, too, for Mother Earth is getting fairly impatient with her bamboozled brood.

6. Von Frauenforschung und Frauenstudien zu Gender Studies

Veronika Bennholdt-Thomsen

gewidmet meiner Freundin und
Weggefährtin Claudia zu ihrem 70. Geburtstag

Claudia von Werlhof ist eine der Schöpferinnen der Frauenforschung und Frauenstudien im deutschsprachigen Raum. Eine maßgebliche Schöpferin! Für diese historische Tat gebühren ihr die höchsten Ehrungen!

Ich bin stolz darauf, eine ihrer Weggefährtinnen zu sein. Seite an Seite an der Fakultät für Soziologie in Bielefeld haben wir in den 1970er Jahren die Frauenforschung *erkämpft*, gemeinsam mit den Studentinnen, Kolleginnen, Sachbearbeiterinnen, Sekretärinnen und all den vielen anderen Mitstreiterinnen in der Neuen Frauenbewegung. Ja, „erkämpft" ist das richtige Wort. Ein Sonntagsspaziergang war das nicht: mit fadenscheinigen Argumenten abgelehnte Seminar- und Diplomarbeiten, abgelehnte Doktorarbeiten und Forschungsanträge, ja abgelehnte Habilitationen, in meinem Fall sogar ein abgeschnittener Berufsweg als habilitierte Hochschullehrerin. Und ich bin nicht die einzige. All das ist bekannt. Das Drama, das diese Ausgrenzungen für die Lebenswege vieler Frauen bedeutet hat, will ich hier nicht weiter ausbreiten, sondern es nur als Hintergrundinformation zu meinen folgenden Ausführungen ins Gedächtnis rufen.

Schließlich haben wir es damals nämlich dennoch *geschafft*, trotz all der Behauptungen, Frauenstudien seien schon qua Ansatz unwissenschaftlich, insofern darin bekanntlich vom Standpunkt der Betroffenheit der Frau her geforscht wird. Wohingegen es nach wie vor in patriarchaler Manier als wissenschaftlich objektiv galt und gilt (!), den Einfluss der Geschlechterverhältnisse und zumal der Geschlechterhierarchie auf das Denken und Handeln der Menschen zu negieren. Dank der Stärke der sozialen Bewegung wird Anfang der 1980er Jahre nichtsdestotrotz der eine oder andere Frauenforschungsschwerpunkt eingerichtet, beginnen Gleichstellungsstellen ein Auge auf die Behinderung der Frauen auf ihrem Berufsweg zu haben, und die ersten Frauenstudiengänge entstehen. Die Universität Bielefeld gehört zu den ersten: 1980 wird die Geschäftsstelle Frauenforschung eingerichtet und ab 1986/87 tagt ein Ausschuss in der Soziologie, um ein Curriculum Frauenforschung zu erarbeiten. Schließlich gibt es die ersten explizit für Frauenforschung gewidmeten Stellen. Diejenigen, die sie erstritten hatten, haben sie freilich nicht bekommen.

In den 1990er Jahren kann niemand mehr behaupten, Frauenforschung sei unwissenschaftlich, ohne sich lächerlich zu machen. Nun gehört es zum Renommee einer Universität, entsprechende Studiengänge anzubieten. Aber die Feministinnen müssen weiter kämpfen, denn es wird immer deutlicher, dass die Institutionalisierung Abstriche an den frauenbewegten Inhalten fordert: möglichst wenig Betroffenheit, möglichst viel sogenannte wissenschaftliche Objektivität. Dennoch, trotz aller patriarchalen Kontrolle haben es die Frauenforschung und Frauenstudien im deutschsprachigen Raum geschafft, sich zu etablieren. Anscheinend.

Ende der 1990er Jahre, beginnend mit der Humboldt-Universität in Berlin, entsteht eine neue Disziplin, „Gender Studies" genannt. Scheinbar nur eine Um- und Neubenennung der „Frauen- und Geschlechterforschung", so die Zweitbezeichnung des Schwerpunktes. Aber die ist inzwischen auch verschwunden. Heutzutage sagt im deutschsprachigen Raum kaum noch jemand Frauenforschung oder Frauenstudien. Entspricht dies einfach der Entwicklung hin zur Globalisierung der Märkte? Und entspricht dies einfach dem Trend, möglichst viel auf Englisch auszudrücken, dem Neudeutsch? Die neoliberale Privatisierung führt sowieso dazu, dass immer mehr Veranstaltungen an den Hochschulen auf Englisch durchgeführt werden. Nein, es handelt sich nicht einfach um ein anderes Wort für dasselbe: *Gender* ist vielmehr die neuerliche Inthronisierung der *wissenschaftlichen Objektivität* in der Frauenforschung. Ihr Ausgangspunkt ist das *Postulat der Geschlechtsneutralität*.

Kein Wunder, dass die bisherige Frauenforschung zunehmend diffamiert und in Verdrehung der Tatsachen als reaktionär dargestellt wird. Als ich 2002 und 2003 an der Humboldt-Uni lehre, stelle ich fest, dass die jüngeren Frauen nur noch den vorgeblich geschlechtsneutralen Gender-Ansatz kennen, vor allem aber, dass sie all die Diffamierungen unhinterfragt übernommen haben, ohne die Zusammenhänge überhaupt zu kennen. So kehrte ich zum Beginn der Debatte in der deutschsprachigen Frauenforschung zurück. Den damals entstandenen Text veröffentliche ich hier in geringfügig überarbeiteter Form zum ersten Mal.

Mein Vorbehalt gegen die Trennung von "sex" und "gender"

"Sex" soll in der Begriffszusammenstellung von „sex" und „gender" das Wort für das natürliche, biologische Geschlecht sein, "gender" das Wort für das soziale, kulturelle und historisch konstruierte Geschlecht.

Demgegenüber habe ich erst mal einen ganz allgemeinen, erkenntnistheoretischen Einwand, nämlich dass damit eine wichtige theoretische Fragestellung mit einem terminologischen Kunstgriff aus der Welt geschafft wird. Die Theoriefrage, die die wirklich interessante Frage zu diesem Komplex ist, besteht gerade darin, *die Wechselwirkung zwischen natürlichem und sozialem Geschlecht* zu erforschen. Man könnte einwenden, dies könnte genauso gut mit den zwei getrennten Begriffen „sex" und „gender" geleistet werden. Das ist im Prinzip richtig, tatsächlich dreht sich viel der Gender-Diskussion genau um dieses Thema. Aber dabei wird Wechselwirkung im Sinne von hin und her zwischen *zwei getrennten Größen* verstanden und nicht im Sinne von gegenseitig durchdrungen sein.

Ebenso wie andere Ökofeministinnen stelle ich aber die Frage nach der Wechselwirkung vor dem Hintergrund, dass natürliches und soziales Geschlecht nie voneinander getrennt sind, denn *die menschliche Natur ist immer sozial geprägt*. So etwas wie eine vom Sozialen losgelöste biologische Konstante gibt es nicht. Sie entspringt der Phantasie der (natur)wissenschaftlichen Objektivität. (siehe Fox-Keller 1986)

Wenn es also darum geht, das Geschlecht bzw. die Geschlechter in bestimmten Gesellschaften oder historischen Epochen zu verstehen, dann geht es darum, genau diese Gesamtheit von Natur und Sozialem oder Natur und Kultur zu verstehen – und zwar ganzheitlich als Einheit. Erst auf diese Weise vermögen wir die *Vielfalt der Geschlechterformen* in den verschiedenen menschlichen Gesellschaften auch als solche zu begreifen und zu respektieren. Erst diese Herangehensweise, diese Einheit von natürlichem und sozialem Geschlecht in jedem einzelnen Fall zu sehen, macht den Gedanken der Vielfalt zu mehr als nur einem Lippenbekenntnis, so wie es leider bei dem Ausdruck "Biodiversität" durchaus der Fall ist (siehe weiter unten). Erst wenn die *Einheit von Natur und Sozialem* postuliert wird, wird aus "Vielfalt" eine sinnvolle Kategorie in Theorie und Praxis.

Deshalb sollten wir auch nicht von "Konstruktion", sondern besser von „Prägung" sprechen. Das natürliche Geschlecht prägt das soziale, denn die soziale/kulturelle Form ist immer an das natürlich gegebene Geschlecht gebunden, und umgekehrt prägt das soziale Geschlecht die Natur. Margret Mead hat in ihrer Studie "Male and Female" von 1949 beschrieben, wie eine zwischen Gesellschaften unterschiedliche geschlechtliche Arbeitsteilung auch die männlichen und weiblichen Körper anders formt. (Mead 1992)

Der "gender"-Begriff hingegen gehört geradezu zu einem Eckpfeiler des sog. Konstruktivismus. Das Geschlecht wird als konstruiertes verstanden und zwar so weit, dass wir, wie Judith Butler, eine der herausragenden Theoretikerinnen des Gender-Ansatzes, es ausdrückt, gar nicht wissen können, "wer die Frauen sind". (Der Feminismus braucht "die Frauen", aber er muss nicht wissen, "wer" sie sind. Forum Humanwissenschaften, FR 27. Juli 1993). In dieser Theorie gibt es kein irgendwie geartetes, von Natur aus Gegebenes, sondern nur Konstruiertes.

So what, könnte man sagen, es handelt sich eben um ein anderes axiomatisches System.[1] Worum also geht es überhaupt bei Begriffen, bei theoretischen Kategorien, die so oder anders beschaffen sind. Es geht immer auch um den Kontext, um die *Systematik des Aussagesystems*, zu dem sie gehören. Es geht um den Sinn, den solch eine Begrifflichkeit macht. Und zwar "Sinn" im Sinne von: Welche weltanschaulichen, kulturellen, gesellschaftspolitischen Haltungen stehen dahinter, und welche Handlungen sind darauf folgend zu erwarten? – in der Politik des Alltags, in der Geschlechterpolitik, in der nationalen und der internationalen Politik. Wobei mit Politik stets auch die Ökonomie gemeint ist, weil die Ökonomie immer eine politische Ökonomie ist. Wenn wir uns also den Kopf über die Begrifflichkeit von „sex" und „gender", von Frau und Mann, von natürlichem und sozialem Geschlecht zerbrechen, dann debattieren wir zugleich darüber, welche Wirtschaft und welche Gesellschaft wir haben und mit schaffen wollen.

Dieser ökonomische und gesellschaftspolitische Zusammenhang ist freilich nicht bei allen theoretischen sozialen Konzepten gleichermaßen relevant. Aber es ist eindeutig, dass, wie Ina Praetorius, die Schweizer Theologin und Mitschöpferin der Gruppe "Weiberwirtschaft", sagt, "die Ökonomiekritik, die heute notwendig ist, eng mit der Geschlechterfrage zusammenhängt". (Praetorius, 1998:25) Und wie diese Kritik ausfällt, so wäre hinzuzufügen, hängt von der Begrifflichkeit ab.

Das Biologismus-Problem

Die Frauenforschung, wie sie im Zuge der Frauenbewegung in den 1970er Jahren entstanden ist, hat sich von Anfang an genau mit diesem Zusammenhang von Ökonomie und Geschlechterfrage beschäftigt, und er ist nach wie vor der Kern dieser gesamten Wissenschaftsrichtung. Der Ausgangspunkt aller theoretischen Ansätze der Frauen- und Geschlechterforschung ist die Auseinandersetzung mit dem, was wir in der Frauenbewegung "Biologismus" genannt haben.

"Biologismus", das ist der Diskurs zur Legitimierung der herrschenden Geschlechterhierarchie durch den Rekurs auf die sog. Natur der Frau. Demzufolge sind Frauen von Natur aus für die Hausarbeit bestimmt. Weil Frauen die Kinder bekommen, seien sie auch dafür zuständig, sie aufzuziehen, deshalb würden sie im Haus bleiben, ergo auch für das Putzen, Wäschewaschen, Kochen, Spülen, Einkaufen und die Steuererklärung verantwortlich sein. Genauso wurde und wird erklärt, dass Frauen weltweit in der Lohnarbeit im Durchschnitt für diesel-

---

1 Vergleichbar etwa mit mathematischen Theorien, die mit Grundannahmen beginnen, die als wahre Aussage postuliert werden, den Axiomen, auf denen die Theorie aufgebaut ist.

be Arbeit nur 75% des Männerlohnes erhalten, dass sie besonders gut geeignet sind, die Sklavenarbeit in den Weltmarktfabriken der Sonderwirtschaftszonen zu erleiden, und dass nach wie vor nur 6% aller Professoren-Lehrstühle an deutschen Hochschulen mit Frauen besetzt sind.

Dieses bürgerliche, eurozentristische Bild der geschlechtlichen Arbeitsteilung wurde und wird in alle anderen historischen und gesellschaftlichen Verhältnisse hineinprojiziert. Der Mann der Frühzeit wird als Jäger phantasiert, der die Familie mit seiner Jagdbeute ernährt, während die Frau ein bisschen sammelt und sonst in der Höhle sitzt, um sich alimentieren zu lassen. Der Biologismus in der Entwicklungspolitik war und ist daran schuld, dass etwa in Schwarzafrika, wo Frauen zu 80% die Arbeiten in der Landwirtschaft durchführen, dennoch die landwirtschaftlichen Kredite zu Händen der Männer gehen und damit immer mehr die ausschließliche Kontrolle über das Land. Die Weltbank ist, mit dieser biologistischen Legitimationsideologie als Grundlage ihres Handelns, daran schuld, dass nicht nur das Geld zu Händen der Männer geht, sondern dass diese damit nicht mehr Versorgungs-Lebensmittel für den regionalen Markt anbauen, wie die Frauen es tun, sondern cash-crops, Exportprodukte für cash, nämlich z.B. Kaffee in Ruanda, sodass 70% der Wirtschaft des Landes vom Kaffee und das heißt vom Weltmarktpreis abhängig geworden sind. Als IBRD und IWF diese einseitig ausgerichtete Volkswirtschaft durch Strukturanpassungsmaßnahmen destabilisierten, führte das in den Krieg, in den Völkermord. (Chossudovsky 2002)

Spätestens an diesem Beispiel wird die Relevanz der Geschlechterfrage deutlich, und damit auch die Relevanz der Begrifflichkeit, mit der sie verfolgt wird, nämlich welche Denk- und Handlungsansätze sich daraus ergeben.

Rezeption des Gender-Ansatzes in der deutschsprachigen Frauenforschung

Die bekannte, mehr oder minder erste eingehende deutsche Rezeption und Adaption des „gender"-Ansatzes findet sich in dem Sammelband der Sektion Frauenforschung von 1992 und stammt von Regine Gildemeister und Angelika Wetterer.

Um es gleich vorweg zu nehmen: Wie an diesem Aufsatz bereits zu erkennen ist, läuft der „gender"-Diskurs Gefahr – oder vielleicht ist es auch sein Ziel? – dass allein die soziokulturelle Konstruktion des Geschlechts gesehen wird. Das natürliche Geschlecht wird geradezu wegdiskutiert. Damit wird sprichwörtlich das Kind mit dem Bade ausgeschüttet. Die Reaktion auf den Biologismus, demzufolge bestimmte historisch und geographisch eigentlich deutlich begrenzte Formen der geschlechtlichen Arbeitsteilung und Hierarchie auf die menschliche Biologie schlechthin zurückzuführen seien, so die Form vom Brotverdiener und der Hausfrau, wodurch das Begrenzte als universell erscheint, – die Reaktion auf diesen Biologismus von Seiten des „gender"-Ansatzes lautet: Diese Biologie gibt es überhaupt nicht. Oder in den Worten von Gildemeister/Wetterer ausgedrückt: Ziel ist es, dass die Definition von Geschlecht "ohne ‚natürliche' Vorgaben auskommt. ... und konsequenterweise ... ‚Geschlecht' als soziale Konstruktion (zu) begreifen" (S. 212). Sie sagen zwar nicht: *nur* als soziale Konstruktion zu begreifen, aber es wird klar, dass sie genau das meinen.

Damit aber sind wir wieder bei einem Universalismus oder auch Fundamentalismus gelandet, diesmal der Behauptung – oder auch dem Gedankenspiel, wie es manchmal dargestellt wird –, dass es die Natur der Menschen, also von Natur gegebene biologische Geschlechter, nicht gäbe. Offenbar fällt es den einen, die die Gesellschaftsstrukturen wie auch den Lebensweg der einzelnen Menschen durch zwei biologisch unverrückbare Geschlechter bestimmt sehen, genauso schwer wie den anderen, die da sagen "es gibt keine biologischen Geschlechter", die Relativität des nach Gesellschaften und historisch Unterschiedlichen und Vielfältigen auszuhalten, nämlich dass die Menschen ein natürliches und soziales Geschlecht in einem sind, und dass diese Einheit in vielfältigen Erscheinungen vorkommt.

Woher kommt dieser „gender"-Fundamentalismus? Wozu dient er? Und vor allem, in welchem politischen und ökonomischen Kontext ist er anzusiedeln?

Regine Gildemeister und Angelika Wetterer wollen mit ihrem Aufsatz zeigen, "dass die Dekonstruktion der Differenz ein produktiverer Ansatz für eine feministische Theorie und Gesellschaftskritik und auch für eine feministische Politik wäre als die bisherigen Versuche, auch die Perspektiven der Frauenforschung noch (! V.B-Th) im Rahmen des Koordinatensystems von Gleichheit und Differenz zu verorten" (S.204-205). In einfacheren Worten, sie wollen, dass sich die bestehende, hiesige Frauenforschung intensiver mit dem amerikanischen "gender"-Ansatz befasst und grundlegende Überlegungen davon übernimmt. Es wird mir nicht ganz klar, ob sie damit auch für das Übernehmen des Ausdrucks "gender" plädieren. An einer Stelle sprechen sie davon, "dass die deutsche Sprache ... nur die umständlichere und das Verbindende immer noch nahelegende Formulierung, ‚biologisches Geschlecht' und ‚soziales Geschlecht' kennt" (S.205). Insgesamt ist das ja aber das Ergebnis geworden, dass in Deutschland weitgehend nicht nur der Theorieansatz, sondern auch der Ausdruck "gender" und die Bezeichnung "gender studies" übernommen worden sind.

Gildemeister/Wetterer beginnen ihren Aufsatz klassisch frauenforscherisch mit der Biologismus-Debatte. Ohne Namen von AutorInnen zu nennen, tun sie so, als ob mehrheitlich in der deutschsprachigen Frauenforschung implizit ein biologisches Konzept der Zweigeschlechtlichkeit mit herumgeschleppt würde.

Das finde ich, nach 20 Jahren deutscher Frauenforschung und Auseinandersetzung mit genau diesem Problem, doch eine ziemlich gewagte Behauptung. Die beiden Autorinnen tun aber so, als wäre z.b. ihre folgende Erkenntnis: "Es hat Kulturen gegeben, die ein drittes Geschlecht anerkannten" in der hiesigen Diskussion im Jahr 1992 etwas Neues. Da frage ich mich wirklich, was die beiden an deutschsprachigen feministischen Autorinnen gelesen haben. Selbst Ethnologin, frage ich mich, für wie beschränkt sie eigentlich die Rezeption der ethnologischen Forschung, die seit langem zum Phänomen des Dritten Geschlechts geforscht hat, in der Frauenforschung halten. Ich kann das nicht nachvollziehen. Wir brauchen dabei nur an einen der ersten, geradezu klassischen Texte der Neuen Deutschen Frauenbewegung aus dem Jahr 1976 zu erinnern, nämlich "Sexismus" von Marie-Luise Janssen-Jurreit, in dem sie intensiv ethnologische Beispiele bespricht (1985 schon in der 26tausendsten Auflage erschienen).

Was unsere beiden Autorinnen dann gegenüber der bisherigen Diskussion als "wichtig und weiterführend" an der "begrifflichen Präzisierung" mit Hilfe eines elaborierten dekonstruktivistischen „gender"-Konzepts halten, sehe ich als schlichte Banalitäten an. Vorgeblich würden erst, oder vor allem, oder im Besonderen mit der Begrifflichkeit von "sex" versus "gender" die folgenden drei Aspekte klar.

- "...daß die soziale Konstruktion der Zweigeschlechtlichkeit (wie sie zumal in unserer Kultur herrscht, V.B-Th) nicht unmittelbar aus der biologischen Ausstattung des Menschen abgeleitet werden kann". Zu Deutsch: Die Biologie rechtfertigt nicht den Biologismus. Das waren, wie gesagt, Inhalt und Aussage der gesamten Frauenforschung bis dahin.
- "Die wechselseitig reflexive Beziehung zwischen körperlichem Geschlecht und sozialer Geschlechtszuordnung (sprich die „sex"-„gender" Wechselwirkung, V.B-Th) bietet Ansatzpunkte, um herauszuarbeiten, wie Natur als kulturell gedeutete gleichwohl an zentraler Stelle – und sei es nur als Unterstellung (man höre die Distanzierung von Natur, d.h. dem von Natur aus Gegebenen, V.B-Th) – in die Konstitution des Geschlechts eingeht." Mein Kommentar dazu: Zumal beim Thema "Frauenarbeit", mit dem die deutsche Frauenforschung ganz schnell Regale füllte, wurde höchst differenziert genau über diese Frage debattiert, – Stichwort: „Hausfrauisierung".
- Ein ausgearbeiteter „sex"-„gender" Ansatz würde davor bewahren, zu unterstellen, "das eine oder das andere Geschlecht sei etwas, was jede(r) zunächst einmal und unproblematisch ‚hat'". (S. 213-214) – Kommentar eigentlich überflüssig: Zu welchem Thema, bitteschön, hat die Frauenforschung die ganze Zeit über gearbeitet, wenn nicht zu diesem?

Wenn der „gender"-Ansatz für das Zurückweisen und die Analyse der biologis-tischen Rechtfertigung von herrschenden Geschlechtshierarchien und von hete-rosexuellem Zwang nicht vonnöten ist, wozu dient er dann?

Der Gender-Diskurs und die Globalisierung

Das Wort „gender"

Sehen wir uns erst einmal das Wort "gender" an, dieses amerikanisierte Neu-deutsch, das sich überall durchgesetzt hat, so als gäbe es kein angemessenes Wort dafür im Deutschen, wie Gildemeister und Wetterer, wie gesagt, auch meinen. Meiner Meinung nach ist es genau umgekehrt: Für unser deutsches Wort "Geschlecht" gibt es im Englischen keine angemessene Entsprechung. Das würde zumindest auch die Kunstschöpfung des Wortes "gender" erklären, das erst durch die Frauenforschungsdebatte in den geläufigeren englischen Sprach-gebrauch aufgenommen worden ist. "Gender" ist ursprünglich nur ein gramma-tikalischer Ausdruck für das Geschlecht eines Wortes. Anders als im Deutschen gibt der Artikel "the" im Englischen nicht an, ob das Wort weiblich, männlich oder Neutrum ist. Dennoch spricht man z.B. von "the nature" als "she". Mit an-deren Worten, the gender of ,nature' is female.

Bei der nochmaligen Lektüre von Gayle Rubins Artikel von 1975, in dem sie die Übertragung des grammatikalischen Ausdrucks auf ein soziales Phänomen zum ersten Mal einführt, wurde mir klar, warum ihr der Ausdruck "sex" für Ge-schlecht nicht ausreichte.[2] Mir fällt auf, dass sie das Wort "sex" stets mit der Konnotation: Ausüben von Sexualität benutzt. So definiert sie: "Gender is a so-cially imposed division of the sexes. It is a product of the *social relations of sex-uality*" (S. 179, Hervorhebung V.B-Th). Das Wort "sex" transportiert im Engli-schen genauso wie im Deutschen etwas anderes als das Wort "Geschlecht". Aber im Deutschen verfügen wir eben über beide Worte. *"Geschlecht" ist weit weniger "sexualisiert" und weit mehr "sozialisiert" als "sex".* "Geschlechter-folge" etwa benennt eine epochale Abfolge von Generationen von Menschen, Männern, Frauen und Kindern. Oder, der größere gesellschaftliche Zusammen-hang klingt auch in folgender Formulierung an: Die Kaufmannsgilden setzten

---

2 Der Artikel lautet: The Traffic in Women: Notes on the "Political Economy" of Sex. Da-rin setzt sich Rubin mit der Weise auseinander, in der führende männliche Anthropologen mit der Geschlechterfrage umgegangen sind. Prominent unter ihnen der Franzose Claude Levi-Strauss, der in seiner Theorie darüber, was die Völker gesellschaftlich zusammenhält und bewegt, den Frauentausch ins Zentrum stellt. Frauen werden dabei in erster Linie als Objekte betrachtet, etwa so wie in dem Spruch "die Deutschen und ihre Frauen".

sich aus verschiedenen, rivalisierenden Geschlechtern zusammen (der Stoff, aus dem "Romeo und Julia" schöpft).

Kurz, auch oder sogar erst recht von der sprachlichen Seite her macht es wenig Sinn, warum das deutsche Wort Geschlecht durch das englische Kunstwort "gender" ersetzt wird, wie allenthalben inzwischen üblich. Entsprechend wenig Sinn macht es, wenn statt von "Frauen- und Geschlechterforschung" von "gender studies" die Rede ist, da doch der deutsche Ausdruck viel aussagekräftiger ist und zudem von allen verstanden werden kann. Aber vielleicht soll das auch nicht jede(r) verstehen. Auf die Idee kommt man spätestens, wenn man die Texte zur "sex-gender"-Problematik liest.

Durch das Wort "gender" vollzieht sich dasselbe wie mit vielen anderen Anglizismen oder besser Amerikanismen auch: Die Sprache wird zum kolonisierten Neudeutsch. Denn es werden nicht nur leere Worte übertragen, sondern die Worte sind Begriffe, und sie transportieren bestimmte Inhalte, die, wie im Falle von "gender", alles andere als emanzipatorisch sind.

Vergessenmachen der leiblichen Natur

Die Auftrennung des Begriffs von Geschlecht in "sex" und "gender" und die damit einhergehende Tendenz, das natürliche Geschlecht vergessen zu machen und Geschlecht nur noch als soziales Konstrukt zu begreifen, vollendet einen Prozess, in dem die leibliche Natur des Menschen aus dem Bewusstsein verdrängt wird, der mit der zunehmenden Mechanisierung und Industrialisierung der Arbeitsabläufe im 17./18. Jh. begonnen hatte. An dem jetzigen "gender"-Endpunkt wird vom Leib völlig abstrahiert. Wie in so vielen anderen Bereichen zählt nicht mehr das von Natur Gegebene, sondern nur noch das künstlich Produzierte. Das, was etwa in der Landwirtschaft oder in der Tierzucht geschieht, dass gar nicht mehr ernsthaft nach einem Austausch zwischen Mensch und Natur gesucht wird. Dieser mangelnde Austausch, dieses Ignorieren des Austausches, wird nun in den Menschen selbst hinein verlagert. Die innere menschliche Natur wird zu einer geradezu lästigen Größe, wie es die äußere Natur schon länger geworden ist.

Ein Beispiel: In der technischen Entwicklung in der Landwirtschaft geht es schon lange darum, die vielfältigen, unterschiedlichen natürlichen Gegebenheiten auszuschalten und überall mit gleichem Saatgut, Düngemitteln und Pestiziden eine Produktionssituation wie in der Fabrik herzustellen. Die lokal und regional angepassten Pflanzen, die über Jahrhunderte für den jeweiligen Standort und die lokalen Essgewohnheiten gezüchtet worden waren, haben einigen wenigen Weltmarktpflanzen Platz machen müssen. Gab es früher in Indien noch tausende von Reissorten, so sind es heute nur einige wenige. Mit der sog. grünen

Gentechnik wird im Moment der nächste Schritt vollzogen. Nun werden Pflanzen hergestellt, die an eine Chemikalie, nämlich das Pestizid "round up" von Monsanto angepasst werden, statt an die Natur. Ähnliches geschieht in der Tierzucht, etwa beim Milchvieh. Kühe werden nur noch künstlich inseminiert, und zwar mit dem Samen von nur noch sehr wenigen ausgesuchten Zuchtbullen. In der Gen- und Reproduktionstechnologie für Menschen wird genauso an die Erfahrungen der Tierzucht angeknüpft, wie etwa beim Klonen. Dass für diese Entwicklung und für diese Verhältnisse, die im Übrigen ein Riesengeschäft versprechen, ein Begriff von Geschlecht hilfreich ist, der Geschlecht sowieso von vornherein als sozusagen künstlich produziert begreift, ist unschwer zu verstehen. – Womit ich nicht sage, dass alle, die das Wort "gender" statt Geschlecht benutzen, auch Befürworter von gentechnologisch verändertem Saatgut sind. Eher glaube ich, dass der englische Ausdruck meist unbedacht benutzt wird, weil eben alle so reden. Das sollte dringend überdacht werden.

Es ist ebenfalls unschwer zu verstehen, dass diese technische Entwicklung sowie das Geschäft, das damit gemacht werden kann, vor allem für riesige internationale Konzerne, insbesondere Chemiemultis, von Interesse ist und auch nur durch diese umgesetzt werden kann. Maria Mies, jahrzehntelang Aktivistin und Gründungsmitglied von "FINRAGE", dem internationalen feministischen Netzwerk gegen Gen- und Reproduktionstechnologie, wird deshalb auch nicht müde, darauf hinzuweisen, dass der "gender"-Begriff mit der Inthronisation der multinationalen Konzerne zu den "neuen Herren der Welt" (Ignacio Ramonet) im Zuge der neoliberalen WTO-Globalisierung seinen Siegeszug antritt. Maria Mies findet sogar Indizien dafür, dass dieser Siegeszug politisch lanciert worden ist, der "gender"-Ansatz sich also nicht einfach von alleine in den Frauenforschungsabteilungen weltweit durchsetzte.

Biologismus und Globalisierung

Der WTO-Globalisierungsprozess ist ein Enteignungsprozess spezifischer Art. Wir könnten ihn auch als Entwurzelungsprozess bezeichnen. Räumliche, örtliche Zugehörigkeiten, genauso wie gesellschaftliche, genealogische, leiblich bestimmte Zugehörigkeiten werden als irrelevant negiert. Was bis jetzt immer noch unbezweifeltes Naturrecht war, wird nun vom fernen internationalen Vertragsrecht der Welthandelsorganisation usurpiert. Nehmen wir, um direkt im Bild der Entwurzelung zu bleiben, nochmals die Pflanzen. Jede Gegend hat bislang ihre Hauptnahrungspflanzen: Getreide, Mais, Reis, Hirse, Kartoffeln, Yams usw., die zudem in einer unglaublichen Varietät dem Klima und den Bodenbeschaffenheiten angepasst waren, jeweils begleitet von den gesellschaftlichen

Koch- und Esskulturen. Das Saatgut wurde von Generation zu Generation weitergegeben und, wie etwa im Falle der Kartoffel in den Anden, durch althergebrachte rituelle Tausch- und Marktbeziehungen zwischen Hochland und Tiefland erneuert und damit gesund gehalten. Die Pflanzen gehörten einer Landschaft zu, und sie gehörten zu den Menschen, die in diesen Landschaften leben und sie kultivieren. Heute gehören die Pflanzen Monsanto, Bayer, DuPont und BASF. Das Saatgut kann nicht selbst reproduziert werden, sondern es muss gekauft werden, und für seine Benutzung muss Lizenz gezahlt werden. Inzwischen dürfen die Landbewohner nicht mehr ihr eigenes Saatgut züchten, das Patentrecht und andere Vertragsrechte verbieten es ihnen. Das ist in den Anden genauso wie in Ostwestfalen-Lippe.

Ferner, weltweit nimmt der Weizenkonsum zu. In Afrika verdrängt er, dank der großzügigen Nahrungsmittelhilfe aus USA und Europa, die einheimischen Hirse- und Yamsarten. Eine Nahrungsmittelhilfe, die von US-Außenpolitikern offenherzig und richtiger als das charakterisiert wurde, was sie ist, nämlich "Weizen als Waffe".

Wo liegt die Parallele zur "sex-gender"-Auftrennung des Geschlechts? Der dekonstruktivistische "gender"-Ansatz "weiß" nicht mehr, wer und was eine Frau ist. Damit "verbietet" er sich zu wissen, wer und was eine Mutter ist. So ist es aber nun mal. Die Frauen gebären die Kinder. Die Welt, die Tiere und die Pflanzen reproduzieren sich nach dem Mutterprinzip. Wer, wie wir Ökofeministinnen es tun, die *Natur der Frau* durch ihre Gebärfähigkeit bestimmt sieht, gilt als Essentialistin. Das soll ein Schimpfwort sein.

Wir/alle Frauenforscherinnen empören sich dagegen, dass Frauen, dank ihrer Fähigkeit Kinder gebären zu können, zu allen möglichen unentgeltlichen Arbeiten vorbestimmt sein sollen und dafür auch noch gering geschätzt werden. Die „gender"-Theoretikerinnen allerdings empören sich nicht nur gegen die gesellschaftlichen Verhältnisse, sondern gegen oder über das Muttersein. *Die Natur wird dafür haftbar gemacht, dass die sozialen und kulturellen Verhältnisse entgleist sind. Das ist Biologismus pur. So, wie im Muster des patriarchalen Denkens die gebärfähige Natur der Frau dazu benutzt wird, ihre Arbeitsbürde zu legitimieren, so wird im Muster des "gender"-Denkens derselbe Sachverhalt dafür benutzt, die leibliche Verbindung zur Mutter aufzukündigen.*

Immer wieder begegnet uns in der Argumentation des dekonstruktivistischen "gender"-Ansatzes dieselbe Vorgehensweise. Ein frauenunterdrückerisches Phänomen wird analysiert, genauso wie etwa auch ein Phänomen der Unterdrückung von Schwulen und Lesben, und zwar so, wie es die Frauen- und Geschlechterforschung stets tut, dann aber schleicht sich ein Zungenschlag ein, der dem Ganzen eine merkwürdige naturfeindliche und damit leibfeindliche Wende gibt. *Vielleicht hat der "gender"-Ansatz auch deshalb so viel Akzeptanz gefun-*

den, weil diese Verquickung von emanzipatorischer Problematisierung und bio-
logistischer Analyse doch schwer zu durchschauen ist.

Der Biologismus liegt sozusagen in einem negativen Essentialismus: Die Na-
turzugehörigkeit des Menschen wird ausgetrieben, seine Leib-Zugehörigkeit,
sowohl zum eigenen als auch genealogisch zu dem der Mutter und damit
schließlich auch die Zugehörigkeit zu "meinen" Leuten (ausführlich bei Somer
Brodribb 1992).

Globalisierte Biodiversität versus feministische Biodiversität:
Die Subsistenzperspektive

Die Verquickung von einerseits richtiger Problematisierung von sozialen und
ökologischen Zuständen und andererseits materieller Enteignung der betroffenen
Menschen, indem das Problem lokal, räumlich, örtlich, leiblich entwurzelt wird,
zeichnet den Globalisierungsdiskurs in geradezu typischer Weise aus. Nehmen
wir das Problem der Biodiversität. Es ist ein unbestreitbares Anliegen aller Menschen auf diesem Globus, dass die natürliche Vielfalt der Arten nicht noch weiter zerstört wird. Indem dieses Anliegen aber zu einem global zu regelnden
Sachverhalt erklärt wird, wird es in der Regel verschärft. So ist ein großer Teil
des Urwalds in Kamerun zum Zweck des Erhalts der Biodiversität zu einem Na-
turreservat erklärt worden, nach der UN-Konvention über das "natürliche
Menschheitserbe". Die Folge davon ist, dass die einheimischen Ethnien keinen
Zugang mehr zum Urwald als ihrer Nahrungs- und Wirtschaftsweise mehr haben. Dabei waren sie es, die mit ihrer Bewirtschaftungsweise eben diese Biodiversität über Jahrhunderte erhalten haben, statt etwa Gummi- oder Kokos-
oder Eukalyptusplantagen anzulegen. Mit a.w. Biodiversität kann immer nur
lokal, von bestimmten Menschen, mit bestimmten lokal-sozialen Kenntnissen
reproduziert werden und nicht dadurch, dass die Pflanzen in Genbanken der
Weltbank archiviert werden. (Goldman 1995)

Es gibt eine breite weltweite feministische Bewegung für Biodiversität, die
weder etwas mit der UN-Biodiversitätskonvention noch mit dem "gender"-
Ansatz zu tun hat. Eine ihrer führenden Protagonistinnen ist die indische
Ökofeministin Vandana Shiva. Das Motto lautet: "Diverse Women for Diversity". Das heißt, vielfältig unterschiedliche Frauen setzen sich für die Artenvielfalt
ein. Denn in vielen Ländern der Welt, in Indien wie bei uns auch, waren und
sind es die Frauen, die Bäuerinnen, die in ihren Gärten oder Hausfeldern das
Saatgut ihrer Gegend und für ihre Küche gezüchtet haben. Bevor ihnen diese
Kompetenz weggenommen wird, von Bayer-Aventis, Monsanto und co. Weggenommen wird sie ihnen, wie in Kenia, von einer Weltbank-finanzierten Entwicklungspolitik, die versucht hat, den Kikkuyu-Frauen beizubringen, dass der

Kaffeeanbau für den Weltmarkt ihnen Geld einbringen und sie aus der Armut herausführen wird. Wogegen diese schwarzen Frauen darauf beharren, dass Kochbananen und eigene tropische Gemüse sie, ihre Kinder und Männer ernähren und damit wirklich vor der Armut bewahren – und nach jahrzehntelanger Erfahrung mit dem oktroyierten Kaffeeanbau die Kaffeestauden ausreißen, obwohl sie dafür ins Gefängnis kommen können (Terisa Turner und Leigh Brownhill 2003). In Bengalen bestehen Frauen darauf, dass ihre einheimische Anbaumethode ohne sog. Hochertragssorten und ohne Kunstdünger und Pestizide eine wesentlich bessere Ernte hervorbringt. Denn sie sehen nicht nur das Erntegewicht und das Geld des einen monokulturellen Anbauprodukts, sondern sie schätzen ebenso die vielen Kräuter, sonst Unkräuter genannt, die sie nacheinander ernten, und die sie besser und gesünder mit Vitaminen und Nährstoffen versorgen, als sie sich mit dem Geld der Hochertragsernte kaufen könnten. (Vandana Shiva 2003; Farida Akhter 2003)

Diese Frauen handeln bewusst als Frauen und Mütter. Sie sorgen dafür, dass das Leben weitergeht – unmittelbar, in Kenntnis und Respektierung der natürlichen Gegebenheiten ihres Lebensumfeldes. Die genannten Autorinnen nennen, in Übereinstimmung mit Maria Mies, Claudia von Werlhof, Nicholas Faraclas und mir, die beschriebene Herangehensweise „die Subsistenzperspektive".[3] Unter einer „gender"-Sichtweise gilt diese Herangehensweise, oder vielmehr die Interpretation dieser Herangehensweise, als essentialistisch, sprich: biologistisch. Der „gender"-Ansatz ist ein Gegenentwurf zur Subsistenzperspektive.

Geld oder Leben

Der „gender"-Ansatz gehorcht der Geldperspektive. So wie Geld von den konkreten, stofflichen, ökologischen Bedingungen abstrahiert, indem es nur um den Geldwert der Ware geht, so abstrahiert „gender" von den Naturgegebenheiten des Leibes. Anhand meiner Kenntnis des Kontextes der Debatte von Anfang an, behaupte ich, dass es bei „gender" auch gar nicht darum ging, von allen Geschlechtern zu abstrahieren, sondern in erster Linie vom weiblichen Leib. Der „gender"-Diskurs ist Teil des weltweiten entwicklungspolitischen Diskurses. „Gender" gehört zum brain washing, das die Entwicklungsideologie und die darauf aufbauende neoliberale Globalisierung in viele Gehirne getragen hat. Dass es nämlich auf dieser Welt allein um das Wachstum der Ökonomie, das Wachstum des Profits und des Geldeinkommens gehe und nicht um die Pflege des

---

3 Der Sammelband, dem die angeführten Studien entstammen, wurde zu Ehren von Maria Mies' siebzigstem Geburtstag von Claudia von Werlhof, Nicholas Faraclas und mir zusammengestellt.

Wachstums in den naturgegebenen lebendigen Zusammenhängen. Aber bekanntlich befindet sich das globalisierte Entwicklungsgebäude in einer tiefgreifenden Krise, der der Finanzökonomie, der Ökologie und der Nahrungsversorgung. Da sie so viele Bereiche umfasst, erkennt man inzwischen weltweit, dass es sich um eine einzige, nämlich die Krise der bestehenden Weltordnung handelt, um eine Zivilisationskrise. Bestehende Denkmuster müssen revidiert werden. Ein neues zivilisatorisches Paradigma tut not, mit anderen Grundannahmen und bewährten Begriffen. „Gender" gehört nicht dazu.

Literatur:

Akhter, Farida, 2003, *Verteidigung der Subsistenz in Bangladesh: Nayakrishi Andolon und die Bewegung für ein glückliches Leben*, in: Bennholdt-Thomsen, Veronika/Faraclas, Nicholas/Werlhof, Claudia von, Hg., *Subsistenz und Widerstand*, promedia: Wien, S. 213 – 219

Bennholdt-Thomsen, Veronika, 2010, *Geld oder Leben. Was uns wirklich reich macht*. Oekom: München

Brodribb, Somer, 1992, *Nothing Mat(t)ers: A Feminist Critique of Postmodernism*, Spinifex: Melbourne

Chossudovsky, Michel, 2002, *Global Brutal. Der entfesselte Welthandel, die Armut, der Krieg*, Zweitausendeins: Frankfurt/M.

Fox-Keller, Evelyn, 1986, *Liebe, Macht und Erkenntnis. Männliche oder weibliche Wissenschaft?* München/Wien

Gildemeister, Regine/Wetterer, Angelika, 1992, *Wie Geschlechter gemacht werden. Die soziale Konstruktion der Zweigeschlechtlichkeit und ihre Reifizierung in der Frauenforschung*, in: Knapp, Gudrun-Axeli/Wetterer Angelika, Hg., *Traditionen Brüche. Entwicklungen feministischer Theorie*, Schriftenreihe der Sektion Frauenforschung in der DGS, Kore Verlag: Freiburg, S. 201-254

Goldman, Michael, Hg., 1995, *Privatizing Nature. Political Struggles For the Global Commons*, Pluto Press: London usw.

Janssen-Jurreit, Marielouise, 1980, *Sexismus. Über die Abtreibung der Frauenfrage*, Fischer: Frankfurt/M.

Mead, Margret, 1992, *Mann und Weib. Das Verhältnis der Geschlechter in einer sich wandelnden Welt*. Ullstein: Frankfurt/M.

Praetorius, Ina, 1998, *Weiberwirtschaft – Subsistenzperspektive – Wissenschaft vom Haushalt*, in: Zeitschrift für Sozialökonomie 119/1998, 25-32

Rubin, Gayle, 1975, *The Traffic in Women: Notes on the "Political Economy" of Sex*, in: Reiter, Rayna R., Hg., *Toward an Anthropology of Women*, Monthly Review Press: New York/ London, S. 157-211

Shiva, Vandana, 2003, *Globalisierung und Armut*, in: Bennholdt-Thomsen, Veronika/Faraclas, Nicholas/Werlhof, Claudia von, Hg., *Subsistenz und Widerstand*, promedia: Wien, S. 87-96

Turner, Terisa E./Brownhill, Leigh S., 2003, *"Frauen haben niemals kapituliert": Die Mau Mau und die Globalisierung von unten, Kenya 1980-2000*, in: Bennholdt-Thomsen, Veronika/Faraclas, Nicholas/Werlhof, Claudia von, Hg., *Subsistenz und Widerstand*, promedia: Wien, S. 138-166

www.uni-marburg.de/genderzukunft/studium/studienfuehrer
gender/studienfuehrergenderstudies

7. Der Missbrauch von Frauen in der Kriegsbildberichterstattung[*]

Jörg Becker

Bei einer Einwohnerzahl von rund 200.000 Einwohnern hat Priština, die Hauptstadt des völkerrechtlich nicht anerkannten Landes Kosovo, in Europa die höchste Anzahl von Bordellen pro Einwohner, nämlich 104 Stück. Warum? Diese große Bordelldichte hängt mit den dort stationierten Tausenden internationalen Friedenssoldaten und der großen Anzahl von UN-Mitarbeitern zusammen. Was kann man daraus lernen? Wenn es schon ein derartig enges Beziehungsgeflecht zwischen Friedenssoldaten und Sex gibt, wie eng muss dieses Verhältnis dann erst zwischen Kriegssoldaten und Sex aussehen, also dann, wenn sich Gewalt und Sex mischen dürfen? Hier ist daran zu erinnern, dass vor dem Internetzeitalter die US-Armee der weltweit größte Kunde für Pornographiehefte war, und dass die US-Armee gegenwärtig gewaltige Summen für Softwarefilter ausgibt, die es ihren Soldaten unmöglich machen sollen, Pornobilder anzugucken und herunterzuladen.

Dass Frauen und Kinder in Kriegen die größte Anzahl von Opfern stellen, ist seit langem bekannt und gut dokumentiert. Und dass Vergewaltigungen von Frauen und Mädchen seit vielen Generationen Teil einer systematischen männlichen Kriegsführung sind, ist ebenfalls seit langem bekannt und ebenfalls gut dokumentiert.[1] Nicht ganz so bekannt ist die Geschichte von Kriegsbordellen[2], der Zwangsarisierung der Präservativproduktion der Firma Fromms durch Reichsmarschall Hermann Göring im Interesse der Deutschen Wehrmacht[3], und sogar die von Bordellen in KZs – ja, auch das gab es in systematischer Form.[4] Mit an-

---

* Schriftliche Fassung eines mündlichen Vortrags in der Sektion „Politische Ökonomie der Medien" auf der Konferenz der International Association for Media and Communication Research (IAMCR) in Durban, Südafrika, 16. Juli 2012.

1 Vgl. als Einstieg dazu die Klassikerin Brownmiller, Susan: Gegen unseren Willen. Vergewaltigung und Männerherrschaft, Frankfurt: Fischer 1978.
2 Vgl. Hirschfeld, Magnus und Gaspar, Andreas (Hrsg.): Sittengeschichte des Ersten Weltkrieges [Original 1929], Hanau: Komet 1998, S. 231ff. und Gaspar, Andreas; Ziehlke, E. E. und Rothweiler, H. (Hrsg.): Sittengeschichte des Zweiten Weltkrieges. Die tausend Jahre von 1933 – 1945, Hanau: Komet 1998, S. 341ff.
3 Vgl. Aly, Götz und Sontheimer, Michael: Fromms. Wie der jüdische Kondomfabrikant Julius F. unter die deutschen Räuber fiel, Frankfurt: Fischer 2007.
4 Vgl. Sommer, Robert: Das KZ-Bordell. Sexuelle Zwangsarbeit in nationalsozialistischen Konzentrationslagern, Paderborn: Schöningh 2009.

deren Worten: Über den Missbrauch von Frauen in der Kriegsbildberichterstattung zu sprechen, heißt, sich des hinter diesem Einzelthema stehenden militärisch-sexistisch-medialen Industriekomplexes bewusst zu sein. Das ist der eine einleitende Gedanke.

Der zweite einleitende Gedanke hat etwas mit Theorien der Visualisierung zu tun, denn erstens stellt es ein methodisches Problem dar, Bildaussagen zu verschriftlichen, und zweitens scheint klar zu sein, dass der systemische Gleichklang von Aufklärung mit Verschriftlichung das Resultat eines von Männern dominierten Geschlechterkampfes war, der historisch davor liegende Phasen eines Gleichklangs von Matriarchat mit Visualisierung verdrängt hatte. Schrift als entscheidendes Mittel, über Mensch und Natur zu herrschen, hatte eine visuell wahrgenommene Welt abgelöst, die immer auch eine weibliche Welt gewesen war.[5] Wer sich also mit Bildern beschäftigt, die Frauen im Krieg zeigen, betritt in vielerlei Hinsicht eine feminine Welt (wenn auch, wie in diesem Aufsatz, in höchst manipulierter und abstoßender Form). Aus den genannten Gründen stehen deswegen im Mittelpunkt dieses Aufsatzes sechs Bilder aus meiner privaten Sammlung von rund 200 Pressefotos mit dem Motiv „Frauen im Krieg" von 1997 bis heute aus verschiedenen Ländern. Soldatinnen und Frauen in Uniform – so mein Eindruck – gab es in den Medien früher selten – seit ungefähr zwanzig Jahren gehören sie zum guten Ton. Dabei ist – und das kann als erstes Ergebnis festgehalten werden – die Motivauswahl recht klein, sehr begrenzt und relativ homogen. Die Verbindung von Freude, Spaß und Sexualität stehen dabei an erster Stelle.

Abb. 1: Russische Soldatin beim Wettbewerb „Schönheiten in Uniform"
Quelle: Salzburger Nachrichten, 7. März 2003, S. 8

---

5 Die weltweit und historisch einmalige Tatsache, dass Frauen eine Schrift erfunden haben, habe ich in folgendem Aufsatz abgehandelt: Beim Schreiben rinnt die Tränenflut. Nushu, Chinas kulturgeschichtlicher Sonderweg: Die einzigartige Schrift der Frauen in der Provinz Hunan, in: Frankfurter Allgemeine Zeitung, 1. Juli 2006, S. 56.

Bild 1 zeigt eine junge russische Soldatin auf einem Pressefoto der European Pressphoto Agency (epa) auf Seite 8 der „Salzburger Nachrichten" vom 7. März 2003. Mit der Bildlegende „Feuer Frei" über dem Foto klärt ein Text den Leser unter dem Foto mit folgenden Sätzen auf: „Gefreite Marina Fedortsova nimmt ihr Gewehr für den Wettbewerb ‚Schönheiten in Uniform' in Anschlag. Gefragt ist auch Treffsicherheit, um ins Finale zu kommen, mit dem die russische Armee den Weltfrauentag feiert." Was ist zu diesem Bild zu sagen? Zum Medienkontext: Die epa ist eine kleinere europäische Bildagentur im Besitz mehrerer nationaler europäischer Presseagenturen und arbeitet in Konkurrenz zu den großen Bildagenturen Reuters, Associated Press und Getty Images.[6] Und dass gerade die „Salzburger Nachrichten" ein solches Bild zum Weltfrauentag veröffentlichen, zeigt drastisch, wie sehr inzwischen auch diese einstige österreichische Qualitätszeitung ihren kritischen Anspruch an sich und die Leser aufgegeben hat. Zum Motiv: Zu wetten ist, dass mit den Begriffen „Feuer Frei" und „Treffsicherheit" bei diesem Bild ein männlicher Kollege seine sexuellen Projektionen (unbewusst?) ausgelebt hat. Dass gerade eine russische Soldatin als Motiv ausgewählt wurde, zeigt in spezifischer Weise die Hartnäckigkeit antikommunistischer Feindbilder, sagt doch dieses Foto latent, dass Russland mit der Abkehr von der alten UdSSR endlich im Reich der westlichen Moderne angekommen sei. Und schließlich und selbstverständlich ist dieses Motiv inhuman und menschenverachtend: Eine hübsche Soldatin, die mit einem Gewehr auf den Bildbetrachter schießt, verniedlicht das brutale Geschäft, um das es im Krieg geht, nämlich um das staatlich institutionalisierte und monopolisierte Ermorden von Menschen wegen vorgeblich hoher und hehrer Gründe!

Bild 2 zeigt eine junge österreichische Soldatin auf einem Pressefoto auf Seite 8 der Boulevardzeitung „Die Krone" vom 27. November 1998. Unter der Überschrift „Unsere erste Soldatin im Auslandseinsatz" sagt die Bildlegende: „Ingrid Strohmaier gehört zur Besatzung eines Pandur-Radpanzers". Zum Medienkontext: „Die Krone" steht zusammen mit der zum selben Konzern gehörenden Zeitung „Kurier" dafür, dass Österreich innerhalb der EU den am stärksten monopolisierten und damit am wenigsten pluralen Pressemarkt hat.[7] Den Boulevardcharakter der „Krone" erkennt man bei der Legende zu diesem Bild daran, dass mit der individuellen Vornamensgebung „Ingrid Strohmaier" eine Individualisierung angeboten wird, eine Umarmung des Lesers nach dem Muster

---

6 Vgl. dazu Becker, Jörg: Wer bestimmt unser Weltbild? Weltweit teilen sich zwei Unternehmen den Löwenanteil an Bildrechten, in: Zukunft. Monatliche Zeitschrift für Politik, Gesellschaft und Kultur, Februar 2009, S. 60-61.

7 Vgl. Weber, Stefan: Nachrichtenkonstruktion im Boulevardmedium. Die Wirklichkeit der „Kronen-Zeitung", Wien: Passagen-Verlag 1995.

„Menschen wie Du und Ich". Und diese menschelnde Einordnung wird noch schöner, wenn man sie in Kontrast zu einem technischen Begriff wie Pandur-Radpanzer stellt. Doch auch hier verschleiern ausgesprochen freundliches Augenstrahlen und Lächeln das Geschäft mit dem Tod. Und das Motiv, irgendeinen Waffengang als erste Soldatin getan zu haben, wiederholt sich in der weltweiten Medienlandschaft gerne: Sei es als Tanja Krell, die sich 1999 mit Erfolg als erste Europäerin den Zugang zur Bundeswehr vor dem Europäischen Gerichtshof einklagte, sei es als eine Katrin, die das Jugendmagazin „Bravo" in Heft 52/2003 als erste Hubschrauberpilotin der Bundeswehr hochjubelte, oder sei es als Hauptgefreite Christina Hermann, die am 2. März 2004 als erste deutsche Soldatin Ehrenwache vor dem Schloss Bellevue hielt. „Das erste Mal" und das „ius primae noctis": Auch beim Bildmotiv über den jeweils ersten Waffengang einer Soldatin klingen männliche Sexualphantasien mit.

Abb. 2: Österreichische Soldatin vor einem Auslandseinsatz
Quelle: Die Krone, 27. November 1998, S. 8

Bild 3 zeigt eine israelische Soldatin auf einem Pressefoto der Deutschen Nachrichtenagentur (dpa) auf Seite 13 der „Süddeutschen Zeitung" vom 12. Januar 2000, also in der mit einer täglichen Auflage von knapp 450.000 verkauften Exemplaren größten nationalen deutschen Tageszeitung. Die Bildüberschrift heißt „Überfliegerin im Kampfjet" und im Begleittext steht: „Keine Furcht: Nahkampfausbildung einer Israelin in einem Trainingslager in Netanya. Aber nicht alle Frauen im Heiligen Land sind begeistert über die zwei Jahre dauernde Wehrpflicht." Zum Motiv: Die „Süddeutsche Zeitung" wird ihrem Selbstanspruch als liberale Zeitung durch eine Ambivalenz von Bild und Text gerecht, hier das Bild einer attraktiven Alphafrau, dort der Hinweis, dass nicht alle von der Wehrpflicht begeistert seien. Freilich überstrahlt das Bild jeden Text, das Auge bleibt am Bild hängen und vermeidet genau deswegen eine Lektüre des begleitenden Textes. Die visuelle Mischung aus Kampf, Waffen, Wildheit und Aggression einerseits mit jugendlichem Elan und weiblicher Attraktivität andererseits kennt eine äußerst fatale Tradition, im schlimmsten Fall verweist sie auf Militärpornos und Sado-Maso-Bilder.[8]

Abb. 3: Israelische Soldatin bei der Nahkampfausbildung
Quelle: Süddeutsche Zeitung, 12. Januar 2000, S. 13

Abb. 4: Iranische Soldatinnen auf einer Parade in Teheran
Quelle: Solinger Tageblatt, 23. September 1997, S. 4

---

8 Vgl. en detail Villeneuve, Roland: Grausamkeit und Sexualität, Berlin: Rixdorfer Verlagsanstalt 1988 und Duerr, Hans Peter: Obszönität und Gewalt, Frankfurt 1993.

Eine versteckte Botschaft von Bild 3 zeigt sich erst dann, wenn man es mit einem anderen Bild vergleicht. Bild 4 zeigt iranische Soldatinnen auf Seite 4 im „Solinger Tageblatt" vom 23. September 1997. Die Bildüberschrift heißt: „Iranische Soldatinnen erinnern an den Kriegsbeginn". In dem das Bild begleitenden Text heißt es erläuternd: „Ohne eine Miene zu verziehen, marschieren Soldatinnen der iranischen Armee durch Teheran. Mit Gewehren im Anschlag, im Lauf eine Blume, erinnern sie an den Jahrestag des Beginns des iranisch-irakischen Krieges 1980. Auch neun Jahre nach Kriegsende gibt es keinen offiziellen Friedensvertrag." Zum Medienkontext: Das „Solinger Tageblatt" ist eine ganz normal-schlechte deutsche Provinzzeitung. Nur rund 2,5 Prozent aller Artikel thematisieren irgendein Land aus der Dritten Welt, und hierbei stehen Berichte über die Kriege im Nahen Osten an erster Stelle.[9] Gegen Karl Marx' Konzept einer „asiatischen Produktionsweise" und mit Edward W. Saids Kritik am „Orientalismus" im Hinterkopf ist dieses Bild einfach und gut zu interpretieren. Es reproduziert wie in einem Brennglas das Vorurteil von einem Orientalen als einem entindividualisierten Menschen, der keinen eigenen Willen hat – „ohne eine Miene zu verziehen" –, der nie einzeln, sondern nur im Kollektiv auftritt, der stets wild, kriegerisch, dumpf und bedrohlich auftritt, und der zudem als verschleierte Frau deutlich demonstriert, dass er keine Aufklärung und Moderne kennt.[10] Demgegenüber tritt die israelische Soldatin auf Bild 3 als ein Mensch auf, der fest in der westlichen Moderne angekommen ist: individuell, sportlich, aktiv und selbstbestimmt. So wie es kein gleiches Recht im Unrecht geben kann, solange „fighting for peace is like fucking virginity" eine logische Unmöglichkeit darstellt, und solange der Satz gilt, dass „si vis pacem, para pacem", genauso lange kann auch die aktive Teilnahme von Frauen an Kriegführung kein gesellschaftlicher Fortschritt sein. Und so ist es nur empörend, wenn Wissenschaftler israelischen Soldatinnen positiv bescheinigen, dass sie wegen ihres Militärdienstes die „volle Staatsangehörigkeit" besäßen[11] oder über iranische Soldatinnen sagen, dass sie wegen ihres Militärdienstes eine „neue Identität als muslimische Frau" errungen hätten.[12] Auf derselben zutiefst inhumanen und frauen-

9   Vgl. Becker, Jörg: Nord-Süd-Journalismus. Eine Bestandsaufnahme, in: Schade, K. Friedrich; Schmidt, und DWJN (Hrsg.): Erleuchtend oder ausgebrannt? Journalismus zu Nord-Süd in Bilanz und Perspektive, Frankfurt/M.: IKO-Verlag 2000, S. 15-25.

10 Vgl. dazu en detail die exzellenten Bild- und Filmanalysen von Shaheen, Jack: Reel bad Arabs: how Hollywood vilifies a people, New York, NY: Olive Branch Press 2001.

11 Gillath, Nurit: Women and Military Service in Israel 1948-1967, in: Latzel, Klaus; Maubach, Franka und Satjukow, Silke (Hrsg.): Soldatinnen. Gewalt und Geschlecht im Krieg vom Mittelalter bis heute, Paderborn: Schöningh 2011, S. 395-414; hier: S. 414.

12 Pournazaree, Abraham: Fighters of Invisible War. Female Armed Forces in the Islamic Republic of Iran, in: dies. (Hrsg.), S. 443-463; hier: S. 463.

feindlichen Linie liegen mehrere Artikel zum Themenschwerpunkt „Frauen in bewaffnetem Kampf" des in Österreich staatlich finanzierten Dritte Welt-Journals „Südwind-Magazin", die sich über die Nichtbeachtung von kämpferischen Frauen in der Geschichte beschweren und positive Beiträge über kriegführende Frauen einklagen.[13]

Abb. 5:   Libysche Soldatinnen der Leibwache von Muammar al-Gaddafi
Quelle: Focus, Heft 48/2011, S. 66

Bild 5 auf Seite 66 von Heft 48/2011 des konservativen deutschen Nachrichtenmagazins „Focus" ist eine Geschmacklosigkeit sondergleichen, die aber gleichwohl und gerade deswegen viele der hier bereits andiskutierten Aspekte gut auf den Punkt bringt. Voyeuristisch ist dieses Bild Teil des Artikels „,Ich wurde seine Sexsklavin'. Eine junge Libyerin erzählt erstmals öffentlich von ihrem jahrelangen Martyrium im Harem des Diktators Muammar al-Gaddafi." Neben dem Bild erscheint folgende Legende: „Frauenschinder. In Gaddafis weiblicher Leibgarde waren die Blauuniformierten [rechts] fürs Kämpfen zuständig, die in Khakiuniform [links] für Sex." Das Bild Gaddafis als Sexmaniac gipfelte im April 2011 in der Medienkampagne, Gaddafi habe an seine Soldaten Viagra verteilt und sie zur Massenvergewaltigung aufgerufen. Zuerst am 28. April von Al-Jazeera und der elektronischen „The Huffington Post" in die Welt gesetzt, erfuhr dieses Gerücht seine offizielle US-amerikanische Bestätigung durch die US-amerikanische UN-Botschafterin Susan Rice bei ihrer Rede im UN-

---

13 Vgl. Thema „Frauen im bewaffneten Kampf", in: Südwind-Magazin, Nr. 7-8/2012, S. 35-43.

Sicherheitsrat und wurde am 27. Juni 2011 sogar in den Haftbefehl gegen al-Gaddafi vom Chefankläger des Internationalen Strafgerichtshofs (IStGH) Luis Moreno Ocampo in Den Haag übernommen. Freilich war die ganze Story eine mehr als dreiste Medienente, an der überhaupt nichts stimmte, wie schließlich ein Report von Amnesty International vom 24. Juni 2011 zeigen konnte.[14] Hart muss es darüber hinaus freilich besonders Feministinnen dann angehen, wenn der medienwirksam getätigte Vorwurf von Massenvergewaltigungen keine andere Funktion hat, als im Spenden- und Aufmerksamkeitskampf möglichst viel für die eigene Frauen-NGO heraus zu schlagen. Um genau diesen Mechanismus ging es, als deutsche Frauen-NGOs während des Bosnienkrieges 1992 von rund „50.000 Vergewaltigungen" durch serbische Soldaten berichteten, während Amnesty International in einem rückblickenden Bericht 2009 von nur „20.000 sexuellen Übergriffen" sprach.[15] Selbstverständlich sind jegliche Übergriffe gegen Frauen zu viel – sie rechtfertigen aber keinesfalls den medialen Missbrauch von Vergewaltigungen für eigene Zwecke. In diesem Kontext passt die sarkastische Äußerung der ägyptischen Filmproduzentin Amal Ramsis vom April 2012: „Um ein bestimmtes Frauenbild aus arabischen Ländern zu transportieren, [ist] es beispielsweise bei westlichen TV-Sendern derzeit en vogue, Dokumentationen zu bestellen, in denen Frauen Gewalt angetan [wird]."[16]

Bild 6 führt ein weiteres Mal in den Nahen Osten, jetzt nach Syrien. Es zeigt die junge syrische Schauspielerin Fadwa Soliman auf einem Foto aus ihrem Personenartikel bei Wikipedia (http://en.wikipedia.org/wiki/Fadwa_Soliman). In einer zeitlich geballten internationalen Vermarktungskampagne im knappen Zeitraum zwischen Ende 2011 und Anfang 2012 lassen wichtige westliche Medien wie Al Dschasira[17], Reuters, International Business Times, AFP, Euronews und Financial Times Soliman als mutige Widerstandskämpferin gegen die Regierung von Präsident Baschar al-Assad hochleben. Vorher und nachher taucht

---

14 Vgl. http://www.independent.co.uk/news/world/africa/amnesty-questions-claim-that-gaddafi-ordered-rape-as-weapon-of-war-2302037.html (Abruf am 18. Oktober 2012). Vgl. ausführlich zu dieser Viagra-Lüge: Noll, Nikolaus: Der Libyenkrieg. Die Aushebelung des Völkerrechts mit Hilfe von Propaganda, Dipl.-Arbeit im Fach Politikwissenschaft an der Universität Marburg 2012.

15 Vgl. http://www.amnesty.org/en/library/asset/EUR63/006/2009/en/8af5ed43-5094-48c9-bfab-1277b5132faf/eur630062009eng.pdf (Abruf am 18. Oktober 2012).

16 Zit. nach Düperthal, Gitta: Frauen über die Arabellion. Spannende Erkenntnisse über arabische Filmkunst in Köln, in: Menschen Machen Medien, Heft 4/2012.

17 Der TV-Sender Al Dschasira ist seit langem nicht mehr antiwestlich und antiamerikanisch wie bei seinem Anfang 1996. Vgl. dazu ausführlich Becker, Jörg und Khamis, Sahar: Der Fernsehsender Al Dschasira, in: Innsbrucker Diskussionspapiere zu Politik, Religion und Kunst, Nr. 35/2010, S. 1-22.

sie in den westlichen Medien nicht mehr auf, sie hat ihre Rolle (zunächst einmal) ausgespielt. Es fällt hierbei auf, dass sich bei diesem Medienfeldzug besonders französische Medien und Finanzmedien wie Reuters, die Financial Times und die International Business Times hervortun. Das Bild dieser jungen hübschen syrischen Sängerin Soliman, die die französische Presse in Analogie zu La Pasionara (1895-1989), der bekannten spanischen Revolutionärin und Kommunistin, wirkmächtig und höchst symbolisch „une pasionaria syrienne" nannte, lässt sich in zweifacher Hinsicht dechiffrieren, einmal historisch und zum anderen Mal in Bezug auf typische Muster der Medienberichterstattung über Kriege und Konflikte im Nahen Osten.

Abb. 6: Die syrische Schauspielerin und politische Aktivistin Fadwa Soliman
Quelle: http://en.wikipedia.org/wiki/Fadwa_Soliman (Abruf am 26.Oktober 2012)

Aus historischer Sicht steht dieses Foto in einer langen und unheilvollen Tradition von Mädchenbildern und Bildern von jungen Frauen in Kriegen. Es ist ein besonders düsteres Kapitel aus der Mappe der visuellen Kriegspropaganda. Spätestens seit den vielen tausenden Fotos, auf denen sich Adolf Hitler im Kreis junger Mädchen ablichten ließ, müssten solche Bilder generell tabu sein. Sie sind allesamt obszön. Und gerade Mädchen wurden in den letzten Kriegspropagandaschlachten bevorzugt eingesetzt.

Zu erinnern ist hier erstens an den von der PR-Agentur Hill & Knowlton bezahlten Auftritt des 15-jährigen Mädchens Nayirah 1990 vor dem US-Kongress, die heulend von der Brutalität irakischer Soldaten in einer Säuglingsstation in einer kuwaitischen Klinik berichtete, sich nachträglich aber als Tochter des kuwaitischen Botschafters entpuppte[18], zweitens an das antiserbische Tagebuch des kroatischen Mädchens Zlata Filipovic im Bosnienkrieg von 1991/93, das eigentlich von der UNICEF gesponsert worden war, drittens an das albanische Mädchen Kujtesa Bejtullahu aus Priština, das im Januar 1999, mitten im Kosovo-Krieg, unter dem Namen Adona täglich e-mails mit dem kalifornischen Schüler Finnegan Hamill austauschte, wobei sich der veröffentlichte e-mail-Verkehr im Nachhinein als proamerikanische Kriegskampagne des National Public Radio (NPR), dem Cable News Network (CNN) und der First Congregational Church of Berkely herausstellte[19], und viertens an die im Irak-Krieg entführte US-amerikanische Soldatin Jessica Lynch, die von einer US-Spezialeinheit am 2. April 2003 so perfekt und medienwirksam befreit wurde, dass sich der Gedanke an eine Medieninszenierung von selbst aufdrängt.[20]

Zu denken ist fünftens auch an die im Gefängnis von Abu Ghraib in Bagdad stationierte US-Militärpolizistin Lynndie England, die im Mai 2004 einerseits zwar aktiv an den sexuellen Folterungen und Demütigungen von irakischen Soldaten beteiligt war, die andererseits aber auch Opfer war, da sie von ihren männlichen Vorgesetzten zu solchen Taten angehalten wurde, und da nur sie als rangniedriges „Bauernopfer" verurteilt wurde, aber keiner ihrer männlichen Vorgesetzten.[21] Und schließlich ist sechstens an die am 20. Juni 2009 bei Unruhen in Teheran ermordete Neda Soltan zu erinnern, von der das falsche Foto einer anderen Iranerin um die Welt ging, nämlich das einer Neda Soltani.[22] „Une pasionaria syrienne", Neda Soltan als der „Engel des Iran", Zlata als kroatische oder Adona als albanische Anne Frank: Der westlichen PR-Maschinerie sind keine Vergleiche zu blöd, zu schade und historisch zu falsch, um diese von ihr selbst auserwählten Leidens- und Rebellionsheroinnen in der Öffentlichkeit gut vermarkten zu können. Während Anne Frank noch im März 1945 im KZ Bergen-Belsen ermordet wurde, lebt Zlata Filipovic gegenwärtig nach einem Studium an der Oxford University putzmunter in Dublin, der US-amerikanische Student Finnegan Hamill erhielt ein Stipendium an der Harvard University, und Adona machte ihr Abitur in Berkely in Kalifornien!

---

18 Vgl. en detail MacArthur, John R.: Die Schlacht der Lügen. Wie die USA den Golfkrieg verkauften, München: dtv 1993, S. 46ff.

19 Vgl. en detail Savich, Carl K.: An Analysis of the CNN/NPR Adona/Anne Frank of Kosovo Propaganda Campaign, in: http://www.maknews.com/html/articles/savich/savich3. html (Abruf am 19. Oktober 2012).

20 Vgl. http://www.youtube.com/watch?v=U8QSRpnrWIE (Abruf am 22. Oktober 2012).

21 Vgl. Gourevitch, Philip und Morris, Errol: Die Geschichte von Abu Ghraib, München: Hanser 2009.

22 Vgl. Bunjes, Miriam: Das falsche Bild von Neda, in: Menschen Machen Medien, Nr. 3/2010, S. 17.

Aus Sicht einer Kritik an der Frauenberichterstattung in den verschiedenen Nahostkriegen der letzten Dekaden kommt diesem Bild der syrischen Schauspielerin Fadwa Soliman eine weitere Bedeutung zu. Scharf abgegrenzt gegen das Bild einer altmodisch und mittelalterlich anmutenden, gläubigen und mit Kopftuch oder Burka angezogenen Muslima[23], verkörpert die junge Soliman die westlich fortschrittliche, emanzipierte und gebildete Frau aus dem Mittelstand, die dem Betrachter – auch dem männlichen – offen, klar und selbstbewusst (ein Muslim würde sagen „schamlos") ins Gesicht guckt. Während sich Syrien unter Anleitung der CIA einer Invasion von Waffen, Geld und Kommunikationstechnologien aus der Türkei und dem konservativen, ja reaktionären Saudi Arabien und Qatar – Sitz des TV-Senders Al Dschasira – ausgesetzt sieht, produzieren diese Länder, in denen Frauenrechte mit Füßen getreten werden, genauso wie die des Westens die stets alten dichotomischen TV-Bilder von entweder verschleiert am Bildrand herumsitzenden Frauengruppen oder von einer einzelnen am Westen ausgerichteten jungen Akademikerin.

In der Tat ist die Berichterstattung der deutschen Medien über den Syrienkrieg katastrophal, genau so, wie sie Jürgen Todenhöfer im „Spiegel" beschrieben hat: „[Es gibt] eine merkwürdige Einseitigkeit. Die Rebellen bestimmen mit ihrer Medienstrategie die Wahrnehmung dieses Konflikts. Es werden ‚Videos gefälscht, Aktivismus und Journalismus in einer sehr, sehr perfiden Weise vermischt', wie selbst Ihr vorzüglicher Fotograf Marcel Mettelsiefen[24] sagt. Die Story, die ich überall lese [...] heißt immer: ‚Ein Diktator tötet sein Volk.' Das geht an den Problemen Syriens vorbei."[25]

Liest man Jonathan Littells „Notizen aus Homs", ein Tagebuch über seinen Undercover-Aufenthalt bei syrischen Rebellen vom 16. Januar bis 2. Februar 2012, dann wird recht schnell deutlich, wie sehr der syrische Bürgerkrieg (auch)

---

23 Vgl. dazu Klaus, Elisabeth und Susanne Kassel: Frauenrechte als Kriegslegitimation in den Medien, in: Eckstein, Kirstin, Julia Neissl, Sivia Arzt und Elisabeth Anker (Hrsg.): Männerkrieg & Frauenfrieden. Geschlechterdimensionen in kriegerischen Konflikten, Wien: Promedia 2003, S. 238-252 und Becker, Jörg: „Der Bart muss ab!" Zur Geschlechterlogik in der Afghanistan-Berichterstattung, in: Becker, Johannes M. und Wulf, Herbert (Hrsg.): Afghanistan: Ein Krieg in der Sackgasse, Münster: Lit-Verlag 2010, S. 197-215.

24 Im Filmbeitrag „Unvollständige Berichte aus Syrien" im medienkritischen ZAPP Medienmagazin des TV-Programms des Norddeutschen Rundfunks vom 29. März 2012 kritisierte der Journalist Marcel Mettelsiefen scharf die einseitige Syrienberichterstattung des deutschen Fernsehens. Der von mir in einem Brief vom 14. März 2012 angeschriebene Zweite ARD-Chefredakteur Thomas Hinrichs kann die ARD-Berichterstattung über Syrien in Mettelsiefens Film nur mit Stammeln und Stottern rechtfertigen. Vgl. http://www.youtube.com/watch?v=zXX7ZSbz6S0 (Abruf am 21. Oktober 2012).

25 Zit. nach: Spiegel-Streitgespräch „Krieg ist nie fair", Nr. 31/2012, S. 78f.

ein Wahrnehmungskrieg des Westens ist, denn Littells Reise ist eine Auftrags-
arbeit der französischen Zeitung „Le Monde", die seine Berichte im Februar
2012 veröffentlicht, bevor sein Tagebuch einige Wochen später als Buch erscheint. Medienrelevante Passagen, die deutlich machen, dass alle Rebellen-
gruppen nahezu jede ihrer Aktionen filmen, so dass sie später über YouTube im
Westen Entsetzen hervorrufen, die NATO zu einem Eingreifen drängen oder
ihren Finanziers in der Türkei oder in Saudi Arabien als Beweis dafür gelten sollen, wie effektiv sie das Geld verwenden, finden sich in diesem Buch en masse:
„Dann kommen die Alawiten ins Stadtzentrum, entführen Frauen, ficken unsere Töchter und filmen das. Sie stellen Videos ins Netz, um zu sagen: ‚Seht,
wir ficken sunnitische Mädchen.' Für uns als Araber und Muslime ist das sehr
schlimm. [...] Der Zug geht mit Fahnen, Fotos von shahids [Märtyrern, JB] und
Pappschilder schwenkend die Straße entlang, einige Parolen sind auf Englisch
(‚We want international protection'). [...] Vor drei Tagen wurde ihnen eine Leiche übergeben, mit Folterspuren überall, von Elektroschocks etc. Vermutlich
wurde er im Militärkrankenhaus getötet. Der Fall ist dokumentiert, die Leiche
wurde auf Aljazeera gezeigt. [...] Die Typen, die uns abholen sollen, sind nervös
und die Spannung steigt schnell. Raed hat Angst, dass sie ihm die Fotos löschen.
Ich schicke vorsichtshalber eine SMS an ‚Le Monde'. [...] Bilal zeigt mir wieder
etwas auf seinem Handy. Ein Mann, dessen ganzer Bauch offen ist, Lunge und
Gedärme hängen heraus, die Ärzte versuchen sie wieder hineinzustopfen. All
diese Handys sind Museen des Horrors. [...] Dieses Internetcafé ist der Unter-
schlupf aller Aktivisten von Khaldije, die hier auf YouTube und in den sozialen
Netzwerken die Arbeit ihres Tages posten, Filme von Demonstranten oder
Gräueltaten. [...] Ein Aktivist: ‚Ihr seid hoffentlich nicht vom ‚Figaro', oder?
Der ‚Figaro' ist wirklich korrupt.' Schon okay, wir sind von ‚Le Monde'. [...]
Abu Bilal ist bei uns und auch Omar Telawi, ein Aktivist, der bekannt ist für
seine Videobotschaften, er war auch schon im Fernsehen, auf ‚Aljazeera' und
‚France 24'."[26]

Es ist genau dieses Phänomen einer Mediendoppelung, oder das einer dyna-
mischen Medienspirale zwischen TV und Handys, wie es inzwischen bei der
Kriegsberichterstattung im Nahen Osten angesichts von Internet, Handys und
YouTube üblich geworden ist. Noch perverser als Littell schildert es der Schriftsteller Ilija Trojanow für Ereignisse im Juni 2007 in Pakistan:
„So spielen sich viele Demonstrationen in Pakistan ab: Einige hundert jüngere Männer, Bildnisse des neuesten Sünders in der Hand, stehen herum, unterhal-
ten sich, nehmen fotokopierte Zettel mit aufhetzenden Tiraden entgegen, rufen

---

26 Littell, Jonathan: Notizen aus Homs. 16. Januar – 2. Februar 2012, Berlin: Hanser 2012,
    S. 53, 64, 74, 75, 128, 132, 136 und 137.

von Zeit zu Zeit einen Slogan aus und warten offensichtlich auf einen Startschuss. Zwischen ihnen bewegen sich zielstrebig einige pompöse Organisatoren, das Handy am Ohr. Dann tauchen die Fernsehkameras auf, und die Männer verwandeln sich in wütende Furien, dirigiert von den Rädelsführern mit den Handys, sie verzerren ihre Gesichter, sie schreien sich die Seele aus dem Leib, sie setzten die Bildnisse in Brand, bevor sie auf ihnen herumtrampeln. Kaum sind die Kameras verschwunden, beruhigt sich der Volkszorn wieder, und die Männer gehen bald darauf auseinander, um irgendwo einen Tee zu trinken, in Erwartung des nächsten Kampfaufrufes. Sie zählen die Münzen, die man ihnen zugesteckt hat – ihr einziger Tagesverdienst. Der öffentliche Zorn ist so groß wie der Fernsehbildschirm."[27]

Am 8. März 2012, als ausländische Medien das Thema Fadwa Soliman längst abgegrast hatten, zog endlich auch die Abendausgabe der „ARD-Tagesthemen" mit einem langen, positiven Porträt über die junge Rebellin nach: „Sie gibt dem Protest eine starke Stimme", „ziviles Gesicht der Revolution", „sie hat viele Freunde, die Mehrheit des Volkes", „sie hat sich auf die Seite der Freiheit geschlagen ohne wenn und aber", „wo sie auftaucht, sind ihr die Menschen dankbar", „sie hat nicht nur Mut, sondern bislang auch einfach sehr viel Glück gehabt" usw. Als ich mit einem Schreiben vom 14. März 2012 die ARD nach den Quellen der Bilder für diesen Filmbeitrag fragte, erhielt ich keine konkrete Antwort, stattdessen nur den vagen Hinweis des Zweiten Chefredakteurs Thomas Hinrichs, man müsse anonyme Filmemacher schützen. Und selbstverständlich merkt eine Politikredaktion der „ARD-Tagesschau" nicht den Widerspruch zu ihrer Soliman-Lobeshymne vom März 2012, wenn nur wenige Monate später das „ZDF-Heute Journal" in seiner Abendausgabe am 4. August 2012 einen Bericht darüber sendet, dass unter den syrischen Rebellen viele Salafisten aus Saudi Arabien seien und im Anschluss an diesen Filmbeitrag der ZDF-Redakteur Claus Kleber spöttisch und nur scheinbare naiv die Frage stellt, ob die CIA auf einmal die Salafisten finanziere.

Eingefangen in dem selbst gebauten Mediengefängnis, in dem (auch) deutsche Medien zu Opfern ihrer eigenen Mediendoppelungsstrategie werden, ist es nur folgerichtig, wenn die „Tageszeitung" (taz) im Oktober 2012 völlig ungeniert und völkerrechtswidrig zu einem Krieg gegen Syrien aufruft. Unter der Überschrift „Eingreifen! Jetzt!" schreibt die taz: „Nur durch eine militärische Intervention ist das Morden überhaupt noch zumindest punktuell einzudämmen."[28] Zwar verbietet das deutsche Strafgesetzbuch in seinem §80a ein „Auf-

---

27 Trojanow, Ilija: Der entfesselte Globus. Reportagen, München: Hanser 2008, S. 139.
28 Johnson, Dominic: Nur eine militärische Intervention kann das Morden in Syrien beenden. Eingreifen! Jetzt!, in: Tageszeitung, 16. Oktober 2012.

stacheln zum Angriffskrieg" – „Wer im räumlichen Geltungsbereich dieses Gesetzes öffentlich, in einer Versammlung oder durch Verbreiten von Schriften zum Angriffskrieg aufstachelt, wird mit Freiheitsstrafe von drei Monaten bis zu fünf Jahren bestraft." –, doch was kümmert die taz oder die Berliner Staatsanwaltschaft das deutsche Strafrecht?

2001 stellte der Politologe Thomas Meyer die „falsche Frage", ob die Politik die Medien oder die Medien die Politik im Griff hätten.[29] Falsch war die Frage deswegen, weil sie Gesellschaft als Interaktion handelnder Akteure und nicht als Struktur begriff. Wer strukturell argumentiert, wird sich zum Beispiel nicht darüber wundern können, dass eine Vielzahl von Regierungssprechern vor ihrer Tätigkeit als Regierungssprecher als Spitzenjournalisten bei der „Bild"-Zeitung oder bei den öffentlich-rechtlichen TV-Sendern tätig war. So war Regierungssprecher und Staatssekretär Peter Boenisch in der CDU-Regierung von Helmut Kohl vorher Herausgeber der „Bild"-Zeitung, Béla Anda, Staatssekretär und Regierungssprecher in der SPD-Regierung von Gerhard Schröder, war vorher ebenfalls bei der „Bild"-Zeitung, Steffen Seibert, der jetzige Regierungssprecher und Staatssekretär in der CDU/FDP-Regierung von Angela Merkel, war vorher politischer Redakteur beim ZDF, und Georg Streiter, der heutige stellvertretende Regierungssprecher, war früher Politikchef der „Bild"-Zeitung. Es geht um Strukturen. Und bei diesem Thema heißt die Struktur M hoch 5 (M^5) = Macht – Maschine – Militär – Männer – Medien.

Schon bald nach dem 11. September 2001 legte eine Expertengruppe aus den USA einen Bericht über neue Strategien in der nach außen gerichteten Kultur- und Medienpolitik dieses Landes vor. Die Ausgangslage für diesen Bericht war klar: Die USA würden in der ganzen Welt gehasst. Als Zielgruppen, die man ansprechen müsse, um dieses negative Bild von den USA zu ändern, identifizierte dieser Report drei Gruppen: gemäßigte Muslime, junge Menschen und Frauen.[30] Sieht man sich vor dieser Folie alle sechs Bilder im Kontext der dazugehörigen Erklärungen noch einmal an, dann lässt sich nüchtern konstatieren, dass die von den USA ausgehende Frauen-PR-Strategie „erfolgreich" war.

Weit entfernt von der gegenwärtig katastrophal schlechten Medienberichterstattung über Kriege heben sich positiv die Kriegsreportagen von Martha Gellhorn (1908-1998) ab:

---

29 Vgl. Meyer, Thomas: Mediokratie. Die Kolonisierung der Politik durch die Medien, Frankfurt: Suhrkamp 2001.

30 Vgl. Independent Task Force: Public Diplomacy: A strategy for Reform. A Report of an Independent Task Force on Public Diplomacy, Washington, DC: Council on Foreign Relations 2002.

„Nachdem ich mein Leben lang Kriege beobachtet habe, halte ich sie für eine endemische menschliche Krankheit und Regierungen für die Überträger. Nur Regierungen planen, erklären und führen Kriege. Man hat noch nie etwas von Bürgerhorden gehört, die von sich aus den Sitz der Regierung gestürmt und wütend Krieg gefordert hätten. Sie müssen mit Hass und Furcht infiziert werden, bevor bei ihnen das Kriegsfieber ausbricht. Man muss ihnen beigebracht haben, dass sie von einem Feind bedroht und die Lebensinteressen ihres Staates gefährdet wären. Die Lebensinteressen des Staates, bei denen es sich stets um Macht dreht, haben nichts zu tun mit den Lebensinteressen der Bürger, die privat und einfach sind und bei denen es immer um ein besseres Leben für sie und ihre Kinder geht. Für solche Interessen tötet man nicht, man arbeitet für sie. [...] Die Führer der Welt scheinen mit dem Leben hier unten auf der Erde die Fühlung verloren, die Menschen vergessen zu haben, die sie führen. [...] Als eine von Millionen Geführten werde ich mich auf dieser hirnverbrannten Straße ins Nichts kein Stück mehr weitertreiben lassen, ohne meine Stimme zum Protest zu erheben."[31]

Aus dem fernen Solingen grüßt und umarmt Dich, liebe Claudia, ein dissidenter Forscher wie Du. Ich mag Deine krumme wissenschaftliche Karriere, ich schätze die bunte Vielfalt Deiner Themen und Veröffentlichungen, ich habe großen Respekt vor Deinem wissenschaftlichen Gesamtwerk und gratuliere Dir herzlich zu Deinem Geburtstag!

---

31 Gellhorn, Martha: Das Gesicht des Krieges. Reportagen 1937-1987, Zürich: Dörlemann 2012, S. 25 und 19.

8. Als ein Industrietycoon den Dschungel besiegen wollte und der Dschungel etwas dagegen hatte

Andreas Exenberger

Claudia Werlhof ist eine interessante Wissenschaftlerin. Ihre Vorlesungen und Vorträge sind eloquent, engagiert, pointiert und eigentlich immer radikal. Sie denkt Dinge konsequent zu Ende. Sie scheut sich nicht, sich mit jemandem anzulegen, und es interessiert sie dabei nicht, wer ihr Gegenüber ist, sondern lediglich, ob er oder sie in ihren Augen Unrecht hat. Claudia Werlhof ist daher auch eine Schwierige. Speziell als Mann muss man sich in Acht nehmen. Mit ihr zu diskutieren oder gar zu argumentieren, das ist eine echte Herausforderung. Das hat sie oft genug auch in der Forschungsplattform gezeigt, zu der wir beide in den letzten Jahren beigetragen haben, wo die hitzigsten Diskussionen meistens um ihre Positionen gekreist sind. Nun, alle Beteiligten haben sie ausgehalten, diese Diskussionen, auch wenn es meist nicht leicht und im Ergebnis oft unbefriedigend war.

Nun kenne ich Claudia Werlhof schon etwas länger, teile einige ihrer Ansichten, habe vor gut 15 Jahren sogar auch einmal eine Prüfung in Politikwissenschaft bei ihr gemacht und sie bei meiner allerersten Konferenz als wissenschaftlicher Mitarbeiter getroffen, die uns beide über den großen Teich zum *Fernand Braudel Center* nach Binghamton geführt hat. Damals hat sie einen Vortrag über das Patriarchat als alchemistische Praktik gehalten, ein Konzept, das ich schon bei einer früheren Gelegenheit in Innsbruck sowohl metaphorisch wie auch strukturell für sehr zutreffend gehalten habe.

Es gibt aber auch viele Widersprüche, auch bei einigen grundlegenden Fragen. Weil aber eine Festschrift nicht dafür da ist, eine Kontroverse auszutragen, sondern gerne gelesen werden soll, habe ich mehrfach meine Meinung über den Gegenstand meines Schreibens in diesem Band geändert – und das fundamental – und werde im Folgenden wenig über den Zustand der heutigen Welt, über Zukunftsaussichten, über die „wahren" Probleme der Menschheit und drohende Weltuntergänge, über deren Ursachen und mögliche Lösungen oder über das ominöse „internationale System" fabulieren, Geschlechter- und Machtverhältnisse nur indirekt berühren. Wäre das anders, würden wir uns immer wieder im Detail und manchmal wohl auch über das Fundament uneinig sein, so uneinig wahrscheinlich, dass der Text zumindest teilweise ungelesen bliebe. Das soll so aber nicht sein, also erzähle ich lieber die Geschichte eines Industrietycoons, der den Dschungel besiegen wollte. Claudia Werlhof kennt die auch sonst nicht sehr bekannte Geschichte vielleicht noch nicht, und das wäre umso besser, handelt es sich doch auch um eine Geschichte über die Arroganz des Kapitalismus und die Beharrlichkeit der Natur (von Pflanzen wie von Menschen).

Ein letztes noch zur Einleitung. Ich möchte diesen kurzen Text nicht nur der „Jubilarin" widmen, die sich selbst ja vielleicht durchaus nicht so sieht. Sondern ich möchte ihn auch dem Gedenken an einen Menschen widmen, den wir beide gekannt und wohl auch geschätzt haben. Es handelt sich um Otto Kreye, der in den 1990er-Jahren in schöner Regelmäßigkeit im Rahmen des zweiten Abschnitts des Politikwissenschaftsstudiums Vorlesungen über Entwicklung gehalten hat, die ich mehrfach besucht habe und die in der Regel informativer waren als jene auf der Volkswirtschaft (obwohl auch die passabel waren, aber eben doch sehr anders), ehe er dann leider viel zu früh verstorben ist. Um „Entwicklung" geht es auch in diesem Text, und Otto Kreye war einer, der die Fähigkeit hatte, einem die Augen zu öffnen mit scharfem Blick für die Lebensrealitäten der Menschen auf der Welt und mit wachem Geist, mit dem er sie und die dahinter liegenden Begründungen und Strukturen analysierte, und das alles meist noch mit einer ironischen Spitze versehen. Er sprach die Wahrheit stets gelassen aus. Die Wahrheit aussprechen, das tut oft auch Claudia Werlhof. Ob sie dabei immer gelassen bleibt, mögen andere beurteilen.

Eine erste Vorgeschichte: Weißes Gold aus blutenden Bäumen

1981 drehte Werner Herzog einen exzentrischen Film, der zugleich der vielleicht beste Film über den Irrsinn des amazonischen Kautschukraubes um 1900 ist. *Fitzcarraldo* beginnt mit der Darstellung der damit verbundenen ungeheuren Diskrepanzen. Elegant gekleidete Damen und Herren steigen zu einem prächtigen Opernhaus empor. Man denkt unwillkürlich an Paris. Der Gedanke weicht der Irritation, als in der nächsten Einstellung ein weiß gekleideter Mann (Klaus Kinski in der Titelrolle) hektisch ein schäbiges, mit einem Strohdach versehenes Boot aus der schwarzen Dunkelheit eines lichtlosen Flusses zu rudern versucht. Das ist nicht die Seine. Vor der Oper fahren inzwischen Pferdekutschen vor. Als die Besitzer ausgestiegen sind, knallen Korken und die Pferde werden mit Champagner getränkt. Die Szene wird von Indios in ärmlichen Kleidern beobachtet, die sich als Schaulustige eingefunden haben.

Getragen vom Gedanken, das Geld für ein eigenes Opernhaus zuhause im peruanischen Iquitos aufzutreiben, wendet sich Fitzcarraldo einem Ausbeutungsprojekt zu: Er beschafft sich (mit von einer Freundin geliehenem Geld!) einen Raddampfer, um damit über einen Nebenfluss des Amazonas in eine Gegend vorzustoßen, wo es viel Kautschuk, aber auch feindselige Indios geben soll.

Damit wird der Film zur Abrechnung mit dem Wahnsinn des Kolonialismus, denn die Indios (Laiendarsteller aus der Region), die vorher praktisch keinen Kontakt zu „Weißen" hatten, interpretierten die Ankunft des Schiffes als Zeichen der „Götter" und erklären sich daher bereit, das riesige Schiff über einen Bergkamm zu ziehen. Die Sache endet in der menschlichen und wirtschaftlichen Katastrophe, wenn es zuerst zu tödlichen Unfällen beim Hinaufziehen kommt und die Indios schließlich die „Götter" – und das ganz ohne „Beute" – auf eine Höllenfahrt den Berghang und die Stromschnellen hinunter schicken.

Die Protagonisten des Films überleben, der Kautschukraub dieser Zeit hat aber Abertausenden Menschen in Südamerika das Leben gekostet (und noch mehr in Afrika), weil diese der Ausbeutung im Weg standen oder ihre Quoten nicht erfüllten. Einige wenige sind auf diesem Wege auch zu ungeheuren Vermögen gekommen, wie sich vor allem in den Prachtbauten der „Gummibarone" in Amazonien bis heute zeigt, symbolisch vielleicht am besten im schon erwähnten *Teatro Amazonas* in Manaus oder in der Eiffel'schen *Casa de Hierro* in Iquitos. Der „Goldrausch" nach dem „Blut" von „weinenden Bäumen", einem weißen, flüssigen Gold, das aus der Rinde von Bäumen tröpfelt und das sich damals als Gummi ständig steigender weltweiter Nachfrage erfreute, er war in vollem Gange.

Die Ernte des „Wildkautschuks" übernahmen damals so genannte *Seringueiros* (vom Portugiesischen „sangre" für „Blut"). Sie holten aus dem unwegsamen Regenwald maximal rund 800 Kilogramm Kautschuk pro Kopf und Jahr (eher die Hälfte), wobei die „Produktion" dieser Menge infolge von Krankheiten, Hunger, wilden Tieren, indigenem Widerstand und Streitigkeiten zugleich das Leben von vier Zapfern kostete. Reich wurden sie dabei nicht, sondern nur die Zwischenhändler und vor allem die Endabnehmer – und die renitenten Indios wurden meist nicht einmal als Zwangsarbeiter eingesetzt, sondern einfach massakriert.

Nach Jahrzehnten des Grauens endete zumindest die Zeit der großen Profite aber abrupt nach 1910. Damals ging Plantagenkautschuk in Südostasien in Serienproduktion, der seinerseits Ergebnis eines „Samenraubes" von Henry Wickham im Jahr 1872 war. Folge war ein totaler Zusammenbruch des Weltmarktpreises, denn die Plantagen produzierten schnell sehr viel mehr Ertrag, als durch die „Jagd" auf weinende Bäume zu erzielen war. Hatte Brasilien um 1900 noch die Hälfte der Weltproduktion gestellt, waren es 1920 nur noch 7 Prozent, als der Preis auch bereits auf weniger als ein Zehntel seines Höchststandes gefallen war.

Eine zweite Vorgeschichte: vom River Rouge zum Rio Tapajóz

Zur selben Zeit wurde einige Tausend Kilometer weiter nördlich ein anderes wichtiges Kapitel der Weltwirtschaftsgeschichte geschrieben: Henry Ford revolutionierte die Auto- und damit auch insgesamt die Industrieproduktion. Er, den später das *Time Magazine* zum „Mann des (20.) Jahrhunderts" wählen sollte, war 1863 in ein noch ländliches Michigan geboren worden. Mit 16 verließ er die Schule, war vom väterlichen Hof davongelaufen, um eine Mechanikerlehre zu machen, und bastelte dann jahrelang an Autos herum, ehe er 1903 die Ford Motor Company gründete. Die wahre Revolution aber kam zehn Jahre danach, als das bereits etablierte „Modell T" 1913 erstmals am Fließband montiert wurde. Weitere zehn Jahre später waren mehr als acht Millionen praktisch identische Stück gebaut worden, mehr als ein Drittel aller insgesamt bis dahin weltweit gebauten Autos.

Ford war am Höhepunkt, erwog 1924 sogar, für die Präsidentschaft zu kandidieren, und das durchaus aussichtsreich. Er war offensichtlich davon überzeugt, dass ihn auch in Zukunft nichts würde aufhalten können, und dass sich unabhängig von den Umständen alles, was er anfasst, nahezu naturgesetzlich in Gold verwandeln würde. Nun ließ der knapp 60jährige Ford zwei Bücher schreiben, die eine stolze Bilanz über seine Geschäftsphilosophie zogen: *My Life and Work* (1923) und *Today and Tomorrow* (1926). Sie strotzen vor unerschütterlichem Optimismus, Verachtung für Verschwendung jeder Art, Glauben an die Leistungsfähigkeit der Technik, zugleich aber auch Idealisierung des einfachen Landlebens und Geringschätzung anderer Arten von Expertise. Bei ihm lernte man „an der Aufgabe" und musste sich täglich neu beweisen.

Schattenseiten dieser unvergleichlichen Erfolgsgeschichte sahen nur wenige. Noch verdeckten Fords (durchaus auch antisemitische) Polemiken gegen die Bankiers „von der Wallstreet" die Tatsache, dass anstelle von Banken oder gar ihm selbst seine Arbeiter und Autohändler meist die Last der (Zwischen-)Finanzierung seiner Pläne tragen mussten. Noch bemäntelte das Image eines „Sozialreformers", der die Löhne verdoppelt hatte, um Autos für seine Arbeiter erschwinglich zu machen, die von Charlie Chaplin später in *Modern Times* so treffend dargestellten unmenschlichen Arbeitsbedingungen am sich stets beschleunigenden Fließband, die Tatsache, dass viele seiner Mitarbeiter gerade rechtzeitig vor Erreichen einer Bonusstufe gefeuert wurden, um sie kurz danach zu niedrigeren Gehältern wieder einzustellen, und den Umstand, dass seine „soziologische Abteilung" tatsächlich die Mitarbeiter ausspionierte, um ihnen den Lebensstil aufzuzwingen, den Ford für „tugendhaft" hielt. Und sein Erfolg und das Gerede von der persönlichen Freiheit verschleierten, dass er den Beschäftigungsstand und die Bedingungen für seine Händler stets sehr flexibel an die Konjunktur anpasste und Gewerkschaften aktiv bekämpfte. Ford war letztlich ein Patriarch und Egomane, der unerschütterlich und expansiv an seine Version vom Kapitalismus und vom Fortschritt glaubte. *My Life and Work* endet mit der Frage: „Was wird die Zukunft bringen?" und mit der Antwort: „Wir werden lernen, die Herren, nicht die Sklaven der Natur zu sein ...".

Nun kaufte Ford im Sinne der „vertikalen Integration" des Konzerns allerlei Zulieferbetriebe auf und errichtete im Sinne der „Expansion" Autowerke in anderen Kontinenten. Auch am River Rouge in Detroit wurde zwischen 1917 und 1928 ein neues, gewaltiges Fabrikgelände errichtet, eines der größten der damaligen Zeit. Was ihm fehlte, war Gummi, den ein Auto für die Räder, aber auch andere Teile braucht. Als es nun 1923 zu einem Gummikartell kam, das die Preise schlagartig wieder steigen ließ, sah er seine Befürchtungen bestätigt, dass „die von der Wallstreet" wieder einmal ehrliche Unternehmer wie ihn über den Tisch ziehen wollten. Damit erwachte das Interesse an Amazonien. Das Ziel eines Mannes wie Henry Ford war es dabei aber natürlich nicht, dem Rat mancher Fachleute zu folgen und einfach ein Netz von Handelsniederlassungen zum Aufkauf von Wildkautschuk zu gründen. Nein, das Ziel musste ambitionierter sein: Er wollte die erste Kautschukplantage in der westlichen Hemisphäre etablieren und zugleich – nicht weniger wichtig – sein sozioökonomisches Konzept der effizienten Fabrikarbeit mit allem Drum und Dran in den brasilianischen Dschungel verpflanzen. Man entschied sich als Standort für den Rio Tapajóz, einen Seitenarm des Amazonas auf Höhe von Santarém. Rücksicht auf mögliche Probleme oder tatsächliche Widerstände – kurz: auf die Rahmenbedingungen eines Engagements im amazonischen Dschungel – kannte er dabei nicht. Wenn man sich nur genug anstrengt, kann man schließlich alles überwinden.

Metamorphosen im Ford-Land

1928 kam es zum Aufbruch ins „Ford-Land". Längst war zwar das Kartell zerfallen und die Preise am Weltgummimarkt sollten in den nächsten Jahren ins nahezu Bodenlose sinken, doch jemand wie Henry Ford kannte kein einfaches Zurück. So brach er zu neuen Ufern auf, und das nicht nur sprichwörtlich: Von Michigan aus stach ein Schiff in See, das alles enthielt, was für eine kleine Industriestadt zur Produktion von Gummi als nötig erachtet wurde. Diese „Arche" erreichte im September 1928 die für die Errichtung einer riesigen Plantage (etwa von der Größe Nordtirols) vorgesehene Stelle an den Ufern des Tapajóz, am Ufer sumpfig und an den Hängen noch dicht von Regenwald bewachsen. Der Ort der Landung trug ursprünglich den sprechenden Namen Boa Vista („schöner Ausblick"), bald setzte sich aber – auch unter den Einheimischen – eine neue Bezeichnung durch: „Fordlândia".

Ganze acht „Weiße" waren anfangs mit dabei. Wie es bei Ford zu erwarten war, übernahm der Schiffskapitän auch gleich die Leitung, ein Mann ohne jede Ahnung von Kautschukanbau oder von der Plantagenwirtschaft. Er sollte auf die nach Ford einzig richtige Weise lernen: „on the job". Der Anfang war entsprechend schwierig. Die angeworbenen Arbeitskräfte machten sich meist nach kurzer Zeit mit dem relativ guten Verdienst wieder aus dem Staub. Die Maschinen kamen im matschigen Gelände nicht voran. Die Hunderttausenden Setzlinge gingen fast alle ein. Nach einem Jahr des Rodens, Abbrennens, Terrassierens, Pflanzens, Straßenanlegens, Häuserbauens, der Errichtung einer Eisenbahn, eines Elektrizitätswerks, einer Sägemühle, und des Akklimatisierens an die ungewohnte Umgebung, war „im Hinblick auf das eigentliche Ziel des Unternehmens, nämlich die Produktion von Gummi" (so der Originalton in den Berichten) fast nichts erreicht. Zwar war eine stickige Barackenstadt für einige tausend Arbeiter aus dem Boden gestampft worden, über der auf einem Hügel eine Siedlung im *Lake-Michigan*-Stil für das Management thronte, doch statt vitaler Setzlinge in Reih und Glied war an die Stelle des ursprünglichen Regenwaldes nun eine von gefällten und abgestorbenen Bäumen übersäte, staubige und den Sturzbächen während der Regenzeit schutzlos ausgesetzte Landschaft getreten.

So litt die Natur, aber auch die Menschen. Den „Weißen" ging es im Kreise ihrer Familien und umgeben von Gärten und allerlei Annehmlichkeiten freilich nicht schlecht, die Arbeiter hingegen lebten unter Blechdächern und zwischen Moskitos, ohne Alkohol und Tabak (dem Protestanten Ford waren diese Laster fremd), und zwischen ungewohnten Arbeitszeiten (nach dem auch für die Pflanzen unsinnigen „9 to 5"-Schema) und Unterhaltungsangeboten (bis hin zum Square Dance). Auch ein geregeltes Familienleben gehörte anders als in Michigan nicht zu Fords Vorstellung von effizienter Arbeit: Frauen und Kinder gab es zu dieser Zeit auf der Plantage kaum. Sensibilität oder auch nur Kenntnisnahme der lokalen Lebensumstände kam angesichts des offensichtlichen kolonialen Geistes, von dem das gesamte Unternehmen getragen war, nicht in Frage. So lud sich die Atmosphäre weiter auf, als eine Stechuhr und eine Werkspfeife dem Streben nach protestantischer Arbeitsethik Nachdruck verleihen sollten. Die Eröffnung einer Kantine, in der man sich Essen im US-amerikanischen Stil in Selbstbedienung zu festgesetzten Zeiten holen musste, ließ das Fass überlaufen. Kurz vor Weihnachten 1930 kam es zu einem regelrechten Aufstand der inzwischen 3.000 Arbeiter. Es gab mehrere Verletzte, die Stechuhr und einige andere Einrichtungen wurden zerstört, und schließlich wurde sogar die Armee zu Hilfe gerufen. Als sich der Staub gelegt hatte, tauschte man zuerst die Belegschaft nahezu vollständig aus. Das beruhigte die Lage fürs Erste, man bemühte sich in Zukunft allerdings auch um etwas mehr Einfühlsamkeit für die Bedürfnisse der Mitarbeiter.

Die Natur ließ sich nicht so leicht besänftigen. Wobei: Das meiste, das für Probleme sorgte und noch sorgen sollte, wäre mit besserer Vorbereitung vorhersehbar gewesen, und so ist man – wie meistens bei solchen Projekten – letztlich doch wieder auf die menschliche Fehlleistung zurückgeworfen, für die man der Natur die Schuld zuschiebt. Denn der Kapitalist liebt Eintönigkeit, wo die Natur Vielfalt liebt. So wehrte sich das Ökosystem, in das die Gummibäume eingebettet waren, gegen seine Vernichtung. Sie wollten sich nicht an die nordamerikanischen Pläne halten, trotz der monokulturellen Einöde wie gewohnt zu „bluten". Das Warten auf Erträge war daher vergeblich. Vielmehr richteten Milben, Käfer, Ameisen und vor allem ein Pilz, der eine verheerende Blattkrankheit auslöste, die meisten Bäume zugrunde. Ford hatte ignoriert, dass solche in den tropischen Regionen des amerikanischen Kontinents endemische „Plagen", vor allem der Pilz, sich an der Enge der Plantage ganz besonders erfreuten. Im Dschungel waren die Bäume weit verstreut zwischen vielen anderen Arten gestanden und Krankheiten konnten sich daher nur schwer vom einen zum anderen ausbreiten.

Wie dieses Desaster auf Ford gewirkt haben muss, schildert Eduardo Sguiglia in seinem Roman über Fordlândia anschaulich, wenn er dem leitenden Manager vor Ort im Moment der Katastrophe die Worte in den Mund legt: „Ein lächerlicher Pilz soll uns aufhalten, uns, die wir die kolossalste, fantastischste Maschine aller Zeiten erfunden haben?" Nun, besagte Maschine stockte auch in Detroit, wo die Große Depression, die Ford übrigens als Chance der „Reinigung" interpretiert, das Unternehmen in ökonomische Schwierigkeiten brachte und General Motors und Chrysler an ihm vorbeispülte. Scheitern kam freilich da wie dort nicht in Frage. Aber immerhin war die Erschütterung groß genug, um zum Nachdenken anzuregen. In Fordlândia hieß dies, dass nach fünf Jahren des unsystematischen Probierens 1934 erstmals ein Fachmann für Plantagenkautschuk verpflichtet wurde. Man begann gezielt zu selektieren und Bäume regelrecht zu konstruieren. So bastelten die Männer in Fordlândia an einem Gummibaum, der eigentlich aus drei Bäumen besteht: einem guten Wurzelwerk, auf das man einen ergiebigen Stamm und schließlich ein starkes Blattwerk aufpfropfte. Zudem sah man endlich ein, dass der ursprünglich gewählte Ort ungünstig war. Der Ort des Neuanfangs, an der Mündung des Tapajóz gelegen, trug den Namen Belterra („schönes Land") und sein Erwerb war billig: Er kostete ein Stück völlig unerschlossenen Regenwalds.

Man könnte nun die schon erzählte Geschichte wiederholen, denn trotz aller Anstrengungen erzeugte das Unternehmen insgesamt nur einige Tausend Kilogramm Gummi (was nur für ein paar Hundert Reifen gereicht hätte). Auch am Mentalitätswandel wurde weiter gearbeitet, speziell durch Schulen, Krankenhäuser und relativ hohe Löhne, aber auch durch Anpassung der Behausungen, der Verpflegung und der Freizeitmöglichkeiten an die lokalen Gebräuche. Man beschäftigte verstärkt Familienväter und bot den auf den Plantagen lebenden Kindern eine gute Ausbildung. Das alles wurde auch gewürdigt, nicht zuletzt durch den faschistischen Präsidenten Getúlio Vargas bei einem Besuch im Jahr 1940 (Ford hatte ein völlig ungetrübtes Verhältnis zu Diktatoren dieses Schlages), der die technischen und agrarischen, aber auch die administrativen, medizinischen, sanitären und sozialen Standards in den höchsten Tönen lobte. Die faschistische und die fordistische Ideologie des Fortschritts für Brasiliens Norden trafen sich hier mustergültig. Strategisch interessant wurde die Plantage nochmals, nachdem die Japaner während des Zweiten Weltkrieges den Großteil der Gummiquellen für die „freie Welt" unter ihre Kontrolle brachten. Brasilien trat dann 1942 an der Seite der Alliierten in den Zweiten Weltkrieg ein, vor allem mit „Gummisoldaten", die ihren Kriegsdienst durch Kautschuksammeln verrichteten (was übrigens mehr Brasilianer das Leben kostete als der Kampfeinsatz). Doch auch für die US-Amerikaner galt die Arbeit auf der Plantage als kriegswichtig. Der Pilz wie auch die anderen Widerstände ließen sich davon freilich nicht beeindrucken.

Trotz aller Rückschläge, Misserfolge und hoher Kosten hielt Ford während all der Jahre eisern an dem Projekt fest, um nicht zu sagen starrsinnig. Das mag längst auch an seinem fortgeschrittenen Alter gelegen haben. Das Ende kam dann aber schnell: Als im Herbst 1945 der Krieg endete, die brasilianische Regierung gestürzt wurde und Ford seine Firma an seinen Enkel übergab, trennte sich die Ford Motor Company umgehend von einigen der „Hobbies" des „alten Herren". Man wollte stattdessen auf synthetischen Gummi setzen, dessen Qualität während des Krieges stark verbessert worden war, und verkaufte den gesamten Besitz um einen letztlich symbolischen Preis.

Und die Moral von der Geschicht'?

Der brasilianische Staat dachte offenbar nie daran, die Plantagen fortzuführen. Fordlândia ist daher heute ein verschlafenes Dorf mit relativ guter Bausubstanz, das nur über den Fluss zu erreichen ist. Immerhin leben aber einige hundert Menschen dort, und zumindest die Schule wird unverändert benutzt (dieses Schicksal des Schrumpfens mit allen seinen Folgen teilt es interessanterweise ja mit Detroit, der Heimatstadt des Fordismus). Der Wald hat die Plantage zurückerobert, Elektrizität gibt es nur noch für wenige Stunden pro Tag, und die alten Industrieanlagen sind verfallen. Gummi wird nicht einmal mehr wild gezapft, den Menschen fehlen aber auch sonst die Perspektiven. Die ökonomischen und sozialen Errungenschaften von Ford haben keine Spuren hinterlassen, wie glücklicherweise auch die ökologischen Zerstörungen. Einzig die historischen Bauten stehen teils noch und locken immerhin eine Handvoll Touristen an.

Meine „Moral" von dieser Geschichte hat viel mit den Irrwegen kapitalistischer Entwicklung zu tun. Die Geschichte von Fordlândia ist eine Miniatur der Kolonisierung und erinnert frappierend an viele spätere Geschichten von Entwicklungsprojekten. Dazu gehört auch das kolossale Scheitern, das nicht zuletzt im vollständigen Fehlen von Nachhaltigkeit besteht. Wie bei vielen Entwicklungsprojekten, die vom technokratischen Geist des Kapitalismus getragen sind, wollte auch Ford Menschen und Natur rekonstruieren, das wahre Leben also in etwas anderes, etwas Kapitalistisches, Künstliches verwandeln. Aus seiner Biografie heraus verständlich, ist es doch gefährlich und symptomatisch für einen sorglosen Umgang mit den komplexen Wechselwirkungen zwischen Mensch und Natur, aus denen inzwischen Probleme von der Dimension des anthropogenen Klimawandels erwachsen sind. Bei Ford sieht man das noch in Miniatur: ein wohlwollender Erziehungsdiktator möchte Konsumenten erschaffen und lässt Bäume bauen, beides letztlich aus dem Nichts (gar im alchemistischen Geist?) und ohne Sensibilität für alles Drumherum, das nicht mit der Firma zu tun hatte. Ford, der den Kapitalismus revolutioniert hatte, scheiterte mit dieser zweifachen „Verwandlung" an der Natur der Menschen und der Pflanzen von Amazonien. Und damit bleibt, mäßig originell, aber doch mahnend, dass Ford irrte: Denn wo der Mensch anfängt, Herr über die Natur zu werden, hört er auf, Mensch zu sein.

Literaturtipps:

Zu Henry Ford gibt es natürlich sehr viel Literatur. Zusammenfassend sei etwa verwiesen auf *Wheels for the World. Henry Ford, His Company, and a Century of Progress* (Penguin Books, New York, 2004) von Douglas BRINKLEY, das allerdings ein freundlich gehaltener Beitrag zum 100. Jahrestag der Firmengründung gewesen ist. Die ausführlichste Darstellung von Mensch und Unternehmen ist in der dreiteiligen Firmenbiografie von Allan NEVINS und Frank HILL zu finden, die bei Scribner in New York veröffentlicht worden ist (*The Times, the Man, the Company*, 1954; *Expansion and Challenge, 1915-1933*, 1957; *Decline and Rebirth, 1933-1962*, 1963) und im zweiten und dritten Band auch einige Anmerkungen zu Fordlândia enthält. Es gibt aber auch ein zeitgenössisches kritisches Buch, das dem Mythos des großen und menschenfreundlichen Industrialisten doch einigermaßen entzaubert, nämlich *The Legend of Henry Ford* (Rinehart and Company, New York, 1948) von Keith SWARD, das ein Jahr nach dem Tod der „Legende" erschienen ist. Hochinteressant, nicht zuletzt im Zeit-kontext, sind auch die drei in viele Sprachen übersetzten Autobiografien von Henry Ford (alle bei Doubleday, Page & Company bzw. praktisch zeitgleich in Deutsch bei List in Leipzig erschienen) *My Life and Work* (1923; deutsch: *Mein Leben und Werk*), *Today and Tomorrow* (1926; deutsch: *Das große Heute, das größere Morgen*) und *Moving Forward* (1930; deutsch: *Und trotzdem vorwärts!*), die er freilich nicht selbst geschrieben hat, sondern von Samuel Crowther hat schreiben lassen (deutsche Übersetzung von Curt Thesing).

Zum Thema Kautschukausbeutung in Südamerika, wo sich immer wieder auch Passagen mit Bezug zu Fordlândia finden, kann z.b. auf *One River: Explorations and Discoveries in the Amazon Rain Forrest* (Simon & Schuster, New York, 1996) von Wade DAVIS, *Brazil and the Struggle for Rubber: a Study in Environmental History* (Cambridge University Press, Cambridge, 1987) von Warren DEAN oder *The Amazon Rubber Boom* (Stanford University Press, Stanford, 1983) von Barbara WEINSTEIN verwiesen werden.

Zu Fordlândia selbst gibt es schließlich nicht viel Literatur, aber inzwischen immerhin ein gut recherchiertes Buch: *Fordlandia – The Rise and Fall of Henry Ford's Forgotten Jungle City* (Faber and Faber, New York, 2010) von Greg GRANDIN. Dazu kommen einige wenige Aufsätze: "Henry Ford's Amazonian Suburbia" (in: *Americas* 48, November 1996, 44-51) von Mary DEMPSEY, "Industrialist in the Wilderness: Henry Ford's Amazon Venture" (in: *Journal of Inter-American Studies* 21, Mai 1979, 264-289) von John GALEY und das sehr frühe und noch recht optimistische Dokument "Fordlandia and Belterra, Rubber Plantations on the Tapajos River" (in: *Economic Geography* 43, 1942, 125-145) von Joseph RUSSELL. Sehr informativ und auch durch den Vergleich mit zwei anderen Projekten aufschlussreich ist die Dissertation *Fordtown: Managing Race and Nation in the American Empire, 1925-1945* an der New York University (2003) von Elizabeth ESCH. Schließlich gibt es zu Fordlândia auch einen Roman gleichen Titels (Europa-Verlag, Hamburg, 2002) vom argentinischen Sozialwissenschaftler Eduardo SGUIGLIA sowie eine TV-Dokumentation gleichen Namens (2002) von Joachim TSCHIRNER. Letztlich ist zu Fords Dschungelstadt aber immer noch auf das *Benson Ford Research Center* in Dearborn zu verweisen, das das internationale Archiv der Ford Motor Company und damit viele Primärquellen zu Fordlândia beherbergt. Ich selbst habe mich dort im Februar 2005 zu Recherchezwecken aufgehalten, wofür u.a. dem *Clark Travel to Collections Grant* zu danken ist.

III.

Auswege aus dem „kapitalistischen Patriarchat" – Die Subsistenzperspektive als dissidente Praxis weltweit

„Selbstverständlich gibt es eine Alternative zur Plünderung der Erde, zum Krieg und zur Vernichtung der Welt – die ja seltsamerweise wirklich stattfindet. Indem das erkannt wird, beginnt etwas ganz Neues. Das Erste ist, mit der Gewalt aufzuhören, und zwar möglichst noch bevor der Bumerang der Hybris uns allen auf den Kopf gefallen ist."

Claudia von Werlhof, Alternativen zur neoliberalen Globalisierung, S. 71/72

9. The Master's New Mask: The Green Economy*

Vandana Shiva

Will Green Be the Colour of Money or Life?
Paradigm Wars and the Green Economy

> The significant problems we face cannot be solved at the same
> level of thinking we were at when we created them.
>
> Albert Einstein

In 1992, the citizens and movements of the world gathered in Rio for the Earth Summit.

In 2012, the world community gathered again in Rio. On 24 December 2009, the General Assembly of the United Nations adopted a Resolution (A/RES/64/236) to hold a conference 20 years after the Earth Summit. Member States agreed that the Rio+20 Summit would focus on *"Green Economy within the context of sustainable development and poverty"* and *"Institutional framework for sustainable development"*.

But what is the "green economy" and what is the "institutional framework for sustainable development"? If the answers are offered in the old paradigm of market-driven solutions which have failed to protect the earth, "green economy" will mean more of the same. It will mean more carbon trading which has failed to reduce emissions. It will mean more commodification of food and water, land, and biodiversity which has failed to reduce hunger and thirst, poverty, and ecological degradation and has instead increased it.

If the "institutional framework" creates a World Environment Organisation like a World Trade Organisation based on commodification and trade in nature's gifts and trade wars as global environment management, we will further impoverish the earth and local communities, and we will further destroy democracy.

If, on the other hand, the answers are offered in the context of the emerging paradigm of the Rights of Mother Earth, then the green economy is Gaia's economy, and the institutional framework is Earth's Democracy, democracy from the bottom up, democracy rooted in the earth. The world order built on the economic fundamentalism of greed, commodification of all life, and limitless growth

---

* Based on the author's *Making Peace with the Earth* and other writings.

and the technological fundamentalism that there is a technological fix for every social and environmental ill is clearly collapsing.

The Great U-Turn: Rio+20

Rio de Janeiro is a city of U-turns. The most frequent road sign is "Retorno"-return.

And Rio+20 followed that pattern. It was a great U-turn in terms of human responsibility to protect the life sustaining processes of the planet.

20 years ago at the Earth Summit, legally binding agreements to protect bio-diversity and prevent catastrophic climate change were signed. The Convention on Biological Diversity and the United Nations Framework Convention on Climate Change propelled governments to start shaping domestic laws and policies to address two of the most significant ecological crises of our times.

The appropriate agenda for Rio+20 should have been to assess why implementation of the Rio Treaties has been inadequate, to report on how the crises have deepened, and offer legally binding targets to avoid a deepening of the ecological crises.

But the entire energy of the official process was focused on how to avoid any commitment. Rio+20 will be remembered for what it failed to do in a period of severe and multiple crises, not for what it achieved.

It will be remembered for offering a bailout for a failing economic system through the "green economy" – a code phrase for the commodification and financialisation of nature. The social-justice and ecology movements rejected the green economy outright. A financial system which collapsed on Wall Street in 2008 and had to be bailed out with trillions of taxpayers' dollars and continues to be bailed out through austerity measures squeezing the lives of people, is now being proposed as the saviour for the planet. Through the green economy an attempt is being made to technologize, financialize, privatize, and commodify all of the earth's resources and living processes.

This is the last contest between a life-destroying world view of man's empire over the earth and a life-protecting world view of harmony with nature and recognition of the Rights of Mother Earth. I carried 100,000 signatures from India for the Universal Declaration on the Rights of Mother Earth which were handed over to UN Secretary General Ban Ki Moon.

It is a reflection of the persistence and strength of our movements that while the final text has reference to the green economy, it also has an article referring to Mother Earth and the rights of nature. Article 39 states that

[w]e recognize that the planet Earth and its ecosystems are our home and that Mother Earth is a common expression in a number of countries and regions and we note that some countries recognize the rights of nature in the context of the promotion of sustainable development. We are convinced that in order to achieve a just balance among the economic, social and environment needs of present and future generations, it is necessary to promote harmony with nature.

This in fact is the framework for the clash of paradigms that dominated Rio+20: the paradigm of the green economy to continue the economy of greed and resource-grabbing on the one hand, and the paradigm of the Rights of Mother Earth to create a new living economy in which the gifts of the earth are sustained and shared.

While the Rio+20 process went backwards, some governments did move forward to create a new paradigm and world view. Ecuador stands out for being the first country to have included the rights of nature in its constitution. At Rio+20 the Government of Ecuador invited me to join the President for an announcement of the Yasuni initiative, through which the government will keep the oil underground to protect the Amazon forest and the indigenous communities.

The second government which stood out in the community of nations is our tiny neighbour Bhutan. Bhutan has gone beyond GDP as a measure of progress and has adopted Gross National Happiness. More significantly, Bhutan has recognized the most effective way to grow happiness is to grow organically. As the Prime Minister of Bhutan said at a conference in Rio:

> The Royal Government of Bhutan on its part will relentlessly promote and continue with its endeavour to realize the dreams we share of bringing about a global movement to return to organic agriculture so that the crops, and the earth on which they grow, will become genuinely sustainable – and so that agriculture will contribute not to the degradation but rather to the resuscitation and revitalization of nature.

Most governments were disappointed with the outcome of Rio+20. The movements were angry and protested. More than 100,000 people marched to say this was not "The Future We Want" – the title of the Rio+20 text.

I treat Rio+20 as a square bracket (UN-jargon for text that is not agreed and often gets deleted). It is not the final step, just a punctuation. Democracy and political processes will decide the real outcome of history and the future of life on earth. Our collective will and collective actions will determine whether corporations will be successful in privatising the last drop of water, the last blade of grass, the last acre of land, the last seed, or whether our movements will be able to defend life on earth, including human life, in its rich diversity, abundance, and freedom.

133

The Master Has Fallen

The collapse of Wall Street in September 2008 and the continuing financial crisis signal the end of the paradigm that put fictitious finance above real wealth created by nature and humans that put profits above people and corporations above citizens. This paradigm can only be kept afloat with limitless bailouts that direct public wealth to private rescue instead of using it to rejuvenate nature and economic livelihoods for people. It can only be kept afloat with increasing violence to the earth and people. It can only be kept alive as an economic dictatorship. This is clear in India's heartland, as the limitless appetite for steel and aluminum for the global consumer economy and the limitless appetite for profits for the steel and aluminum corporations is clashing head on with the rights of the tribals to their land and homes, their forests and rivers, their cultures and ways of life. The tribals are saying a loud and clear "no" to their forced uprooting. The only way to get to the minerals and coal that feed the "limitless growth" model in the face of democratic resistance is the use of militarized violence against the tribals. Operation "Green Hunt" has been launched in the tribal areas of India with precisely this purpose, even though the proclaimed objective is to clear out the "Maoists." Under operation Green Hunt, more than 40,000 armed paramilitary forces have been placed in the tribal areas which are rich in minerals and where tribal unrest is growing. Operation Green Hunt clearly shows that the current economic paradigm can only unfold through increased militarization and the undermining of democratic and human rights.

The technological fundamentalism that has externalized both ecological and social costs and blinded us to ecological destruction has also reached a dead end. Climate chaos, the externality of technologies based on the use of fossil fuels, is a wakeup call that we cannot continue on the fossil fuel path. The high costs of industrial farming are running up against limits, both in terms of the ecological destruction of the natural capital of soil, water, biodiversity, and air as well as in terms of the creation of malnutrition, with a billion people who are denied their food and another two billion who are denied their health because of obesity, diabetes, and other food-related diseases.

The green economy agenda for Rio+20 can either deepen the privatization of the earth – and with it the crisis of ecology and poverty – or it can be used to reimbed economies in the ecology of the earth.

Green economics needs to be an authentic green. It cannot be the brown of desertification and deforestation. It cannot be the red of violence against nature and people, or the unnecessary conflicts over natural resources – land and water, seeds and food. As Gandhi said, "the Earth has enough for everyone's needs, but not for some people's greed".

134

To be green, economics needs to return to its home, to Oikos. Both ecology and economics are derived from "Oikos" which means "home." Ecology is the science of the household, economics is supposed to be the management of the household. When economics works against the science of ecology, it results in the mismanagement of the earth, our home. The climate crisis, the water crisis, the biodiversity crisis, and the food crisis are different symptoms of this crisis of mismanagement of the earth and her resources.

We mismanage the earth when we do not recognize nature's capital as the real capital and everything else as derived. If we have no land, we have no economy. When we contribute to the growth of nature's capital, we build Green Economies. And the richer nature's capital, the richer human society.

Nature-centered, women-centered perspectives take us down a road which is sustainable and equitable. The Earth Summit in 1992 produced two legally binding treaties – the Convention on Biological Diversity and the United Nations Framework Convention on Climate change. We also produced a Women's Action Agenda 21 through WEDO, which I co-founded with Bell Abzng and Marilyn Waring.

The multidimensional ecological crises are the consequences of the war against earth. To address the ecological crisis, we must stop this war, not take it to deeper levels through further commodification of nature and her services as is being proposed in some versions of the green economy. According to UNEP, "in a green economy, growth in income and employment should be driven by private and public investments that reduce carbon emission and pollution, enhance energy and resource efficiency, and prevent the loss of biodiversity and ecosystem services." This is the old paradigm in green clothes. It has no place for people, no place for Gaia's laws. It is still driven by the flawed laws of financial markets.

Will green be the colour of money or life? Will green be shaped by women's skills, knowledge, values, or by the continued greed of capitalist patriarchy?

In the UNEP definition, women's perspectives are missing. From a female perspective, the definition of a green economy would be: "A green economy is nature-centered and centered on women's skills, knowledge values for sustenance and sustainability. It results in improved well-being and social equity, while significantly reducing the ecological scarcities. A green economy can be thought of as one which is low in dead fossil carbon, high in living carbon, resource-efficient and socially inclusive. In a green economy, growth should be measured in terms of health of ecosystems and communities, not in terms of commercial transactions alone. For this, women should be the drivers since they have shaped economies of care, well-being, and happiness. Growth in incomes and employment should be based on conservation of natural resources and equitable sharing of our natural wealth for sustainable livelihoods that reduce carbon emissions and pollution, enhance energy and resource efficiency, and prevent the loss of biodiversity and ecosystem services. Public and private investment should support such nature- and women-centered initiatives.

As we move towards Rio+20, there is a danger that the gains of Rio will be eroded. UNFCC has already been undermined by the Copenhagen Accord. There is an attempt to revisit the Rio principles which gave us the Precautionary Principle and the Polluter Pays Principle. We need to strengthen Rio, not undermine it.

There are two different paradigms for and approaches to the green economy. One is the corporate-centered green economy.

For Corporations which are now integrating access sectors, the green economy means:

• Green Washing – one just has to look at the achievements of Shell and Chevron on how they are "green".
• Bringing nature into markets and the world of commodification. This includes privatization of the earth's resources, e.g. patents and seeds, biodiversity and life forms, privatization and commodification of nature. It also includes trade in ecological services, e.g. trade in carbon emissions which is in effect trade in the atmosphere's capacity to recycle carbon. The corporate-centered green economy is based on maximization of profits and centered on natural resources. It is based on concentration of wealth and concentration of control over the earth's resources.

The UNEP initiative on The Economics of Ecological Services and Biodiversity (TEEB) can serve as a caution to stop ecological and ecosystem-degradation and destruction. For example, according to TEEB, the loss of ecological services from the degradation of forests alone amounts to between $ 2 trillion and $ 4.5 trillion a year (TEEB quoted in Toxic Futures p 40).

As David Hallowes says, "[i]n the act of costing the loss, however, ecological systems are framed within the market. Ecoservices are monetized, so making them available for sale." (p 40 Toxic Futures)

An example is a private equity firm that bought the rights to the environmental services generated by a 370,000 ha rainforest reserve in Guyana recognizing that such services – water storage, biodiversity maintenance, and rainfall regulation – will eventually be worth something in international markets (TEEB, 2008, p 11).

The commodification and tradability of natural resources and ecological services has been deepening progressively over the last few decades.

The trade metaphor promoting commodification is also guiding much of the work of environmental economics, making it indifferent to women's sustenance economy and nature's economy. For example, the World Bank policy paper on trade liberalization for India's agriculture sector recommends the creation of 'markets in tradable water rights.' It is argued that

> if rights to the delivery of water can be freely bought and sold, farmers with new crops or in new areas will be able to obtain water provided they are willing to pay more than its value to existing users, and established users will take account of its sale value in deciding on what and how much to produce.

The institution of tradable water rights will guarantee the diversion of water from small farmers to large corporate 'super farms.' Tradable water rights will lead to water monopolies. In the logic of the market, tradable rights have a tendency to be sold to the highest bidder. Hence the wealthier you are, the more power you will have over your access to water. It will also lead to over-exploitation and misuse of water, since those who deplete water resources do not have to suffer the consequences of water scarcity as they can always buy water rights from other farmers and other regions.

Besides aggravating the already severe ecological crisis in water resources, tradable water rights will destroy the social fabric of rural communities, creating discord and disintegration. The social breakdown in Somalia can be traced, in part, to the privatization of water rights according to the World Bank policy. Tradable water rights are based on the assumption that no ecological or social limits should be placed on water use. Such limitless use will lead to abuse. The World Bank proposals on tradable water rights are in fact a prescription for social and ecological disaster.

The introduction of tradable land and water rights is often justified on environmental grounds. For example, a World Bank study by Pearce and Warford argues:

> In the absence of rights to sell or transfer land, the land owner may be unable to realize the value of any improvements and thus has little incentive to invest in long term measures such as soil conservation.

This assumption is evidently false, since the best examples of soil conservation – the hill terraces of the Himalayas – are based on precisely the opposite reasons. Communities not threatened with the possibility of losing their resources and benefits have a long-term interest in conserving resources.

The commodification and privatization of land and water resources are based and promoted on the flawed belief that price equals value. However, all those working for justice in land and water rights and working to prevent the ecological abuse of land and water are asking for the opposite – the inalienable rights to resources and, where the resource is a common-property resource like water, the inalienability of common rights.

Commodification contributes to economic growth, but it undermines the rights of local communities. It undermines local economies. It erodes local cultures. And it undermines ecosystems in their diversity and integrity. As forests become valued only for carbon sequestration or biomass production, rich diverse forest ecosystems are replaced with commercial monocultures.

The second paradigm of the green economy is earth-centered and people-centered. The earth-centered green economy begins with the recognition of the Rights of Mother Earth and with this the rights of all species of the earth, including the human species. The green economy recognizes nature's economy as its foundation. The green economy recognizes the sustenance economy through which human needs – material, emotional, psychological, cultural, spiritual – are provided. The corporate-centered green economy ignores both nature's economy and people's sustenance economy and thus undermines both creating the ecological crisis and the crisis of dispossession and poverty.

In the earth-centered green economy the resources of the earth vital to life – biodiversity, water, air – are a commons for the common good for all.

While the corporate green economy is based on privatization and commodification of the earth's resources, the earth-centered green economy is based on the recovery of the commons and the intrinsic value of the earth and all her species.

While the corporate green economy caters to corporate profits, it fails in providing for people's needs and defending their rights. It is based on resource-intensive, pollution-intensive production and consumption with low human benefits.

The earth-centered economy is based on treading lightly on the earth while maximizing well-being and welfare for all. This is increasingly evident in the way we meet our most basic need – food.

The industrial/corporate system of food production uses ten times more units of energy as inputs than it produces as food. It wastes 50% of the food produced. It contributes to the structural problem of hunger of one billion and food-related diseases of obesity, diabetes etc. of two billion. It uses and pollutes 70% of the water on the planet. It has destroyed 75% of the biodiversity in agriculture. And it contributes 40% of the greenhouse gases that are destabilizing the climate and further threatening food security.

On the other hand, earth-centered agriculture produces twice as much food than the inputs it uses. It produces healthy and nutritious food. It conserves biodiversity, water, soil. It mitigates and adapts to climate change. It protects the earth, farmers, and public health.

An earth-centered, people-centered green economy would make nature's ecological cycles the drivers and shapers of the economy, it would put people first, not investors. It would build on women's core contributions to create economies of sustenance and care that enhance the well-being of all.

Karl Polanyi in the "Great Transformation: The Political and Economic Origins of Our Times" warns us against commodification and reduction of nature and society to the market: "A market economy must comprise all elements of industry, including labour, land and money. But labour and land are no other than the human beings themselves of which every society consists and the natural surroundings in which it exists. To include them in the market mechanism means to subordinate the substance of society itself to the laws of the market" (The Great Transformation: The Political and Economic Origins of Our Times, Beacon Press, Boston, p 75).

To this we would add "to include nature and nature's resources and processes in the market mechanism means to subordinate the substance of the earth's living processes to the laws of the market."

The laws of Gaia are the basis of life on earth. They precede production, they precede exchange, and they precede the market. The market depends on Gaia. Gaia does not depend on the market. Both the earth and society come first. They are sovereign and autonomous. They cannot be commoditized, and reduced to the market.

Nature has been subjugated to the market as a mere supplier of industrial raw material and dumping ground for waste and pollution.

It is falsely claimed that exploiting the earth creates economic value and economic growth, and this improves human welfare. While human welfare is invoked to separate humans from the earth and justify her limitless exploitation, all of humanity does not benefit. In fact most lose. Pitting humans against nature is not merely anthropocentric, it is corporatocentric. The earth community has been reduced to humans, and humans have been further reduced to corporations as legal persons. Corporations then reshape part of humanity as consumers of their products and part of humanity as disposable. Consumers lose their identity as earth citizens, as co-creators and co-producers with nature. Those rendered disposable lose their very lives and livelihoods.

Corporations as the dominant institution shaped by capitalist patriarchy thrive on eco-apartheid. They thrive on the Cartesian legacy of dualism which puts nature against humans. It defines nature as female and passively subjugated. Corporatocentrism is thus also androcentric, a patriarchal construction.

Ecofeminism recognizes that Gaia, Bhoomi, Mother Earth is alive and creative, the source of all our wealth and well-being. The earth and all her beings have intrinsic worth, which cannot be reduced to market values and commodi-

139

fied. Ecofeminism recognizes the Rights of Mother Earth. Ecofeminism recognizes that life comes before money, and women contribute significantly to the sustenance economy which maintains and enriches life.

Women and the Green Economy

Green Economy in Capitalist Patriarchy	Green Economy in Eco Feminism
Centered on capital	Centered on nature and women
Profit economy	Sustenance economy
Growth of GDP / GNP	Growth of life, well-being, and happiness
Blind to nature's economy / sustenance economy, even while it intensifies dependence on both – ecological intensity and social intensity	Alive to nature's and women's contributions
Political boundary – corporate state, centralized decision making	Earth Democracy – living democracy
Production boundary – GNP / GDP	All production included living economies
Creation boundary – IPR	All creativity and intelligence included (nature, women, diverse cultures)
Commodification of all aspects of life on earth – seeds, land, water, ecological services	Rights of Mother Earth – nature's gifts as commons and public goods.
Violation of human rights	Protection of the rights of nature and human rights (Ecuador and Bolivia)
Violence, militarism, war	Non-violence – peace with the earth and people

The false universalism of man as conqueror and owner of the earth has led to the technological hubris of geo-engineering, genetic engineering, and nuclear energy. It has led to the ethical outrage of owning life forms through patents, water through privatization, the air through carbon trading. It is leading to the appropriation of the biodiversity that serves the poor. And now alienated man and corporations he has created would like to "own" and trade in nature's services through the green economy. The Chipko Movement saved Himalayan forests by putting the life of the forest above human life. Today the ecological services of the forests are a tradable commodity. As Pablo Salon, the Bolivian Ambassador to the UN stated at the General Assembly session on Harmony with Nature (April 20, 2011):

> The green economy considers it necessary, in the struggle to preserve biodiversity, to put a price on the free services that plants, animals and ecosystems offer humanity, the purification of water, the pollination of plants by bees, the protection of coral reefs and climate regulation.
> According to the green economy, we have to identify the specific functions of eco-system and biodiversity that can be made subject to a monetary value, evaluate their current state, define the limits of those services, and set out in economic terms the cost of their conservation to develop a market for environmental services…in other words, the transfusion of the rules of the market will save nature.

The climate crisis is a result of putting pollutants into the atmosphere beyond the recycling capacity of the planet. To continue to add pollutants, while letting polluters make money through carbon trading is a deepening of the war against the atmospheric commons.

The crisis of species extinction is a result of the destruction of the habitat of species and a direct attack on them through the arsenal of toxic chemicals. As Michael Huesemann and Joyce Huesmann report in Techno-Fix, "the present rate of species extinction is alarming: according to various estimates, ranging from best to worst-case scenarios, between 1,000 and 100,000 plant and animal species disappear each year, which translates into 2.7 to 270 irreversible extinctions every day" (New Society Publishers, 2011, forthcoming).

According to the UN, species are disappearing at a thousand times the natural rate of wildlife loss. More than one-fifth of the world's plant species are threatened with extinction.

The UN Secretary General Ban Ki Moon cautioned that "we are bankrupting our natural economy. Maintaining and restoring our natural infrastructure can provide economic growth worth trillions of dollars each year. Allowing it to decline is like throwing money out of the window" (http://www.rferl.org/content/ un-conference-contronts-dramatic-loss-of biodiversity/).

However, biodiversity is conserved when we love it, we revere it, we recognize its vital role in maintaining life. Protecting biodiversity is an imperative not just because it helps to make money. It is important because it makes life.

The UNEP report "Dead Planet, Living Planet: Biodiversity and Ecosystem Restoration for Sustainable Development" (http:/hqweb.unep.org/pdf/ RRAeco-systems-screen-pdf) shows how nature is far more efficient than manmade systems.

For example, forested wastelands treat more waste water per unit of energy and have a 6 – 22 fold higher benefit cost ratio than traditional sand filtration in treatment plants. In New York, a filtration plant would have cost $6 – 8 billion plus $300 – 500 million per year as operating costs. Conserving the Catskills watershed at a cost of $1 – 1.5 billion was a far more effective way to provide clean water.

Similarly, conserving biodiversity produces more food than chemical monocultures. Working with nature is also good for human welfare.

If we destroy biodiversity and soil fertility with industrial monocultures in agriculture we have less food, not more. We might have more commodities, but not more food. Commodities are non-food, in fact anti-food. In Navdanya we have shown how the industrialized globalized system of food production creates hunger and how redesigning the food system in nature's ways is vital for food security and food sovereignty.

The illusion of progress and growth measures the increased production and trade in commodities as growth, but fails to measure the death, destruction, and decay of our rivers and aquifers, our land and soil, our atmosphere and climate maintaining process, our forests and biodiversity. It is the poor, the marginal, the disenfranchised who bear the highest costs of ecological destruction and resource grab, but their deprivation does not count in the calculus of economic growth. Poverty grows hand in hand with the ecological crisis.

Ignoring the earth's living and life-giving processes is at the heart of both non-sustainability and poverty. Non-sustainability is a result of disharmony with nature, it is a result of market laws having not just diverged dangerously from Gaia's laws and nature's laws, but actually becoming antagonistic to them. Nature has limits. The illusion of limitless growth based on limitless resource exploitation ignores ecological limits and, by ignoring limits, creates scarcity.

Maths Wackernagel calculates the ecological footprint of human production and consumption. The ecological footprint of an individual is a measure of the amount of land required to provide for all their resource requirements plus the amount of vegetated land to absorb all those carbon-dioxide emissions. In 1961, the human demand for resources was 70% of the earth's ability to regenerate. By the 1980s it was equal to the annual supply of resources and since the 1990s, it has exceeded the earth's capacity by 20%. "It takes the biosphere, therefore, at least a year and three months to renew what humanity uses in a single year so that humanity is now eating its capital, earth's natural capital (Mathis Wackernagel "Tracking the Ecological Overshoot of the Human Economy", Proceedings of the National Academy of Science, Vol. 99, No. 14, 2002).

The ecological footprint of all humans of course is not the same. In fact, not only is corporate-driven consumerism eating into the earth's capital, it is eating into the share of the poor to the earth's capital for sustenance and survival. This is at the root of resource conflicts across the Third World.

142

The equitable ecological footprint is 1.7 ha/person. The average for the United States is 10.3 ha of land to provide for their consumption and absorb their waste. For the United Kingdom, it is 5.2 ha, for Japan 4.3 ha, for Germany 5.3 ha, for China 1.2 h, for India 0.8 ha. (Mathis Wackernagel, Ecological Footprints of Nations: How Much Nature Do They Use? How Much Nature Do They Have? www.ecouncil.ac.cr/rio/focus/report/english/footprint.1997)

When seeds, the source of life, are deliberately made non-renewable through technological interventions like hybridization or genetic engineering to create sterile seed, the abundance of life shrinks, growth is interrupted in evolution and on farmers' fields, but growth of the profits of corporations like Monsanto increases. Farmers' suicides in India are linked to seed-monopolies. This is why in Navdanya we defend seed sovereignty and the seed freedom of farmers.

If we dam rivers, and stop their life-giving flow, we do not have more water, but less. More water goes to cities and commercial farms, but there is less water for rural communities for drinking and irrigation, there is less water in rivers for keeping the river alive. This is why we have been compelled to start the "Save the Ganga"-Movement to stop large dams and diversions on the Ganges which are killing the river.

Humanity stands at a crossroad. One road continues on the path of eco-apartheid and eco-imperialism, of commodification of the earth, her resources and processes. And this path must intensify violence against the earth and against people.

Ecology movements are resisting the expansion of the market and the commodification of their land, their minerals, their forest and biodiversity. That is why the path of eco-apartheid must become a path based on war against people. We witness this in India today, which is growing at 9% but where violence has become the means for resource appropriation and land grab of forests and biodiversity to fuel that growth. The unjust conviction with life imprisonment of a friend and colleague, Dr. Binayak Sen, is an example of how resource greed and resource grab must convert democratic and peaceful societies into violent police states, even move them towards fascism.

The second road is the path of making peace with the earth, beginning with the recognition of the Rights of Mother Earth. This is the path of Earth Democracy. It is a path based on living within the earth's ecological limits and sharing her gifts equitably. It is a path based on deepening and widening democracy to include all life on earth and include all humans who are being excluded by the so-called "free market democracy" based on corporate rule and corporate greed. The path of Earth Democracy is the path of caring and sharing. It is the path to freedom.

10. Feminism and the Politics of the Commons*

Silvia Federici

Introduction: Why Commons

At least since the Zapatistas took over the *zócalo* in San Cristobal de las Casas on December 31 1993 to protest the introduction of law dissolving Mexico's *ejidal* lands, the concept of 'the commons' has been gaining popularity among the radical left, internationally and in the U.S., appearing as the basis for convergence among anarchists, Marxists, socialists, ecologists, and eco-feminists.

There are important reasons why this apparently archaic idea has come to the center of political discussion in contemporary social movements. Two in particular stand out. On one side there is the demise of the statist model of revolution that for decades has sapped the efforts of radical movements to build an alternative to capitalism. On the other, the neo-liberal attempt to subordinate every form of life to the logic of the market has heightened our awareness of the danger of living in a world in which we no longer have access to seas, trees, animals, and our own fellow beings except through the cash-nexus. The 'new enclosures' have also made visible a world of communal relations that many had believed to be extinct or had not valued until it was threatened with privatization.[1] The new enclosures ironically have demonstrated that not only the 'commons' have not vanished, but new forms of social cooperation are constantly produced, also in areas of life where none previously existed, as e.g. the internet.

The idea of the common/s offers a logical and historical alternative to both the State and the Market. It also serves to prefigure the cooperative society that radical movements are striving to create. Nevertheless significant differences exist in the interpretations of this concept which we need to clarify if we want the principle of the commons to translate into a coherent political project.

What constitutes a common? We have land, water, air commons and digital commons; our acquired entitlements (e.g., social security pensions) are often described as commons and so are languages, libraries and the collective products

* An expanded version of this article was originally published in: Team Colors Collective ed., *Uses of a Worldwind: Movement, Movements, and Contemporary Radical Currents in the United States*. Baltimore, AK Press 2010, and Silvia Federici, *Revolution at Point Zero. Housework, Reproduction and Feminist Struggle*. San Francisco, PM Press 2012.

of past cultures. But are all these commons on the same level from the viewpoint of devising an anti-capitalist strategy? Are they all compatible? And how can we ensure that they do not project a unity that remains to be constructed?

With these questions in mind I look at the politics of the commons from a feminist perspective. This intervention is necessary, in my view, to better define this politics and clarify the conditions under which the principle of the commons can become the foundation of an anti-capitalist program. Two concerns make these tasks especially important.

Global Commons, World Bank Commons

First, since the early 1990s, the language of the commons has been appropriated by the World Bank and the United Nations and put at the service of privatization. Under the guise of protecting biodiversity and conserving the global commons, the World Bank has turned rain forests into ecological reserves, has expelled from them populations that for centuries had drawn their livelihood from them, while making them available to people who can pay, for instance through eco-tourism.[2] For its part, the United Nations has revised the international law governing access to the oceans in ways that enable governments to consolidate the use of seawaters in fewer hands, again in the name of preserving the common heritage of mankind.[3]

The World Bank and the UN are not alone in their adaptation of the idea of the commons to market interests. Responding to different motivations, a revalorization of the commons has become trendy among mainstream economists and capitalist planners; witness the growing academic literature on the subject and its cognates: social capital, gift economies, altruism.

Development planners and policymakers have discovered that, under proper conditions, a collective management of natural resources can be more efficient and less prone to conflict than privatization and commons can be made to produce for the market.[4] They have also recognized that, carried to the extreme, the commodification of social relations has self-defeating consequences. Capitalist accumulation depends on the free appropriation of immense quantities of labor and resources that must appear as externalities to the market, like the unpaid domestic work that women have provided, upon which employers rely for the reproduction of the workforce.

It is no accident, then, that long before the Wall Street meltdown, a variety of economists and social theorists warned that the marketization of all spheres of life is detrimental to the market's well-functioning, for markets too, they argued, depend on the existence of non-monetary relations like confidence, trust, and gift-giving.[5] In brief, capital is learning about the virtues of the common good.

146

In its July 31 2008 issue, even the *Economist*, the organ of capitalist free-market economics for more than 150 years, cautiously joined the chorus:

> The economics of the "new commons" – the journal wrote – is still in its infancy. It is too soon to be confident about its hypotheses. But it may yet prove a useful way of thinking about problems, such as managing the internet, intellectual property or international pollution, on which policymakers need all the help they can get.
> (*The Economist*, 2008)

We must be careful, then, not to craft the discourse on the commons in such a way as to allow a crisis-ridden capitalist class to revive itself, posturing, for instance, as the environmental guardian of the planet.

What Commons?

A second concern is that, while international institutions have learned to make commons functional to the market, it is not clear yet how commons can become the foundation of a non-capitalist economy. From Peter Linebaugh's work, especially *The Magna Carta Manifesto* (2008), we have learned that the commons have been the red thread that has connected the history of the class struggle into our time and, indeed, the fight for the commons is all around us. Mainers are fighting to preserve their fisheries and waters; the residents of Appalachia are organizing to save their mountains threatened by strip mining; open source and free software movements are opposing the commodification of knowledge and opening new spaces for communications and cooperation. We also have the many commoning activities and communities that people are creating in North America, which Chris Carlsson has described in his *Nowtopia* (2007). As Carlsson shows, much creativity is invested in the production of "virtual commons" and forms of sociality that thrive under the radar of the money/market economy.

Most important has been the creation of urban gardens, which have spread, in the 1980s and 1990s, across the country thanks mostly to the initiatives of immigrant communities from Africa, the Caribbean or the South of the U.S. Their significance cannot be overestimated. Urban gardens have opened the way to a 'rurbanization' process that is indispensable if we are to regain control over our food production and regenerate our environment. The gardens are far more than a source of food security. They are centers of sociality, knowledge production, and cultural and intergenerational exchange. As Margarita Fernandez (2003) writes of the urban gardens in New York, they "strengthen community cohesion" as places where people come together not just to work the land, but to play cards, hold weddings, and have baby showers or birthday parties.[6] Some have partner relationships with local schools whereby they give children environmental education after school. Not least, gardens are "a medium for the transport and encounter of diverse cultural practices" so that African vegetables and farming practices, for example, mix with those of the Caribbean (ibid.).

Still, the most significant feature of the urban gardens is that they produce for neighborhood consumption rather than for commercial purposes. The problem, however, is that there have not been yet many attempts by social movements in the U.S. to expand their presence and make access to land a key terrain of struggle. More generally, the left has not posed the question of how to bring together the commons that are being created, defended and fought for to provide a foundation for a new mode of production.

An exception is the theory proposed by Negri and Hardt in *Empire* (2000), *Multitude* (2004), and recently *Commonwealth* (2009), which argues that a society built on the principle of 'the common' is *already evolving* from the informatization and 'cognitivization' of production. According to it, as production presumably becomes production of knowledge, culture, and subjectivity organized through the internet, a common space and common wealth are created that escape the problem of defining rules of inclusion or exclusion. For access and use multiply the resources available on the net rather than subtracting from them, thus signifying the possibility of a society built on abundance – the only remaining hurdle confronting the 'multitude' being how to prevent the capitalist "capture" of the wealth produced.

The appeal of this theory is that it does not separate the formation of 'the common' from the organization of work and production but sees it immanent to it. Its limit is that its picture of the common absolutizes the work of a minority possessing skills not available to most of the world population; it also overlooks the fact that online communication and production depends on economic activities – mining, microchip and rare earth production – that, as presently organized, are extremely destructive, socially and ecologically.[7] Moreover, with its emphasis on knowledge and information, this theory skirts the question of the reproduction of everyday life. This is true of the discourse on the commons as a whole, which is mostly concerned with the formal preconditions for the existence of commons and less with the material requirements for the construction of a commons-based economy enabling us to resist dependence on wage labor and subordination to capitalist relations.

Women and the Commons

It is in this context that a feminist perspective on the commons is important. It begins with the realization that, as the primary subjects of reproductive work,

148

women have depended on access to communal natural resources more than men and have been most penalized by their privatization and most committed to their defense. As I wrote in *Caliban and the Witch* (2004), in the first phase of capitalist development, women were at the forefront of the struggle against land enclosures both in England and in the "New World." In Peru, when the Spanish *conquistadores* took control of their villages, women fled to the high mountains where they recreated forms of collective life that have survived to this day. Today as well, in the face of a new process of Primitive Accumulation, women are the main social force standing in the way of a complete commercialization of nature, supporting a non-capitalist use of land and a subsistence-oriented agriculture. Women are the subsistence farmers of the world. In Africa, they produce 80% of the food people consume, despite the attempts made by the World Bank and other agencies to convince them to divert their activities to cashcropping. In the 1990s, in many African towns, in the face of rising food prices, they have appropriated plots in public lands and planted corn, beans, cassava "along roadsides...in parks, along rail-lines.." changing the urban landscape of African cities and breaking down the separation between town and country in the process.[8] In India, the Philippines, and across Latin America, women have replanted trees in degraded forests, joined hands to chase away loggers, made blockades against mining operations and the construction of dams, led the revolt against the privatization of water.[9]

The other side of women's struggle for direct access to means of reproduction has been the formation of credit associations that function as money commons (Podlashuc, 2009). Differently named, the *tontines* (as they are called in parts of Africa) are autonomous, self-managed, women-made banking systems that provide cash to individuals or groups who have no access to banks, working purely on a basis of trust. In this, they are completely different from the microcredit systems promoted by the World Bank, which function on a basis of mutual policing and shame, reaching the extreme (e.g., in Niger) of posting pictures of the women who fail to repay the loans in public places.[10]

Women have also led the effort to collectivize reproductive labor both as a means to economize the cost of reproduction and to protect each other from poverty, state violence, and the violence of individual men. An outstanding example is the *ollas communes* (common cooking pots) that women in Chile and Peru set up in the 1980s when, due to the stiff inflation, they could no longer afford to shop alone.[11] Like land reclamation, or the formation of *tontines*, these practices are the expression of a world where communal bonds are still strong. It would be a mistake, however, to consider them something pre-political or just a product of "tradition."

As Podlashuc has noted in "Saving Women: Saving the Commons," grassroot women's communalism is the production of a new reality, as it shapes a collective identity, it constitutes a counter-power in the home and the community and it opens a process of self-determination from which there is much to learn.

The first lesson we gain from these struggles is that 'commoning' the material means of reproduction is the primary mechanism by which a collective interest is created. It is also the first line of resistance to a life of enslavement and the first step in the construction of autonomous spaces undermining the hold capitalism has on our lives. Undoubtedly the experiences I described are models that cannot be transplanted. In North America the reclamation and sharing of the means of reproduction must necessarily take different forms. But here, too, by pooling our resources and re-appropriating the wealth we have produced, we can begin to de-link our reproduction from the commodity flows that are responsible for the dispossession of so many people across the world. Not last we can move beyond the abstract solidarity that often characterizes relations in the social movements, which limits our commitment, our capacity to endure and the risks we are willing to take.

In a country where private property is defended by the largest arsenal of weaponry in the world and where three centuries of slavery have produced profound divisions in the social body, the recreation of the commons seems as a formidable task. But although this may seem more difficult than passing through the eye of a needle, it is the only possibility we have for widening the space of our autonomy and refusing to accept that our reproduction take place at the expense of the world's other commoners and commons.

Feminist Reconstructions

What this task entails is powerfully expressed by Maria Mies when she points out that the production of commons requires first a profound transformation in our everyday life in order to recombine what the social division of labor in capitalism has separated. For the distancing of production from reproduction and consumption leads us to ignore the conditions under which what we eat, wear, or work with have been produced, their social and environmental cost, and the fate of the population on whom the waste we produce is unloaded (Mies 1999: 141ff.). In other words, we need to overcome the state of irresponsibility concerning the consequences of our actions that results from the destructive ways in which the social division of labor is organized in capitalism; short of that, the production of our life inevitably becomes a production of death for others. As Mies points out, globalization has worsened this crisis, widening the distances between what is produced and what is consumed, thereby intensifying, despite the appearance of an increased global interconnectedness, our blindness to the blood in the food we eat, the petroleum we use, the clothes we wear, and the computers we communicate with (ibid.).

Overcoming this state of oblivion is where a feminist perspective teaches us to start in our reconstruction of the commons. No common is possible unless we refuse to base our life and our reproduction on the suffering of others, unless we refuse to see ourselves as separate from them. Indeed, if commoning has any meaning, it must be the production of ourselves as a common subject. This is how we must understand the slogan "no commons without community." But "community" must be intended not as a gated reality, as is the case with communities formed on the basis of specific interests and identities, but rather as a quality of relations, a principle of cooperation and responsibility to each other, the earth, the forests, the seas, and the animals.

Certainly, the achievement of such community, like the collectivization of our everyday work of reproduction, can only be a beginning. It is no substitute for broader anti-privatization campaigns and the reclamation of our common wealth. But it is an essential part of our education to collective government and recognition of history as a collective project.

On this account, we too must include in our political agenda the communalization of housework, reviving that rich feminist tradition that in the U.S. stretches from the utopian socialist experiments of the mid-nineteenth century to the attempts that the 'materialist feminists' made from the late nineteenth century to the early twentieth century to reorganize and socialize domestic work and thereby the home and the neighborhood, through collective housekeeping – efforts that continued until the 1920s when the Red Scare put an end to them (Hayden 1981 and 1986). These practices and, most importantly, the ability of past feminists to look at reproductive labor as an important sphere of human activity, not to be negated but to be revolutionized, must be revisited and valorized.

One crucial reason for creating collective forms of living is that the reproduction of human beings is the most labor-intensive work on earth and, to a large extent, it is work that is irreducible to mechanization. We cannot mechanize childcare, care for the ill, or the psychological work necessary to reintegrate our physical and emotional balance. Despite the efforts that futuristic industrialists are making, we cannot robotize care except at a terrible cost for the people involved. No one will accept nursebots as caregivers especially for children and the ill. Shared responsibility and cooperative work not given at the cost of the health of the providers are the only guarantees of proper care. For centuries, the reproduction of human beings has been a collective process. It has been the work of extended families and communities on which people could rely, especially in proletarian neighborhoods, even when they lived alone, so that old age

151

was not accompanied by the desolate loneliness and dependence on which so many of our elderly live. It is only with the advent of capitalism that reproduction has been completely privatized, a process that is now carried to such a degree that it destroys our lives. This trend must be reversed and the present time is propitious for such a project.

As the capitalist crisis destroys the basic elements of reproduction for millions of people across the world, including the United States, the reconstruction of our everyday life is a possibility and a necessity. Like strikes, social and economic crises break the discipline of wage work, forcing new forms of sociality upon us. This is what occurred during the Great Depression, which produced a movement of hobos who turned the freight trains into their commons in pursuit of freedom in mobility and nomadism (Caffentzis 2006). At the intersections of railroad lines, they organized *hobo jungles*, pre-figurations, with their self-governance rules and solidarity, of the communist world in which many of their residents believed.[12] However, except for a few Boxcar Berthas,[13] this was predominantly a masculine world, a fraternity of men, and in the long term it could not be sustained. Once the economic crisis and the war came to an end, the hobos were domesticated by the two great engines of labor power fixation: the family and the house. Mindful of the threat of working class recomposition during the Depression, American capital excelled in its application of the principle that has characterized the organization of economic life: cooperation at the point of production, separation and atomization at the point of reproduction. The atomized, serialized family house that Levittown, the birthplace of suburbia, provided, compounded by its umbilical appendix, the car, not only sedentarized the worker but put an end to the type of autonomous workers' commons that the hobo jungles had represented (Hayden 1986). Today as well, as millions of Americans' houses and cars are being repossessed, as foreclosures, evictions, and a massive loss of employment are again breaking down the pillars of the capitalist discipline of work, new common grounds are again taking shape, like the tent cities that are sprawling from coast to coast. This time, however, it is women who must build the new commons so that they do not remain transient spaces, temporary autonomous zones, but become the foundation of new forms of social reproduction.

If the house is the *oikos* on which the economy is built, then it is women, historically the house workers and house prisoners, who must take the initiative to reclaim the house as a center of collective life, one traversed by multiple people and forms of cooperation, providing safety without isolation and fixation, allowing for the sharing and circulation of community possessions, and, above all, providing the foundation for collective forms of reproduction. As has already been suggested, we can draw inspiration for this project from the programs of

152

the nineteenth century materialist feminists who, convinced that the home was an important "spatial component of the oppression of women," organized communal kitchens and cooperative households calling for workers' control of reproduction (Hayden 1981). These objectives are crucial at present. Breaking down the isolation of life in a private home is not only a precondition for meeting our most basic needs and increasing our power with regard to employers and the state. As Massimo de Angelis has reminded us, it is also a protection from ecological disaster. For there can be no doubt about the destructive consequences of the "un-economic" multiplication of reproductive assets and self-enclosed dwellings that we now call our homes, dissipating warmth into the atmosphere during the winter, exposed to unmitigated heat in the summer. Most importantly, we cannot build an alternative society and strong self-reproducing movements unless we redefine our reproduction in a more cooperative way and put an end to the separation between the personal and the political, political activism and the reproduction of everyday life.

It remains to be clarified that assigning women the task of communing, collectivizing reproduction is not to concede to a naturalistic conception of femininity. Understandably many feminists view this possibility as a fate worse than death. It is deeply sculpted in our collective consciousness that we women have been designated as men's common, a natural source of wealth and services to be as freely appropriated by them as the capitalists have appropriated the wealth of nature. But to paraphrase Dolores Hayden, the reorganization of reproductive work, and therefore the reorganization of housing and public space, is not a question of identity; it is a question of labor and, we can add, a question of power and safety (Hayden 1986:230). I am reminded here of the experience of the women members of the Landless People's Movement of Brazil [the MST] who, after their communities won the right to maintain the land that they had occupied, insisted that the new houses be built to form one compound so that they could continue to communalize their housework, wash together, cook together, taking turns with men as they had done during the struggle, and be ready to run to give each other support when abused by men. Arguing that women should take the lead in the collectivization of reproductive work and housing is not to naturalize housework as a female vocation. It is refusing to obliterate the collective experiences, knowledge, and struggles that women have accumulated concerning reproductive work whose history has been an essential part of our resistance to capitalism. Reconnecting with this history is a crucial step for women and men today both for undoing the gendered architecture of our lives and for reconstructing our homes and lives as commons.

Endnotes:

1 A case in point is the struggle that is taking place in many communities in Maine against Nestlé's appropriation of Maine waters to bottle Portland Spring. Nestlé's theft has made people aware of the vital importance of these waters and the supporting aquifers and has truly constituted them as a common (*Food and Water Watch Fact Sheet*, July 2009). Food and Water Watch is a (self-described) "non-profit organization that works to ensure clean water and safe food in the United States and around the world."

2 On this subject see the important article "Who Pays for the Kyoto Protocol?" by Ana Isla, where the author describes how the conservation of biodiversity has provided the World Bank and other international agencies with the pretext to enclose rain forests, the argument being that they represent "carbon sinks" and "oxygen generators." In Salleh (2009).

3 The United Nations Convention on the Law of the Sea, passed in November 1994, establishes a 200-mile offshore limit, defining an Exclusive Economic Zone in which nations can exploit, manage, and protect resources from fisheries to natural gas. It also regulates deep-sea mining and the use of the resulting profit. On the concept of the "common heritage of mankind" in the United Nations' discourse see Susan J. Buck, *The Global Commons. An Introduction* (1998).

4 For more on this topic, see Calestous Juma and J.B. Ojwang eds., *In Land We Trust* (London: Zed Books, 1996), an early treatise on the effectiveness of communal property relations in the context of capitalist development.

5 David Bollier, *Silent Theft: The Private Plunder of Our Common Wealth*. New York and London: Routledge, 2002: 36-39.

6 See Margarita Fernandez, "Cultivating Community, Food and Empowerment," unpublished manuscript, 2003: 23-6. An early, important work on urban gardens is Bill Weinberg and Peter Lamborn Wilson eds., *Avant Gardening: Ecological Struggle in the City & the World*, Brooklyn (NY): Autonomedia, 1999.

7 It has been calculated, for example, that 33,000 liters of water and 15-19 tons of material are required just to produce a personal computer. (See Saral Sarkar, *Eco-Socialism or Eco-Capitalism? A Critical Analysis of Humanity's Fundamental Choices*, London: Zed Books, 1999: 126). Also see Elizabeth Dias, "First Blood Diamonds, Now Blood Computers?" July 24, 2009. Dias cites claims made by Global Witness – an organization campaigning to prevent resource related conflicts – to the effect that the trade in the minerals at the heart of the electronic industry feeds the civil war in the Democratic Republic of Congo.
http://www.time./com/time/world/article/0,8599,1912594,00.html

8 Donald B. Freeman, "Survival Strategy or Business Training Ground? The Significance of Urban Agriculture for the Advancement of Women in African Cities." *African Studies Review*, Vol.36, N.3 (December 1993), pp. 1-22. Federici 2004, 2008b.

9 Shiva 1989, 1991: 102-117, 274.

10 I owe this information to Ousseina Alidou, Director of the Center for African Studies of Rutgers University.

11 Fisher 1993, Andreas 1985.

12 Anderson 1998, Depastino 2003, Caffentzis 2006.

13 *Boxcar Bertha* (1972) is Martin Scorsese's adaptation of Ben Reitman's *Sister of the Road*, "the fictionalized autobiography of radical and transient Bertha Thompson." (Wikipedia)

Bibliography:

Anderson, Nels. *On Hobos and Homelessness.* Chicago: The University of Chicago Press, 1998.

Bollier, David. *Silent Theft: The Private Plunder of Our Common Wealth.* London: Routledge, 2002.

Buck, Susan J. *The Global Commons. An Introduction.* Washington: Island Press, 1998.

Carlsson, Chris. *Nowtopia.* Oakland, CA: AK Press, 2008.

Caffentzis, George. "Globalization, the Crisis of Neoliberalism and the Question of the Commons," 2004. Paper presented to the First Conference of the Global Justice Center. San Migel d'Allende, Mexico, July 2004.

Caffentzis, George. "Three Temporal Dimensions of Class Struggle." Paper presented at ISA Annual meeting held in San Diego (CA), March 2006.

De Angelis, Massimo. *The Beginning of History: Value Struggles and Global Capital.* London: Pluto Press, 2007.

DePastino, Todd. *Citizen Hobo.* Chicago: The University of Chicago Press, 2003.

Dias, Elizabeth. "First Blood Diamonds, Now Blood Computers?" July 24, 2009.
http://www.time./com/time/world/article/0,8599,1912594,00.html

The Economist. "Why it still pays to study medieval English landholding and Sahelian nomadism." July 31, 2008.
http://www.economist.com/financePrinterFriendly.cfm?story_id=11848182

Federici, Silvia. (2008a) "Witch-Hunting, Globalization and Feminist Solidarity in Africa Today." *Journal of International Women's Studies, Special Issue: Women's Gender Activism in Africa.* Joint Special Issue with WAGADU. Vol. 10, #1, October 2008.

Federici, Silvia. *Caliban and the Witch: Women, the Body, and Primitive Accumulation.* Brooklyn (NY): Autonomedia, 2004.

Federici, Silvia. "Women, Land Struggles and Globalization: An International Perspective." *Journal of Asian and African Studies.* Vol. 39, Issue 1/2, January-March 2004.

Federici, Silvia. (2001) "Women, Globalization, and the International Women's Movement." *Canadian Journal of Development Studies*, Vol. XXII, 2001, pp. 1025-1036.

Fernandez, Margarita. "Cultivating Community, Food, and Empowerment: Urban Gardens in New York City." Project course paper, 2003.

Fisher, Jo. *Out of the Shadows: Women, Resistance and Politics in South America*. London: Latin American Bureau, 1993.

Food and Water Watch Fact-Sheet, July 2009. Food and Water Watch is a (self-described) "non profit consumer organization that works to ensure clean water and safe food in the United States and around the world."

Freeman, Donald B. "Survival Strategy or Business Training Ground? The Significance of Urban Agriculture For the Advancement of Women in African Cities." *African Studies Review*, Vol. 36, N.3 (December 1993), pp. 1-22.

Hayden, Dolores. *The Grand Domestic Revolution*. Cambridge (Mass): MIT Press, 1981.

Hayden, Dolores. *Redesigning the American Dream: The Future of Housing, Work and Family Life*. New York: Norton and Company, 1986.

Isla, Ana. "Enclosure and Microenterprise as Sustainable Development: The Case of the Canada-Costa Rico Debt-for-Nature Investment." *Canadian Journal of Development Studies*, Vol. XXII, 2001, pp. 935-943.

Isla, Ana. "Who pays for the Kyoto Protocol?" in *Eco-Sufficiency and Global Justice,* ed. Ariel Salleh, (New York, London: Macmillan Palgrave, 2009).

Juma, Calestous and J.B. Ojwang eds. *,In Land We Trust. Environment, Private Property and Constitutional Change*. London: Zed Books, 1996.

Linebaugh, Peter. *The Magna Carta Manifesto: Liberties and Commons for All*. Berkeley: University of California Press, 2007.

Mies, Maria and Bennholdt-Thomsen, Veronika "Defending, Reclaiming, and Reinventing the Commons," *The Subsistence Perspective: Beyond the Globalized Economy*. London: Zed Books, 1999. Reprinted in *Canadian Journal of Development Studies*, Vol. XXII, 2001: 997-1024.

Podlashuc, Leo. "Saving Women: Saving the Commons" in *Eco-Sufficiency and Global Justice*, ed. Ariel Salleh (New York, London: Macmillan Palgrave, 2009).

Reitman, Ben Dr. *Sister of the Road: The Autobiography of Boxcar Bertha*, Oakland (CA): AK Press, 2002.

Salleh, Ariel ed., *Eco-Sufficiency and Global Justice: Women Write Political Ecology*. New York, London: Macmillan Palgrave, 2009.

Sarkar, Saral. *Eco-Socialism or Eco-Capitalism? A Critical Analysis of Humanity's Fundamental Choices*, London: Zed Books, 1999.

Shiva, Vandana. *Staying Alive: Women, Ecology and Development*. London: Zed Books, 1989.

Shiva, Vandana. *Earth Democracy: Justice, Sustainability, and Peace*. Cambridge (Mass): South End Press, 2005.

Wilson, Peter Lamborn & Weinberg, Bill. *Avant Gardening: Ecological Struggle in the City & the World*. Brooklyn: Autonomedia, 1999.

11. No Commons without a Community

Maria Mies

The present interest in new commons is a very welcome development. It shows that more and more people understand that our present capitalist world-system cannot solve any of the problems it has created itself. Most people who want to create new commons are looking for an altogether new paradigm of economy and society.

Yet I think it is necessary to look more critically at the main concepts and arguments used in the discourse on the „commons." Today there is a new hype about the "new commons." But what do we mean when we speak of „new" commons? What can we learn from the „old" commons? What has to be changed today? Is there a realistic perspective for new commons?

First I want to emphasize that no commons can exist without a community. The old commons were maintained by a clearly defined community where people had to do communal work in order to sustain themselves. This work was neither forced upon them, nor was it a nice pastime or a luxury. It was necessary for people's survival or subsistence. Every grown-up person was expected to share this necessary work. Everyone was responsible to maintain the commons as commons. This responsibility did not have to be formally enforced by laws. It was necessary to maintain the life of all.

The Old Commons

I come from a small village in the Rhineland in Germany. There were thirty-two peasant households. Most were subsistence farmers whose only regular income came from the sale of milk, of grain and potatoes, and sometimes from selling a pig or calf they did not need for themselves. The village still had a common forest and common land. Brooks, ponds, roads, trees which grew along the brooks, were commons. Even today there is still a village forest, but people have to pay a certain price if they want to cut trees. Our village forest and other village commons have a boundary, and there are rules how they can be used. The village council can lease them out, but they cannot be sold or privatized.

But contrary to what Hardin wrote in *The Tragedy of The Commons* (1968), these commons were not just free for everybody to take as much as they could without considering the needs of others or even caring to maintain these commons for future generations. In fact, it was understood by everybody in the village that these commons had to be maintained, cared for, repaired or renewed by the *free work* of the village community. It was the responsibility of the whole community to maintain the village commons. For instance, when new trees had to be planted in the village forest, an able-bodied man or woman from each household had to contribute their free labor to do this work. Or when a road had to be repaired or constructed, each household had to send a man, a woman or even a child to hammer the hard basalt blocks into small pieces for the gravel road. After the devastations of World War II this free communal labor was necessary everywhere in Germany to reconstruct the country. The village council had to see to it that the unwritten common rules were obeyed.

This communal work was hard labor, of course, but it was also fun. I remember that such tree-planting sessions where mostly young women and men worked together were times of joking, singing, eating, and enjoying life together. There are still photographs where one can see how much fun the young people had.

The main principles of commons were and still are:

Commons could not exist without a community that took care of them. On the other hand, no real community could exist without commons. All persons in the community were *responsible* for maintaining and caring for the commons, even children. This responsibility was not enforced by formal law, because it was evident to everybody that people's survival and subsistence depended on the commons and on *free communal work.* The village economies were *Moral Economies* (Mies 1992). The village economy was in certain ways an enlarged household economy, where everybody had to participate to keep the *whole house* alive.

Apart from free access to the commons and free communal work, the community had the obligation to care for the poor who could not care for themselves. My mother told the story of an old widow who lived alone in her house and could not take care of herself. But the village community had the obligation to give her food and look after her. All households had to bring her food in turn. Thus, absolute poverty did not exist in those communities.

Destruction of the Old Commons by Enclosures

The destruction of the old commons and of the Moral Economy was not due to the self-interest, greed, and competitiveness of individuals, as Hardin assumed, but to the *enclosures* which capitalist landlords and industrialization forced upon villages and towns to appropriate and privatize common land, forests, and brooks. The enclosure of the commons in the eighteenth century was also necessary for the emerging industrialization to find enough proletarians to work in the urban factories. We cannot speak of commons today without remembering the old enclosures, and we cannot speak of new commons without looking at the new enclosures which are taking place everywhere in the world.

Rousseau was the first who understood what the enclosure of the commons really meant for mankind. He wrote:

The first man who, having enclosed a piece of ground, bethought himself of saying 'This is mine', and found people simple enough to believe him, was the real founder of civil society. From how many crimes, wars and murders, from how many horrors and misfortunes might not any one have saved mankind, by pulling up the stakes, or filling up the ditch, and crying to his fellows: 'Beware of listening to this impostor, you are undone once you forget that the fruits of the earth belong to us all, and the earth itself to nobody.'

Enclosure means piracy, violence, theft, appropriation of what belongs to the people: land, forests, water, rivers, open spaces in cities and villages, but also knowledge, culture, and language. Those capitalist thieves just put a price tag on everything which says: "This is my private property." This means they turn commons into *commodities*. The word "private" comes from the Latin word: *privare*, which means to steal, rob, or colonize. This robbery does not happen without violence, without war. War against nature and war against peoples. This method is still used today to steal, colonize, and commodify commons everywhere, particularly in the South. But today these enclosures are called *development and modernization*. In fact, without the enclosures in the South, the North would not have been able to "develop" its industry and its capitalist global market, and it could not go on with its growth mania (Shiva, Jafri, Bedi, Holla-Bhar, 1997).

The New Enclosures

My interest in the commons began in the early 1990s. At that time a new discourse on the commons took place all over the world. We – Veronika Bennholdt-Thomsen and myself – participated in the debates about the destruction, the defense, and the reinvention of commons (Bennholdt-Thomsen, Mies 1988). At that time the new interest in the commons was due to the global enclosure movement which had begun around 1990 with the introduction of the neoliberal free trade policy. This restructuring of the global economy is based on the following principles: Globalization, Liberalization, (Deregulation), Privatization, and universal Competition (GLPC).

The institutions which restructured the whole world according to these principles are: The World Bank (WB), the International Monetary Fund (IMF), the

161

General Agreement on Trade and Tariffs (GATT), which was transformed into the World Trade Organization (WTO). These institutions worked and work in the interest of mainly US-American, European and Japanese transnational corporations.

The agreements formulated by WTO, WB, and IMF "opened up" practically all economies in the world for the "free market," making possible the plunder by international capital. The countries of the global South were the first victims of this new global Enclosure Movement. Because they were indebted to the WB and the IMF these institutions forced them by their Structural Adjustment Programs (SAPs) to open up their borders for foreign investment, to privatize their national health systems, their education systems, their transport systems, and their service sectors and other areas which so far had been under national control. Their local and national cultural knowledge was stolen and appropriated by Transnational Corporations (TNCs). This was possible because of the Agreement on Trade Related Intellectual Property Rights (TRIPs) of the WTO. The method how to steal this common intellectual property was the new Patenting Agreement of the WTO. But unlike in the West, people in the poor countries of the South resisted this new wave of enclosures of their commons by the northern corporations.

Resistance against Enclosures in the South

In many parts of the South masses of peoples resisted this new enclosure policy of their commons, many of them successfully. Here are two of those success stories:

Papua New Guinea

When in 1997 Western TNCs tried to get access to the riches of PG, they were first confronted with the fact that all land was still under communal control. It belonged to different clans who spoke different languages and had different cultures. No capitalist enterprise can function profitably under such conditions. The main local news-paper wrote:

"In most areas of the country land is still communal property. Such a system makes nonsense of the Western private enterprise concept in that individuals will find it difficult to tie up communal land for the long period of time necessary for a plantation or any other enterprise. The pressure of the community would break up the business in any case." (National, 17 July 1995)

The World Bank whose aim it was and still is to develop the world for capitalist interests demanded that the Government of Papua New Guinea passed a "Land-Mobilization-Act" to "free the land" for foreign investment.

But the people said *No* to this development plan. They did not want to give up their customary commons: land, language, culture, in short their identity, their homeland.

The Prime Minister was desperate. He thought that the World Bank Credits for "development" could not be rejected by poor people. He urged the people to obey the new law: *"Beggars can't be choosers,"* he said.

This sentence sparked a wave of furious protest letters to the press. Here is one example:

> *We don't want to be beggars in rich countries.*
> ...The dictionary defines beggar as a person without money and resources. And beg means to ask formally humbly and earnestly. Let me now ask: Why do we beg?
> This statement was made as a counter to the people's protest on July 18 led by students and the National Coalition for Socio Economic Justice, comprising NGOs, unions, Melsol and churches against customary land registration and all other aspects of the Structural Adjustment Programme (SAP) contained in the World Bank/IMF policy matrix. ...
> We in Papua New Guinea have never been beggars and we do not wish to be one.
> For the many thousands of years that our ancestors had walked this land, they survived without begging from the outside world. They developed their own system of survival to sustain life. Had they lived by what you suggested, Mr. Prime Minister, you and I could have gone down in the book of extinct species of the human race.
> If our ancestors have taught us some lessons, they are that we can live without excessive control and manipulation from outside people and international institutions.
> The Prime Minister has reduced us to nothing when we know we are blessed abundantly with resources. We are a rich people with what we have.
> People who know their true connection to land will understand this.
> Take the land and we are true beggars on our own soil ...
> The people, NGOs, student unions, churches and concerned Papua New Guineans have been issued a challenge to formulate home grown alternatives ...
> Our agenda is simply the survival of our indigenousness and welfare and not be dictated by outsiders ...
> (The National, July 27, 1995)

This letter shows that the anger of the people was not incurred only because their ancestral commons were to be stolen by foreign investors. More important seems to be that they felt that their dignity was violated when their Prime Minister called them "beggars in their own land." This feeling of a common dignity has its roots in the fact that people know that they can produce their own subsistence without any help from foreigners. Yet the resistance against the piracy of the commons in PG shows that subsistence concerns are not just economic ones, they are intrinsically interwoven with culture, language, identity, and particularly a sense of dignity of a community. Without a community which holds up its dignity, no resistance to enclosures will be possible.

India: Enclosure of the Neem-Tree

The second example of resistance against the new enclosures is the story of how the local and communal knowledge about the neem tree was stolen, patented, and thus privatized by an American chemical company and how this commons was recovered by the people's resistance against this piracy. The neem tree grows wildly everywhere in India, in the countryside and in the cities. Everybody uses it freely. People use its twigs as tooth-brushes, farmers mix neem leaves under their rice because neem protects the grain from fungus. Vandana Shiva writes: "... neem is used as a medicine, prophylactic, biopesticide, biofertilizer, biofungicide, nitrogen-fixer in the soil. The neem tree finds myriad of uses in every home and every community in India." (Shiva et al. 1997) The substance which makes neem so precious is azadirachtin.

After the introduction of the new global free trade policy and the TRIPs agreement, a host of transnational pharmaceutical corporations were keen to get patents on neem. The American chemical company W. R. Grace got a patent for the use of neem for the production of all kinds of pesticidal and medicinal commodities. A classic case of a new enclosure of a tree and the common knowledge about its use which for thousands of years had been free for everybody. After patenting the neem tree people had to buy products made of neem. Because neem products were now the private property of W. R. Grace.

But this piracy and privatization of the age-old common knowledge of the Indian people about neem provoked a massive protest movement in India. Vandana Shiva writes:

"The Grace Company's aggressive interest in the Indian neem production has provoked a chorus of objections from Indian scientists, farmers, and political activists, who assert that transnational companies have no right to expropriate the fruit of centuries of indigenous experimentation and several decades of Indian research. This has stimulated a transcontinental debate about the ethics of intellectual property and patent rights." (Shiva 1997)

Farmers and activists organized huge demonstrations against the patenting of neem, but this protest was not successful in the beginning. Only after Vandana Shiva from India, Florianne Koechlin from Switzerland, and Magda Aalfort from Belgium lodged a complaint against the patenting of neem at the European Patent Office in which they stated, that neem was not an invention by Mr. W. R.

Grace but a creation of nature which had been used and modified by Indian farmers for thousands of years, the European Patent Office agreed that neem was not an "invention." It withdrew the patent for neem from W. R. Grace.

The New Discourse on the Commons Today: The Internet as Commons

Today we experience another, new global discourse on the commons. But contrary to the earlier discourse on the commons I hardly see any resistance to today's enclosures. I do not yet understand properly why and how this new discourse on the commons started. But I know that many people who are critical of the destruction of the environment, of the crises of the economy in all countries, and the lack of perspectives all over the globe are searching for an alternative. Some of them see the evil in the main pillar of capitalism, namely private property. They are looking for a new type of commons. And many of them see the Internet as the great savior. They talk of *knowledge commons* or of *creative commons*, and their enthusiasm is obviously based on the Internet. Everybody talks of the Internet as the creator of new commons. Even in mainstream papers one finds articles on the "new commons." I do not share the enthusiasm about these "new commons." In fact, I think that this enthusiasm is not only based on illusions but on myths. I consider this commons discourse just another hype which keeps people occupied while the *new and old rulers of the world* enclose and destroy our Mother Earth, the only global commons we all have.

Myths about the Internet as Commons

The new discourse on the commons is to a large extent inspired by the belief that the Internet is a global commons. Even people who once were critical of the capitalist enclosures and the neoliberal policies of globalization, liberalization, and privatization (GLP) think that the Internet is a new global commons which would solve all economic, social, ecological, and political problems in the world. Here are some of the main arguments of this belief in the Internet as commons:

- The Internet is neither private property of anyone, nor is it the property of the state. Hence it is a global commons. It can be used by everyone everywhere free of costs.
- The Internet makes knowledge a universal commons. All knowledge in the world can no longer be the private property or privilege of any one or any elite.
- Moreover, the Internet has truly created new social communities, where people can make friends everywhere; they can see them, chat with them,

exchange news and views with them in a private or social chat-room like Facebook and Youtube as a global social network with the whole world. And free of costs.

- The Internet truly creates real democracy because it creates the possibility for participation and for transparency. No government, no party, no corporation, no bureaucracy can keep anything secret, because Internet specialists can discover these secrets immediately and expose them to the public.
- The Internet has created the possibility for every citizen to influence local, regional, national, and international politics. The Internet will therefore increase the sense of responsibility of every citizen.
- The Internet will stop violence in the world, because if people do not meet each other face to face, attack each other, kill each other in the real world but only virtually, they have an outlet for their aggressions and need not kill "real people." Wars will become a thing of the past. Eventually all conflicts on earth can be solved peacefully by the "International Community" represented by the UN, which is responsible to keep peace on earth and solve all conflicts between nations.
- The Internet overcomes all limits of time, space, and even of the real, material world. Thus it is a source of freedom for everyone.
- The Internet, once invented and established on our planet, is here to stay. The Internet means progress. One cannot stop progress, we cannot go back to the Stone Age. Apart from that, the Internet is necessary, our daily life is no longer possible without the Internet.

There are certainly more arguments of the defenders of the Internet as commons. But I think these are the most important ones. I consider them myths. In the following, I compare the Internet as new commons with the old commons.

My Counterarguments:

The Internet is not a commons. It is in fact the private property of a handful of huge global monopolists like Microsoft, Apple, Google, Amazon, Facebook, and a few other global players. They control the hard- and software of all factories that produce and sell commodities based on the Internet. These commodities have a price. In a capitalist economy nothing is produced for free.

But who pays the price?

First of all, nature pays the price. The earth is exploited more or less for free in the search of those so-called rare minerals like gold, coltan, tantalum, platinum and others without which no computer could function. These "rare minerals" are found for instance in the Republic of Congo but also in China and in Bolivia and in other countries. After the huge caterpillars have left the mining sites, they only leave huge holes in the earth. Holes like wounds in the body of Mother Earth. Apple and the other IT-giants will not and cannot heal these wounds. And the result of this violence against Mother Earth is warfare among the local communities, as is the case in the Republic of Congo.

But there are also human costs which do not appear on the balance sheets of the IT-corporations. The Internet may appear "cheap" or even free of cost for the users, but the real human costs are paid by the workers who dig out these rare minerals from the earth in Africa or elsewhere. The recent strikes of miners in South Africa who dig out platinum from the earth were the consequence of their exploitation by IT-corporations. The workers demand better wages and better working and living conditions. These conditions are worse today than they were under the Apartheid-Regime.

The Internet is also not free of costs even for its users. The hardware (computers, cell-phones, smartphones, iPads, iPhones etc.) cost a lot, which is particularly due to their inbuilt obsoleteness. Once a new gadget appears on the market, it is almost immediately made obsolete and replaced by another, "better" one. The old one cannot be repaired. The big IT-corporations compete with each other for ever newer, ever faster, ever more sophisticated and cheaper hard- and software on the global market. But every new invention kills the old inventions which then become waste, electronic garbage which then has to be dumped somewhere in the world. This dumping of E-garbage is free of cost for the IT-companies, but not for the environment and the people who live near these garbage dumps.

So, who pays the true price for the "Internet as Commons" if we include all those "external costs"? In fact, if all these costs were included in the price of a computer or a cell phone most people would not be able to afford them. And the big IT-corporations would go bankrupt.

What about the Internet as knowledge commons?

Has the Internet truly enhanced our knowledge in and about this world? The German psychologist and neurologist Manfred Spitzer (2012) found out that children and youngsters who sit for hours in front of their computers or their playstations suffer from "Digital Dementia." Their school performance is very low. Many cannot read or write. Many leave school without a diploma. They hardly know anything about the real world. They live in their virtual world and are hardly able to cope with the requirements of everyday life. The images they see on their computer screen are available all over the world at a finger's click. But I ask: Is this the *knowledge commons* or *creative commons* people mean when they talk of the Internet as commons?

For the old commons knowledge meant that everyone knew how to handle a hammer and a spade and all other tools necessary to produce and reproduce their life. They also knew at what time saplings could be planted or not, everyone knew the songs sung at common gatherings and at home, everyone knew the histories told by the old people about the community and the world. All shared the language, the culture of their village and their region and their country. Hence they knew all the skills necessary to live their life in the real world in a real community in which they felt safe and at home. They were proud of their identity and they fought for their own *dignity*, as we saw from the story about Papua New Guinea.

Where is the identity, where is the dignity of the Internet users?

The next myth is that the Internet creates a global community: Everybody can communicate with everybody in the world. But the Internet "users" are not a community – they are users, not persons – and every "user" sits alone in front of a computer, uses Facebook or some other IT gadget. The exchange between those atomized individuals takes place only virtually, not in reality. These users are just a mass of isolated individuals who cannot touch each other, smell each other, see each other as living persons. Their communication is totally de-sensualized. Such a mass of users cannot be a community in the true sense, where everybody is responsible for the well-being of the whole community and for all its members, as was the case in the old commons-based communities. Therefore on the Internet no user can protect herself or himself from vicious attacks, insults or any cyber-mobbing. Nobody who participates in this "social network" can do anything against this cyber-mobbing. The anonymity of the Internet even leads to insults of whole communities as has happened recently when an unknown "user" put a picture on the Internet which insulted the prophet Mohammad. This insult led to mass demonstrations of people living in Muslim countries all over the world in which even an American ambassador was killed. The Internet does not know ethics, it is amoral, which means that nobody feels responsible for the effects it has in the real world. Even if these effects may lead to new wars in the real world.

Here we see an important difference between the old commons and the so-called Internet-commons.

As we saw, in the old commons everybody was *responsible* for maintaining and caring for the commons. Everyone was also responsible for respecting the community and all people living in it. Everyone was responsible for keeping peace in the community. This responsibility is absolutely absent in the global social networks of the Internet.

Some people believe that the Internet promotes democracy all over the world. They say that the "Arab Spring" and the struggle for democracy in Egypt would not have happened if the Internet had not existed. True, the Internet facilitated the fast exchange of information about the rallies in the Tahrir square in Cairo and in other countries in North Africa. But democracy needs more than quick information. To establish a true democracy where all people can participate to discuss what democracy means in a particular country, at a particular period of time, under particular social and economic conditions – all this needs time and many debates and dialogues about the new social perspective and a new vision. The Internet by itself cannot create such a vision. It is just a machine. Democracy cannot be created by a machine, by a *deus ex machina*.

That the Internet promotes peace is another even more dangerous myth. It rather promotes wars. One only has to look at the killer games which millions of gamers – mostly young boys or men – are addicted to. First they learn those "virtual wars" like World of Warcraft, then they have all the know-how to fight real wars against real people.

Finally, the believers in the Internet as commons argue that the Internet liberates mankind from the constraints of time, space, and even of matter.

How true are these assumptions?

Indeed, the Internet seems to have overcome the limitations of time: People can communicate in a second with other people. The whole global finance system is based on this immediate communication. But also normal people communicate more and more by e-mail and the Internet by mail or telephone. They can also communicate with more people in a shorter span of time. But what is the price for this speed-driven communication? People get exhausted, burnt out, feel that they have to reply to every stupid mail message. Or they simply give up looking at the e-mail every morning. Time is the only thing that cannot "grow." We can pack more and more activities in an hour. But we cannot "save" time, nor can we extend one hour. Time rolls on and on. We cannot stop time.

The same is true for space. The Internet creates the illusion that I can be here in Cologne and at the same time in Ireland. But this is only an illusion. In reality, I sit here in front of my computer and type on the key board to finish this article. In reality I cannot be in two places at the same time.

These limitations of time and space are due to the fact that we are part and parcel of Nature, and that means we are part and parcel of the material world without which life would not exist on this planet. Even this planet would not exist, it does not exist "virtually." *Matter matters!*

Literature:

Bennholdt-Thomsen, Veronika/Maria Mies (1988) *The Subsistence Perspective*, Zed Books, London

Hardin, Garret (1968) *The Tragedy of the Commons*, in: Science, No 162, December

Mies Maria (1992) *"Moral Economy"* – *a Concept and a Perspective*, in: R. Rilling, H. Spitzer, O. Green, F. Hucho, and G. Pati (eds) *Science and Peace in a Changing Environment*, Schriftenreihe Wissenschaft und Frieden Vol. I, Marburg BdWi

Shiva, Vandana and Afsar H. Jafri, Gitanjali Bedi, Radha Hollar-Bhar (1997) *The Enclosure and Recovery of the Commons, Research Foundation for Science*, Technology and Ecology, New Delhi

Spitzer, Manfred (2012) *Digitale Demenz*, Droemer Verlag, München

12. Resisting Capitalist Patriarchy: The Nayakrishi Way

Farida Akhter

Let me start with a personal note on Claudia von Werlhof. My friendship connections in Germany started with Prof. Maria Mies, but when I think of her, I immediately think of two persons: Claudia von Werlhof and Veronika Bennholdt-Thomsen. Whenever I am in Germany, they are together and I enjoy the time – discussing, laughing and arguing, and, above all, the care I get from all of them. In their interactions I have seen and experienced a deep friendship that I always wondered how to grasp. They have an understanding of each others' thoughts and work, yet they argue about what they do not agree upon. The friendship has an intellectual foundation, but is never reduced to an intellectuality that undermines mutual care and a common commitment to transform the present. I have known Maria since 1985 and she introduced me to Claudia and Veronika with whom she had been working together for decades.

Claudia is very tall with long hair. I am the opposite. She is a professor and a scholar, but my relation to her is through my activism and her interest in knowing about our work as an activist scholar. Maria calls her the "creative activist scholar." That is very accurate. Her creative way of thinking about very critical issues in feminism has attracted me a lot. I was also amazed whenever she interacted with me; she appreciated the work we do at a grass-roots level, particularly with women in the farming communities. Claudia visited Bangladesh with Maria and travelled around the remote rural areas. Her appreciation is not something to make me happy, but a clear effort to extend her understanding of the "Deep" Alternative as she talked about in her recent book. Maria gave me a copy of "The Failure of Modern Civilization and the Struggle for a 'Deep' Alternative: on 'Critical Theory of Patriarchy' as a New Paradigm" during my visit to Cologne in 2011, when Maria organized the launch of the German translation of my book, "Seeds of Movement". Claudia could not come to the event, but Veronika was there. I missed her, but at least I could read her book on my way back to Dhaka.

Maria and I, along with other FINRRAGE (Feminist International Network for Resistance against Reproductive and Genetic Engineering) friends, were involved in the feminist activism at international level on the issue of population policies and reproductive technologies. We had to know about the latest developments of contraceptives as population control weapons in order to "discipline" the people of colour and their numbers. These are the poor people around the world. And of course, women's bodies become the battleground for the application of these weapons. On the other hand, paradoxically, women in the developed world were also not free from being used to produce babies with the help of technology. They were the experimental ground for all forms of technological brutality. The brutality of population control and reproductive technologies was reflected when we saw that women themselves became part of the act. There was (and still is) severe division among the feminist groups who demand contraceptives of coercive nature such as Norplant and Assisted Reproductive Technologies such as IVF, artificial insemination etc. as their reproductive "choice." Women have no value "if they cannot reproduce" – such patriarchal notions are strengthened through technological interference in women's bodies. Women in both developed and developing countries faced the cruelties of capitalist patriarchy.

My work is presently more focused on environment, ecology, agriculture, food sovereignty etc. Working in these fields, we have to fight against WTO agreements, corporate control over seeds, particularly the aggressive policy interventions to introduce and promote genetically modified crops etc. Development interventions to introduce capitalist-patriarchal relations have undermined people's movements all over the world, and the women's movement is no exception. The women's movement in Bangladesh unfortunately remained more engaged in fighting against VAW (violence against women) and gender discriminations because of UN conventions and foreign donor funding, and conspicuously remained silent on violent experiments on women's bodies and equally remained silent on issues of agriculture and ecological destruction. Violence against women is not understood and explained as the consequence of capitalist-patriarchal relation but reduced to the behaviour of biological men and women. I fully agree with Claudia that it is impossible to talk about feminism without a systematic critique of "technological" progress as patriarchal and destructive.[1] This is true not only for ART but all technologies including what we use to industrialise our food production, thereby destroying agriculture.

The basic thrust of official women's development programmes is to ensure the supply of female labour for the "global" market such as to the factories of export processing zones as well as to produce middle-class consumers who are keen to absorb neoliberal ideologies so that they can serve as the political cushion to legitimize the extension and expansion of capitalist-patriarchal relation.

---

1 See "No Critique of Capitalism without a Critique of Patriarchy! Why the Left is No Alternative" in "The Failure of Modern Civilization and the Struggle for a 'Deep' Alternative" by Claudia von Werlhof, Peter Lang 2011. Frankfurt; p. 115

Women were mainstreamed to become the recipients and buyers of the huge contraceptive market and a dumping ground of unsafe technologies. Women were also displaced from producers to loan receivers in microfinance programmes so that they can ensure the circulation of money capital by paying high interest on the money they receive.

As my colleagues and I had to resist such processes, we felt it is imperative that we start reconstituting our life and livelihood by defending our environments, ecology, and biodiversity where women had historically played the frontal role. We had to invent feminism not through theories coming from middle-class women from both North and South but by learning from the concrete struggle of the rural and working women. Women in Bangladesh have always been part of the productive process in their natural conditions of villages for their livelihood practices. With the arrival of so-called "modernity," women were the first to be displaced from their livelihood sources. Foreign agencies such as the World Bank, Asian Development Bank, UN bodies, and other bilateral agencies came forward to bring women "out of their house" and either turned them into cheap labour power or middle-class consumers. Such patriarchal actions needed theories to get out of feminist analysis that was more rooted in the history of women's struggle around the world. A fairly good replacement was "gender" instead of women and then any actions in the name of development could be taken to fit the needs of global capitalism or globalization.

Let me just take one concrete example of such destruction of women as well as nature by capitalist patriarchy. This is related to women's role in agriculture. In Bangladesh, women play a significant role in agriculture in the "subsistence" and "marginal" farming communities (small farms holding 0.05 – 2.49 acres of land) which comprise 84.27% of the total farm households as of 2008 (BBS, 2010).[2] These are family-based holdings involving family members in different stages of production. But, unfortunately, women are not recognized as "farmers" in any national documents – they are the wives and daughters in the farming households. Even among the landless families, women continue to grow on homestead land while men migrate to the cities for non-farm jobs. With more mechanization and commercialization of agriculture, women's role in agriculture is reduced or becomes minimal.

I do not romanticize pre-capitalist communities. In the traditional practices of farming, there was a clear gender division of labour. Patriarchal value judgment (on who does more and what is more important than the other) was not uncommon but women were considered valuable productive agents of agrarian econo-

---

2 Statistical Pocket Book, Bangladesh 2010; Bangladesh Bureau of Statistics, Ministry of Planning, Government of Peoples Republic of Bangladesh.

my. With modernization and capitalist-patriarchal redefining of what is called an economically significant activity, women's work in agriculture suddenly disappeared and became invisible. The division of labour in farming was that men were engaged in the fields for the planting and harvesting of crops, while women were engaged in post-harvest tasks and seed preservation. This is the visible part of work, but everyday women and men interact and work together in every step of farming, and family is more or less recognized as a space where women are recognized critical agents to ensure the household economy to prosper. This part remained invisible. Non-recognition of women's work comes from the fact that women lack ownership of land. The existing inheritance laws give women lower or no share in the landed property of parents as well as husbands according to personal laws based on religion. Existing social traditions also deter women from claiming or taking possession of their legal share. As a result, women seldom own the land possessed by the households. Their access is further constrained by the fact that women do not take up sharecropping. In 1984-85, less than 1% of rurally employed females were reported to be sharecroppers. Thus, from official, legal, and traditional points of view, the role of women in agriculture is considered insignificant.[3] They remain in the category of the "housewife," a term that suits the capitalist patriarchy very well.

The Green Revolution or modern agriculture was introduced in the 1960s in the name of increased food production and agricultural development. Population control theories were also applied here and justified the Green Revolution by claiming that it will feed the increasing number of mouths. It was a change of the mode of agricultural production from the traditional system to chemical, machine- and fossil fuel-based agriculture bringing about the changes in rural infrastructure to suit the needs of the new mode of agricultural production. Undoubtedly it was a change towards a male-machine-market-oriented production system, which had its own negative repercussions on the role women played as family members as well as farming community members. Even the rural development programmes needed to be constituted as infrastructure development, irrigation setups, financing, monetization of the rural economy, skill training and development for non-agricultural works, market setups etc. made women redundant. The whole system known as mechanized and chemical agriculture destroyed and undermined the entire traditional skill- and knowledge-based agricultural practices of the farmers, particularly of women.

The major blow delivered by so-called modern agriculture on women was the change from farmer-saved seeds to laboratory seeds named as high yielding

---

3 Rural Women of Bangladesh by Dr. Mahmuda Islam in Rural Development in Bangladesh Strategies and Experiences ed. Md. Abdul Quddus, BARD, 1993, Kotbari, Comilla

variety (HYV) which rendered their activities of seed preservation, livestock rearing, and rice husking meaningless. Traditional rice husking is eliminated due to the rapid intrusion of rice mills powered with electric or diesel engines, which have a displacing effect on women's work.[4] Rice mills displaced 29% of the total husking labour.[5] While rice mills may have created opportunities for some new wage workers, they generally have contributed negatively to the employment opportunities of poor and landless women. So the shift from traditional female livelihood activities to mechanization was not favourable to a majority of rural women.

With "modernity" food production has to be modern as well. Crops with diverse natural shapes and colours are not considered to be worth selling by the supermarkets. At present, most of the commercial varieties of vegetables such as cauliflower, potato, cabbage, tomato, okra, egg plants etc. are all hybrid seeds, i.e. they come from the market, not from the farmer-saved sources. The traditional and seasonal local vegetables such as pumpkin, sweet gourd, okra, egg plant, beans, chili etc. are getting lost. Government is promoting only few varieties of rice as opposed to thousands of local varieties saved by farmers. The knowledge of seed preservation is eroded because of dependence on hybrid packaged seeds sold in the market. The "instructions" are written on the packets. On top of that, government is collaborating with seed corporations such as Monsanto, Syngenta, and DuPont to introduce genetically modified seeds, which threaten the displacement of farmers and pose potential health and environmental hazards.

The genetically engineered rice currently at research stage is for Abiotic Stress Resistance such as salinity, drought and flood conditions. These are 1. salt tolerant rice for coastal regions, 2. flood-resistant rice, 3. drought- and cold-resistant varieties of rice, and on the grounds of nutritional traits accumulate pro-Vitamin A (beta-carotene) in the seeds' endosperm tissue. This genetically modified "Golden Rice" is being promoted in the name of solving nutritional deficiency problems (e.g. relating to Vitamin A) which can easily be solved by growing and consuming leafy vegetables found abundantly in Bangladesh.[6]

Modernity has also been seen in the agricultural field insofar that female scientists at Dhaka University are engaged in the research on GMOs, while female

4 Women and Technology by Saleha Begum, in Proceedings of Conference on Women in Farming Systems Date: 26 – 30 September 1983 The International Rice Research Institute (IRRI), Manila, Philippines
5 Ahmed; J.U. Impact of New Paddy Postharvest Technology on the Rural Poor in Bangladesh, CIRDAP, Dhaka, 1981
6 GMOs Are Not Needed by Farida Akhter, www.ubinig.org

farmers are resisting the GMO and hybrid seeds and are thus considered as backward. The Minister of Agriculture, Begum Motia Chowdhury, has served in this position twice in the Awami-League-led government both from 1996-2001 and the current period since 2009. However, she believes strongly in technology and is therefore keen to introduce GMOs and hybrid seeds. Farmer women's knowledge and experiences hardly have any value to her. She is working hard to replace women's knowledge and command over agrarian production with corporate control and wants to be "scientific." She fails to make the distinction between "science" and "corporate-led science" thereby going against the interest of the women farmers.

Following the Cartagena Protocol on Biosafety (CPB), which ensures basic guarantees against the impact of GMOs on the conservation and sustainable use of biological diversity, the Department of Environment of the government of Bangladesh formulated the National Biosafety Framework in 2005. The Cartagena Protocol on Biosafety (CPB), adopted in Montreal on 29 January 2000 in order to fulfill the objective of the conservation and sustainable use of biological diversity under the Convention of Biological Diversity (CBD), was ratified in 2004 and, following the obligation, it led to the Biosafety Guidelines of Bangladesh (2 January 2008). Many agricultural research institutes (BARI, BRRI, BINA etc.) and Universities (DU, BAU, RU) are engaged in Biotechnology Research. Although Biotechnological Research is still in the field-trial state, there is very little regulation against its promotion. The Bangladesh Biosafety guidelines are very weak in their regulatory framework, particularly in safeguarding against adverse effects on the topics of biological diversity and human health risks. Hardly any women's group has ever felt the necessity to respond to the precautionary measures that must be taken to save the traditional varieties of crops and to protect women who are playing significant roles in agriculture. The introduction of genetically modified crops will simply wipe out the small sale farmers and women in particular.

But There Is an Alternative, of Course

In Bangladesh, we have never believed in TINA (There is No Alternative). In fact, countries like Bangladesh have shown the paths to the "Alternatives" and that's why the term should be TAMA (There Are Many Alternatives). We do not have to go along with neoliberal globalization which has failed miserably, and it became clear in the United Nations Conference on Sustainable Development or the Rio+20 held in June 2012. The farmers' groups including artisanal fishers, pastoralists, agricultural workers, youth, and indigenous peoples led by La Via Campesina made statements that the new path of development entails the empowerment of these constituencies to produce and harvest. This requires the rights to equitable access to land tenure – regardless of gender, marital status, religious or ethnic origins – and to productive resources, including seeds, inputs, trade, and markets. Food sovereignty, which places at its center sustainable family farming, peasant agriculture, and small-scale fishing not only feed the people with healthy, nutritious, culturally appropriate food, but they put the aspirations and needs of those who produce, distribute, and consume food at the heart of the food systems and policies. Farmers around the world produce all the world's food and fibre and require a framework that allows sustainable practices such as organic agriculture, innovative farming techniques, and integrated management. In this, they gave special attention to the needs of family farmers, peasants, and artisanal fishers.

For food security and sustainable agriculture emphasis was placed on small farmers, especially women, in developing countries, as the key to both the present and the future of agriculture. Empowering small farmers through access to land, credit, subsidies, storage facilities, and transport was thus essential. The expansion of national budgets and aid-allocation to small-scale agriculture is a priority for strengthening farmers' organizations. Emphasising chemical-based water-intensive agriculture had been accepted as a mistake because of its impact on the environment, additionally being one of the main causes of climate change and increasing the dependence of small farmers on purchased fertilizers, pesticides, and seeds. Genetic engineering is *not* a solution due to food safety and environmental problems, as well as taking seeds out of the control of farmers. Thus, the agro-ecology approach should be given the chance it never had until now, through support for research, extension, and major support by international agencies to show that sustainable agriculture is not only good for the environment but is productive enough to feed the world. The global trading system allows massive distortions in which rich countries subsidize agriculture by almost US$400 billion a year and sell subsidized foods to poor countries at artificially low prices, thus damaging the livelihoods of small farmers. International policies are needed to assist developing countries with programmes supporting their small farmers through land access, credit and marketing, subsidies, and appropriate tariffs; curb commodity speculation; change the terms of free trade agreements; and promote ecological farming.

As one of the countries of the south, Bangladesh belongs to the bioregion of the origin of biodiversity. Despite the rampant destruction by various developmental and industrial interventions, it is still a beautiful country of diverse green painted by the diverse crops of small farmers. It depends on agriculture as a main source of employment and livelihood of people. Agriculture is not dominated by big land owners or by corporate agriculture, although national and multinational seed companies have taken all measures to destroy the farmers' seed system, taking advantage of government seed rules and seed policy. The small farmers constitute more than 70% of the farming households owning less than 2.5 acres of land. Farmers are the strength of the agriculture because they are capable, despite insurmountable odds, to produce crops and reproduce their life. With their surplus they are engaged in the market.[7]

In the context where Green Revolution has brought us, the primary and immediate national task for Bangladesh is to de-toxicate agriculture. Nayakrishi Andolon has already demonstrated how it could be achieved without compromising the productivity in agriculture or the economic return from farming. The primary focus in Nayakrishi practice is to immediately restore the health of the soil, the efficient use and management of surface water, a shift from monoculture to biodiversity, and the integration of livestock into the agro-ecological system to maximize the output from farming households.

Nayakrishi is a practice of agriculture that does not presuppose the separation between the agro-ecosystem and the farming community and is thus capable of resisting interventionist and destructive knowledge practices in the name of science and technology that disregard the historical and local wisdom of the community. Industrial food production aims to replace farmers in order to install corporations as food producers instead of farming communities. Such interventions are essentially corporate interventions, and what they practice has nothing to do with science as a procedural truth consistent with the real outcome in practice. Agriculture, by definition, presupposes the necessity of the farming community, in contrast to industrial food production presupposing corporations and the marginalization of the community.

We believe that two systems of knowledge – one formal and another informal – do not exist. The farming practices, following procedural rules to generate a result, are equally formal as science in the laboratory. From the perspective of farming communities, Nayakrishi takes a positive view of science and technology as long as they affirm life, livelihood, and the complex web of ecology and environment. Nayakrishi is not a return to "traditional" agriculture as a romanticized fixed past, but the ceaseless effort to return and discover the fundamental relations between human communities and nature without which the existence of life and its regeneration are impossible.

That the future of farming must be ecological can also be discerned from the imminent vulnerability of Bangladesh to climate change. Nayakrishi increases the resilience within the farming system specific to its agro-ecological nature,

---

7   De-Toxicating Agriculture: The Future of Farming of Bangladesh, by UBINIG 5 June, 2012

whether flood plain, drought prone or coastal area. As a result, the farming system increases its ability to continue functioning when faced with unexpected events such as climate change. Nayakrishi achieves this resilience to climate disasters by incorporating nature's natural designs and ecological processes into the very practice of farming, such as mixed cropping and rotational crop selection in order to better respond to change and reduce risk. Thus, farmers who increase species and variety diversity suffer less damage compared to conventional farmers planting monocultures. Moreover, the use of intra-specific diversity (different cultivars of the same crop) is an insurance against future environmental change. The ecological design of Nayakrishi farming is also grounded on the principle of reducing its role as a greenhouse-gas emitter and, by increasing the greens in the field, enhancing its role as carbon sinks. Nayakrishi practices enhance the sequestration of carbon dioxide through the use of techniques that build up soil organic matter as well as diminish nitrous oxide emissions, since the system uses no external mineral nitrogen input and is more efficient in its nitrogen use. Ecological systems have been found to sequester more carbon dioxide than conventional farms, while techniques that reduce soil erosion convert carbon losses into gains. Nayakrishi is self-sufficient in nitrogen due to the recycling of manures from livestock and crop residues via composting as well as the planting of leguminous crops.

To deal with the drought, Nayakrishi Andolon is protecting and, where necessary, reintroducing local drought resistant varieties and species. But the approach to drought caused by climatic variability is not limited to this only. The approach is comprehensive that includes creating appropriate environmental and agro-ecological systems that are resilient enough to stand drought. In this regard, restoring the health of the soil is paramount and going hand in hand with efforts to increase organic matter in soil, efficient use of water, and the use of cover crops to retain soil-moisture.

To address the problems in the coastal area, Nayakrishi is actively engaged in regenerating mangroves and developing agro-ecological practices with local salt-resistant species and varieties. There is absolutely no alternative but to regenerate mangrove species and create ecological conditions for the restoration of forests in the coastal area. Instead, corporations are introducing genetically modified salt-resistant varieties in the name of "adaptation" to climate change.

Historical and local knowledge (with focus on women's knowledge and experiences of seed keeping and natural resource management) are the primary resources upon which the knowledge practice and strategy is drawn to adapt to or mitigate the negative consequences of climate change. The adaptive capacities of the farmers are functions of their selective, experimental, and resilient capabilities. There can be common principles, but no single or generalized "model" to adaptation, since each farming household is unique in its ecological designs.

When I ponder how Claudia Von Werlhof contributed to shape our ideas in resisting invasive reproductive technologies and designing biodiversity-based ecological agriculture, I think her concern for a systematic critique of "technology" as a fiction of patriarchy played a determining role. She rightly envisioned, like Maria Mies, that "technological progress" is a patriarchal and destructive fiction that must be deconstructed if we indeed like to celebrate life and a relation of care and engagement going beyond technological and production paradigms. We must go beyond the horizon of "modernity" and the productionist world view of the traditional left. I hope the little success we have achieved in Nayakrishi demonstrates the right direction of our vision and politics.

14 November, 2012, Dhaka, Bangladesh

13. Wenn die Bauern wiederkommen – revisited

Christa Müller

„Wenn die Bauern wiederkommen" lautet der Titel der Habilitationsschrift von Claudia von Werlhof. Das Buch erschien in einer Zeit, als die Forschung zu Ökonomie und Soziologie kleinbäuerlicher Lebensverhältnisse und Rationalitäten generell unter Romantisierungsverdacht stand. Und das war noch das harmloseste Ressentiment, mit dem sich diejenigen auseinanderzusetzen hatten, die in der Subsistenz nicht nur einen Großteil der gesellschaftlich notwendigen Arbeit erkannten, sondern mit ihr auch eine politische Perspektive für eine lebensfreundlichere und nicht auf Ausbeutung beruhende Gesellschaft verbanden. Demgegenüber sahen sich die konservativen und technokratischen Milieus ebenso wie der Mainstream der Linken im letzten Drittel des 20. Jahrhunderts dem industriellen Modernisierungsparadigma mit einer Hingabe verpflichtet, die einen klar säkularen Charakter hatte.

Industriemoderne, das bedeutete während des fordistischen Regimes eine Optimierung der Naturbeherrschung, die Neustrukturierung der internationalen Arbeitsteilung und die Intensivierung des industriellen Massenkonsums in einem räumlich und zeitlich entgrenzten globalen Kontext. Zeitdiagnostiker belegen die heutigen postfordistischen Ausprägungen der Industrie- und Konsumgesellschaft mit Begriffen wie „Dienstleistungsgesellschaft", „Wissensgesellschaft" oder „Freizeitgesellschaft". Antworten auf die Frage, woher die Nahrungsmittel und die Ressourcen für den Massenkonsum kommen und auch zukünftig kommen sollen sowie das In-den-Blick-nehmen der zahllosen Verwerfungen dieser Wirtschafts- und Lebensform überließ man über lange Zeit randständigen Diskursen wie dem der Nachhaltigkeit (der sich in dieser Nische selbst in einen neuen Herrschaftsdiskurs im Foucaultschen Sinne transformierte).

Wie selbstverständlich wird auch heute noch vorausgesetzt, dass die Produktion der lebensnotwendigen Güter weiterhin delegiert werden kann: an die gnadenlos unterbezahlten Arbeiterinnen in den Sweatshops der „Sonderproduktionszonen", an ausgebeutete Landarbeiter usw. Voraussetzung dafür ist die Landnahme in den Ländern des Südens und die Ausplünderung der Natur. Beide gelten seit der Kolonisierung als unerschöpfliche Ressource und „natürliche Grundlage" der westlichen Industriegesellschaften (vgl. Werlhof/Mies/Bennholdt-Thomsen 1983).

Auch das Land Grabbing in Afrika und Asien, also der im großen Stil stattfindende Kauf des weltweit knapper werdenden Agrarlands durch ausländische Investoren in Ländern, die selbst Nahrungsmittelimporteure sind, gehört zu den Eckpunkten der neoliberalen Weltagrarpolitik, die z.B. von der internationalen Kleinbauernopposition „La Via Campesina" angeprangert werden, denn die Käufe für das Off-Shore-Farming führen gerade nicht dazu, die Ernährung vor Ort zu sichern, sondern dazu, dass Cash Crops wie Getreide und Mais für den Fleisch- und Treibstoff-Weltmarkt angebaut werden. Wolfgang Bommert nennt dies in der ZEIT vom 19.8.2010 eine skrupellose Strategie multinationaler Konzerne und einiger Staaten (allen voran China) und zitiert Klaus Deininger, Ökonom für Bodenpolitik bei der Weltbank, der schätzt, dass bereits ein Drittel des verfügbaren Ackerlandes auf der Liste der Einkäufer steht. Bommert: „Der Weltöffentlichkeit wird dies als eine neue Strategie ländlicher Entwicklung verkauft, als Investition in die marode Landwirtschaft von maroden Staaten. Tatsächlich handelt es sich um eine Enteignung ganzer Landstriche und die Besetzung von nationalen Kornkammern." (Bommert 2010, S. 21)

Guerilla Gardening

Parallel zu den sich zuspitzenden Verwerfungen lassen sich wachsende Gegenbewegungen beobachten: Die ersten indigenen Regierungen in Lateinamerika reklamieren nun ihr Land und Ressourcen wie die „seltenen Erden" für sich, und im Westen erklärt sich eine wachsende Zahl von KonsumentInnen mit den spätkolonialen Raubzügen, die sie nicht zuletzt in die Rolle von modernen Raubrittern zwingen, zunehmend weniger einverstanden.

„Wir wollen nicht mehr bloß konsumieren oder nehmen, was man uns vorsetzt. Wir wollen etwas ändern, ganz einfach, weil wir es können, weil wir es so wollen. Denn wenn nicht wir – wer dann? Heute ist es soweit", schreiben z.B. die Initiatoren der 2012 gegründeten Münchener Genossenschaft Kartoffelkombinat in ihrem ersten Infobrief. Die jungen GenossenschafterInnen wollen nicht nur Foodmiles reduzieren und saisonale, regionale und lokale Produktqualitäten aus ihrer Gemüsekiste genießen, sondern gleich die Trennung zwischen Erzeugern und Verbrauchern sprengen: um sich verbunden zu fühlen. Mit Kleinbauern, mit krumm gewachsenen Gurken und mit der Landschaft, die sie umgibt.

Und der Londoner Guerilla-Gärtner und Buchautor Richard Reynolds hält das urbane Phänomen des Guerilla Gardening für „die natürlichste Sache der Welt". In seinem „Botanischen Manifest" formuliert er sinngemäß: Wenn einem das eigene Land zum Gärtnern fehlt, während andere mehr als genug davon besitzen, dann sei es doch ganz logisch, aus diesem Mangel heraus brachliegendes Gelände zu bewirtschaften, also: zum Guerilla-Gärtner zu werden.

Neben der unverblümten Kritik an den Eigentumsverhältnissen klingt hier der Appeal des selbstbemächtigten Urban Underground an: Man will das eigene Lebensumfeld ohne Vorschriften und gemeinsam mit anderen selbst gestalten. Nicht zuletzt das hat das Guerilla Gardening als eine Unterströmung der neuen urbanen Gartenbewegung in der medialen Aufmerksamkeitsökonomie in den letzten Jahren ganz nach oben geschoben.

Logozentrische Weltbilder

Das Themenfeld Gärtnern und Subsistenz, jahrzehntelang befrachtet mit Knappheitsdiskursen und dualistischen Modernisierungsvorstellungen, konnte befreit und neu kommuniziert werden. Und damit wurde es auch für künstlerische Milieus interessant. So verstehen sich die Bielefelder Kokopelli-Gärten der Gruppe „Art at Work" zugleich als „Gesamtkunstwerk zum Thema Ernährung". Und der Gemeinschaftsgarten auf einem Parkgaragendach in Hamburg-St. Pauli entstand im Rahmen des renommierten Hamburger Kampnagel-Theaterfestivals. Das internationale Zentrum für zeitgenössische darstellende Künste beschäftigte sich 2011 mit dem Schwerpunktthema „Gemeingüter" und initiierte dabei den Garten. Auch die documenta 13 setzte auf urbane Agrikultur und stellte damit das logozentrische Weltbild, in dem sich der Mensch zur dominierenden Figur im Mensch-Natur-Verhältnis aufschwang, zur Disposition. Die von documenta-Leiterin Carolyn Christov-Bakargiev kuratierte palästinensisch-armenische Künstlergruppe AND AND AND aus New York bespielte während der documenta 2012 drei verschiedene Orte „nicht kapitalistischer" Wirtschaftsformen und Lebenszusammenhänge, baute temporäre documenta-Gemeinschaftsgärten auf und experimentierte mit Subsistenz und den Commons als politische Form der Kunst.

Das ist deshalb bemerkenswert, weil Kunst nicht nur Katalysator, sondern auch Seismograph für gesellschaftlichen Wandel ist. Nicht, dass das Phänomen des großstädtischen Gärtnerns als solches neu wäre. Schon in den siebziger Jahren eroberten sich türkische EinwanderInnen die Brachflächen der Innenstädte, um Bohnen und anderes Gemüse anzubauen. Ebenfalls ohne zu fragen. Ihre Motivation war dabei nicht Protest, sondern eine für sie naheliegende Strategie der Selbstversorgung mit vertrauten Gemüsesorten.

Urban Gardening war von Anbeginn an ein internationales Phänomen. In Ländern des Südens ist der mobile Anbau in den Slums und an den Rändern der Megastädte schlicht Überlebensproduktion. Und im heute weitestgehend deindustrialisierten und in der Folge dramatisch geschrumpften Detroit beispielsweise ersetzt die urbane Landwirtschaft Arbeitsplätze und besetzt die räumlichen Arrangements der untergegangenen Autoindustrie. Das alles ist nicht zu vergleichen mit der westeuropäischen Urban Gardening-Bewegung, die derzeit noch eher spielerisch ans Werk geht. Dass die interessantesten und facettenreichsten Formen im Moment in Großstädten wie München, Berlin oder Leipzig zu beobachten sind, hat wohl u. a. damit zu tun, dass man sich hier das Spiel mit der Erprobung neuer Wohlstandsmodelle auch habituell leisten kann.

Eine andere Stadt pflanzen

Dabei ist es höchst bemerkenswert, dass diese neue und noch junge Ökobewegung die kleinbäuerliche Wirtschaft und Kultur wiederentdeckt hat, ohne sich aufs Land zurückziehen zu wollen. Urbane Landwirtschaft ist hier der Ausgangspunkt einer Suche nach dem „besseren Leben" in der Stadt, das nicht auf der Ausbeutung von Tieren, Böden und Menschen in der immer noch sogenannten Dritten Welt beruht, sondern mit saisonalen und regionalen Qualitäten experimentiert und die lebendigen Beziehungen und Netzwerke zwischen Menschen und Natur intensivieren will. Weit jenseits eines monetären Gewinns.

Oft wird vorgebracht, dass das Urban Gardening eine Großstadt niemals ernähren könne. Dabei ist das vorläufig auch gar nicht das Ziel. Derzeit liegt die Bedeutung der noch weitestgehend nicht kommerziell betriebenen urbanen Landwirtschaft in der Erfahrung und Einübung einer Logik, die nicht auf Verwertung, sondern auf Versorgung ausgerichtet ist.

Hier geht es um ein anderes Vergesellschaftungsmodell. Autonomie bedeutet für diese Bewegung nicht, hohe Löhne zu erzielen, um sich die lebensnotwendigen Dinge kaufen zu können, sondern Wissen, handwerkliches Können und soziale Netzwerke zu leben und zu erproben, um mit weniger materiellen Ressourcen, dafür aber nach den eigenen Vorstellungen und mit den eigenen Händen ein Mehr an Lebensqualität zu erreichen.

Open Source

Gemeinschaftsgärten bieten eine Plattform für unterschiedliche Bedarfe: Man kann sinnliche Erfahrungen mit Natur machen, die Hände in die Erde stecken, sich gesund ernähren, die Leute aus der Nachbarschaft kennenlernen, Wissen austauschen und sich aneignen, Neues lernen sowie praktische Beiträge zum Thema Lokalisierung der Nahrungsmittelproduktion leisten. Die Urban Gardening-AktivistInnen bauen vergessene Sorten an, halten Bienen, reproduzieren ihr Saatgut selbst, stellen Naturkosmetik her, färben mit Pflanzen, übernehmen Parks in Eigenregie, reklamieren Gemeinschaftsdachgärten und organisieren Festtafeln unter freiem Himmel. Sie verwandeln Brachflächen und zugemüllte Parkdecks in Orte der Begegnung.

Die Bewegung ist jung, bunt und sozial eher heterogen. Auffallend viele Mittel-schichtkinder mit akademischem Hintergrund gärtnern Seite an Seite mit Mig-rantInnen, Hartz-IV-Empfängern und Künstlern. Da die allermeisten keine oder wenig Erfahrung mit Handwerk und Garten haben, ist Dilettantentum an der Ta-gesordnung. Das ist durchaus gewollt, denn die Leitidee in Gemeinschaftsgärten ist Open Source.

So kommt eine Menge an Wissen zusammen und wird produktiv gemixt. In urbanen Gärten ergibt sich ständig die Gelegenheit und eben auch Notwendig-keit zum Austausch. Das Zusammentreffen der unterschiedlichsten Talente und Bedarfe schafft eine lebendige und immer unaufgeräumte Atmosphäre. Hier re-gieren nicht die Effizienz, sondern die Freude am Tun und die Neugier auf das, was entsteht.

Gemüseanbau auf stillgelegten Flughäfen

Die urbane Gartenbewegung tritt bewusst als Hybrid auf die Bühne. Sie ver-mischt virtuelle Vernetzungslogiken und zeitgemäße Vorstellungen von Teilha-be und Gemeinschaft mit bäuerlicher Denke. Es ist dieser Mix, der mit den gän-gigen Modernisierungsvorstellungen bricht und uns Hinweise gibt, dass wir in Zeiten des Umbruchs leben.

Für Anhänger von Fortschrittsideologien, die in den etablierten politischen Parteien, insbesondere linker Provenienz ungebrochen vorherrschen, klingt das verwirrend. Zum Weltbild des historischen Materialismus gehört eine lineare gesellschaftliche Entwicklung, in der die Kleinbauern obsolet werden, denn an-geblich verweigern sie sich dem Fortschritt, „kleben an der Scholle" und vertre-ten nur ihre Partikularinteressen. Kleinbauern galten immer schon als rückstän-dige Fortschrittsfeinde und damit tendenziell als reaktionär. Dass ausgerechnet urbane Trendsetter heute die vermeintlich historisch überwundenen bäuerlichen Lebensformen umdeuten, sollte die Linke nachdenklich stimmen.

Für den russischen Agrarökonomen und Bauernforscher Alexander Tschajanow, der von Stalin verfolgt wurde, weil er sich gegen die Kollektivie-rung der Landwirtschaft wendete, war die bäuerliche Tätigkeit eine „in ihrem Wesen radikal von der kapitalistischen verschiedene Wirtschaft". In seinem An-fang der zwanziger Jahre erschienenen Hauptwerk „Die Lehre von der bäuerli-chen Wirtschaft" belegt Tschajanow, dass der Bauernwirtschaft eine „ganz an-dersartige Auffassung von der Vorteilhaftigkeit und eine ganz andere Art des Rechnens" zugrunde liegt. Man könnte auch sagen, sie folgt einer Rationalität, die nicht an Wachstum, sondern an Erhalt, nicht an effizienter Nutzung von frei-er Zeit, sondern an Kooperation mit den Zeitzyklen der Natur orientiert ist. Was in der alten Industriegesellschaft, die auf beständige Optimierung der Ressourcenausbeute, Effizienzsteigerung sowie Raum- und Zeitverkürzung setzt, in der Tat überkommen schien, wird heute hochgradig kompatibel für die aktuelle Debatte um die Postwachstumsgesellschaft, in der die Suche nach postmateriellen Wohl-standsmodellen und Entschleunigung als ökologische Notwendigkeit postuliert wird.

Die in den letzten Jahren in vielen großen Städten entstandenen Gemeinschaftsgärten, Kiezgärten, Interkulturellen Gärten und Nachbarschaftsgärten zielen mit dem Garten als Medium zugleich direkt auf die Stadt als Lebensraum und senden visuelle Vorstellungen von Urbanität, die das Auge zunächst irritieren. Der Gemüseanbau in ausgedienten Bäckerkisten und umgebauten Europaletten auf dem stillgelegten Berliner Flughafen Tempelhof oder am Kreuzberger U-Bahnhof Moritzplatz, an der Hamburger Großen Freiheit in St. Pauli oder unter dem Münchener Olympiaturm fordert zu einer neuen Lesart von Stadt auf.

Zu den wesentlichen Adressaten gehören dabei die Stadtplaner und -verwalter, die man bei der Gestaltung des öffentlichen Raums darauf aufmerksam machen will, dass die Stadt kein Container für noch mehr Autobahnen und Shopping-Malls ist, sondern ein Lebensraum für alle, in dem auch über die Grundlagen der Existenz debattiert werden sollte. Die ersten Planer haben auch schon reagiert.

Im rheinland-pfälzischen Andernach experimentiert man z.B. mit dem Konzept einer „Essbaren Stadt". Seit einigen Jahren wachsen auf den städtischen Grünflächen der 30.000 Einwohnerstadt nicht mehr nur Ziersträucher, sondern auch Gemüsepflanzen – für alle zum freien Ernten. Sinn ist, dass die Bevölkerung durch ihre essbaren Landschaften für nachhaltige lokale Nahrungsmittelqualitäten sensibilisiert werden soll. Mitten in der Stadt stehen Beete mit Mangold, Kürbissen und Zucchini. „Pflücken erlaubt", statt „Betreten verboten", sagt Philipp Stierand, Betreiber des Blogs Speiseräume. Eine Win-Win-Situation, denn auch die Pflegekosten für die Stadtverwaltung betragen, weil man mehrjährige und einheimische Pflanzen nimmt, nur noch ein Zehntel des vorherigen Aufwands, berichtet 3sat. Und Vandalismus gibt es laut eines Berichts in der Süddeutschen Zeitung (20.6.2012) weniger als zu Ziergartenzeiten.

In München geht man noch einen Schritt weiter. Dort hat ein Planungskonzept den ersten Preis des Open Scale-Wettbewerbs gewonnen, das einen komplett neu zu bauenden Stadtteil, der im Münchner Westen in den nächsten 30 Jahren für 20.000 BewohnerInnen entstehen wird, als einen „Stadtteil des Erntens" konzipiert. Damit erhält urbane Subsistenz ein Rahmenkonzept auf städtebaulicher Ebene. Eine Trambahn, die Viktualientram, soll jeden Tag beladen mit lokalen Nahrungsmitteln zum Viktualienmarkt fahren und Gemüse aus Freiham anliefern. An der Zwischenstation Sendlinger Tor wird frisch geerntetes Obst und Gemüse direkt aus der Trambahn heraus verkauft.

Landleben oder Urbanität? Das interessiert eigentlich schon niemanden mehr. Die Agropolis-PlanerInnen wollen die Stadt gar nicht loswerden, sie wollen sie „intensivieren und bereichern".

Ware Stadt

Ob das Agropolis-Konzept realisiert wird, ist noch nicht klar. Und generell stellt sich die Frage, welche Wege die Städte in Zukunft beschreiten werden. Wird man weiterhin kommunales Eigentum vermarkten in der Hoffnung, dass etwa die Investoren einer neuen Shopping-Mall die finanziellen Probleme der Kommunen lösen? Oder entscheidet man sich für eine „grüne Stadt für alle"?

Die Logik der Globalisierung und des Neoliberalismus löste eine Privatisierungseuphorie aus, die die Städte in einen Wettbewerb untereinander trieb und ihnen zugleich die Mittel für gemeinwohlorientierte Haushalte entzog. Sie führte vielerorts zu Schuldenbergen, unterfinanzierten Großprojekten und anderen Scherbenhaufen. Das größte Desaster ist aber der Wandel des Selbstverständnisses vieler Kommunen von einer öffentlichen Einrichtung zum „Unternehmen Stadt" (vgl. Mattissek 2008).

Die Marktlogik ist zur dominanten Logik der Gesellschaft und damit auch der Städte geworden. Aber die Stadt ist keine Ware, sondern ein Lebensraum. Seine Wiedereroberung haben sich unterschiedliche zivilgesellschaftliche Akteure – unter ihnen eben auch viele urbane Gartenprojekte – zur Aufgabe gemacht. An Orten wie Köln, Hamburg, München, Berlin oder Leipzig stehen sie jedoch vor der Frage, ob ihr Engagement im Viertel zu einem sozialräumlichen Wandel beiträgt, insofern die Aufwertung der Lebensqualität zur Grundlage für eine „Inwertsetzung" mit den bekannten Folgen der Vertreibung alteingesessener Bevölkerungsteile und steigender Mieten wird. Auch ein Projekt wie der Prinzessinnengarten, der sich auf einer städtischen Spekulationsfläche in Zwischennutzung befindet, ist mit Gentrifizierung konfrontiert. Das Projekt beabsichtigt keine Aufwertung des Viertels, um dessen Kapitalwert zu erhöhen, sondern will positiv in die Nachbarschaft hineinwirken. Je erfolgreicher es mit dieser Strategie jedoch ist, desto mehr entzieht es sich selbst die Grundlage.

Das Perfide an Gentrifizierungsprozessen ist, dass sie sich hinter dem Rücken und gegenläufig zu den Intentionen der zivilgesellschaftlichen Akteure abspielen. Dies tritt allerdings nur dann ein, wenn die Stadt die Kapitalisierungsprozesse nicht steuert. Oder sie gar fördert. Christoph Twickel, der die Transformationsprozesse im Hamburger Gänge-Viertel über einen langen Zeitraum beobachtete, kommt zu dem Schluss: „Gentrifizierung braucht Unterstützung durch die Politik. Dass die städtebauliche Erneuerung in Sanierungsgebieten sich als effektives Instrument zum sozial befriedeten Austausch der Bevölkerung erwiesen hat; ... dass die Städte ihre kommunalen Wohnungsbaugesellschaften ... als Profit Center in die Pflicht nehmen; ... dass städtische Wohnungsbestände en gros privatisiert werden, dass die Finanzbehörden der Städte selbst zu Preistreibern auf dem Immobilienmarkt geworden sind – all das sind politische Entscheidungen, die den Abstand zwischen den Milieus in den Großstädten vergrößern." (Twickel 2010, S. 102f.)

Man könnte auch andere Entscheidungen treffen. Eine der ureigensten Aufgaben der Kommunen, die Freihaltung öffentlicher Räume von Partikularinteressen und die Ermöglichung von Teilhabe aller BewohnerInnen, gehört heute neu auf die politische Tagesordnung. Und subsistenzorientierte Nachhaltigkeitsstrategien benötigen mehr als Anerkennung, nämlich infrastrukturelle und rechtliche Voraussetzungen wie die Bereitstellung von Grund und Boden, damit sich ihre Potenziale für eine zukunftsfähige Entwicklung entfalten können.

Zugleich muss man sich darüber im Klaren sein, dass – auch wenn der absehbare Anstieg der Lebensmittelpreise das Gemüsegärtnern in Zukunft vermutlich weitaus lohnender machen wird – urbane Gärten im 19. Jahrhundert als Armen- und Arbeitergärten in Zeiten von Bodenspekulation und Ausbeutung entstanden und primär der Überlebenssicherung dienten (vgl. Senatsverwaltung für Stadtentwicklung 2010). Das Land wurde den Bedürftigen mit patronisierendem Gestus von Staat und Kirche zugeteilt, denn man war auf die Reproduktion ihrer Arbeitskraft angewiesen. Heute wird die (einfache) Arbeitskraft nicht mehr benötigt, und so mancher würde die städtischen Armen gerne wieder beim Hacken sehen statt auf den innerstädtischen Plätzen mit der Bierflasche in der Hand. Urbane Subsistenz sollte aber nicht im Sinne einer neozialen Logik (vgl. Lessenich 2008) für den Umbau des Sozialstaates instrumentalisiert werden. Die neuen Gärten stehen vielmehr für Teilhabe und Partizipation in einer grünen und produktiven Stadt, für die Wiederaneignung von Kulturtechniken der Kooperation, für die Wertschätzung von Landwirtschaft und Ernährung und den Grundlagen des Seins. Und genau aus diesem Grund brauchen wir zuallererst ein grundlegend revidiertes Verständnis von Ökonomie und Gesellschaft, das allem Lebendigen gegenüber freundlich und fürsorglich gesonnen ist und sich an seinen Erfordernissen orientiert, statt es weiter zu kolonisieren, zu instrumentalisieren und zu „verwerten".

Die derzeit wohl subversivsten und interessantesten Formen des Widerstands gegen den Kapitalismus entstammen einer subsistenzorientierten Haltung. Wenn die Bauern wiederkommen: Dann beginnt vielleicht die Zeit des Verstehens.

Literatur:

Adloff, Frank/Mau, Steffen (Hg.) (2005). *Vom Geben und Nehmen. Zur Soziologie der Reziprozität.* Frankfurt/New York: Campus.

Bommert, Wilfried (2010). *Das Fundament bröckelt.* In: Die ZEIT 34/2010, S. 22.

Helfrich, Silke/Heinrich-Böll-Stiftung (Hg.) (2009). *Wem gehört die Welt? Zur Wiederentdeckung der Gemeingüter.* München: oekom.

Lessenich, Stephan (2008). *Die Neuerfindung des Sozialen. Der Sozialstaat im flexiblen Kapitalismus.* Bielefeld: transcript.

Mattissek, Annika (2008). *Die neoliberale Stadt. Diskursive Repräsentationen im Stadtmarketing deutscher Großstädte.* Bielefeld: transcript.

Müller, Christa (Hg) (2011): *Urban Gardening. Über die Rückkehr der Gärten in die Stadt.* München: oekom.

Reynolds, Richard (2009). *Guerilla Gardening. Ein botanisches Manifest.* Freiburg: orange press.

Senatsverwaltung für Stadtentwicklung (Hg.) (2010). *Das bunte Grün. Kleingärten in Berlin.* Berlin: Kulturbuch Verlag GmbH.

Sennett, Richard (1990). *Civitas. Die Großstadt und die Kultur des Unterschieds.* Berlin: BvT.

Tschajanow, Aleksandr V. (1923): *Die Lehre von der bäuerlichen Wirtschaft. Versuch einer Theorie der Familienwirtschaft im Landbau.* Berlin: Parey.

Twickel, Christoph (2010). *Gentrifidingsbums oder eine Stadt für alle.* Hamburg: Edition Nautilus.

Werlhof, von Claudia/Mies, Maria & Veronika Bennholdt-Thomsen (1983). *Frauen, die letzte Kolonie.* Reinbek: rororo.

Wolfrum, Sophie/Nerdinger, Winfried (Hg.) (2008). *Multiple City.* Berlin: jovis.

IV.

Natur – Leiblichkeit – Leben – Zusammenhang. Philosophische Überlegungen zu einem anderen Naturverhältnis

„Was hat die moderne Naturwissenschaft mitsamt ihrer Technik, der Maschine, hervorgebracht? Sie hat hervorgebracht, was heute einen Großteil unseres „Problems" darstellt, und damit keineswegs ein höheres oder gar ewiges Seiendes/Sein, sondern gerade eine Zerstörung von Seiendem/Sein, ein Nicht-(mehr)-Sein!"

Claudia von Werlhof, Der unerkannte Kern der Krise. Die Moderne als Er-Schöpfung der Welt, S. 29

14. Vom alten Naturverhältnis zur modernen Naturwissenschaft – Mortifikation als systemische Methode

Renate Genth

> WAGNER. Verzeiht! Es ist ein groß Ergetzen, /
> Sich in den Geist der Zeiten zu versetzen; /
> Zu Schauen, wie vor uns ein weiser Mann gedacht, /
> Und wie wir's dann so herrlich weit gebracht.
> FAUST. O ja, bis an die Sterne weit! (570-574)

Claudia von Werlhof hat die Alchemie als bewegendes Prinzip in der Geschichte entdeckt und sieht sie vor allem zur Zeit und in den letzten beiden Jahrhunderten, also in der sogenannten Moderne, verstärkt am Werk. Sie schreibt die Alchemie als Bewegungsprinzip der Zivilisationsform des Patriarchats zu, das demnach nicht nur bis heute existiert, sondern in der modernen Zeit buchstäblich zu sich und damit zum Ziel kommt und einen „Erfolg" nach dem anderen feiert. Alchemie und Patriarchat sind deshalb für sie heute aktueller als je zuvor.

Es geht ihr um den Gesamtzusammenhang, und zwar zeitlich wie räumlich. Im Entsetzen über das Ausmaß der modernen Zerstörungen ist sie auf die Suche gegangen danach, was die Welt im Innersten auseinanderreißt. Und auf dieser Suche ist sie bei der Alchemie und deren Vorgehen der „Mortifikation" und Verwandlung zu einer neuen Schöpfung fündig geworden. Werlhof definiert das Vorgehen als „Schöpfung durch Zerstörung" – eine affirmative Formulierung von Schumpeter.

Patriarchat und Alchemie sind somit zu Schlüsselkategorien für sie geworden, und sie will damit das hergestellte Weltsystem mit seiner bis zum Kollaps führenden Methode analysieren.

Im Ursprung ist Patriarchat ein Unbegriff, modern gesagt: ein Konstrukt, und stammt aus der griechischen Antike. Im Norden Europas war dieser Herrschaftsbegriff unbekannt, und es gibt hier meines Wissens auch keine ähnliche Begriffsbildung. Er ist ein usurpatorisches Konstrukt, der der trügerischen Behauptung entsprungen ist, dass der Ursprung aus einem Mann stammt und sich von daher männliche Macht über Frauen und zusätzlich Naturwesen begründet, wie mit archè ausgedrückt werden soll. Allerdings ist auch der viel jüngere Begriff Matriarchat ein Konstrukt. Denn er ist von Patriarchat abgeleitet und hat eine ähnliche Genese wie der Begriff für die Urvölker des Nordens als Germanen, der ihnen als Bezeichnung vor allem von Caesar verliehen wurde, und wie der groteske Name für die Ureinwohner des amerikanischen Kontinents als Bewohner Indiens, also als Indianer. Das Gemeinsame liegt darin, dass es sich jeweils um eine äußerliche Namensgebung handelt und nicht um selbst gewählte Bezeichnungen. Der Begriff „Matriarchat" wurde im 19. Jahrhundert von Männern geprägt. Der bekannteste ist Bachofen. Aus den durchaus vielfältigen Formen der Frauenverehrung und von Frauen geprägten Zivilisationen ist er nicht hervorgegangen. Er ist ein Hilfsbegriff, um eine herrschaftsfreie Zivilisation zu bezeichnen.

Patriarchat ist gemäß Werlhof ein Herrschaftssystem, das sich der Natur bedient, um sie sich zu unterwerfen und daraus etwas ganz anderes, eine Nicht-Natur, herzustellen. Ziel ist das Schaffen einer neuen Erde. Ausgang ist die Verwandlung der Erde durch „Mortifikation". Die naturwissenschaftliche Methodik, die seit dem 12./13. Jahrhundert entwickelt wurde, entspricht in der Tat dieser Besonderheit des Patriarchatsbegriffs. Die naturgegebenen Sinne und damit wahrnehmbare Erscheinung und erlebte Erfahrung wurden mit Verdacht belegt und als trügerisch angenommen, so wie schon lange vorher die Tatsache, dass alle Lebewesen aus Frauen geboren werden, patriarchal gesehen, offenbar einen natürlichen Betrug darstellte, weil nicht sein konnte, was nicht sein durfte.

Seit Beginn der Naturwissenschaft wurde Wahrheit nur noch der Mathematik und den Messgeräten zugeschrieben – ein letztlich esoterisches Verfahren. Sie widersprachen den sinnlichen Wahrnehmungen und verhießen gerade deshalb Wahrheit.[1] Die Mathematik wurde von einer Hilfswissenschaft zur Leitwissenschaft. Ihre Verifikation geschah durch Messgeräte. In der weiteren Forschungsweise war die Grundvorstellung bei Francis Bacon der Methode der Inquisition und Folter entnommen, wie er es selber beschrieb. Schließlich wurde das tote Material der Forschungsgegenstand für die letzten Wahrheiten über die Natur.

Folgt man der Mortifikation, so ist die tote Erde nicht nur Ausgangsort, sondern auch Ziel. Daraus entsteht die grauenerregende Naturzerstörung ebenso wie die Zersetzung aller lebensfreundlichen Momente der anderen Erscheinungen der Zivilisation. Denn die Natur, die belebte Erde, ist die Grundlage aller Äußerungsweisen in jeglicher Zivilisation. Und je mehr das negiert und gar vergessen wird, desto mächtiger wird sich diese Grundtatsache in die Wahrnehmung der Menschen drängen. Rücksichtslos verfahren die meisten weiter mit der Erde, als

---

1 Es ist, nebenbei bemerkt, interessant, dass Goethe es ablehnte, eine Brille zu Hilfe zu nehmen. Er widerstand den modernen Naturwissenschaften ganz entschieden und arbeitete daran, Newton mit seiner Farbenlehre zu widerlegen. Er war ein leidenschaftlicher Anhänger der Sinne und ihrer Wahrheitsfähigkeit.

könnten sie eine bessere herstellen, die dann, wie offensichtlich ist, aus lauter Müll besteht. Sie bilden aus den menschlichen Ansiedlungen zunehmend ein scheinbar geschlossenes System, das einen eigenen Kreislauf und einen eigenen Stoffwechsel entwickelt, sich aber dennoch vom Stoffwechsel der Erde ernährt, diesen dadurch immer mehr dem eigenen System anverwandelt, ihn damit aufzehrt und sich dergestalt auf Kosten des Lebens der Erde ausbreitet, bis deren Stoffwechsel immer mehr verwirrt und teilweise gar zerstört wird und der Organismus zusammenbricht. Das Vorgehen ist bekannt aus dem tödlichen Krebserkrankungsgeschehen.

Geht man von Frederic Vesters Erkenntnisweise der Mustererkennung aus, drängt sich das Krebsbild immer wieder und in vielen Bereichen auf. Krebs ist ein Gebilde, das sich vom Organismus ernährt, ihn dabei zerstört und ihn auf organischer Basis lange überleben und wachsen kann. Es ist ein Gebilde ungeregelten, ins Unendliche neigenden Wachstums, ein Gebilde, das gleichzeitig tot und lebendig ist, gleichsam ein untotes Gebilde ohne Formwille. Frederic Vester hat in einer Darstellung des Krebsgeschehens Photographien von Megastädten mit Krebsgeschwüren verglichen. Beide bilden ein sehr ähnliches Muster und zeichnen sich durch beliebige Strukturlosigkeit aus. Es sind sozusagen gesetz- und regellose Agglomerationen voller Energie.[2]

Es ist heutzutage viel das Gerede von Energie, die alles sein soll. Auch diese Vorstellung entspricht dem Krebsgeschehen. Denn ungeformte Energie wird dort zur Wucherung. In der Schönheit und sinnvollen Anordnung der Natur ist ein wichtiges Prinzip aufzufinden: die Formkraft. Ohne formgebende und -gestaltende Kraft gibt es kein Leben und keine Lebewesen. Und Form hat sinnvoll gestaltete Grenzen in sich und im Außen – im Gegensatz zu den heutigen Prinzipien der Entgrenzung bis zur Grenzen- und Maßlosigkeit.

In dem, was Werlhof an der Alchemie als durchaus moderne Methode aufgefallen ist, findet sich auch das Krebsgeschehen wieder. Es ist in dem von Menschen initiierten Handeln vielfach sichtbar. Der aus dem angelsächsischen Raum gewaltsam verbreitete Kapitalismus in seiner modern ungezügelten Durchsetzung ist identisch damit. Mortifikation der Formkraft, also der Gestaltgebung des Lebendigen, führt zur Neuschöpfung von wucherndem Wirtschaftswachstum und einer verrückten Warenproduktion, die schließlich vor allem Müll verbreitet und die Erde vergiftet und sie für viele Lebewesen unbewohnbar macht. „Schöpfung durch Zerstörung" ist mutwilliges Erkrankungsgeschehen im Organismus der Erde und seiner Lebewesen und in den Zivilisationen.

Ich möchte mir aus Werlhofs Theorie deshalb den Begriff der Mortifikation entleihen, denn der Begriff scheint mir aussagekräftiger als jener der Zerstörung,

---

2 Frederic Vester, Krebs – fehlgesteuertes Leben, München 1977

weil er besagt, dass eine Methode mutwillig und vorsätzlich angewandt wird. Die Verbreitung der Vorstellung einer toten, nur durch Mathematik und Funktionalismus zu beschreibenden Natur ist erst zwei Jahrhunderte alt, wenn man von den wenigen und zunächst im kulturellen und zivilisatorischen Sinn einflusslosen Naturwissenschaftlern absieht, die damit bereits fünfhundert bis sechshundert Jahre vorher begonnen, unter der Mehrheit der Völker[3] aber zunächst keinen Widerhall gefunden haben. Die hielten an ihrem alten Naturverhältnis fest. Unter Herrschern fanden sie allerdings großes Interesse, wie am Beispiel der Royal Society of Sciences deutlich war, die von politisch einflussreichen Wissenschaftlern gegründet wurde und bis heute nicht an Einfluss verloren hat. Aber die naturverbundenen und -erfahrenen Mitmenschen waren erschreckt und entsetzt, wie sich aus der Dichtung herauslesen lässt. Goethes jahrzehntelanger, ja fast lebenslanger Kampf gegen die moderne Naturwissenschaft war bereits zum Scheitern verurteilt.

Mortifikation rangierte bei den Dichtern unter „Entzauberung". Dabei ist Entzauberung Verbannung des Lebendigen und stellt damit einen Bannfluch, also Verzauberung im Sinn der schwarzen Magie dar. Allerdings ist das inhärente Merkmal der Methode der Naturwissenschaften, die Operationalisierung – die Kontemplation wird verachtet –, so mächtig, dass die neue gewalttätige Verbreitung der modernen Naturwissenschaft nicht nur als ein Raubmord am Zauber des Lebendigen, sondern als Mortifikation seiner Essenz wirkt.

Was und wie war das geschehen? Die Naturwissenschaften waren schon früh unter Scholastikern entstanden. Das aristotelische Naturverständnis wurde verworfen, wonach eine innewohnende Kraft die Lebewesen befähigte, sich fortzubewegen. Ähnlich wie bei Aristoteles wurde es auch bei den Völkern diesseits der Alpen gesehen.[4]

---

3 Es ist bemerkenswert, dass bis zum heutigen Tag selbst bei Kritikern die Geschichte als die der Herrschenden wiedergegeben wird. Das hat seinen Grund darin, dass es über die Völker wenig schriftliche Äußerungen gibt.

4 Der Däne Grönbech schreibt: „Alle Völker erkennen einen Körper und eine Seele oder richtiger eine materielle und eine spirituelle Seite bei allem, was existiert. Der Vogel hat einen Körper, der in die Luft gehoben wird, und er hat eine Seele, die es ihm ermöglicht, zu fliegen und mit seinem Schnabel zu hacken. So ist auch der Stein ein Körper, aber in diesem Körper ist eine Seele, die will, und die es dem Stein ermöglicht, Schaden zu tun, zu schlagen, zu verletzen und zu zerschmettern; eine Seele, die ihm seine Härte, seine rollende Bewegung, seine Gabe, das Wetter vorauszusagen oder den Weg zu weisen, verleiht." Wilhelm Grönbech, Kultur und Religion der Germanen, Reprint, Darmstadt 2002, S. 213-214.

In den pantheistischen Vorstellungen von Goethe, den man, wie bekannt, den „großen Heiden" nannte, in Schriften von Heine aus seiner pantheistischen Zeit[5], in der Mythologie von Jacob Grimm taucht noch das alte Naturverhältnis auf, aber auch in Märchen und Sagen. Das wird als „romantisch" abgewertet. Und bis heute steht die Romantik auf dem Index der Verachtung als rückschrittlich, animistisch, irrational. Romantik gilt in der allgemeinen Diskussion grundsätzlich als Diffamierungsvokabel für Rückwärtsgewandtheit, Stillstand und Konservatismus genau in dem Sinn der Natur- und Erdverehrung als einem Lebenssystem, in dem alle, auch Menschen, aufgehoben sind. Das ist folgerichtig, denn diese Haltungen würden die Zerstörung einschränken und womöglich eine Rückkehr zu einer lebensfreundlichen Zivilisation bringen.

Alles wurde als beseelt verstanden, die ganze Erde, sofern man eine Vorstellung des Ganzen hatte, und alle Erscheinungen. Auffällig ist, dass sich im Naturverhältnis insgesamt in der Sprache der Völker diesseits der Alpen vor dem römischen Einfluss kein Wort für das Abstraktum „Natur" findet. Da existieren die Einzelgestalten und als Sammelbegriff der Wald und die Wildnis. Das lässt darauf deuten, dass man sich durchaus noch als einen Teil der lebendigen Erde erkannte und sich nicht mit Herrschaftsgebaren davon distanzierte. Der Distanzbegriff „Natur" musste erst der lateinischen Sprache entlehnt werden. Zwar gibt es dort noch die Vorstellung von der natura naturans als der sich selbst hervorbringenden Natur, aber der römische Terminus „natura" besagt, dass die Menschen sich in der Anschauung abspalten von den irdischen Lebewesen, sich wie der Herrschaft beanspruchende Adel der Welt verhalten und den Rest der irdischen Erscheinungen und Lebewesen als verfügbare Leibeigene betrachten. Nur mit den anderen Menschen ist dann zu klären – zumeist gewaltsam –, wer über was verfügt. Es ist der im Mittelmeerraum schon sehr früh entstandene Anthropozentrismus im Naturverhältnis, der die Quelle aller Herrschaft und aller Oligarchie ist. Dort sind auch schon sehr früh die lebensspendenden Wälder abgeholzt worden, vor allem um damit Kriegsschiffe zu bauen. Damit einher geht Freiheits- und Gleichheitsberaubung für die meisten Lebewesen wie auch für viele Menschen. Denn wo eine Oligarchie herrscht, ist der Übergriff auf andere selbstverständlich. Damit wird Freiheit und Gleichheit derer geraubt, die Objekte des Übergriffs, d.h. des übergrifflichen Willens Stärkerer und Mächtiger sind. Freiheit wird zur Lizenz für Gewalt und Gewaltausübung degeneriert.

Eine kurze Klärung möchte ich noch einschieben, wie sich der Patriarchatsbegriff von Werlhof zum Anthropozentrismus verhält. Anthropozentrismus bezieht sich auf das Naturverhältnis und betrifft die Menschen nur, sofern sie von

---

5 Siehe Heinrich Heine, Zur Geschichte der Religion und Philosophie in Deutschland, in Heines Werke, 5.Bd., Berlin (Ost) und Weimar, 1967

Herrschern nicht unter das Verständnis von Menschen subsumiert werden. Diese eigenmächtige Einteilung hat allerdings lange Zeit den größten Teil der Menschen betroffen: Frauen, Bauern, Abhängige, Menschen mit anderer Hautfarbe und und und... Patriarchat dagegen meint das betreffende zivilisatorische Herrschaftsverhältnis über diese Menschen und die anderen Naturwesen und Erscheinungen zu deren Überwältigung. Anthropozentrismus ist eher kontemplativ, während Patriarchat „Herrschaft in Aktion" darstellt.

Das durch Achtung charakterisierte Naturverhältnis ohne Anthropozentrismus ist zumindest in Europa eine der Besonderheiten im Norden und in Teilen der deutschen Tradition, die zum „kulturellen Gedächtnis" gehören und die immer wieder unterdrückt und verletzt wurden und doch periodisch hartnäckig wieder auftauchen. Natürlich sind es nicht alle, die diese Anschauungen teilen – dazu gab es zu viel Einbrüche fremder Kriegervölker in dieser Region –, aber die Haltung ist doch so sedimentiert, dass in den entsprechenden Vorstellungen immer wieder von außen „deutsche Sonderwege" gesehen werden, die allerdings in Nordeuropa ebenso zu finden sind – so hat Schweden ein besonders weitgehendes Tierschutzgesetz. Insgesamt gehört das empathische Verhältnis zu Tieren und Pflanzen, besonders zu Bäumen, dazu und die Überzeugung, dass Tiere beseelte, fühlende und empfindsame Wesen sind. Die Liebe zum Wald, wie sie besonders schön in Eichendorff-Gedichten zum Ausdruck kommt, trifft immer wieder auf das Unverständnis des abstrakten Denkens im Ausland und wird als irrational und als gefährliche Abweichung von der hochgelobten Rationalität bezeichnet, die als ungefährlich gilt. Grotesk wird es vor allem da, wo die lebensfreundliche Haltung der Naturbeseelung gegenüber den vielen anderen Lebewesen als eine Bedingung und Ausdrucksform dem Nationalsozialismus zugeschoben wird[6], der ja gerade vom Gegenteil, nämlich von einer utilitaristischen Machtrationalität besessen war und ihr alles unterworfen hat. Und Rationalität steht für krude und bedingungslose Herrschaft über alle Naturwesen, einschließlich unterworfener Menschen zum Zweck ihrer Ausbeutung, und hat nichts mit Vernunft als empfindlichem Vernehmen zu tun.[7] Außerdem hat der NS vor allem moderne naturwissenschaftliche Forschung in allen Varianten gefördert, besonders das „Ahnenerbe" des Heinrich Himmler ist in den KZs aktiv gewesen, und Adolf Hitler bewunderte die Technologie der USA und machte

---

6 Die sogenannte Irrationalität in Form „romantischer" Vorstellungen – vor allem das Germanentheater – diente der hegemonialen Konsensfindung. Es war propagandistischer Zuckerguss und wurde von Hitler zutiefst verachtet.

7 Siehe dazu Hannah Arendt, Macht und Gewalt, München 1987, S. 65

mit den dortigen Konzernen weitreichende Geschäfte.[8] Die Logik liegt darin, dass Technik und Naturwissenschaft als mächtig und neutral erscheinen. Wer möchte schon darauf verzichten, auch wenn der NS diese mit allen Mitteln gefördert und die alte Weltanschauung vor allem in seinem Handeln ganz entschieden verworfen hat. Er war imperialistisch und äußerst neuzeitlich und modern. Die Naturwissenschaft als Atomphysik, Biologie, Chemie samt der Maschinentechnik, vor allem, wie heute, der Militärtechnik galt ihm als Maßstab. Die Natur selber war Herrschaftsbereich und wurde hemmungslos mortifiziert.

Um noch einmal zum Beginn der Naturwissenschaften zurückzukehren: Zu Anfang waren sie scheinbar harmlose Spielerei. Es waren, wie erwähnt, zunächst Scholastiker, modern ausgedrückt: Kirchenintellektuelle, die sich der Erforschung und Formulierung der neuzeitlichen Naturwissenschaften widmeten. Als eines der Beispiele ist die Impetustheorie zu nennen.[9] Da ging es nicht mehr um die Selbstbewegung der Erscheinungen, sondern um die Kraft, die eine Kugel, beispielsweise eine Kanonenkugel, braucht, um ihr Ziel zu erreichen und um die Berechnung ihrer Laufbahn. Schon seit Beginn der neuzeitlichen Naturwissenschaft ging es um Krieg und um Berechnung. Die Entwicklung ging einher mit der kriegerischen Ausweitung des Christentums und dem Kampf der Kirche um die Vorherrschaft in Europa und der gewalttätigen Verteilung Europas unter Adelsfamilien. Die Kirche wehrte sich erst, als sie merkte, dass ihre Grundlage durch die neuen Forschungen ins Wanken geriet.

Das Berechnen erweckte zunehmend das Interesse der Kaufleute. Es entspann sich eine folgenreiche Beziehung, die im modernen Kapitalismus mündete. Die Mathematik als mythenbildende Kraft wurde ungeheuer wirksam, und die daraus entstehenden Mythen erscheinen bis heute als hart und unwiderlegbar, weil sie mit der dazugehörigen und daraus entstandenen Methode in einem selbstreferentiellen System in identischer Form reproduzierbar sind – und sein müssen.[10] Zahlen befeuern zunehmend mehr die Phantasien, weil sie inhaltsleer sind und an keine Grenzen stoßen. Sie lassen sich mit beliebigen Inhalten verbinden und zum Größenwahn ausweiten, der heute Normalität geworden ist.

Zur Mathematik und den Anfängen der modernen Naturwissenschaften gesellte sich die Astronomie, die schon seit Urzeiten mit Zahlen und Proportionen operierte. Zu diesen Zeiten war sie allerdings noch identisch mit der später ab-

---

8   Die Konzernchefs bspw. von IBM, Ford, General Motors etc. wurden persönlich von Hitler mit Orden und Ehrenzeichen bedacht.
9   Siehe dazu Michael Heidelberger/Sigrun Thiessen, Natur und Erfahrung. Von der mittelalterlichen zur neuzeitlichen Naturwissenschaft, Reinbek b. Hamburg 1981
10 Siehe dazu Renate Genth, Über Maschinisierung und Mimesis. Erfindungsgeist und mimetische Begabung im Widerstreit und ihre Bedeutung für das Mensch-Maschine-Verhältnis, Frankfurt am Main 2002

gespaltenen Astrologie und wurde von ihr inhaltlich durchgestaltet. Sie spaltete sich erst allmählich davon ab, schon weil Päpste, Kardinäle, Fürsten und alle, die etwas auf sich hielten, Astrologen zu Rate zogen, nicht anders als in antiken Zeiten die Römer den Flug der Geier seitens der Auguren. Doch die Natur, die Erde, die Sterne wurden in den neu entstehenden Vorstellungen zunehmend mortifiziert. Bei Kepler wurde aus der anima, der lebendigen formgebenden Seele der Planeten, auf einmal die vis der Planeten, die tote, krude von außen bewegbare formlose Kraft. Diese Mortifikation, wie alle folgenden, wurde als harte Wahrheit ausgegeben. In der Tat sind die Vorstellungen von der Härte des Betons, der über die Naturerlebnisse, -intuitionen und tradierten Erfahrungen gegossen wurde. Wirklich in breiter Weise, nicht nur für eine kleine Spezialistenschar und an kriegerischen und räuberischen Methoden interessierten oligarchischen Herrschaftscliquen, haben sich diese Vorstellungen erst durchgesetzt, als sie mit Maschinen und Geschäftemacherei eng verbunden wurden.

Einher damit geht eine immer mehr von Inhalten entleerte abstrakte Denkweise, die mittlerweile dazu führt, dass die Urform der Erkenntnis, das Wahrnehmen von Unterschieden, ohne Wertungen daraus abzulesen, verloren geht. Nietzsche hat hellsichtig die Abstraktion als Lüge im außermoralischen Sinn bezeichnet.[11] Diese Lüge regiert mittlerweile einen großen Teil der Weltbetrachtung und findet in der sogenannten „Globalisierung", der modernen Form zur Durchsetzung des Imperialismus, ihre bisher erfolgreichste propagandistische Erscheinung. Und letztlich kann man die Abstraktion als Mortifikation des lebendigen Denkens als der besonderen Naturgabe der Menschen, die sich in der Sprache äußert, bezeichnen. Operationalisiert ist sie der vollendete Totschlag.

Mit der Abstraktion wird das Wirklichkeitsverhältnis folgenschwer verleugnet und aufgekündigt. Gänzlich verschiedene Erscheinungen werden in der Vorstellung unterschiedslos zusammengeführt und übergangen, und es wird nicht mehr genau hingeschaut. Die Schärfe der Beobachtung und des Denkens geht damit völlig verloren. Die entgegengesetzte Denkweise würde verlangen, die feinen Unterschiede wahrzunehmen und die Besonderheit jeder Erscheinung zu erkennen. In einer Inflation sinnloser Abstraktionen wird die Erkenntnis- und damit die Handlungsfähigkeit verhunzt und gelähmt, denn handeln kann man nur spezifisch in der jeweiligen Situation.

Ganze Völker und Regionen werden, ungeachtet ihrer Binnendifferenzierungen, unter Maximalabstraktionen subsumiert. Und mit der Neigung, Unterschiede nicht mehr wahrzunehmen, nimmt auch die Ausgangsweise des Denkens, die Unterscheidungsfähigkeit ab. Ein bekanntes Beispiel unter Myriaden ist das Gerede von den Kulturen – Cultures! –, das längst die Wissenschaft eingenommen

---

11 Siehe Friedrich Nietzsche, Über Wahrheit und Lüge, Frankfurt am Main 2000

hat. Darin gehen Lebensweisen, Sitten, divergierende zivilisatorische Verhältnisse und vieles voneinander Abweichende unter. Sie verschwinden unter dem Betonwort, und man trampelt einfach darüber hinweg. Überhaupt wird möglichst alles gleichgemacht und gleichgeschaltet in den Erscheinungen, die Unterschiede werden zubetoniert. Aus Bürgern werden „Job-Holder und Konsumenten"[12] gemacht. So sind alle konform. Die Abstraktionen werden operationalisiert. Die politische Gleichheit wird eliminiert und ausgeblendet, schon weil sie mit großen Vermögensunterschieden nicht einhergehen kann. Deshalb wird bei Forderungen nach Gleichheit demagogisch vor dem Schrecken der Gleichmacherei gewarnt, während eben diese bei allen – außer den Reichen – skrupellos durchgeführt wird. Die Abstraktion dient auch der Anonymisierung der Täter, etwa wenn von „den Märkten" gesprochen wird und skrupellose Spekulanten gemeint sind. Das Propagandawort „Globalisierung", das aus dem Giftlabor von Verlogenheitsspezialisten als Deckwort für Imperialismus zu stammen scheint, suggeriert, dass über die ganze Welt ein alle Unterschiede erstickendes Netz gespannt ist.

Die Abstraktion ist eine propagandistisch verbreitete Ideologie, der sich auch Menschen, die sich als Oppositionelle dünken, gedankenlos bedienen. Eine wesentliche politische Maßnahme ist die Großräumigkeit als operationalisierte Abstraktion nach dem Muster des Kolonialstaates der USA, wo dort lebende Völker verdrängt, beraubt, ermordet wurden und nur noch als Relikte vernichteter Zivilisation irgendwo im Abseits als Minderheit überleben. China geht ähnlich vor, man denke nur an Tibet. Die EU ist mittlerweile, nach einem zunächst anderslautenden Beginn, der durchaus ernst gemeint war, planvoll für dieses Ziel konzipiert und wird dergestalt hineingetrieben in die betroffenen Völker. Es sollen keine Unterschiede, schon gar keine wichtigen und minutiösen Differenzierungen mehr gelebt und wahrgenommen werden, indem bis auf die Alltagsebene alles reguliert und per Gesetz – im Gegenzug für Finanzspekulanten Deregulierung, also Gesetzlosigkeit – erzwungen wird. Durch alle diese Maßnahmen büßen die Menschen ihren klaren Blick und das deutliche Wort für die Veränderungen ein, die mit ihrer Existenz vorgenommen werden, und werden im befreienden Handeln gelähmt, zumal Freiheit zum Übergriff umgedeutet wird. Während die realen Unterschiede scheinbar eliminiert werden, bestehen sie de facto weiter oder werden verschärft.

Die Abstraktion ist auch Strategie im Namen des „Teile und Herrsche", um zu vertuschen, dass man, beispielsweise durch die mittels Kriegen forcierte Masseneinwanderung, die Völker von ihren Traditionen und ihren Zugehörigkeitsgefühlen abtrennt. Die Propaganda und Ideologie der Verlogenheit durch willkür-

---

12 Siehe Hannah Arendt, Vita activa oder Vom tätigen Leben, München 1987

liche Maßnahmen, um Bezeichnungen – siehe die sogenannte politische Korrektheit – zu verändern, angeblich im Namen einer Anti-Diskriminierung, dient der Einübung von und Erziehung zur Verlogenheit und Gewöhnung an Verschleierung. Unnötig hinzuzufügen, dass es sich bei den Umformulierungen und Euphemismen um eine bekannte Methode des Totalitarismus handelt. Vor allem das neue Maß an Ausbeutung und Mortifikation wird so vertuscht, die Erkenntnisfähigkeit wird verwirrt und nimmt mit dem Verlust der unterscheidenden Worte ab. Die Abstraktion ist nicht nur eine Lüge im außermoralischen Sinn, wie Nietzsche es formulierte, sondern eine wesentliche propagandistische Maßnahme der Verblendung, Abstumpfung und Verblödung.

Die Usurpation der Erde als ein abstrakt totes Gebilde unter menschlicher Gewalt hat mittlerweile zu so seltsamen Sprachblüten geführt wie „unsere Erde", „unser Planet" oder jovial wohlmeinend: „wir haben die Erde nur von unseren Kindern geliehen". Das Naheliegende, dass Tieren und vor allem Pflanzen, dem Wasser und allen anderen Erscheinungen die Erde ebenso gehört, kommt nicht mehr in den Sinn, und schon gar nicht das alte Selbstverständnis, dass Pflanzen, Tiere, Menschen und und und … der Erde gehören, ihr angehören und zu ihr gehören, aber nun wirklich nicht umgekehrt. Die zeitgenössische Vorstellung basiert einzig darauf, dass Menschen Machtmittel erfunden haben, um sich die Erscheinungen der Erde untertan zu machen und sich mittels Fluggeräten weit genug über den sichtbaren Erdboden zu erheben, ihn mittels Instrumenten aus der Ferne abstrakt zu betrachten und zu vermessen, sich das Leben zu unterwerfen und es zu mortifizieren. Die besitzergreifende Redewendung suggeriert auch, dass Menschen das „rationale" Recht hätten, die Erde nach Belieben zu beherrschen und auszuplündern, zahllosen Tieren und Pflanzen die Lebensmöglichkeiten einfach wegzunehmen, bis sie von der Erde getilgt sind. Und wie man weiß, folgt das Ausrottungsprogramm einer ungehemmten Lust am und Bereitschaft zum Töten. Es ist „Mortifikation in Aktion".

Kapitalistische Wirtschaft, Naturwissenschaft und Maschinentechnik sind eine so enge Verbindung eingegangen, dass sie mit anmaßender Wucht alle anderen Denkweisen als Illusion, Märchen und Mythen beseitigt haben. Die Naturwissenschaften sind zum Wahrheitskriterium geworden. Sind sie von Anfang an Krieg gegen die Natur und die Lebewesen, so finden sie sich mittlerweile im Krieg als genuinem Feld bruchlos zusammen.

Ein großer Teil der Produktion ist Kriegsproduktion, und die Natur- und Technikwissenschaften forschen konzentriert zu diesen Zielen. Kann eigentlich die Naturwissenschaft ethisch-moralisch noch tiefer verwahrlosen? Offenbar ist das der Fall, denn wenn einmal die Grenzen gefallen und die ethischen Maßstäbe zerstört sind, scheint es, dass der Verfall nicht mehr aufgehalten wird. Und war die Atomenergieforschung von Anfang an bereit, die Erde und – nach dort eigenem größenwahnsinnigen Verständnis – gleich den Kosmos als Versuchslabor zu benutzen, als die erste Kernspaltung versucht wurde und man es dem Paradigma gemäß für möglich hielt, dass in einer Kettenreaktion der gesamte Kosmos explodieren könnte, so dient heute weltweit ganz selbstverständlich die gesamte Erde mit ihren Bewohnern als Versuchslabor, wenn etwa die so genannte „Ionosphäre" mit Strahlen beschossen und zu Reaktionen gebracht wird – und das bevorzugt für Kriegszwecke, wie Bertell darstellt.[13] Eines aber sollte man dabei bedenken: Die naturwissenschaftlichen Vorstellungen und Ergebnisse können Wahrheit nur im Rahmen des maschinenlogischen Paradigmas beanspruchen. Jenseits davon sind es größenwahnsinnige Phantasien, deren Macht allerdings darin besteht, dass sie operationalisierbar sind. Die Operationalisierbarkeit gehört maßgeblich zum Paradigma.[14] Das große Problem ist, dass es skrupellos durchgeführt wird. Der geringste Trost lautet, dass die ungeplanten Nebenwirkungen die folgenreichsten sein werden.

Das Hauptproblem bleibt dabei die mythenbildende Mathematik als Leitvorstellung mit ihrer dinglichen Form, den Messgeräten. Das wird besonders in der angewandten Atomtechnik deutlich. Die eigentlich Verantwortlichen werden gemäß ihrer eigenen Prognosen der schädlichen Strahlungsdauer längst gestorben und vergessen sein, wenn die mortifizierenden Strahlen des angefallenen Mülls und der Atomkraftwerke über für Menschen unvorstellbare Jahrtausende weiterwirken. Ist man rachsüchtig, kann man nur auf die Wiedergeburt dieser nie zur Verantwortung gezogenen Menschen setzen.

Das Paradigma im Naturverhältnis bestimmt die Muster der anderen zivilisatorischen Verhältnisse, die Menschen eingehen. Es wäre zu umfangreich, die Folgen zivilisatorischer Degenerationen auf dem Boden des zerstörten Naturverhältnisses aufzuführen. Im Folgenden möchte ich nur auf einige hinweisen.

Wir sind in ademokratischen Verhältnisses gelandet und in punkto Geldreichtum Zeitgenossen der herrlichsten aller Welten und aller Zeiten, wie Voltaire „Candide" jede Katastrophe mit verzweifeltem Optimismus kommentieren lässt. Ein nicht unerheblicher Teil der Erde ist in Geld, das nur in noch phantastischen Zahlen herumvagiert, mortifiziert und zum proportional entsprechenden Teil in Armut und Verheerung verwandelt. Von Geld gibt es so viel, dass es vermutlich für die geschätzten sieben Milliarden Menschen auf der Erde ohne weiteres reicht, außer an Nahrung, die naturgemäß mit fruchtbarem Boden immer mehr abnimmt, alles Mögliche an Maschinen zu kaufen. Und davon gibt es

---

13 Siehe Rosalie Bertell, Kriegswaffe Planet Erde, Gelnhausen 2011
14 Siehe Renate Genth, Über Maschinisierung und Mimesis. Erfindungsgeist und mimetische Begabung im Widerstreit und ihre Bedeutung für das Mensch-Maschine-Verhältnis, Frankfurt am Main 2002

auch mehr als genug. Der größte Anteil der Maschinen häuft sich allmählich als Abfall auf. Dafür gibt es proportional weniger Erdreichtum. Die Erde wird, wie gesagt, wie ein totes Tier ausgeweidet, und man fahndet noch nach dem letzten Verwertbaren, so tief Maschinen reichen und die Gewaltfähigkeit ermöglicht. Außer den Menschen und den Viren und Bakterien und Parasiten und der Radioaktivität und den Plastikerzeugnissen und den Maschinen und den Waffen und den vielfältigen Giften und dem Abfall nimmt alles mittlerweile ab: Bäume, die unterschiedlichsten Tierarten, klare Seen, Flüsse, Berge, ungestörte Meere und Wälder mit ihren vielfältigen Lebewesen und dazu, last but not least, die schönen Formen menschlich geschaffener Kultur. Niemand – kein für Menschen erfahrbares lebendiges Wesen, kein Mensch, kein Tier, keine Pflanze – kann sich mehr völlig aus diesem Verhängnis zurückziehen.

„Die Eule der Minerva fliegt in der Dämmerung", formuliert Hegel im Vorwort zu seiner Rechtsphilosophie. Erkenntnis und Weisheit enthüllen sich im Nachhinein, wenn der Tag dämmert und allmählich zu Ende geht, also diese ganze Zeit. Deshalb ist nicht nur die Frage möglich, wie kommt es dazu, sondern es sind auch mögliche Antworten sichtbar.

Ich möchte mich hier kurz zu meiner Antwort äußern. Es geht mir dabei in erster Linie um die Natur als Lebenszusammenhang, in den die Menschen eingelassen sind und den sie gleichzeitig rücksichts- und verantwortungslos vernichten. Da beginnt dieser Tag und da endet er auch. Das beginnt mit dem Anthropozentrismus als einem entscheidenden Akt des Patriarchats, wie Werlhof es versteht. Dieser Akt wird zur Grundlage der Unterdrückung der Naturwesen und aller derer, die darunter subsumiert werden, sowie ihrer rücksichtslosen Beseitigung.

Der Krieg ist der erste und genuine Erzeuger von Zerstörung, Unterwerfung, Ausbeutung und Unterdrückung. Solange es Krieg gibt und Kriegswaffen geschmiedet werden, hört das nicht auf. Und es ist immer auch ein Krieg gegen die Natur gewesen.

In kapitalistischen Zeiten ist es zusätzlich und mächtig die Ökonomie, die Zivilisationen kriegsmächtig überwältigt. Und jede Überlegung, dort Veränderungen anzusetzen, führt immer wieder ins gleiche Dilemma. Die Veränderung der Ökonomie kann in keiner Form die Grundlage für eine Veränderung zu einer lebens- und liebenswerten Gesellschaft und Zivilisation sein. Sie behauptet eherne Notwendigkeit gegen Freiheit. Die Wirtschaft, in welcher Form auch immer, muss zutiefst eingebettet werden in die zivilisatorischen Verhältnisse, die Menschen notgedrungen miteinander eingehen: das Naturverhältnis, das Geschlechterverhältnis, das Generationenverhältnis, das politische Verhältnis und das Transzendenzverhältnis.[15] Sie darf sie nicht bestimmen und überwältigen. Die Zivilisation selber muss im Vordergrund stehen, wenn sie als liebenswürdige konzipiert und gelebt werden soll. Mit ihr müssten die fünf politischen Sinne als ethische Grundlage des Handelns erweckt werden: der Freiheits- und Gleichheitssinn, der Gemeinsinn, der Verantwortungs- und Gerechtigkeitssinn. Und die Erde müsste wieder als einzigartiges Wunder und Lebensgeschenk erkannt werden. Die ökonomische Grundlage müsste sich daraus ergeben, aber dürfte nicht Leitvorstellung sein.

Aber was nützen solche optativen Vorstellungen und Forderungen, formuliert als notwendige Bedingungen mit der hinreichenden eines lebensfreundlichen Naturverhältnisses? Leider nicht viel oder gar nichts. Die Sinuskurve, die sich in der zivilisatorischen Entwicklung menschlichen Daseins auf der Erde deutlich abzeichnet, ist womöglich schon im freien Fall.

Erkennbar wie erfahrbar ist, dass die Menschen zutiefst Wahnwesen sind, also zum Wahn neigende Lebewesen darstellen. Die einzige Schranke vor dem Wahn ist die Vernunft als Vernehmen, wie Arendt es formuliert, und eine Ethik der Lebensfreundlichkeit, methodisch wäre sie als Phänomenologie und Erfahrung und deren Deutung vorzustellen. Da die Neigung, dem Wahn gemäß zu handeln und zu deuten, verbreitet ist und mit Macht und Gewalt durch imperialistische und herrschaftssüchtige oligarchische Bewegungen und Imperialisten ausgedehnt wurde, ist die Vernunft – es sei denn, im normalen Alltagsleben – zunehmend und weitgehend abgeschafft, von einer Ethik der Lebensfreundlichkeit gar nicht zu sprechen. Dabei könnte der Wahn im Kontext mit der Vernunft eine Lebenskraft sein und ist es in der für Menschen letztendlich unüberschaubaren Fülle und phantastischen Vielfalt des Lebenssystems und der Lebewesen auch. Aber nur dort in der Fülle dessen, wo nichts dem anderen gleicht, ist der Wahn, dem Leben dienend, eingebunden in die unendlich phantasievolle und gleichzeitig vernünftige, weil ineinandergreifende und sich stützende Formengebung der Erde und ihrer zauberhaften Gestalten.

Der Herrschaftswahn macht das alles mutwillig zunichte.

Mag sein, dass sich in der Zukunft die Vernunft und vielleicht eine Ethik der Lebensfreundlichkeit wieder zur Geltung bringen – mag sein.

---

15 Siehe Renate Genth, Zivilisationskrise und Zivilisationspolitik, in: Projektgruppe „Zivilisationspolitik", Aufbruch aus dem Patriarchat – Wege in eine neue Zivilisation?, S. 31-57

15. Homo transformator und die Krise der Weiter-Gabe

Simone Wörer

Einleitung

Die gegenwärtige Krise ist Ausdruck einer krankhaften Erscheinung, die sich durch ihren psychotischen und nekrophilen Charakter auszeichnet: Das Patriarchat. Diese These könnte – nicht zuletzt aufgrund der verwendeten Terminologie – Verwirrung stiften oder gar auf Widerstand stoßen, ließe sie doch annehmen, dass wir uns im Folgenden in psychoanalytische oder gar medizinisch-psychiatrische Theorien vertiefen wollen. Der Zusammenhang zwischen dem Begriff *Krise* und dem Umfeld von (Geistes-)*Krankheit* liegt jedoch auf der Hand, wenn wir die etymologische Geschichte des Krisen-Begriffs berücksichtigen. Sein ursprünglicher Gebrauch ist im medizinischen Bereich anzusiedeln – als entscheidender (Wende-)Punkt einer Krankheit nämlich – und er erfährt erst im Laufe seiner weiteren Geschichte eine Verallgemeinerung. Ein Blick auf das griechische Wort *krisis*, welches mit Scheidung oder Entscheidung übersetzt werden kann und gleichzeitig auf das Trennen (*krinein*) verweist[1], lässt schließlich den Zusammenhang deutlich werden: Es geht uns im Vorliegenden nicht nur darum, die Krise als *entscheidenden Wende- und möglichen Kehrpunkt in der Menschheitsgeschichte und der des gesamten Planeten, auf dem wir leben (als „Krise der allgemeinsten Lebensbedingungen"*[2]*), zu begreifen*, sondern das *Patriarchat als krisenhafte – und in seinen Wesenszügen krankhafte – Erscheinung* zu entlarven. Es zeichnet sich durch ein (gewaltsames) Trennen, Scheiden und Abspalten von der gegebenen Realität aus, der, wenn überhaupt, vor allem mit Gewalt begegnet wird. Darüber hinaus kommt es in letzter Konsequenz zur (ideellen und materiellen) Konstruktion einer Anti- oder Gegenrealität. Was wir gerade erleben, ist die zunehmende *Materialisierung der Nekrophilie* des Patriarchats, die sich in der *Ver-Nichtung* offenbart: *Alles* wird zu *Nichts*, *Seiendes* zu *Nicht-Seiendem* (gemacht) – und was bleibt, ist der *ewige Tod.*[3] Fukushima und seine katastrophalen Folgen sind anschauliche Beispiele dafür. Andere Auswüchse der Ver-Nichtung werden aufgrund kollektiver Verdrängung übersehen.

---

1 Vgl. Kluge 2002, S.540.
2 Behmann 2009, S.113.
3 Vgl. u.a. Werlhof 2012, S.29.

Zeugen dieses Wahnsinns finden wir jedoch in den Tieren und Pflanzen, die ausgerottet werden, in der verpesteten Luft, den vergifteten Gewässern und den verseuchten Böden, in den Menschen, die dies weltweit erfahren müssen, Mütter, Kinder, Frauen, Männer, Junge und Alte – krank und unfruchtbar in Leib, Seele und Geist.

In meiner eigenen Forschungsarbeit beschäftige ich mich mit dem universalen Phänomen der Gabe, ihren Erscheinungsformen und Bewegungen als Ursprungs- bzw. Naturgeschehen sowie ihrer zivilisationsbegründenden und kulturellen Bedeutung.[4] Wir werden uns erst gegen Ende unserer Ausführungen einer der vielfältigen Dimensionen der Gabe zuwenden, nämlich in ihrer erkenntnisleitenden und -vermittelnden Funktion in Wissenschaft und Bildung, die ich unter dem Begriff der *Weiter-Gabe* fassen möchte. In Anlehnung an Genevieve Vaughan gehe ich in diesem Zusammenhang vom *homo donans* als zentralem Menschenbild einer (lebensfreundlichen) Bildungs- und Wissenschaftskultur aus, die sich an unserer Urerfahrung als schenkende und empfangende Wesen orientiert – hier, so möchte ich mich festlegen, könnte der Grundstein für einen Weg in eine neue, an der Pflege des Lebens orientierte Zivilisation nach dem Patriarchat gelegt werden. Zunächst gilt es jedoch – ganz im Sinne der Kritischen Patriarchatstheorie, und wie ich es von Claudia von Werlhof gelernt habe – das zu benennen und zu untersuchen, was *ist*. In der Analyse des Patriarchats wollen wir uns mit seiner Nekrophilie, seinen psychotischen Phantasien sowie der konkreten Installation einer (gesellschaftlichen) Megamaschine (Mumford) zuwenden. Es ist der *homo transformator*, der im Mittelpunkt unseres Interesses steht, ein bis dato nicht in Reinform verwirklichtes Menschenbild, dessen (technologische) Produktion jedoch im Zuge der fortschreitenden Patriarchalisierung angestrebt wird. Der homo transformator ist selbst Teil der Maschine, er ist Produkt und Akteur zugleich, und seine Realisierung ist essentiell, um das nekrophile Wahnsinns-Programm des *Patriarchats als alchemistisches System* (Werlhof) voranzutreiben.

---

4 Derzeit verfasse ich unter Betreuung von Claudia von Werlhof meine Dissertation zum Titel „Die Krise der Gabe. Vom Vergessen und Wiederfinden des Schenkens im Spannungsfeld ökonomischer Dekadenz, politischer Ohnmacht und sozialer Erosion". Ziel ist es, eine Theorie der Gabe zu formulieren, die sich als Beitrag zur Kritischen Patriarchatstheorie verstehen möchte. (Vgl. Wörer 2011, Wörer 2010, Wörer 2012)

Patriarchale Ver(w)irrungen – *psychotische* Phantasien und *nekrophile* Auswüchse

Das (kapitalistische) Patriarchat ist eine Gesellschaftsordnung, deren Wesenskern von psychotischer Qualität ist. Diese These ist nicht neu. So bezeichnet etwa Mary Daly in ihrem bahnbrechenden Werk „Gyn/Ökologie" das Patriarchat als Zustand/Staat der Schizophrenie[5], und der (hierzulande weniger bekannte) US-amerikanisch-indigene Autor Jack D. Forbes beschreibt in seinen Arbeiten ebenfalls eine Form von kollektiver Psychose, die sogenannte „Wétiko-Seuche"[6]. Diese finde seit Jahrhunderten, insbesondere vorangetrieben durch die modernen Institutionen des militärisch-industriellen Komplexes, aber auch durch Schulen und Universitäten, globale Verbreitung und strebe danach, kannibalisch „das Leben und den Besitz anderer Geschöpfe zu konsumieren"[7]. Zentrales Element bilde dabei die Schändung des Lebens; es bestehe ein enger Zusammenhang zwischen der Vergewaltigung von Frauen, der Natur und von (indigenen) Völkern.[8] Damit verweist Forbes auf einen Zusammenhang, der bislang vom Ökofeminismus und seinen verwandten Schulen – darunter die Kritische Patriarchatstheorie – umfassend erkannt und analysiert wurde, nämlich dass es sich bei dieser krankhaften Erscheinung um eine Gesellschaftsordnung handelt, die von einem regelrechten Krieg gegen das Leben geprägt ist, der die gesamte Lebenssphäre, die *Erde als Lebenszusammenhang*, gewaltsam erschüttert. Der Ökofeminismus hat gezeigt, dass in angeblichen „Friedenszeiten" im Patriarchat der Krieg gegen die Natur und der Krieg gegen die Frauen sowie die kommenden Generationen allgegenwärtig sind. Er wies darauf hin, dass der Krieg gegen die Natur und der Krieg gegen die Frauen die gleichen Wurzeln haben.[9] Was Forbes phänomenologisch und vor allem: aus indigener Sicht be-

---

5 Vgl. Daly 1991, S.419.
6 „Wétiko" ist ein Wort der Cree und bezeichnet einen Kannibalen, einen bösen Menschen oder Geist, der andere Geschöpfe terrorisiert. (Vgl. Forbes 1992, S.40.)
7 Forbes 1992, S.15.
8 Vgl. Forbes 1992, S.15.
9 Vgl. Mies/Shiva 1995, S.23ff. – Forbes scheinen die (öko-)feministische Debatte im Allgemeinen und die Kritische Patriarchatstheorie im Besonderen völlig unbekannt, kritisiert er doch – quasi präventiv – mögliche feministische Interpretationen seiner These, die seine Theorie als Analyse des Patriarchats lesen wollen. Er folgt nämlich der üblichen Definition von Patriarchat, die sich lediglich auf die Herrschaft von Männern bzw. Vätern über die Frauen bezieht. Er gesteht zwar zu, dass die Unterdrückung von Frauen fester Bestandteil der von ihm beschriebenen Wétiko-Seuche sei, unterstreicht jedoch, dass diese letztendlich geschlechtsunabhängig ihre Opfer fände und in letzter Konsequenz Mutter Erde, d.h. den Planeten, auf dem wir und alle anderen Erscheinungen der Natur leben, betreffe. (Vgl. Forbes 1992, S.58.)

schreibt, kann vor dem Hintergrund der Kritischen Patriarchatstheorie umfassend erklärt werden. Sie ist derzeit die einzige Theorie, die Zusammenhänge zwischen kapitalistischer Warenproduktion, neuen, lebensfeindlichen technologischen Entwicklungen, der fortschreitenden Naturzerstörung sowie historischen und neuen ideologischen Fundamentalismen und totalitären und kriegerischen Tendenzen aufzuzeigen vermag.[10] Von zentraler Bedeutung ist die Erkenntnis, dass das kapitalistische Patriarchat den „Höhepunkt" einer historischen Entwicklung, nicht aber, wie es etwa die Moderne von sich behaupten möchte, eine unabhängige, von der Geschichte „eigenständige Gesellschaftsformation"[11] darstellt. Die Kritische Patriarchatstheorie zeigt, dass der Charakter der Moderne patriarchal ist, so wie der Kapitalismus eine besonders rabiate Ausprägung des Patriarchats darstellt.[12] Damit erkennt sie die Moderne – und mit ihr die Postmoderne[13] – als in ein patriarchales Kontinuum einzuordnende Phase und analysiert sie dementsprechend.

Claudia von Werlhof entlarvt das Patriarchat als utopisches, „alchemistisches Projekt"[14] der Realisierung einer mutterlosen und naturunabhängigen Welt. Dabei geht es letztlich um die Schöpfung einer „Anti- oder Gegen-Natur" vermittels der „Schöpfung aus Zerstörung"[15]. Es handelt sich beim Patriarchat um ein System, „in dem die Frauen und die lebendige Natur lediglich als zu transformierender, d.h. zu tötender bzw. toter ‚Stoff', als ‚Mutter-Material' gelten"[16] sollen. Die Alchemie, so Werlhof, ist die übergeordnete Methode des Patriarchats,

---

10 Vgl. Werlhof 2010c, S.10.

11 Werlhof 2010b, S.211.

12 Vgl. Werlhof 2010b, S.211.

13 Die sogenannte „Postmoderne" möchte sich als die Moderne überwindende, eigenständige Epoche präsentieren. Tatsächlich kann sie nur als Fortsetzung und Radikalisierung der Moderne erkannt werden. Werner Ernst zeigt dies in seinen „Bemerkungen zur herrschenden Auffassung positiver Wissenschaften" anschaulich auf: Die in der Moderne vollzogene „Liberalisierung der Inhalte" wird in der Postmoderne ergänzt durch die „Liberalisierung der Form" (Vgl. Ernst 1994, S. 22ff.) Das Denken verharrt im System, das niemals überschritten werden kann, sondern sich ganz im Gegenteil immer weiter ausdehnt – als letzte Konsequenz in virtuelle Welten, wie wir sie als Extremform am Beispiel von „Second Life", Facebook oder anderen Internet-Plattformen, sogenannten „Social Media", kennen. Alle Wirklichkeit scheint konstruiert und konstruierbar zu sein, „ungeachtet einer wie immer von Natur aus gegebenen Wirklichkeit." (Ernst 1994, S. 34.)

14 Claudia von Werlhof arbeitet gegenwärtig an ihrem Hauptwerk dazu (Arbeitstitel: "Zivilisation der Alchemisten"). Eine anschauliche Zusammenfassung dieser Analyse bietet das Werk „Der unerkannte Kern der Krise. Die Moderne als Er-Schöpfung der Welt" (erschienen 2012 im Arun Verlag).

15 Werlhof 2009, S. 71.

16 Werlhof 2006, S.39.

um die Welt in eine patriarchale umzuformen, welche gekennzeichnet sein soll durch „*totale Unabhängigkeit der Herrschenden von aller Natur und den Frauen als Müttern bzw. dem Restrisiko Mensch* schlechthin und ihre Ersetzung durch ‚Kapital': Maschinerie/Geld/Ware/Hierarchie und ‚Kommando' im weitesten Sinne des Begriffs"[17].

Die Kritische Patriarchatstheorie eröffnet uns in ihrer Neudefinition und Anwendung des Patriarchatsbegriffes den Blick auf das Ursprungsgeschehen und dessen Usurpation und Transformation im Zuge der 5.000-7.000jährigen Geschichte des Patriarchats. Wir berücksichtigen die Wortgeschichte von *arché*, das gemeinhin verkürzt als Herrschaft übersetzt wird, seiner älteren Bedeutung nach jedoch Ursprung, Anfang oder etwa Gebärmutter bedeutet.[18] Dass sich daraus ein ganz anderes, schärferes Bild des Patriarchats zeichnen lässt, wird klar, wenn im Zuge der patriarchatskritischen Analyse – insbesondere des Patriarchats in seiner modernen Prägung, das wir als das „kapitalistische Patriarchat"[19] bezeichnen – sein alchemistischer Charakter untersucht wird. Dieser Patriarchatsbegriff verweist auf einen Herrschaftsanspruch aus dem Ursprungsgeschehen[20] heraus. Männliche Herrschaft wird zunächst dadurch legitimiert, dass der Vater – und nicht die Mutter – den Ursprung des Lebens bilden und dieses hervorbringen soll.[21] Daraus wird ersichtlich, dass das Kernstück des patriarchalen Projekts nicht nur die Installation von Herrschaft des Vaters über Frauen und Kinder – und in diesem Zuge über alle als Nicht-Väter definierten Menschen und andere Lebewesen – darstellt. Herrschaft wird als Teilaspekt eines umfassenderen Projektes verstanden, nämlich jenes der Er-setzung der frauen- und natur*gegebenen* Welt durch eine angeblich bessere, edlere, höhere und vor allem männliche „Schöpfung". Hier zeigt sich der krankhafte, *psychotische Charakter* des Patriarchats, seine *grundlegende Ver(w)irrung*: Die Abspaltung von der gegebenen Realität und der damit einhergehende Verlust der Realitätsbezogenheit, der damit verbundene wahnhafte Versuch, systemisch generierte *Utopien*, die wir als *psychotische Phantasien* charakterisieren wollen, (materiell) zu realisieren und somit die gegebene Realität durch eine andere, angeblich bessere und höhere, ersetzen zu wollen. Das Lebendige wird in diesem Zuge zum Toten er-

---

17 Werlhof 2012, S.20. [Hervorhebung durch Autorin]
18 Claudia von Werlhof weist in sämtlichen Publikationen darauf hin.
19 Der für die Kritische Patriarchatstheorie zentrale Begriff des „kapitalistischen Patriarchats" schließt den Sozialismus nicht aus, im Gegenteil: Claudia von Werlhof bezieht sich auf das den Kapitalismus und Sozialismus einschließende „Weltsystem" (nach Wallerstein) und die „patriarchale Tiefenstruktur", die beiden, Kapitalismus wie Sozialismus, gemein ist. (Vgl. Werlhof 2010c, S 9.)
20 Vgl. Werlhof 2010c, S.144.
21 Vgl. Werlhof 2009, S.64.

klärt (und durch seine „Mortifikation"[22] auch real und zunehmend irreversibel abgetötet), während das eigentlich Tote (Maschinerie, Kapital, Ware) als das vermeintlich Lebendige imaginiert und fetischisiert wird.

Die moderne Matriarchatsforschung hat mit all ihren zur Verfügung stehenden Methoden gezeigt, dass es sich bei (historischen und noch lebenden) Matriarchaten, so vielfältig sie in ihren Gepflogenheiten auch sein mögen, im Prinzip um Gesellschaften handelt, die am Mutter-Kind-Verhältnis und an einer generellen Pflege des Lebens orientiert sind.[23] Mütter in Matriarchaten „herrschen" nicht, im Gegenteil: Wir können davon ausgehen, dass es sich bei Matriarchaten um herrschaftsfreie Gesellschaften handelt. Es wird jedoch anerkannt, dass „Mütter der Anfang jedes lebenden Wesens sind"[24], wodurch sie zunächst im Mittelpunkt der Gemeinschaft stehen und die Verwandtschaft nach der Mutterlinie bestimmt ist.[25] Über die Entstehung patriarchaler Verhältnisse gibt es auch innerhalb der Matriarchatsforschung unterschiedliche Sichtweisen. Mit Claudia von Werlhof wollen wir grundsätzlich feststellen, dass das Patriarchat sich aus der Negation des Matriarchats heraus definiert: „Das Patriarchat entsteht erst aus dem Prozess der Zerstörung und einem sich dabei entwickelnden grundsätzlichen Gegenentwurf zur matriarchalen Gesellschaft."[26] Sprechen wir aus patriarchatskritischer Perspektive vom Patriarchat oder von der patriarchalen Zivilisation, so verweisen wir auf einen fortdauernden, sich ausbreitenden und vertiefenden Prozess der Patriarchalisierung, der nicht abgeschlossen ist. Ohne Reste einer lebensfreundlichen (matriarchalen) Kultur[27] könnten wir nämlich nicht überleben.

Während das „System", die „entmündigende Macht" der „Expertenherrschaft"[28], kontinuierlich darum bemüht ist, das patriarchale Projekt einer Um- bzw. Neuschöpfung von Welt weiter voranzutreiben, bilden sich immer wieder Bewegungen, die von „unten" kommend an den Realitäts- und Gemeinsinn, an

---

22 Der Begriff „Mortifikation" ist vom lateinischen *mors* (Tod) abgeleitet. Claudia von Werlhof verwendet diesen Begriff im Zusammenhang mit ihrer Analyse der modernen Alchemie. Durch die gewaltsame Manipulation, die Mortifikation, wird die Materie erniedrigt, vergewaltigt und zerstört. (Vgl. Werlhof 2012)

23 Hierzu gibt es zahlreiche Publikationen, hervorzuheben sind vor allem jene von Heide Göttner-Abendroth, die als Begründerin der Modernen Matriarchatsforschung im deutschen Sprachraum gilt. Sie ist mit einem eigenen Beitrag in diesem Buch vertreten.

24 Göttner-Abendroth 2008, S.18.

25 Vgl. Göttner-Abendroth 2008, S.19ff.

26 Werlhof 2011, S.38.

27 Renate Genth spricht in diesem Zusammenhang vom „Matriarchat als zweite Kultur" (Genth 1996, S.19).

28 Illich 1978, S.30.

den „gesunden Menschenverstand"[29], dessen Verlust nach Hannah Arendt insbesondere charakteristisch für die Moderne ist, appellieren. Beispiele dafür gibt es sowohl auf lokaler als auch auf globaler Ebene, denken wir nur an die „Occupy"-Bewegung (oder besser: an Teile davon), oder, aus aktuellem Anlass, an die indigene Bewegung „Idle No More", die derzeit, von Kanada ausgehend, weite Verbreitung findet. Sie inspiriert Indigene wie Nicht-Indigene auf der ganzen Welt dazu, sich nicht nur gegen Rassismus und für die Anerkennung der Autonomie indigener Kultur einzusetzen. In ihren radikalen Forderungen geht sie über eine Gleichberechtigung Indigener im Sinne einer Umverteilung zur Teilhabe innerhalb des kapitalistischen Systems weit hinaus. Vielmehr fordert sie konkret ein lebensfreundlicheres Naturverhältnis ein – und mit ihm eine lebensfreundlichere Ausgestaltung der anderen zivilisatorischen Grundverhältnisse.[30] Diese Forderungen beruhen auf einer Tradition, wie wir sie von matriarchalen Gesellschaften kennen, und die das Weltbild und Naturverhältnis der indigenen Kulturen bis heute prägen. Es erscheint uns kaum verwunderlich, dass vor allem Frauen und Mütter diese Bewegung angeregt haben und sich besonders darin engagieren.[31]

Seit der Antike erfordert die psychotische Phantasie einer Er-Setzung des Gegebenen die konkrete Installation und Legitimation patriarchaler Herrschaftsverhältnisse sowie ein Sich-Abwenden von der gegebenen Welt in der Imagination und Projektion eines (reinen) Patriarchats ins „Jenseits" (patriarchaler Idealismus). Dieses hat als Beweis der männlich-schöpferischen Ursprünglichkeit zu gelten. Seit Beginn der Neuzeit vermag diese psychotische Wahnbildung ihren materiellen Beweis in der realen Konstruktion einer Gegen-Welt im „Diesseits" anzutreten (patriarchaler Materialismus)[32], nicht zuletzt radikalisiert durch die

---

29 Vgl. Arendt 2006, S.41f.

30 Die fünf zivilisatorischen Grundverhältnisse wurden von Renate Genth in Anlehnung an Hannah Arendt definiert. Das Naturverhältnis (zu dem Ökonomie und Technik gehören) bildet die Grundlage für alle anderen Verhältnisse, das Generationenverhältnis hat die Frage nach dem Zusammenleben der Generationen, einschließlich der vorhergehenden und der nachkommenden zum Thema, das Geschlechterverhältnis betrifft das Zusammenleben von Frauen und Männern sowie die Reproduktion, im politischen oder sozialen Verhältnis werden die Regeln der Gesellschaft formuliert, und das Transzendenzverhältnis behandelt die Fragen nach dem Sinn des menschlichen Lebens in der Natur und der Welt, nach dem Woher und dem Wohin. (Vgl. Genth 1996 und Genth 2009)

31 Für weitere Informationen: www.idlenomore.ca

32 Mathias Behmann unterscheidet zwischen der „idealistischen" Phase (Antike und Mittelalter) und der „materialistischen" Phase (mit Beginn der Neuzeit) des Patriarchates. Erstere findet ihren Ausdruck in patriarchalen Schöpfungsmythen und antiken Zeugungstheorien, letztere zielt nicht nur darauf, patriarchale Herrschaftsverhältnisse materiell innerhalb

moderne Naturwissenschaft mit ihren Methoden und durch die Dimension der (technisch potenzierten) Machbarkeit. Höhepunkt dieser Entwicklung bildet die Moderne, die Claudia von Werlhof als ultimative Phase des Projekts der „'Er-Schöpfung' der Welt, ihre patriarchal-männliche ‚alchemistische' Neu-Er-Schaffung ebenso wie ihre Er-Schöpfung im Sinne ihrer Extraktion, ihrer Ausschürfung und Ausblutung"[33] charakterisiert. Dass dabei das lebendig Gebende und Gegebene durch maschinentechnisch Gemachtes[34] ersetzt werden soll, zeugt von der *Nekrophilie*[35] des Patriarchats. *Die Nekrophilie des (kapitalistischen) Patriarchats verfolgt die Enteignung, Transformation, Ver-Nichtung und Ersetzung des gegebenen Lebens durch ein angeblich besseres Gegen-Leben, eine Anti-Natur.* Mary Daly weist darauf hin, dass die Leidenschaft der Nekrophilen[36] sich nicht nur auf die Liebe zu tatsächlichen Leichen beschränkt, sondern vor allem den Prozess der Zerstörung des Lebens und der Neu-Schöpfung aus von Männern konstruierten „künstlichen Mutterschößen"[37] mit einbezieht. Ihre Faszination für alles Tote und rein Mechanische, die „fetischisierten ‚Fötusse der Väter'"[38], mit denen sie sich darüber hinaus noch identifizieren, ist tödlich für den ganzen Planeten.[39] Besonders in ihren letzten Arbeiten – angesichts des ultimativen „Muttermordes" an Mutter Erde – hat Claudia von Werlhof aufzeigen können, dass der Kern der heutigen Zivilisationskrise in der Krise ihres Naturverhältnisses liegt.[40]

---

einer gegebenen Wirklichkeit zu legitimieren, sondern gerade diese gegebene Wirklichkeit selbst in ihr Gegenteil zu transformieren. (Vgl. Behmann 2009, S.119ff.)

33 Werlhof 2012, S.13. [Hervorhebung durch Autorin]

34 Vgl. Behmann 2009, S.119.

35 Mary Daly hat herausgearbeitet, dass der Kern der Nekrophilie des Patriarchats der Frauenhass ist. Sie kritisiert Erich Fromm, der in seinen Ausführungen zur Nekrophilie den Frauenhass lediglich als ein Merkmal unter anderen (z.B. Anbetung der Maschinen und ihrer Geschwindigkeit, Verherrlichung des Krieges, Zerstörung der Kultur) nennt. (Vgl. Daly 1991, S.83f.).

36 In der deutschen Fassung von „Gyn/Ökologie" wird der Begriff „Nekrophiliker" verwendet (Vgl. Daly 1991)

37 Daly nennt hier u.a. Heime, Hospitäler, Bürohäuser oder Raumschiffe. Diese haben „eine größere Ähnlichkeit mit Grabstätten als mit Mutterschößen." (Daly 1991, S.83.)

38 Daly 1991, S.86.

39 Vgl. Daly 1991, S.86.

40 Vgl. Werlhof 2012, S.19ff. – Claudia von Werlhof hat sich in den vergangenen Jahren intensiv mit der Entwicklung und Anwendung von so genannten postatomaren Massenvernichtungswaffen („Militäralchemie") beschäftigt. Richtungsweisend dazu sind Rosalie Bertells Forschungen – ihr Buch „Planet Earth. The Latest Weapon of War" wurde auf Bemühen von Claudia von Werlhof hin unter dem Titel „Kriegswaffe Planet Erde" in deutscher Sprache herausgegeben.

Homo transformator – Fort-Schritt im Takt der *Megamaschine*

Als „Kriegssystem" richtet sich das Patriarchat gegen matriarchale Lebensverhältnisse und – grundlegender – gegen das Leben selbst.[41] „Tätigkeiten, die Leben geben, sind wertlos, während sich in Tätigkeiten, die töten, Transzendenz ausdrückt!"[42] Dies ist der wahre Kern des Fort-Schritts, der ein Sich-Abwenden, eine tiefgreifende Entfremdung vom Lebendigen bedeutet, ein steter Kampf gegen das, was uns tatsächlich begegnet, womit wir *in Beziehung treten* könnten, in unserem Angewiesen-Sein sogar *müssen*, wenn wir überleben wollen. Anstelle dieser lebensnotwendigen Erkenntnis heißt es: „Vorwärts nach ‚Nirgendwo'"[43], dem Takt der *Megamaschine*[44] folgend, jenem Machtkomplex aus Militär, Industrie und Wissenschaft gehorchend, der sich am Lebendigen speist, es verschlingt, es buchstäblich zermalmt und ausquetscht, um den letzten verwertbaren Lebenssaft aus ihm herauszupressen. Die gegebene und (von sich aus) gebende Natur soll durch Gewalt ent- und verstellt werden, um anstelle dessen ein *Jenseits des Lebendigen* herzustellen, ein artifizielles Gesellschaftsprodukt – leichenhaft, standardisiert, austauschbar. *Homo transformator* wollen wir den Hauptakteur dieses nekrophilen Wahnsinns-Programms nennen, einerseits um seine stete Funktion der Transformation, das alchemistische Um-, Über- und Entformen zu unterstreichen, andererseits um anzuzeigen, dass er als Teil der Megamaschine für ihr Funktionieren unentbehrlich ist (wir kennen den Transformator als Umwandler von Stromspannungen in der Elektrotechnik). Er vereint Elemente des homo oeconomicus und des homo compensator, jenen Menschenbildern, die die patriarchale Wissenschaft, Technik, Politik und Ökonomie wesentlich prägen. Sie sind gekennzeichnet durch Eigennutz und Profitgier (homo oeconomicus), „dialektische Abgrenzung von der Natur"[45] und dem Schaffen einer „zweiten Natur" als Überwindung eines Eigenmangels mittels Technik (homo compensator).[46] Der *homo transformator ist selbst Produkt eines technologischen Prozesses*, er ist leichenhaftes, austauschbares, berechenbares, geschlechtsloses Menschenmaterial, das noch hergestellt werden soll. Von Beginn unseres Lebens an machen wir aber auch eine andere, grundlegende, reale

---

41 Vgl. Werlhof 2010c, S.82.
42 Keller 1993, S.38.
43 Mumford 1986, S.557.
44 Dieser Begriff wird von Lewis Mumford in seinem Werk „Mythos der Maschine" geprägt. Mumfords Analyse und Technikkritik ist von grundlegender Bedeutung für die Kritische Patriarchatstheorie.
45 Schirmacher 2003, S.59.
46 Schirmacher 2003, S.59f.

Erfahrung: jene als *homo donans*.[47] Als schenkende und empfangende, sich hingebende und aufnehmende, empathische Wesen stehen wir in mimetischer Beziehung zum *Anderen*[48], d.h. zu unseren Mitmenschen und anderen Erscheinungen der Natur. Wir werden geboren und wir erfahren, dass wir ohne liebevolle Zuwendung nicht überleben und gesund aufwachsen können, wir brauchen das Andere, das sich uns hingibt und mit dem wir in Beziehung treten können; und selbst wenn wir älter werden, bleiben wir immer darauf angewiesen – totale Isolation ist tödlich. Nichtsdestotrotz produziert das Patriarchat systematisch sowohl ideelle als auch materielle Spaltungen.[49]

Zur Schöpfung eines homo transformators bedarf es mehr als der technischen Manipulation der menschlichen Physis, die mehr und mehr zum locus technicus[50] wird. Es bedarf eines umfassenden „Entprägens"[51] auf geistig-seelischer Ebene, der Herstellung von Entfremdung und der Zerstörung matriarchaler, lebensfreundlicher Reste, die immer auf die menschliche Existenz einwirken. Krieg und Wissenschaft, beide seit Jahrhunderten untrennbar miteinander verbunden, zielen – mit nachweislichen Erfolgen – darauf ab. Lewis Mumford weist darauf hin, dass seit dem 16. Jahrhundert die Armee nicht nur das Modell für die Massenproduktion, sondern auch für den Massenkonsum in der Megamaschine liefert[52], und was Bacon noch für die Wissenschaft erträumte, ist heute so gut wie Realität: Wissenschaft ist Technologie, Massenproduktion von standardisiertem Wissenskapital als Beitrag zur Überflussgesellschaft, die in ihrem „unmäßigen Wachstum"[53] den Interessen der Technokraten und Großkonzerne

---

47 Diesen Begriff verwendet Genevieve Vaughan in fast allen Publikationen – 2006 erschien ein Buch unter diesem Titel (online zu lesen auf: http://www.gift-economy.com)

48 Im Vorliegenden wird immer wieder vom *Anderen* die Rede sein. Es handelt sich dabei um den Versuch, den im vorherrschenden akademischen Kontext verbreiteten Anthropozentrismus hinter sich zu lassen und Mitmenschen wie andere Mit-Erscheinungen der Natur (Tiere, Pflanzen, Boden, Berge, Wasser, etc.) zu bezeichnen.

49 Bezeichnend ist dafür das (imperialistische) „Teile und herrsche!"-Prinzip, das wir aus der Politikwissenschaft und der Militärstrategie kennen.

50 Finkielkraut/Houellebecq/Sloterdijk/Weibel 2000, S.11. – Zur Veranschaulichung könnten an dieser Stelle zahlreiche Beispiele genannt werden, denken wir nur an die Reproduktions- und Transplantationstechnologien. Radikalisiert wird dies durch gezielte Forschungen hinsichtlich einer tatsächlichen materiellen Verschmelzung zwischen Mensch und Maschine, wie etwa durch das Implantieren von Mikro-Chips oder ähnliche Entwicklungen.

51 Wir übernehmen den Begriff von Naomi Klein, den sie im Zusammenhang mit den Folter- und Gehirnwäscheexperimenten des CIA bzw. mit der Schock-Therapie als Methode des Katastrophen-Kapitalismus verwendet (Klein 2009, S.49).

52 Vgl. Mumford 1986, S.501ff.

53 Mumford 1986, S.481.

folgt.[54] Sie behauptet für sich objektiv und wertfrei zu agieren und kontextunabhängige Erkenntnis liefern zu können, Ansprüche, die mittels Durchsetzung des mechanistischen Natur-, Welt- und Menschenbildes sowie durch ihre Methoden und erkenntnistheoretischen Voraussetzungen erfüllt werden könnten.[55] Das moderne Individuum verändert und manipuliert die Natur und setzt sich in diesem Sinne selbst an die Stelle der Zeit.[56]

Den „Wunschträumen nach Allwissenheit"[57] und Omnipotenz folgend, wird eine eigene, neue, angeblich berechenbare, ent-grenzte Realität ohne Störfaktoren konstruiert, die sich geistig aus der Abstraktion und Abspaltung, materiell aus der Mortifikation und Transformation der gegebenen ergibt. Die Welt soll zum Labor werden. In der modernen Wissenschaft mit ihren objektivierenden Verfahren und technischen Möglichkeiten erscheint es machbar, ein neues, ein Anti-Leben zu erschaffen, und „wer Leben schafft, ist ein Gott"[58]. Lebendige Wesen sollen als Forschungsobjekte *und* als Forscher auf maschinenlogische Weise zusammengesetzt werden[59], ihr Handeln standardisiert, „Warenidentitäten"[60] konstruiert werden; geschlechtslos, naturlos, mutterlos sollen sie künstlich produzierten und beliebig austauschbaren Bedürfnissen nachjagen, ausgerichtet am gewaltsamen Nehmen, dem „Abkriegen" und „Bekriegen".[61] Seiner „Daseinsmächtigkeit und Selbsterhaltungskunst"[62] beraubt, zeichnet sich der homo transformator durch seine „maschinell verdinglichten Umgangsformen"[63] und seine „gleichgültige Maschinenhaftigkeit"[64] aus. Er ist Ausdruck und zentraler

---

54 Vgl. Mumford 1986, S.475ff..
55 Vgl. Merchant 1994, S.233.
56 Vgl. Binswanger 1985, S.13.
57 Sheldrake 2012, S.29.
58 Mumford 1986, S.478. - Der Wunsch, sich selbst als transzendentes Subjekt zu setzen, taucht immer wieder in Aussagen von (Natur-)Wissenschaftlern auf. Prominentes Beispiel ist Ray Kurzweil, Techno-Fetischist, Erfinder und Aushängeschild der Futuristen-Szene. In der Sendung „Sternstunden der Philosophie" (erstmals ausgestrahlt am 13.06.2010 im SF1) sagt er selbst, dass er bereits als Kind das Erzielen einer „transzendenten Wirkung" erträumt hätte. Es war ihm ab einem gewissen Alter möglich, virtuelle Welten zusammenzubauen, diese von einem Schaltpult aus zu steuern und somit seine eigene kleine Welt zu kontrollieren.
59 Vgl. Genth 2002, S.99.
60 Genth 2002, S.238.
61 Marianne Gronemeyer verwendet die Begriffe des „Abkriegens" und des „Bekriegens" – das „Kriegen" deutet auf den Zusammenhang mit dem „Kriegerischen" hin. (Vgl. Gronemeyer 2002, S.27.)
62 Gronemeyer 2002, S.27.
63 Genth 2002, S.16.
64 Gronemeyer 2002, S.34.

Akteur einer tiefgreifenden *Krise der Weiter-Gabe*, jener lebendigen Verbindung zwischen Erfahrung, Erkenntnis, Wissen und Tradition, die zunehmend gekappt werden soll, um sie stattdessen durch maschinenlogische Fertigung von Information zum Massenkonsum zu ersetzen. Während Fortschrittsprediger und -gläubige immer wieder betonen, dass wir über schier unbegrenztes Wissen verfügten, dass wir erst durch Maschinen und Geräte immer klüger würden und uns auf einzigartige Weise über unsere natürlichen Grenzen hinweg entwickeln könnten[65], müssen wir uns faktisch mit einem (lebensgefährlichen) Schwund an Wissen aus gelebter Erfahrung konfrontieren.[66]

Patriarchale Wissenschaft (und Bildung) ist „reduktionistisch", wie Vandana Shiva betont. Sie reduziert „die menschliche Fähigkeit, die Natur zu erkennen, indem sie andere Wissende und andere Wege der Erkenntnis"[67] ausschließt. Zudem reduziert „sie die Fähigkeit der Natur zur schöpferischen Erneuerung, indem sie sie als leblose und unzusammenhängende Materie"[68] vor-stellt.[69]

Als homo transformator wird man nicht geboren – man wird (alchemistisch) dazu gemacht. Bereits in der Schule werden Kinder durch standardisierte Lehrpläne und programmierte Unterweisung systematisch ihrer schöpferischen Kraft beraubt[70] und in ihrer Lebendigkeit unterdrückt.[71] An der Universität, der magna machina der modernen Wissenschaft, wird dieses Projekt weiter verfolgt. Dies äußert sich unter anderem in der Aufspaltung der Wissenschaften in Disziplinen oder in strukturellen Reformen, wie zuletzt etwa jene der Studienpläne im Zuge des so genannten „Bologna-Prozesses", die AbsolventInnen als KonsumentInnen von industriell gefertigtem Fließband-Wissen produzieren. Ein weiteres

---

65 Wiederum sei hier exemplarisch auf Ray Kurzweil in der Sendung „Sternstunden der Philosophie" verwiesen.

66 Wenn wir uns vorstellen, dass die gegenwärtige Krise eine Dimension annehmen könnte, die unser tägliches Überleben gefährdet, wird das vielleicht nachvollziehbar. Mittlerweile leben mehr Menschen in Städten als auf dem Land, und wir sind zum Teil damit konfrontiert, dass wertvolles Subsistenz-Wissen bezüglich Anbau und Zubereitung von Nahrung, der Herstellung von Kleidung oder etwa dem Behandeln von Krankheiten mit Hilfe der Naturheilkunde zunehmend verloren geht.

67 Mies/Shiva 1995, S.38.

68 Mies/Shiva 1995, S.38.

69 Wir entscheiden uns in Anlehnung an Martin Heidegger für diese Schreibweise. In seiner Schrift „Die Technik und die Kehre" arbeitet er das „Ge-stell" als das Wesen der modernen Technik heraus.

70 Vgl. Illich 2003, S.66.

71 Alice Miller stellt in ihrem bahnbrechenden Werk „Am Anfang war Erziehung" zurecht die Frage, ob es denn eine Erziehung jenseits der „Schwarzen Pädagogik" in Form einer „Weißen Pädagogik" geben könne. Sie verneint dies und stellt das Konzept von Erziehung generell in Frage. (Vgl. Miller 1983, S.113ff.)

Beispiel dafür ist die zunehmende Trennung von Forschung und Lehre, welche die Vermittlung von standardisiertem, von „oben" autorisiertem, monetarisierbarem Wissen forciert und damit die Durchsetzung neoliberaler Programme vorantreibt, welche der fortschreitenden Ökonomisierung von Wissenschaft als Wissenskapital Rechnung trägt.

Homo donans – Bildung und Wissenschaft als *Weiter-Gabe*

Der von Genevieve Vaughan geprägte Begriff *homo donans* unterstreicht, dass Menschen in erster Linie schenkende und empfangende Wesen sind.[72] Dies betrifft ihr gesamtes Handlungsspektrum, sei es in politischer, ökonomischer oder etwa spiritueller Hinsicht. Vaughan betont zudem die grundlegende Bedeutung der Gabe für den menschlichen Erkenntnisprozess.[73] Daraus resultiert freilich ein ganz anderes Wissenschafts- und Bildungsverständnis als jenes, in dessen Zentrum der homo transformator steht. Erkenntnis und Erfahrung werden nicht *über* einen bestimmten Forschungsgegenstand gewonnen, mit dem wir angeblich nichts zu tun haben sollen, sondern aus der konkreten Erfahrung von *Bezogenheit* und *Eingebundenheit in einen (Lebens-)Zusammenhang* heraus. In meinem Bestreben der Formulierung einer patriarchatskritischen Theorie der Gabe habe ich dafür einen Begriff gewählt, der auf diesen Zusammenhang verweisen soll: die *Weiter-Gabe*. Er soll anzeigen, dass es sich bei Erkenntnisgewinn und -vermittlung ursprünglich nicht um eine hierarchische Tätigkeit von oben nach unten handelt, sondern um vielfältige, kooperative Zuwendungen an das Andere. Angeregt wurde dieser Begriff durch ein Bild für die Gabe, das ich bei Lewis Hyde vorgefunden habe. Er betont, dass die Gabe zirkulieren muss, sie muss stetig weiter-gegeben (und nicht, gemäß der Tauschlogik, reziprok zurückgegeben) werden, und erst durch das Gemeinsame an diesem lebendigen Geschehen kann sie schließlich wachsen und alle(s) bereichern. Er vergleicht die Gabe mit einem Fluss, der fließen muss. Wird die Gabe nicht weiter-gegeben, trocknet der Fluss aus, und niemand kann sich mehr daran laben.[74] „What is given away feeds again and again, while what is kept feeds only once and leaves us hungry."[75] Wollen wir dieses Bild aufgreifen, so lässt sich die Weiter-Gabe als Fluss nachzeichnen, dessen Bewegungen unberechenbar sind. Ist er unverbaut,

---

72 Genevieve Vaughan geht davon aus, dass es sich bei der Gabe um die Ur-Logik allen Lebens handelt. Der Tausch hingegen ist als (pervertierte) Variation zu betrachten. (Vgl. Vaughan 2002)
73 Vgl. Vaughan 2002, S.46.
74 Vgl. Hyde 2007, S.9
75 Hyde 2007, S.26

so findet er eigenmächtig seinen Verlauf, er kann fruchtbare Böden für neues Leben schaffen, mal ist er ein Bach, mal ein Strom, und in seiner Lebendigkeit bleibt er stets verbunden mit seinem Ursprung. Patriarchale Bildung und Wissenschaft entstellt diesen Fluss jedoch, er wird in seinem Verlauf einem vorgegebenen Programm unterworfen, seine Bewegungen werden manipuliert, er wird zwangsgestaut, und die Verbindung zu seiner Quelle wird gekappt. Durch die Manipulation und Plünderung seiner Urkraft wird Energie erzeugt, die eingespeist wird, um die Megamaschine anzutreiben.

Lernen und Lehren im Sinne der Weiter-Gabe sind lebendige Tätigkeiten, die zugleich hin-gebend und aufnehmend, aktiv und passiv sind. In diesem Sinne wollen wir Bildung und Wissenschaft nach Ivan Illich als Formen der „sozialen Subsistenz im Erleben, Erfahren und Erleiden der Gegenwart"[76] begreifen, deren Kern das „Erschnuppern von Sinn, Stil und Kompetenz"[77] darstellt, ein Lernen und Erforschen mit allen Sinnen und Be-Gabungen, das er als „unmessbare Nachschöpfung"[78] bezeichnete. Die Bewusstmachung der Weiter-Gabe eröffnet uns demnach eine Erkenntnis- und Beziehungswelt, die mit der technologisch-monokulturellen (Re-)Produktion von Geisteswaren nichts gemein hat, dieser geradezu diametral gegenüber steht. Von zentraler Bedeutung ist die Mimesis, jene „Grundlage für den Wirklichkeitssinn, ohne den keine sinnvolle Orientierung in der Erscheinungswelt möglich ist"[79], eine „Anverwandlung"[80], durch die man sich dem Anderen anheim *gibt*[81] und für die wir den Blick (wieder) öffnen wollen. Renate Genth hat in ihren Arbeiten darauf hingewiesen, dass Mimesis als Begabung zu begreifen ist, die alle Menschen betrifft. Sie ist wahrscheinlich allen Lebewesen zu eigen und daher vermutlich eine „allgemeine Naturbegabung"[82]. Mimesis, so Genth, ist „Leben in Aktion", sie ist „Empfänglichkeit und nachahmendes Handeln oder auch nachahmendes Denken und Vorstellen"[83]. Die Fähigkeit zur Mimesis macht uns aufnahmefähig und schöpferisch zugleich – wir können gestalten, indem wir aufnehmen und weiter-geben. Erst durch diese Fähigkeit gelingt es uns, uns selbst mit allen Sinnen wahrzunehmen und uns so auch zu verändern.

---

76 Illich 1982, S.58.
77 Illich 1982, S.58f.
78 Illich 2003, S.66.
79 Genth 2002, S.24.
80 Genth 2002, S.25.
81 Vgl. Wörer 2012, S.38f.
82 Genth 2002, S.24.
83 Genth 2002, S.24.

Das Anschmiegen an das Andere und die Verschränkung mit ihm[84] sind erkenntnisleitend, nicht die Abspaltung und Abstraktion. Nur so ist Diversität im Denken, Handeln und Fühlen möglich. In der Weiter-Gabe begegnen wir uns in unserer Pluralität in Hannah Arendts Sinne, nämlich als verschiedene Menschen mit unterschiedlichen Fertigkeiten, Talenten und Bedürfnissen.[85] Wir lernen das Handeln und Sprechen, jene „Vorgänge, die von sich aus keine greifbaren Resultate und Endprodukte hinterlassen"[86], sondern uns als eigenmächtige Wesen erlauben, die Welt zu gestalten und sie als gemeinsame zu erleben: „Eine gemeinsame Welt verschwindet, wenn sie nur noch unter einem Aspekt gesehen wird; sie existiert überhaupt nur in der Vielfalt der Perspektiven."[87]

Fazit

Wollen wir die allgemeine Verkennung gegenüber den Gefahren des Patriarchats[88] überwinden, müssen die Themen Bildung und Wissenschaft in den Mittelpunkt des Interesses rücken. In den Institutionen, die diese Bereiche okkupiert und monopolisiert haben, werden die allgemeine Nekrophilie des Patriarchats und seine psychotischen Phantasien systematisch perpetuiert und eine permanente Krise der Weiter-Gabe produziert. Das Problem ergibt sich freilich daraus, dass das Patriarchat mittlerweile zum kollektiven Unbewussten gehört[89], und dass wir alle in die Megamaschine hineingeboren wurden (und von selbst wird diese ihren Stecker nicht ziehen). Unsere Lebensfreundlichkeit musste seit Beginn unseres Daseins empfindlichen Schaden nehmen, und unsere kreative Schöpfungskraft wurde durch eine Vielzahl an Maßnahmen „maschinenlogischer Rationalisierung"[90] beschnitten.

Das Lernen und Lehren als Weiter-Gabe von Wissen und Erfahrung soll im Sinne Ivan Illichs Freiräume für „unerzogenes Aufwachsen"[91] ermöglichen. Nur

---

84 Vgl. Genth 2002, S.24.f.
85 Vgl. Arendt 2007, S.17ff.
86 Arendt 2007, S.225.
87 Arendt 2007, S.73.
88 Claudia von Werlhof verwendet in diesem Zusammenhang den Begriff „Kyndiagnosia" und verweist auf die allgemeine Unfähigkeit, Gefahren zu erkennen (Vgl. Werlhof 2012, S.13.)
89 Vgl. Werlhof 2012, S.13
90 Nach Renate Genth besteht maschinenlogische Rationalisierung darin, dass traditionelle Lebensformen zerstört und „Menschen als Bausteine nach Macht- und Funktionsinteressen neu zusammengefügt" (Genth 2002, S.18.) sowie Konkurrenten (gewaltsam) ausgeschaltet werden. (Vgl. Genth 2002, S.18.)
91 Illich 1982, S.53.

auf diese Weise kann Eigenmächtigkeit entwickelt werden, da im gegenwärtigen Verhältnis der Generationen der Blick der kommenden Generationen auf die Welt reift. Die Erfahrung von Daseinsmächtigkeit hängt wesentlich mit dem konkreten, sinnlichen Erleben von Welt zusammen. Wahre Daseinsmächtigkeit beinhaltet nicht nur, dass wir freien Zugang zu den Gaben der Natur haben, sondern vor allem auch zu unserem eigenen kreativen Potential. Um daseinsmächtig sein zu können, ist es nach Marianne Gronemeyer essentiell, „dass die Menschen in ihrem Tätigsein und in der Gebrauchnahme ihrer Fähigkeiten nicht systematisch behindert werden", und dass sie „die Ziele ihres Handelns so bestimmen können, dass sie mit den Lebens-Umständen und den in ihnen schlummernden Fähigkeiten abgestimmt sind."[92] Wenn wir die Alternative (oder, wie Claudia von Werlhof sie nennt: die „Alterna-Tiefe"[93]) suchen und auch finden wollen, dann müssen wir den Blick von „unten" auf die Realität annehmen. Wir müssen das Be-Geistern, wie es Mary Daly im Sinn hat, wieder lernen und weiter-geben. Nur indem wir den Ruf der inneren Wildnis hören, können wir aus dem Zustand des lähmenden In-Besitz-genommen-Seins ausbrechen[94] und wieder gesunden, sodass es uns gelingt, das Patriarchat in seinem psychotischen Charakter zu durchschauen und in der Folge – ganz nach Hannah Arendt – auch zu *begreifen*: „Begreifen bedeutet, sich aufmerksam und unvoreingenommen der Wirklichkeit, was immer sie ist oder war, zu stellen und entgegenzustellen."[95]

Literatur:

[Arendt 2006] Arendt, Hannah: *Elemente und Ursprünge totaler Herrschaft. Antisemitismus, Imperialismus, Totalitarismus*. Piper, München, 2006.
[Arendt 2007] Arendt, Hannah: *Vita Activa oder Vom tätigen Leben*. Piper, München, 2007.
[Behmann 2009] Behmann, Mathias: *Idee und Programm einer Matriarchalen Natur- und Patriarchatskritischen Geschichtsphilosophie. Zur Grundlegung der Kritischen Patriarchatstheorie angesichts der ‚Krise der allgemeinsten Lebensbedingungen'*. In: Projektgruppe „Zivilisationspolitik" (Hrsg.): Aufbruch aus dem Patriarchat – Wege in eine neue Zivilisation? Peter Lang, Frankfurt a.M., 2009, S. 107-177.

---

92 Gronemeyer 2002, S.44.
93 Werlhof 2010c, S.84.
94 Vgl. Daly 1991, S.361f.
95 Arendt 2006, S.25.

[Binswanger 1985] Binswanger, Hans Christoph: *Geld und Magie. Deutung und Kritik der modernen Wirtschaft anhand von Goethes Faust*. Weitbrecht, Stuttgart, 1985.

[Daly 1991] Daly, Mary: *Gyn/Ökologie. Eine Metaethik des Radikalen Feminismus*. Frauenoffensive, München, 1991.

[Ernst 1994] Ernst, Werner W.: *Zur Einleitung – Bemerkungen zur herrschenden Auffassung positiver Wissenschaften*, in: Barta, Heinz/Ernst, Werner/Moser, Hans (Hrsg.), Wissenschaft und Verantwortlichkeit. WUV-Universitätsverlag, Innsbruck, 1994, S.21-36.

[Finkielkraut/Houellebecq/Sloterdijk/Weibel 2000] Finkielkraut, Alain/ Houellebecq, Michel/Sloterdijk, Peter/Weibel, Peter: *Lasset uns Menschen machen. Die Konstruktion des Humanen. Gespräche über das neue Menschenbild. Erstes Gespräch*, in: Carl Hegemann (Hrsg.), Glück ohne Ende. Kapitalismus und Depression II. Alexander Verlag, Berlin, 2000, S.10-65.

[Forbes 1992] Forbes, Jack D.: *Columbus & andere Kannibalen. Die indianische Sicht der Dinge*. Peter Hammer, Wuppertal, 1992.

[Genth 1996] Genth, Renate: *Matriarchat als zweite Kultur*. In: Ernst, Werner W./Schweighofer, Annemarie/Werlhof, Claudia von (Hrsg.): Herren-Los. Herrschaft – Erkenntnis – Lebensform. Peter Lang, Frankfurt a.M., 1996, S. 17-38.

[Genth 2002] Genth, Renate: *Über Maschinisierung und Mimesis. Erfindungsgeist und mimetische Begabung im Widerstreit und ihre Bedeutung für das Mensch-Maschine-Verhältnis*. Peter Lang, Frankfurt a.M., 2002.

[Genth 2009] Genth, Renate: *Zivilisationskrise und Zivilisationspolitik*. In: Projektgruppe „Zivilisationspolitik" (Hrsg.): Aufbruch aus dem Patriarchat – Wege in eine neue Zivilisation? Peter Lang, Frankfurt a.M., 2009, S. 31-57.

[Gronemeyer 2002] Gronemeyer, Marianne: *Die Macht der Bedürfnisse. Überfluss und Knappheit*. Wissenschaftliche Buchgesellschaft, Darmstadt, 2002.

[Göttner-Abendroth 2008] Göttner-Abendroth, Heide: *Der Weg zu einer egalitären Gesellschaft. Prinzipien und Praxis der Matriarchatspolitik*. Drachen Verlag, Klein Jasedow, 2008.

[Hyde 2007] Hyde, Lewis: *The Gift. Creativity and the Artist in the Modern World*. Vintage, New York, 2007.

[Illich 2003] Illich, Ivan: *Entschulung der Gesellschaft. Eine Streitschrift*. C.H. Beck, München, 2003.

[Illich 1978] Illich, Ivan: *Fortschrittsmythen. Schöpferische Arbeitslosigkeit – Energie und Gerechtigkeit – Wider die Verschulung*. Rowohlt, Reinbek b. Hamburg, 1978.

[Illich 1982] Illich, Ivan: *Vom Recht auf Gemeinheit*. Rowohlt, Reinbek b. Hamburg, 1982.

[Keller 1993] Keller, Catherine: *Penelope verläßt Odysseus. Auf dem Weg zu neuen Selbsterfahrungen.* GTB Gütersloher Taschenbücher, Gütersloh, 1993.

[Klein 2009] Klein, Naomi: *Die Schock-Strategie. Der Aufstieg des Katastrophen-Kapitalismus.* Fischer, Frankfurt am Main, 2009.

[Kluge 2002] Kluge: *Etymologisches Wörterbuch der Sprache.* De Gruyter, Berlin, 2002.

[Mies/Shiva 1995] Mies, Maria/Shiva, Vandana: *Ökofeminismus. Beiträge zur Praxis und Theorie,* Rotpunktverlag, Zürich, 1995.

[Miller 1983] Miller, Alice: *Am Anfang war Erziehung.* Suhrkamp, Frankfurt a.M., 1983.

[Merchant 1994] Merchant, Carolyn: *Der Tod der Natur. Ökologie, Frauen und neuzeitliche Wissenschaft.* C.H. Beck, München, 1994.

[Mumford 1986] Mumford, Lewis: *Mythos der Maschine. Kultur, Technik und Macht. Die umfassende Darstellung der Entdeckung und Entwicklung der Technik.* Fischer, Frankfurt a.M., 1986.

[Sheldrake 2012] Sheldrake, Rupert: *Der Wissenschaftswahn. Warum der Materialismus ausgedient hat.* O.W. Barth, München, 2012.

[Schirmacher 2003] Schirmacher, Wolfgang: *Homo Generator und Autonomie. Eine Kritik des wissenschaftlichen Menschenbildes.* In: Ernst, Werner W. (Hrsg.): Aufspaltung und Zerstörung durch disziplinäre Wissenschaften. Studien Verlag, Innsbruck, 2003, S. 57-68.

[Vaughan 2002] Vaughan, Genevieve: *For-Giving. A Feminist Criticism of Exchange.* Anomaly Press, Austin, 2002.

[Werlhof 2006] Werlhof, Claudia von: *Das Patriarchat als Negation des Matriarchats. Zur Perspektive eines Wahns.* In: Göttner-Abendroth, Heide (Hrsg.), Gesellschaft in Balance. Gender Gleichheit Konsens Kultur in matrilinearen, matrifokalen, matriarchalen Gesellschaften. Dokumentation des 1. Weltkongresses für Matriarchatsforschung 2003 in Luxemburg. Edition HAGIA, Winzer, 2006, S. 30-41.

[Werlhof 2009] Werlhof, Claudia von: *Das Patriarchat: „Befreiung" von Mutter (und) Natur?* In: Projektgruppe „Zivilisationspolitik": Aufbruch aus dem Patriarchat – Wege in eine neue Zivilisation? Peter Lang, Frankfurt am Main, 2009, S. 59-103.

[Werlhof 2012] Werlhof, Claudia: *Der unerkannte Kern der Krise. Die Moderne als Er-Schöpfung der Welt.* Arun Verlag, Uhlstädt-Kirchhasel, 2012.

[Werlhof 2011] Werlhof, Claudia: *Die Verkehrung. Das Projekt des Patriarchats und das Gender-Dilemma.* Promedia, Wien, 2011.

[Werlhof 2010a] Werlhof, Claudia von: *Über die Liebe zum Gras an der Autobahn. Analysen, Polemiken und Erfahrungen in der ›Zeit des Bumerang‹.* Christel Göttert Verlag, Rüsselheim, 2010.

[Werlhof 2010b] Werlhof, Claudia von: *Vom Diesseits der Utopie zum Jenseits der Gewalt. Feministisch-patriarchatskritische Analysen – Blicke in die Zukunft?* Centaurus, Freiburg, 2010.

[Werlhof 2010c] Werlhof, Claudia von: *West-End. Das Scheitern der Moderne als „kapitalistisches Patriarchat" und die Logik der Alternativen.* Papyrossa, Köln, 2010.

[Wörer 2011] Wörer, Simone: *Gaben-Los? Grundrisse einer patriarchatskritischen Theorie der Gabe.* In: Projektgruppe „Zivilisationspolitik" (Hrsg.): Kann es eine „neue Erde" geben? Zur „Kritischen Patriarchatstheorie" und der Praxis einer postpatriarchalen Zivilisation. Peter Lang, Frankfurt a.m., 2011, S.179-201.

[Wörer 2012] Wörer, Simone: *Politik und Kultur der Gabe. Annäherung aus patriarchatskritischer Sicht.* Peter Lang, Frankfurt a.m., 2012.

[Wörer 2010] Wörer, Simone: *Teil-Gabe und Teil-Nahme. Patriarchatskritische Überlegungen zur zivilisationspolitischen Dimension der Gabe.* In: Gimesi, Thomas/Hanselitsch, Werner (Hrsg.), Geben, Nehmen, Tauschen. LIT, Wien, 2010, S. 221-236.

16. Was heißt „Leben"?
Biopolitik, Biotechnologie und die Frage nach dem Lebendigen

Elisabeth List

Vor fast 20 Jahren erschien ein Buch, das im Titel „Die Wiederkehr des Körpers" verkündete. Diese Wiederkehr manifestierte sich in einer Flut von Publikationen, von Konferenzen zum Thema „Körper". Sie galten der Erhebung, Di-
agnose und Reflexion auf ein Phänomen des kulturellen Wandels, die neue
Aufmerksamkeit für den Körper. Anlass dieses Körperbooms waren neue Formen des Umgangs mit dem Körper. Einige dieser sehr heterogenen Phänomene
des Wandels im Verhältnis zum Körper seien erwähnt. Da war zunächst die so
genannte sexuelle Revolution und das Sichtbarwerden des Körpers im Raum der
Kunst, dann neue Formen leibzentrierter Therapien, ein neues Gesundheitsbe-
wusstsein und eine florierende Wellness-Industrie, und vor allem die Entwicklungen in den Biowissenschaften, der Medizin und der Biotechnologie. Schließlich erscheint der Körper auch im Binnenraum der Kulturwissenschaften: Etwa
in den historischen Studien Michel Foucaults zum Thema Biopolitik und insbesondere in den feministischen Beiträgen zur Kritik der traditionellen Kategorie
des Geschlechts. Die traditionellen Geschlechtertheorien verorteten Geschlecht
im Körper als eine von der Natur vorgegebene anthropologische Konstante. In
der kulturwissenschaftlichen Reflexion verlor der Körper diese Aura des Natürlichen. Weiblichkeit und Männlichkeit als Formen des Geschlechts werden nicht
mehr länger als ein fragloses Bestandstück menschlicher Natur wahrgenommen,
sondern als eingebunden in den Kontext einer patriarchalen und, wie Frauen besonders betonten, einer heterosexistischen Geschlechterpolitik und in einer von
dieser Geschlechterpolitik diktierten symbolischen Ordnung. Aber nicht nur der
Körper des Geschlechts verlor seine Natürlichkeit, sondern der Körper in allen
seinen Dimensionen.

Die Akzente der eingangs zitierten „Wiederkehr des Körpers" haben sich
mittlerweile verschoben. Sie vollzieht sich heute unter zwei Leitbegriffen, den
Begriffen der Biopolitik und Biotechnologie. Wobei erstere, die Biopolitik, eine
Jahrhunderte, ja bis Platon zurückreichende Geschichte hat, während Biotechnologie eine Sache des letzten Jahrhunderts ist und, wie gesagt wird, vor allem die
Sache des 21. Jahrhunderts sein wird. Was sind nun Biopolitik und Biotechnologie, was benennen diese Begriffe? Es sind, um einen Terminus von Michel

Foucault zu verwenden, „Dispositive", das heißt Formen der Verfügung, und als solche Instrumente der Herrschaft und Kontrolle. Beiden, so zeigt sich, geht es vordergründig um den Körper, aber im Kern um *Leben*, und zwar um *Leben als eine zu kontrollierende Ressource.* Der Biopolitik geht es primär um menschliches Leben, der Biotechnologie auch um nicht-menschliche Phänomene des Lebens. Biopolitik und Biotechnologie beruhen beide auf einer Denkvoraussetzung, die mit den zeitgenössischen Biowissenschaften technikfähig geworden ist. Leben ist etwas, was im Wesentlichen zum Objekt von Kontrolle wird. Das ist auch die leitende epistemologische Prämisse der modernen „life sciences", die aus der Tradition der neuzeitlichen Wissenschaft seit Descartes stammt. Die Biopolitik in ihren extremsten Formen macht aus dem Menschen, den Aristoteles als vernünftiges und politikfähiges Tier bezeichnet, ein Tier-Objekt, indem sie ihn aller zivilen Rechte auf Autonomie und Selbstbestimmung und Freiheit entkleidet, ihn auf das nackte Leben, die schiere physische Existenz reduziert, ihn gewaltsam in Lager einschließt, in Konzentrationslager, indem er, gemeinsam mit vielen anderen, zum Bestandteil einer materiell verfügbaren, traktierbaren und eliminierbaren Masse wird. Es ist die Souveränität eines totalitären staatlichen Gewaltmonopols, die aus handlungsfähigen Individuen „nacktes Leben" macht.

Auf andere Weise, aber mit ähnlichen Ergebnissen, operiert die Objektivierung von Menschleben in den neuzeitlichen Wissenschaften. Leben ist im Denkmodell dieser Tradition der neuzeitlichen Wissenschaft ein Phänomen, das der Außenwelt angehört, die vom erkennenden Theoretiker als von ihm unabhängig existierend angenommen wird. Ein Phänomen also, der das erkennende Subjekt in objektivierender Distanz gegenübersteht. Der Theoretiker ist der reine Intellekt, der Leben erkennt, ohne an ihm teilzuhaben. Zwischen ihm und den zu erkennenden Objekten besteht eine Kluft, die, das ist seine Überzeugung, allein durch seine wissenschaftlichen Erkenntnismethoden überwunden werden kann.

Wie Bruno Latour in einem seiner letzten Bücher *Die Hoffnung der Pandora* zeigt, ist diese Kluft ein kulturelles Artefakt, die Erfindung einer Erkenntnispolitik, durch die das Reich des Wissens dem Einfluss und Zugriff des gemeinen Pöbels entzogen werden sollte. Dieses Motiv wirkt hinter dem Rücken einer Erkenntnismetaphysik, die aus allem, was es zu erkennen gibt, ein Objekt macht, ein Objekt der Außenwelt. Diese Erkenntnismetaphysik führt zu einer entstellenden Sicht beider, des erkennenden Subjekts wie auch der zu erkennenden Wirklichkeit, und das hat für eine Wissenschaft vom Leben gravierende Konsequenzen.

Entstellt ist die Sicht des erkennenden Subjekts als lebendigem Wesen, aber auch die Sicht der Phänomene des Lebendigen, die sich einer reduktionistischen Einordnung in die Welt bloßer materialer Objekte hartnäckig entzieht. In dieser

228

Inszenierung des biowissenschaftlichen Forschungsprozesses wird Leben zum Objekt der Erkenntnis im strengen Sinne des Wortes „Objekt", nämlich zum Erzeugnis des Labors. Molekulare Komponenten von Leben, die man nun das „Biotische" nennt, werden isoliert und technisch verfügbar gemacht, etwa millionenfach kopierte Sequenzen von DNS, die das Ausgangsmaterial zur Sequenzierung des Genoms liefert. Der Blick in die molekulare Dimension des Lebens ist neu und faszinierend. Das ist zugleich jene Dimension, in der Leben in besonderer Weise technisch manipulierbar und verfügbar wird. Und es ist dieses Faktum der technischen Manipulierbarkeit, von der die größte Faszination ausgeht, für die Forscher ebenso wie für die Unternehmen des neuen Biobusiness.

Der Zugriff, den die Biopolitik unternimmt, richtet sich nicht auf das Molekulare, nicht auf die Gene oder den Genotyp, sondern auf den Phänotyp, insbesondere auf den Phänotyp Mensch in seiner körperlichen Erscheinungsform. Sie kümmert sich dabei weniger um den einzelnen Körper, sondern ums Ganze, um den Volkskörper, den sie zu modellieren sucht. Sie bedient sich dazu vieler Mittel, der Überwachung, der Indoktrination, der Bestrafung, der Einschließung, der Techniken der Medizin und auch der Biotechnologien als Mittel zur Realisierung bevölkerungspolitischer Ziele. Die Vision einer Biopolitik geht zurück bis auf Platon, der seinen Staat mit biopolitischen Mitteln herzustellen versucht. Und schon bei Platon bedeutet Biopolitik zunächst und in erster Linie Geschlechterpolitik.

Seit der Antike wird der Körper der Frau als das vornehmliche Objekt biopolitischer Kontrolle betrachtet. Es ist Teil der biopolitischen Strategie, durch die Frauen festgelegt und definiert werden, insbesondere in ihrer Körperlichkeit. Und wenn man ihnen, den Frauen, die Fähigkeiten des Geistes, die man Männern zusprach, nicht zuerkennen wollte, so war es deshalb, weil ihr Körper und sein generatives Potential in Besitz genommen werden sollte. Denn Frauen sind die Verkörperung des Potentials, durch das sich ein Volkskörper erhält und deshalb sind sie Objekt der biopolitischen Kontrolle. Die Geschichte der Kontrolle der Frauen und ihres Körpers ist hinlänglich gut dokumentiert. Sie ist heute in vielem verbunden mit neuen Biotechnologien. Etwa bei den Praktiken der Sterilisierung, den neuen Techniken zur Manipulation des Vorgangs der Empfängnis, der Schwangerschaft. Besonders folgenreich für Frauen waren die Erfindung der Antibabypille und schließlich jüngst die Techniken der In-vitro-Fertilisation und ihre Nebenprodukte im Bereich der Embryonenforschung. In allen diesen Fällen verbindet sich die auf Frauen zielende Biopolitik aufs engste mit den Unternehmungen der Biotechnologie.

Im Interessens- und Erkenntniszusammenhang sowohl der Biopolitik sowie in den Biowissenschaften erscheint Leben reduziert auf ein Objekt der Kontrolle, der wissenschaftlichen, politischen und technischen Kontrolle. Vom Standpunkt und vom Selbstverständnis der neuzeitlichen Wissenschaften aus betrachtet ist daran nichts Besonderes. Sie ist historisch gesehen das große Projekt der Selbstermächtigung, das Projekt wissenschaftlicher Pioniere eines neuen Zeitalters, die sich als die Befreier aus der Vormundschaft religiöser Autoritäten feiern ließen. Im Mittelalter war es die Herrschaftsordnung einer klerikalen Elite, die das gesamte Leben bestimmte. In der Zeit der Renaissance entstand ein neues Bild vom Menschen, der sich von Gottes Knechtschaft befreit und sich starken Muts der Welt um ihn bemächtigt, sie durch seine Findigkeit zu beherrschen sucht. Dieses Bild des neuen Menschen trägt ganz klar männliche Züge, was sich besonders deutlich in dem neu entstehenden Wissenschaftsparadigma manifestierte, dem Paradigma einer Wissenschaft der Taten, der Experimente, der Eroberung und Entdeckungen.

Francis Bacon spricht in diesem Zusammenhang ausdrücklich von einer „männlichen Geburt der Zeit". Die Männlichkeit der neuen Wissenschaft bildet den unbewussten Zusammenhang, aus dem sich die neue Wissenschaft als ein Unternehmen der Objektivierung von Wirklichkeit und damit der Verdrängung des Subjektiven formt. Schon bei Galilei liefert das Argument der Unterscheidung der so genannten „ersten" und „zweiten" Qualitäten – der objektiven Qualitäten der raumzeitlichen Vermessung gegenüber den subjektiven Qualitäten der Erfahrung – die Rechtfertigung für eine neue Form der Welterkenntnis. Geschult an den Texten der Platoniker konstatiert Galilei, dass nur die so genannten ersten Qualitäten, die fassbar sind durch mathematische Messzahlen, etwas über die wahre Wirklichkeit aussagen. Man hat lange die Abwertung des Subjektiven als ein definierendes Merkmal von Wissenschaft unhinterfragt hingenommen, ohne zu fragen, was sie für den Lebenszusammenhang der neu entstehenden Kultur bedeutete. Erst in letzter Zeit ist man auf die dunkle Kehrseite des Siegeszugs von Rationalität und wissenschaftlicher Vernunft aufmerksam geworden. Die Durchsetzung des neuen Weltmodells der Mechanik war kulturhistorisch gesehen Teil des Versuchs, die verdrängten Ängste und die Unsicherheit der Zeit des Übergangs vom Mittelalter zur Moderne zu bewältigen. Es waren nicht nur die Ängste vor dem Weiblichen, das man in der Übermacht und Unberechenbarkeit der Natur am Werk sah, es waren auch Ängste, die von Naturkatastrophen, Seuchen, permanenten Kriegen ausgelöst wurden. Aus Descartes' Biographie lässt sich dieser Zusammenhang klar rekonstruieren: Descartes meinte mit den Mitteln der Mathematik eine Welt zu schaffen, die ihm gegenüber den Unwägbarkeiten seiner Zeit, die eine Zeit der Kriege war, ein sicheres Refugium bieten sollte.

Aus einem komplexen Syndrom unbewältigter Lebensängste formt sich schließlich das „starke" Bild einer Wissenschaft der Berechnung und Kontrolle, die im Laufe des 19. Jahrhunderts eine enge Allianz eingeht mit den politischen

Mächten des Staats. Die Politologin Anna Bergmann beschreibt diesen Prozess mit eindrücklicher Klarheit für die Geschichte der Medizin, die sich in der Renaissance nur sehr langsam vom Boden der magischen Vorstellungen von Leben und Tod löst. Die durch das religiöse Denken bestimmten Tabus im Umgang mit Toten, mit ihren Körpern, werden schrittweise aufgehoben, und das im anatomischen Theater des 16. Jahrhunderts noch stark ritualisierte Sezieren der Leichen verurteilter, hingerichteter Rechtsbrecher öffnete die Bahn für das wissenschaftlich motivierte Zerschneiden von menschlichen Körpern, das die Grundlagen des modernen medizinischen Wissens legte, und damit ein neues Verständnis von Leben. Aus der religiös bestimmten Opferlogik der ersten Leichenzerschneidungen wird allmählich eine alle Einfühlung mit dem Lebendigen über Bord werfende Technik der Forschung an toten und schließlich auch lebenden tierischen und menschlichen Körpern. Die Geschichte des Menschenexperiments, die Anna Bergmann anhand von unzähligen Dokumenten aus den Archiven der Medizingeschichte rekonstruiert, ist grauenvoller und Schrecken erregender als die Geschichte von Frankensteins Monster, die Mary Shelley geschrieben hat. Man erfährt, dass auch viele der Berühmtheiten der Medizingeschichte, unter anderem auch Nobelpreisträger, noch am Beginn des 20. Jahrhunderts für ihre Experimente in der Erforschung von tödlichen Krankheiten und Seuchen bewusst das Leben, insbesondere das Leben von Frauen und Kindern aus den unteren Schichten, aufs Spiel gesetzt und zerstört haben, und sie rechtfertigten, was sie taten, auch noch offen als Taten für den Fortschritt der Wissenschaft und den Segen der Menschheit.

Was haben dem die zeitgenössischen Körperdiskurse im Zeichen der Dekonstruktion der alten Meistererzählungen entgegenzusetzen? Ich frage mich zuweilen, wollen sie dem überhaupt eine andere Sicht von Leben entgegenhalten? Mein Eindruck: Von Foucault bis Judith Butler richtet sich alle Energie darauf, Biopolitik und Biotechnologien als Instrumente der Macht zu entlarven. Daher neigen vor allem die radikal konstruktivistischen Theorien des Körpers dazu, die Sichtweisen der kritisierten Positionen zu übernehmen, ja sie noch zu überbieten. Bei Foucault erscheint der Körper als passives Objekt der Biomächte von der Psychiatrie bis zur Medizin. Bei Judith Butler schließlich erscheint er als reines Konstrukt, das mit beliebigen politischen Botschaften besetzt werden kann. Beim späten Foucault allerdings zeichnet sich ein Wandel seines Denkens über Biomacht ab. Es hat den Anschein, dass nun das Andere, das zum Objekt gemachte lebendige Andere wieder eine Stimme erhält. Dieses Andere sind die leibhaftigen, durch ihre Körperlichkeit der Kontrolle unterworfenen Individuen. Frauen, aber auch Männer, Kinder, Kranke, Irre, Behinderte. Es sind lebendige Wesen, sprechende Wesen und als sprechende auch politische Subjekte und Akteure. Sie sind oder wären die Protagonisten eines Diskurses von unten, die politischen Stimmen einer Politik, die den Machtansprüchen einer Biopolitik von oben als potentielle Subjekte des Widerstands entgegenstehen.

Nun sollen diese sprechenden und agierenden Anderen der Biomacht nicht so sehr als Subjekte der Politik im Zentrum stehen, sondern sie sollen einen Weg eröffnen zu einer Antwort auf die Frage nach dem, was Leben heißt. Diese Frage soll aus ihrer Warte noch einmal gestellt und aufgegriffen werden.

Meine erste These war, dass in den modernen Biowissenschaften und der Biotechnologie Leben nur unter einer sehr beschränkten Perspektive thematisiert wird, nämlich aus der Perspektive seiner technischen Kontrolle, seiner Manipulier- und Reproduzierbarkeit. Das gilt jedenfalls für den Mainstream der Biowissenschaften, wie sie sich in der Öffentlichkeit präsentieren. Sie präsentieren sich mit dem vollen Gewicht wissenschaftlicher Autorität, und es ist heute fast unmöglich, ihnen zu widersprechen. Autoren, die diese Technometaphysik des Lebens kritisieren, sind eine Minderheit und Außenseiter. Leute etwa wie Erwin Chargaff, Hans Jonas, Günther Altner und die Köperhistorikerin Barbara Duden, und insbesondere Claudia Werlhof. Es ist nicht möglich, diese Autorinnen als Vertreterinnen einer oder gar „der" anderen Sicht von Leben zu verstehen. Aber sie eröffnen eine Alternative zur objektivistischen Sicht von Phänomenen des Lebens.

Ich habe in meinen Arbeiten versucht, der Frage nach einer Konzeption von Leben jenseits des physikalischen, mechanistischen Erfolgsmodells der Molekularbiologie nachzugehen. Seit Descartes sind mehrere Gegenmodelle zu dieser Sichtweise von Leben entwickelt worden. Zunächst das Konzept der Teleologie, wie es Kant vertrat, und dann das Modell des Vitalismus, das die alten Lebenskrafttheorien ablöste. Der Vitalismus, der schon ins 20. Jahrhundert gehört, beharrte auf der Nichtreduzierbarkeit des Lebendigen auf die Gesetze der Mechanik. Unter den Erben der Gegenwartsdiskussion schließlich sind es Konzepte der Selbstorganisation bzw. der Autopoesis, die in neueren Entwicklungen der Biologie vor allem im Bereich der Biochemie an Bedeutung gewonnen haben.

Kants Konzept der Teleologie, das die Zweckgerichtetheit oder Zweckhaftigkeit von Phänomenen des Lebens in den Blick nimmt, verweist auf eine Eigentümlichkeit von Lebewesen, die man auch als Protosubjektivität bezeichnen könnte. Die ersten Merkmale des Lebendigen sind seine Fähigkeit zur Selbsterhaltung (durch Nahrungsaufnahme und Stoffwechsel) und seine Fähigkeit zur Reproduktion (zur Fortpflanzung). Diese Fähigkeiten lassen sich am besten beschreiben in Begriffen der Selbstorganisation und der Zweckgerichtetheit, die auf höheren Stufen der Entwicklung des Lebens die Form von Intentionalität und schließlich von Subjekthaftigkeit annehmen.

Die Klassiker der kontinentalen Biologie in der ersten Hälfte des 20. Jahrhunderts haben sich wesentlich auf eine Begrifflichkeit von Intentionalität und

Subjekthaftigkeit gestützt. Die Gründe dafür, dass diese Vorstellungen von Leben mit der molekularbiologischen Revolution völlig aus dem Diskurs der Biologie verschwunden sind, lassen sich leicht erheben. Da ist einmal auf den wissenschaftshistorischen Bruch hinzuweisen, der mit der Ära des Nationalsozialismus und mit dem zweiten Weltkrieg verbunden ist. Es waren schließlich die Zielsetzungen der Kriegsindustrie, die den Anstoß gaben für die Entstehung eines neuen Paradigmas der Biologie. Ausgangspunkt waren die Entwicklungen in der Informationstheorie und der Kybernetik. Sie waren Anlass dafür, dass das mechanistische Modell des Lebens über die anderen Sichtweisen, die des Vitalismus und der Teleologie, den Sieg davontrugen. In der Folge ereignete sich, was die Wissenschaftshistorikerin Donna Haraway die Implosion von Biologie und Informatik nannte. Durch die Verschmelzung von Biologie und Informatik wurde die Sprache bzw. das Sprechen über Organisches in eine Sprache über Maschinen übersetzt. Die Elemente dieser Sprachen sind die biochemischen Einheiten, Moleküle.

Die neue molekulare Sicht des Lebens setzte sich durch, nicht zuletzt wegen der spektakulären Erfolge in der Molekularbiologie, insbesondere der Molekulargenetik. Die historische Genese dieses Modells lässt erkennen, dass es Teil eines umfassenden Prozesses der Industrialisierung des Umgangs mit Leben bildete. Es scheint heute mehr denn je eine Entwicklung ohne Alternativen zu sein. Freilich zeigen sich auch erhebliche Probleme und Konfliktzonen, seitdem die Biotechnologie beginnt, in die Substanz des Lebendigen, in das Genom, in die Keimbahn einzudringen. So einheitlich die Fortschritte der Biotechnologie begrüßt werden, so zwiespältig sind die Reaktionen auf Forschungen an Embryonen, auf Stammzellenforschung und besonders auf die Vorhaben des Klonens ganzer Menschen.

Eine Flut von Büchern zur Bioethik überschwemmt plötzlich den Markt. Die führenden Positionen der Bioethik haben eines gemeinsam. Sie stellen das Erkenntnismodell der modernen Biowissenschaften als Modell der Manipulation und Kontrolle von Lebensprozessen allesamt nicht in Frage. Stattdessen werden Bioethikkommissionen eingerichtet, um die Umsetzung der Biowissenschaften in Technologie am Menschen zu legitimieren. Diese Kommissionen dienen auf diese Weise willentlich oder unwillentlich letztlich zu nichts anderem als der ethischen Legitimation und der Verrechtlichung der entscheidenden Schübe und Schritte der technischen Zurichtung vom Leben, statt diesen technoiden Bildern vom Leben etwas anderes entgegenzusetzen. Was aber wäre dem Kontrolldispositiv der technischen Biowissenschaften entgegenzusetzen?

Meine zweite These lautet daher: Eine diesem Manipulations- und Kontrollmodell von Leben entgegenstehende Vorstellung von Leben kann nur eine sein, die die durch Inszenierung der Technometaphysik des Lebens geschaffene Kluft zwischen dem Erkenntnissubjekt und dem Leben als Objekt überwindet. Denn das Erkenntnissubjekt befindet sich nicht jenseits des Lebensprozesses, den es beschreibt. Es ist vielmehr selbst ein Teil dieses Lebenszusammenhangs. Anders gesagt, Phänomene des Lebens können nur verstanden werden unter Einbeziehung des Lebendigen und unter Würdigung des Standpunkts des sich als lebendig Wahrnehmenden. Das ist nur möglich, wenn man den rigiden Objektivismus der neuzeitlichen Wissenschaft hinter sich lässt. Leben lässt sich nicht zerlegen in einen Baukasten materialer Komponenten, chemischer oder physikalischer Art. Die Frage nach dem, was Leben heißt, ist diesseits des doktrinären Objektivismus einer Wissenschaft von der Außenwelt letztlich die Frage danach, was es für jemanden oder für etwas heißt, lebendig zu sein.

Gesucht ist also eine Phänomenologie des Lebendigen, die Leben aus einer „Sicht von innen", und damit ist gemeint, in seiner Positionalität und seiner Situiertheit beschreibt. *Positionalität* heißt, dass jedes Lebewesen existiert als *gesetzt*, als situiert in einer Umwelt. Leben ist aus dieser Sicht der fortgesetzte Versuch, die eigenen Grenzen, die eigene Position aufrechtzuerhalten gegenüber der Umwelt. Aber Leben ist zugleich ein Prozess des ständigen Austausches mit dieser Umwelt. Diese Grundstrukturen des Lebendigen, Situiertheit und Positionalität, nehmen auf einer bestimmten Form der Stufe der Entwicklung organischen Lebens die Form bewusster Subjektivität an. Das ist dann der Fall, wenn der lebendige Organismus über ein zentrales Steuerungsorgan verfügt, ein Zentralnervensystem. Dann entwickeln sich Intelligenz und Gedächtnis, und wenn darüber hinaus die Fähigkeit zur Symbolisierung entsteht, werden die eigentümliche Gerichtetheit, das Umweltverhältnis, und die Selbstwahrnehmung des Lebewesens bewusst und der Reflexion zugänglich. Der Mensch ist als lebendes Wesen in der Lage, sich durch seine mentalen und symbolischen Fähigkeiten ein Bild von sich und seiner Wirklichkeit zu schaffen, sich gewissermaßen von außen als Ganzes in den Blick zu nehmen, ja sich selbst zum Objekt der Forschung zu machen. Trotz dieser Fähigkeiten zur Selbstdistanzierung im Medium des Symbols bleibt er jedoch gebunden an seine Positionalität und Situiertheit, und das heißt: an seinen Leib. Das sich erkennende Selbst bleibt sich seiner Positionalität und seiner Situiertheit bewusst. Aber es kann sie auch, jedenfalls in seinen Bildern und Phantasien von sich selbst, leugnen und verdrängen. Eben dies geschieht durch eine objektivistische Sicht des Lebendigen.

Positionalität und Situiertheit sind strukturelle Merkmale des Lebendigen. Sie müssen im Blick bleiben, wenn man daran geht, die Phänomene des Lebendigen aus ihrer Binnenperspektive zu beschreiben am Leitfaden der *Frage, was es für jemanden heißt, lebendig zu sein.* Dies herauszuarbeiten wäre die Aufgabe einer Phänomenologie des Lebendigen. Das biologische Grundphänomen, nämlich die Fähigkeit des Lebendigen, sich selbst zu erhalten, impliziert für eine

234

phänomenologische Sichtweise zunächst *Spontaneität*. Spontaneität ist die Eigentümlichkeit, kraft derer jedes Lebendige, das über seine vitalen Energien verfügt, aus sich heraus aktiv ist, um sich selbst zu erhalten. Aufgrund seiner Spontaneität ist es fähig, ein Verhältnis zur Umwelt zur Erhaltung der vitalen Lebensfunktion zu entwickeln und zu stabilisieren. *Spontaneität* ist also ein erstes Grundmerkmal des Lebendigen, eine seiner erstaunlichsten Eigenschaften, die sich einer deterministischen Deutung entzieht. Spontaneität manifestiert sich zunächst in elementarer Form als *Selbstbewegung*, etwa als Fluchtbewegung oder als Nahrungssuche. Zur Selbstbewegung kommt *Umweltfähigkeit*, denn Bewegung ist immer Bewegung in einer Umwelt. Umweltfähigkeit bedeutet Sensitivität, Reaktionsfähigkeit, Orientierungsfähigkeit – alles Fähigkeiten, die man schon bei einfachen Organismen beobachten und als eine Form der „Proto-Subjektivität" bezeichnen kann, denn sie entwickeln sich lange vor den Formen bewusster Subjektivität. *Sensitivität* ist ein weiteres Schlüsselwort. Sensitivität ist die Fähigkeit Eindrücke aufzunehmen, die Fähigkeit des Erlebens von Lust und Schmerz. Spontaneität bedeutet aber auch Kreativität und die Fähigkeit, auf neue Situationen angemessen zu reagieren. Diese Dinge kommen ins Licht des Bewusstseins, sobald das Lebendige seiner selbst gewahr wird.

Ein wesentlicher Punkt für eine Phänomenologie des Lebendigen ist weiters die grundlegende Tatsache der *Leiblichkeit*. Lebendig sein heißt immer Leibhaftigkeit sein. Leiblichkeit ist die Weise, wie wir unseren Körper, den wir aus der Distanz des naturwissenschaftlichen Blicks als Objekt wahrnehmen, als das Medium unseres Existierens unmittelbar erfahren und spüren. Das ist eine wesentliche Teilantwort auf die Frage, was es für uns heißt, lebendig zu sein. Spontaneität und leibliche Gebundenheit, so kann man resümieren, bilden die beiden Eckpunkte, zwischen denen sich die Vielfalt von Weisen des Lebendigseins und ihres Gewahrwerdens abspielt. Spontaneität auf der einen Seite ist die Voraussetzung von bewusst gelebter Freiheit, und leibliche Situiertheit bedeutet andererseits Kontingenz, Endlichkeit, Hinfälligkeit, Begrenztheit. Zwischen diesen beiden Polen der Freiheit und der Erfahrung von Grenzen bewegt sich das Drama menschlicher Existenz.

Um die im Titel meines Beitrags gestellte Frage schlagwortartig zu beantworten, könnte man sagen, Leben als Lebendigsein ist Bewegung, spontane Bewegung ist für die menschliche Erfahrung Tätigsein in Freiheit. Das einzelne Leben ist jedoch eingebunden in einen größeren Zusammenhang von Lebensphänomenen, den wir „Natur" nennen. Wir sind in diesen Zusammenhang eingebunden, und zu ihm gehören auch die Phänomene, die sich in den molekularen Dimensionen von Lebensprozessen abspielen. Dennoch: Natur ist nicht schlicht die Summe solcher molekularer Ereignisse. Einmal fragte mich jemand:

Was ist Natur *für Sie*? Mir kam ganz spontan die Antwort: *Natur ist, was mich leben lässt.*

Das ist die Antwort aus einer Erfahrung heraus, die ich mit dem Leben als In-Bewegung-Sein gemacht habe, konkret aus der Erfahrung des Verlusts von körperlicher Bewegungsfähigkeit. Im normalen Leben verfügen wir über die Fähigkeiten, die dazu gehören, uns zu bewegen, mit spielerischer Leichtigkeit und mit größter Selbstverständlichkeit. Wir verlieren keinen Gedanken an den hochkomplexen Zusammenhang von Lebensphänomen, die sie uns ermöglichen, den Zusammenhang, den wir Natur nennen, zu verstehen. Sie sind uns gegeben, aber in Grenzsituationen erfahren wir, dass wir über sie nicht rechnend verfügen können. In diesem Sinn ist Natur eben, was uns leben *lässt.* Sie lässt uns leben, ohne dass wir über sie verfügen könnten oder müssten.

Der Satz „Leben ist Bewegung" ist deshalb nicht zu verstehen als eine Apotheose an den Tanz, als eine Feier der Bewegung um ihrer selbst willen. Leben als Bewegung ist ein beständiger Austausch mit dem Umfeld, mit dem Milieu, mit Anderen. Dieser Austausch ist das Medium, in dem sich Leben realisiert. Die Begegnung mit der Umwelt, mit dem Anderen, ist aber auch Anlass für die Erfahrung von Kontingenz, Ausgeliefertheit, Lebenskrisen, letztlich auch für Schmerz, Leiden und Tod. Sie ist Anlass dazu, wenn auch nicht immer die Ursache. Eine besondere Erfahrung dieser Art ist die Erfahrung von Grenzen, die einem eine Störung in der biophysischen Konstitution des eigenen Körpers bereiten kann. Es ist die Erfahrung dessen, was man in der öffentlichen Sprache „Behinderung" nennt. Die Erfahrung, von der ich konkret spreche, ist die Erfahrung, dass mir meine Körperlichkeit und Leibgebundenheit Grenzen setzt. Aber es geht nicht nur um diese spezielle Erfahrung der Beschränkung durch Krankheit, sondern es geht darum zu verstehen, dass Leben immer ein Prozess ist, der in bestimmten unaufhebbaren Grenzen verläuft.

Diese Erfahrung von Grenzen ist nicht leicht zu ertragen, ja oft schmerzlich, und die philosophische Spekulation hat alles darangesetzt, diese Erfahrung als nichtig, als irreal, als irrelevant wegzuerklären. Gegen diesen Philosophenwunsch möchte ich meine dritte These stellen, die These nämlich, dass der Umstand, Grenzen zu erfahren und Grenzen zu haben, ebenso wesentlich zu dem gehört, was leben, lebendig sein heißt wie die vorhin beschriebenen Merkmale des Lebendigen – seine Spontaneität und Selbstbewegung. Die Polarität von Lust und Schmerz hat diese unaufhebbare Spannung von Freiheit und Begrenztheit ganz und gar in sich eingeschrieben. Die Erfahrung von Aktivsein und Freisein wären nicht fassbar ohne den anderen Gedanken der Begrenztheit und der Kontingenz.

Es ist genau diese Erfahrung von Grenzen des Lebendigseins, die die Visionen der Biotechnologie aufzuheben suchen durch die Proklamation der Mach-

barkeit und Herstellbarkeit von Leben in jeder gewünschten Form – perfekt, ge-
reinigt von allen Spuren von Krankheit und Alter. Das sind Visionen eines neu-
en „Technoimaginären", die Vision einer durch Technik geschaffenen „Schönen
Neuen Welt", aber die Texte der Science Fiction sind auch voll vom Wissen davon, dass solche Formen der Zurichtung von Leben oft zugleich Formen der
Gewalttätigkeit sind.

Im Alltag des gewöhnlichen Lebens jedenfalls sind trotz aller medizinischen
Fortschritte die Erfahrung von Kontingenz und Hinfälligkeit allgegenwärtig.
Man möchte laufen und springen wie vor 20 Jahren – es geht nicht mehr. Man
möchte die rechte Hand, den linken Fuß heben – es geht nicht mehr. Frau möchte ein Kind zur Welt bringen – es geht nicht mehr. Man/Frau ist konfrontiert mit
der Begrenztheit der Existenz als Lebendiges.

Aber warum sollte man sich mit solchen Grenzen abfinden? Man könnte der
Frau raten, ihr Konto zu plündern und nach Italien zu fahren – oder nach Graz,
wo man neulich wie in Italien einer Sechzigjährigen zu einer Schwangerschaft
verholfen hat. Das ist jedenfalls, was in Zeiten der Kommerzialisierung von Leben propagiert wird. Dennoch: Könnte man nicht auch ganz anders denken über
die Grundtatsachen des Lebens? Könnten wir nicht anders denken als nur immer: ich möchte dies und das, und möglicherweise noch mehr, und zwar um jeden Preis. Könnten wir nicht andere Wünsche haben, haben wir nicht tatsächlich
noch andere Visionen vom Leben? Vor allem, wenn wir begriffen haben, was
Leben heißt. Wenn es so ist, dass Lebendigsein, so wie es uns gegeben ist, ein
Leben in Grenzen ist, wäre es nicht weiser, Grenzen anzunehmen und das Leben
so wahrzunehmen und zu lieben, wie es innerhalb dieser Grenzen möglich ist?

Und da gibt es einiges wahrzunehmen innerhalb dieser Grenzen, selbst dann,
wenn sie enger gesetzt sind als in einer Normalbiographie. Der Neurologe Kurt
Goldstein hat die Kriegsverletzten am Ende des ersten Weltkriegs so wahrgenommen. Er zeigt, dass auch nach gravierenden Verletzungen das Leben auf er-
staunliche Weise weitergeht. In minutiösen Details beschreibt er, wie es dem
Organismus gelingt, die durch Hirnverletzungen ausgefallenen Funktionen und
Fähigkeiten durch neue Bewegungen, Ausgleichsbewegungen zu kompensieren
und so ein neues Gleichgewicht mit der Umgebung herzustellen.

Ich erinnere mich an Erzählungen von Querschnittgelähmten, wie es ihnen
gelingt, mit einem Minimum an Beweglichkeit die erstaunlichsten Leistungen zu
erbringen und Fähigkeiten zu entwickeln. Der Verlust an Bewegungsfähigkeit
konfrontiert ihre Spontaneität und ihre Kreativität mit einer völlig neuen Situation und mit neuen Herausforderungen, und wie es ihnen gelingt, ihr Leben zu
bewältigen, nötigt einem Bewunderung ab.

Hier ließen sich hunderte Geschichten erzählen. Sie hätten alle ein Thema:
Dass die bewusste Auseinandersetzung mit Grenzen, die durch die Kontingenz

des Leiblichseins auferlegt sind, den Blick öffnet für eine Vielfalt und einen Reichtum von Lebensformen, die von einer Normalbiographie abweichen und auf diese Weise den Raum des Lebens öffnen für neue Möglichkeiten. Die Menschen, die mit solchen Grenzen leben, und die wir als Behinderte etikettieren, könnten zum Maßstab werden für eine andere Sicht des Lebens.

Ich kehre zurück zum Thema von Biopolitik und Biotechnologie. Es wird uns nicht gelingen, aus einem Weltbild politischer Kontrolle und technischer Manipulation zu entkommen, wenn wir nicht eine andere, eine neue Wahrnehmung von Phänomenen des Lebens entwickeln. Vielleicht klingt es paradox, aber es scheint, dass sich eine solche Sichtweise eröffnet, wenn man die Tatsachen und die vielfältigen Möglichkeiten der Begrenzung des Lebens als eine seiner wesentlichen Seiten ernst nimmt.

Ich will nicht leugnen, dass ich zu dieser Ansicht gelangt bin, weil ich Erfahrungen mit Grenzen habe, die man Behinderung nennt. Ich könnte meine These aber leicht umformulieren aufgrund der Erfahrung, die Frauen mit dem Leben haben. Etwa die Erfahrung von Geburt, die Frauen nicht selten an die Grenze zwischen Leben und Tod bringt. Es ist aber ganz allgemein die Erfahrung derer, die die Gegebenheiten ihres körperlichen Existierens nicht verdrängen oder ignorieren. Diese Erfahrungen können eine Sicht des Lebens eröffnen, die Leben nicht zum Objekt erklärt, und die lebendige Subjekte wieder zur Sprache bringt, wenn es um Fragen des Lebens geht.

17. Natur und Leiblichkeit bei Heidegger und Descartes – Patriarchatskritische Überlegungen zu einer Rehabilitation ‚vorkritischer' Metaphysik

Mathias Behmann

Seit Beginn der Neuzeit, d. h. in Bezug auf die abendländische Philosophiegeschichte: seit Beginn der Subjektphilosophie mit Descartes sowie ihrer späteren Vollendung im Rahmen der ‚kopernikanischen Wende', der Grundlegung der modernen Philosophie durch Kant, spielt die Natur als *eigenständige, lebendige Realität* in philosophischen Überlegungen keine Rolle mehr. Bei Descartes, auf dessen Philosophie sich die Naturwissenschaften auftürmen, verliert sie ihre Lebendigkeit, im Gefolge Kants ihre Eigenständigkeit. Natur ist seitdem passiv, etwas vom handelnden und erkennenden Subjekt her zu Bemächtigendes: im naturwissenschaftlich-technisch-ökonomischen Zusammenhang toter, zu transformierender Rohstoff, im Erkenntnisprozess bestenfalls erst zu formendes Material. Während die Naturwissenschaften die Natur als cartesianische *res extensa* für sich gepachtet haben, schießen sich die Geisteswissenschaften ganz auf das ‚Subjekt', den Menschen als Anti-Natur ein. Dabei ist es gerade die Philosophie, die an dieser künstlichen Entgegensetzung nichts zu ändern gewillt ist, obwohl sie die Möglichkeit hätte, die Natur – und damit auch den Menschen als *leiblichen* – nicht ausschließlich den Naturwissenschaften zu überlassen. Wer aber heute über Natur spricht, als wäre sie nicht bloß ‚Objekt' bzw. vom Menschen so, als wäre er ‚Natur', gilt als antiquiert und wird von der akademischen Philosophie durch den Kakao gezogen. Diese Attitüde, die dazu dient, um jeden Preis die Ideologie vom Menschen als ‚Krone der Schöpfung' aufrecht zu erhalten, um so dem Naturbemächtigungsprojekt der europäischen Neuzeit/Moderne weiterhin Legitimität zuzusprechen, beginnt aber allmählich anachronistisch anzumuten. Denn was wir heute erleben, ist eine Zivilisationskrise von historischem Ausmaß, die im Kern gerade eine Krise des *Naturverhältnisses* der vorherrschenden Gesellschaftsordnung darstellt – dem global gewordenen ‚kapitalistischen Patriarchat'. Eine genaue Analyse[1] dieser Krise zeigt, dass sie der konsequente Höhepunkt einer Vielzahl von Bestrebungen ist, die seit der Moderne

---

1 Projektgruppe ‚Zivilisationspolitik' 2009, 2011; Werlhof 2003, 2007, 2010a, 2010b, 2012; Genth 2002, 2009

existieren, ja dass sie letztlich nur als *Krise der Moderne selbst* begriffen werden kann – und zwar als eines gigantischen Versuchs, alte patriarchale Vorstellungen von ‚besserem' und ‚höherem' ‚Leben' durch naturwissenschaftlich-technisch-ökonomischen ‚Fortschritt' zu verwirklichen. Die Moderne, ein Welt-neu-‚Schöpfungs'-Projekt, erscheint damit als Fortsetzung der Alchemie mit anderen Mitteln: von ihrer Vorgängerin unterscheidet sich die moderne Naturwissenschaft, wie Werlhof jüngst gezeigt hat[2], nämlich gerade nicht durch ihre grundsätzliche Zielsetzung (Transformation der Materie), sondern vor allem durch ihre Technik, die Maschine, sowie ihre Methode – den von allen animistischen (matriarchalen) Bestandteilen vormoderner Alchemie ‚bereinigten' neuzeitlichen Rationalismus. Wie sollte also angesichts dieser zugespitzten Krisensituation, der ‚*Krise der allgemeinsten Lebensbedingungen*'[3] als Krise des Naturverhältnisses der patriarchalen Gesellschaftsordnung, noch am Überbau der kapitalistischen Transformationsmaschinerie – dem Anthropozentrismus patriarchaler Religion und Philosophie – festgehalten werden? Was heute in der Philosophie vielmehr notwendig wäre, um der angesprochenen Krise adäquat zu begegnen, wäre eine Rehabilitation ‚vorkritischer' Metaphysik und d. h. eine Rehabilitation des Naturbegriffs in der Philosophie überhaupt, der in allen einflussreichen philosophischen Strömungen seit Kant keine Rolle mehr spielt: nicht im Neukantianismus, nicht in der Phänomenologie, nicht in der Existenzphilosophie bzw. im Existenzialismus, nicht in der Wissenschaftstheorie, nicht in der Sprach- bzw. analytischen Philosophie, ja nicht einmal in der kritischen Gesellschafts- bzw. Kommunikationstheorie, und schon gar nicht in der Postmoderne.[4] Alle diese Strömungen bleiben im Wesentlichen auf den Menschen als ‚Subjekt' bezogen, sei es aus erkenntnistheoretischen, existenzphilosophischen oder auch gesellschaftstheoretischen Gründen. Dabei beginnt, wie schon erwähnt, diese Tendenz nicht erst mit Kant, sondern bereits bei Descartes, der als Begründer der Subjektphilosophie die Natur zwar noch als Substanz gelten lässt, allerdings bereits in einer neuzeitlich deformierten Form. – Sucht man nun in der abendländischen Philosophiegeschichte nach kritischen Geistern, die dieser Tradition etwas entgegengehalten haben, so stößt man unweigerlich auf Martin Heidegger, den großen Denker des ‚Seins'. Immerhin hat er als Schüler Husserls dessen neukantianismuskritische (transzendentale) Phänomenologie, wenn man so will: im konkreten Lebensvollzug ‚geerdet'. Muss man also angesichts der gegenwärtigen Naturkrise wieder verstärkt auf Heidegger zurückkommen? Jedenfalls für den frühen Heidegger gilt das, wie wir anhand einer Auseinandersetzung mit

---

2 Werlhof 2012
3 Behmann 2009
4 Vgl. Böhme 1988, 28

240

dessen Kritik an Descartes' Weltbegriff zu zeigen versuchen werden, nicht –
und zwar deshalb, weil Heideggers Frühphilosophie nicht aus der transzendentalphilosophischen Umklammerung ausbricht und also ‚idealistisch' bleibt. Was
wir aus patriarchatskritischer Sicht demgegenüber bräuchten, wäre gerade eine
neue *materialistische*, matriarchal-animistische Naturphilosophie[5], die eine
Neuauslegung der Seinsstrukturen des subjektunabhängigen ‚Von-Natur-aus-
Seienden' ermöglichte, um so über den Umweg der Etablierung eines neuen Naturverständnisses einen Beitrag zur Lösung der gegenwärtigen Zivilisationskrise
zu leisten, die auf einem antagonistischen Naturverhältnis basiert. In diesem
Sinne wollen wir im Folgenden zwei Fragen stellen: 1. Wie sieht Heideggers
Kritik am cartesianischen Weltbegriff aus? Und 2.: Wie muss demgegenüber die
patriarchatskritische Kritik an der fundamentalontologischen Auseinandersetzung Heideggers mit der cartesianischen ‚Substanzontologie' aussehen? Ohne
gesonderte Erläuterung der zentralen Begrifflichkeiten aus *Sein und Zeit* (‚Dasein', ‚In-der-Welt-sein', ‚vorontologisches Seinsverständnis', ‚ontologische
Differenz' usw.), werden wir nun – zugegebenermaßen sehr ruckartig – *in medi-
as res* gehen:

1. Heideggers Kritik an Descartes' Natur- bzw. Weltbegriff:

Die patriarchatskritische Kritik am Substanzendualismus Descartes' hat immer
betont, dass erst aufgrund der Reduktion der Natur auf ihr ‚mechanistisches
Substrat' deren konsequente Ausbeutung und Zerstörung, wie sie das ‚kapitalistische Patriarchat' kennzeichnet, möglich ist. Während Bacon mit seinem (noch
an Qualitäten orientierten) *Novum Organum* als erster das Programm des ‚patriarchalen Materialismus'[6] – die uneingeschränkte ‚Herrschaft des Menschen über

---

5 Zur mythologischen Komponente matriarchaler Naturphilosophie vgl. Derungs 2003,
   2011 sowie in diesem Band.
6 Unter ‚patriarchalem Materialismus' wird hier nicht eine bestimmte Metaphysik verstanden, der zufolge die letzten bestimmbaren Grundbestandteile der Wirklichkeit materieller
   Natur sind (wie etwa in den Naturwissenschaften), sondern, allgemeiner, der Versuch, alte
   patriarchale Vorstellungswelten (Religion, Philosophie) mit bestimmten Technologien
   praktisch umzusetzen. ‚Patriarchaler Idealismus' – wenn man so will: das ‚Denken' des
   Patriarchats (dieses kann durchaus eine materialistische Metaphysik beinhalten) – und
   ‚patriarchaler Materialismus' – sein konkretes Tun – gehen jeweils Hand in Hand. Historisch betrachtet aber ergibt sich durch die technologischen Revolutionen der Neuzeit und
   Moderne, d. h. im Zuge des naturwissenschaftlich-technischen ‚Fortschritts' sowie des
   Kapitalismus ein Übergewicht zum ‚patriarchalen Materialismus' hin, während in der Antike und im Mittelalter durch nicht vorhandene Technologien, trotz alchemistischer Praxis,
   der ‚patriarchale Idealismus' dominiert.

das Universum' – formulierte, war es Descartes vorbehalten, im Anschluss an Galilei die philosophische Letztbegründung dieses mechanistischen Paradigmas der neuzeitlichen Naturwissenschaft zu liefern. Für unsere Belange ist es wichtig festzuhalten, dass sich die patriarchatskritische Kritik an Descartes' Philosophie, weil sie, wie diese, auf das Seiende als solches bezogen bleibt, auf klassisch metaphysischem, *substanz*ontologischen' Boden abspielt. – Heidegger nämlich steht Descartes aus ganz anderen Gründen kritisch gegenüber: mit dessen Bestimmung des Menschen als *res cogitans* und der Welt als von Gott in ihrer ,Vorhandenheit' verbürgten *res extensa* begeht Descartes zwei zentrale Fehler, die nach Heidegger eine adäquate Thematisierung der → *fundamental*ontologischen Seinfrage (Sein als solches), wie er sie in *Sein und Zeit* detailliert entfaltet, von vornherein verunmöglichen: zum einen, so Heidegger, gehe Descartes von jenem nivellierten Seinsbegriff aus, der bereits seit der klassischen antiken Philosophie darin bestehe, Sein als bloße ,Vorhandenheit' dessen zu betrachten, was im reinen Hinsehen vorgefunden wird. Zum anderen führe er das so verstandene Sein in reduktionistischer Weise auf ein als Prinzip angesetztes Seiendes (Gott als ungeschaffene Substanz, als *ens perfectissimum*) zurück, aus dem das Sein des geschaffenen Seienden (der *res cogitans* und der *res extensa* als *ens creatum*) abgeleitet werde. Darin äußere sich die Missachtung der ,ontologischen Differenz'[7], d. h. des Unterschieds zwischen dem Seienden und dem Sein, die Heidegger dem abendländischen Denken insgesamt vorwirft: dass nämlich das Sein aus etwas Seiendem (Gott) ,erklärt' wird, anstatt beim Sein zu bleiben und es als solches auszulegen, ohne dabei in einen ontischen Reduktionismus abzugleiten.[8] Aufgrund dieser Verfehlungen – der Ausgangnahme beim nivellierten Seinsbegriff bloßer ,Vorhandenheit' sowie der Missachtung der ,ontologischen Differenz' – erklärt sich der unüberbrückbare Unterschied zwischen der Heideggerschen und der cartesianischen Konzeption von ,Mensch' und ,Welt': während Heidegger fundamentalontologisch vom ,Dasein' in seiner faktischen Existenz ausgeht, um durch eine phänomenologische Auslegung des diesem wesenhaft zugehörigen vorontologischen Seinsverständnisses das Sein in seiner vollen Differenziertheit thematisch zu machen, muss Descartes aufgrund seines einförmigen Seinsbegriffs und der Reduktion der Möglichkeit von Erkenntnis auf bloße *intellectio* eine ontologisch präzise Bestimmung der spezifischen Seinsweise nicht nur des ,innerweltlich' zunächst Begegnenden, sondern des Seins des Menschen und mit dessen ,In-der-Welt-sein' das existenzialontologische Weltphänomen insgesamt verfehlen. Indem, so Heidegger, das Sein im ,Ich bin', dem ,sum' des *cogito*, der ersten Evidenz Descartes', lediglich

---

7   Erstmals in GA 24, 22
8   Vgl. Thurnher 2002, hier: 203

242

ein bloßes Vorhandensein, d. h. das ,nackte Dass' der *res cogitans* meine, nicht aber zum Anlass genommen werde, die existenziale Verfasstheit des Daseins ontologisch präzise zu bestimmen, erweise sich der cartesianische Neuanfang, sein proklamierter „Umsturz aller Meinungen"[9], als Prolongation antiker und mittelalterlicher Versäumnisse: „Mit dem ,cogito sum' beansprucht Descartes, der Philosophie einen neuen und sicheren Boden beizustellen. Was er aber bei diesem ,radikalen' Anfang unbestimmt läßt, ist die Seinsart der res cogitans, genauer der *Seinssinn des ,sum'*."[10] Die Missachtung der ontisch-ontologischen Differenz kommt demnach dadurch zustande, dass das Sein des geschaffenen Seienden vorschnell unter Rekurs auf Gott, d. h. auf ein höchstes Seiendes, ,erklärt', nicht aber, wie es die phänomenologische Sinnklärung erfordern würde, als solches, d. h. streng ontologisch, erörtert wird – und das, obwohl zwischen Gott, dem *ens increatum*, und dem geschaffenen Seienden, dem *ens creatum*, wie Heidegger betont, gerade hinsichtlich des Seins ein unendlicher Unterschied besteht: „Zwischen beiden Seienden besteht ein ,unendlicher' Unterschied ihres Seins, und doch sprechen wir das Geschaffene ebenso wie den Schöpfer *als Seiende* an. Wir gebrauchen demnach Sein in einer Weite, daß sein Sinn einen ,unendlichen' Unterschied umgreift."[11] Während sich im Rahmen der phänomenologischen Sinnklärung im Hinblick auf die verschiedenen Seinsverfassungen der unterschiedlichen Regionen von Seiendem (Mensch, Tier, Natur, Gott, Gebrauchsgegenstände usw.) abgründige Unterschiede offenbaren, sei vor dem Hintergrund des bei Descartes zugrunde gelegten Seinsbegriffs bloßer ,Vorhandenheit' eine Differenzierung lediglich im Graduellen möglich. Dies meint Heidegger, wenn er den Vorwurf äußert, Sein sei zum selbstverständlichsten Begriff herabgesunken, dem in seiner Differenziertheit nicht länger nachgedacht werde.[12] – So kommt es bei Descartes also nicht nur zu einer ontologischen Fehlbestimmung der Welt als *res extensa*, sondern es kann darüber hinaus weder ,Dasein' noch ,Welt' bzw. ,Weltlichkeit' im Heideggerschen Sinne, d. h. als existenzial-ontologische Phänomene, geben. Weil Descartes den Menschen unter Zugrundelegung seines einförmigen Seinsbegriffs (,Substanzialität') analog zur ,Welt' als *res* – nämlich als ,denkendes Ding' – fasst, ist eine angemessene Ontologie des Daseins von vornherein so unmöglich wie eine adäquate Inblicknahme des existenzialen Weltphänomens. Während die ,Welt' bei Heidegger gleichsam als Scharnier zwischen dem Dasein als ,In-der-Welt-sein' und dem in dieser ,Welt' begegnenden Seienden fungiert, um damit das Feld abzugeben, auf

---

9 Descartes 1986, Meditation I, 63
10 Heidegger 2006, 24
11 Heidegger 2006, 92
12 Heidegger 2006, 2ff

dem die hermeneutische Phänomenologie die Seinsstrukturen hebt, übergeht Descartes mit dem fundamentalontologischen Weltphänomen zugleich das ursprüngliche Sein des in dieser ‚Welt' begegnenden Seienden. Im Unterschied zum stimmungsmäßig ‚befindlichen' Dasein Heideggers ist der cartesianische Mensch als ‚Denkding' nämlich nicht bereits ‚vorwissenschaftlich', d. h. im Rahmen des alltäglichen Lebensvollzugs bzw. des diesen tragenden Seinsverständnisses (= über die Weisen des In-seins ‚Befindlichkeit', ‚Verstehen' und ‚Rede') beim Sein des Seienden, sondern meint, sich über den Umweg des künstlichen Zweifels vorerst seiner bloßen ‚Vorhandenheit' versichern zu müssen, um anschließend, vermittelt über reine *intellectio* und kategoriale Zuweisungen, auch die ‚Vorhandenheit' des nicht-Ichhaften zu fixieren. Heidegger zufolge aber wird im Grunde auch jenes Seiende, das Descartes mit der *extensio* zu fassen versucht, erst im Durchgang durch ein zunächst ‚zuhandenes' ‚innerweltliches' Seiendes entdeckbar, sodass er zum Schluss gelangen kann, „daß Descartes nicht etwa nur eine ontologische Fehlbestimmung der Welt gibt, sondern daß seine Interpretation und deren Fundamente dazu führen, das Phänomen der Welt sowohl wie das Sein des zunächst zuhandenen innerweltlich Seienden zu *überspringen*."[13] Mit diesem ‚Überspringen' korreliert der mathematisch vermittelte Zugang des cartesianischen Ichs zur Dingwelt, der von der hermeneutisch-phänomenologischen Warte Heideggers, die von der ‚Befindlichkeit' im Sinne des ‚In-der-Welt-seins' ausgeht, unangemessen erscheint.

Was nun aber wäre aus patriarchatskritischer Sicht, die das neuzeitliche Methodenideal ebenfalls kritisiert, zu dieser fundamentalontologischen Kritik am cartesianischen Mensch- und Weltbegriff zu sagen? Immerhin erscheint Heideggers Philosophie auf den ersten Blick als radikale Kritik an der neuzeitlichen Subjektivitätsvorstellung, die ihrerseits die Grundlage für die Weltbemächtigung des ‚patriarchalen Materialismus' bildet.

2. Die patriarchatskritische Kritik an Heideggers Descartes-Kritik:

Im Unterschied zu dieser fundamentalontologischen Kritik Heideggers am mathematischen Methodenideal, die vornehmlich auf das daseinsmäßige, transzendentalphilosophisch generierte Sein abzielt, gilt das rationalistische Umgehen der Sinne aus patriarchatskritischer Perspektive als probates Mittel des ‚patriarchalen Idealismus', um die unmittelbar erfahrbaren matri-archalen Seinsstrukturen alles Von-Natur-aus-Seienden (‚objektives' Sein) a priori zu unterminieren bzw. unter Verweis auf fragwürdige erkenntnistheoretische Annahmen als ‚obskure Größen' zu disqualifizieren. Auf der Makroebene gehört zu dieser phäno-

---

13 Heidegger 2006, 95

menalen Gegebenheit v. a. der zyklische Seinsverlauf im Sinne des unaufhörlichen Werdens und Vergehens alles Von-Natur-aus-Seienden, das als *natura naturata* unmittelbar auf die hervorbringende Dimension derselben Natur insgesamt als *natura naturans* verweist. Diese wird als eine Art ‚Mutter' begriffen, deren fortlaufendes Gebären als *conditio sine qua non* in Bezug auf das Sein des Seienden alle ontologischen Fragestellungen (auch die *fundamental*ontologische, weil das Dasein nicht aus dem Nichts kommt [!]) prädeterminieren muss. Gerade hier aber, in Bezug auf die vorlaufenden[14] Seinsstrukturen des physischen Weltphänomens, der Natur als Grundvoraussetzung allen menschlichen Daseins, scheint Heidegger der cartesianischen Leibfeindlichkeit um nichts nachzustehen; nicht aber, weil er den Leib und die leibliche Dimension des Daseins in Anlehnung an die patriarchale Tradition negativ besetzt und damit herabwürdigen würde, sondern – schlimmer: weil er sie schlicht *ignoriert*. So kommt in Heideggers Philosophie, sowohl der frühen als auch der späten, trotz aller ‚Faktizität' und ‚Existenz', das primäre Faktum der *Geburt* nicht vor, ja das Dasein erscheint – und darin besteht die Parallele zu Descartes, der sein eigentliches Ich eher als von Gott als von seinen Eltern abgeleitet wissen will[15] – als ein ungeborenes, gleichsam aus dem Nichts in die einzig mögliche, die existenzial-ontologische ‚Welt' hineingeworfenes Geistwesen. Zwar legt Heidegger innerhalb der ‚Gemütsausstattung' dieses Geistwesens den Schwerpunkt auf die Gestimmtheit im Sinne der ‚Befindlichkeit' sowie das ‚Verstehen' und bietet damit, ganz im Sinne der Patriarchatskritik, einen bedeutsamen Kontrapunkt zur abendländischen Fixierung auf das ungetrübte Denken und Urteilen, doch bleibt in seiner Phänomenologie die leibliche Dimension des Menschseins als für den Philosophen wohl *zu* ‚vulgäres' Phänomen auf der Suche nach dem fundamentalontologischen Sein auf geradezu groteske Weise unthematisch. So könnte man mit seinem Schüler Günther Anders, dem zugleich bedeutendsten und schärfsten Kritiker Heideggers, protestieren: „Glatt unterschlagen ist […] die Tatsache, daß wir *gezeugt* und *geboren* sind; und es ist dabei H.s [Heideggers, Anm. M.B.] persönliches ontologisches Unglück, daß er, um die faktische Herkunft jedes menschlichen Daseins zu verbrämen, versehentlich gerade auf einen animalischen Ausdruck verfiel – denn ‚geworfen' nannte man vor ihm nur Hunde oder Katzen."[16] Oder in pointiert-formelhafter Zuspitzung: „Erst kommt das Fressen, dann die Ontologie."[17]

---

14 Vgl. dazu auch den Begriff des ‚vorlaufenden Zusammenhangs' bei Ernst 1996 sowie in diesem Band.

15 Vgl. Descartes 1986, Meditation III, 133

16 Anders 2001, 292f

17 Anders 2001, 293

Diesen Differenzen zum trotz besteht die Gemeinsamkeit zwischen der Heideggerschen Fundamentalontologie und der ‚Kritischen Patriarchatstheorie' in der prinzipiellen Opposition zum mathematischen Methodenideal der neuzeitlichen Naturwissenschaft und damit zur Subjektphilosophie Descartes'. Während die ‚Kritische Patriarchatstheorie' aber zu einer neuen, dezidiert *matriarchalen* Naturphilosophie gelangen will und damit – formal betrachtet – auf dem ‚substanzontologischen' Boden Descartes' verbleibt, um inhaltlich selbstredend diametrale Positionen zu vertreten (Monismus statt Dualismus), geht es Heidegger um eine fundamentalontologisch-transzendentalphilosophische Phänomenologie des Daseins sowie des ‚innerweltlich' Seienden. Klar ist, dass vor dem Hintergrund eines derart philosophiespezifischen Vorhabens ungleich schwerer jene *gesellschaftstheoretische Relevanz* entwickelt werden kann, die die ‚Matriarchale Naturphilosophie' schon deshalb besitzt, weil die Moderne als ‚kapitalistisches Patriarchat' ihr utopisches Naturtransformationsvorhaben nur auf der Basis einer ganz bestimmten Ideologie, gegen die sich die ‚Matriarchale Naturphilosophie' wendet, in Angriff nehmen kann. So werden anhand einer Ontologie, sei sie auch ‚substanzontologisch', im Rahmen der ‚Kritischen Patriarchatstheorie' nicht nur die Seinsstrukturen, sondern zugleich und v. a. auch die Verhaltungen des modernen Gesellschaftsbetriebs insgesamt in ihrer Tiefenstruktur analysiert. Zudem bietet die ‚Matriarchale Naturphilosophie' eine Art Kontrastfolie für die Bewertung der abendländischen Metaphysikgeschichte in ihrer Entwicklungsdynamik und damit die Möglichkeit der Formulierung einer ‚Patriarchatskritischen Geschichtsphilosophie'.[18]

In den Ausführungen zum europäischen Nihilismus in *Nietzsche II* (vgl. auch GA 48) rückt Heidegger dann auch, was die geschichtsphilosophische Relevanz Descartes' und der Moderne insgesamt betrifft, in die Nähe der patriarchatskritischen Kritik, indem nicht mehr so sehr das Entwurfhafte und damit das fundamentalontologische Unterfangen im Zentrum stehen, sondern seins*geschichtlich* von der je epochalen Geworfenheit des nunmehr ek-sistierenden Menschen in ein vom Sein geschickhaft „ereignetes"[19] Weltverständnis ausgegangen wird. Mit dieser Abkehr vom Ideal begründungstheoretischer Wissenschaftlichkeit verlässt Heidegger endgültig auch den Boden der Fundamentalontologie aus *Sein und Zeit*, die – wie Descartes, Kant oder Husserl – im Subjekt (dem Dasein) noch den allgemeinen transzendentaltheoretischen Auslegungshorizont, d. h. die ‚Bedingungen der Möglichkeit' der Seinserhellung und damit die Möglichkeit der Generierung transhistorisch gültiger Allgemeinaussagen im Sinne von Ontologie gesehen hat. Phänomene wie ‚Erschlossenheit' und ‚Verschlossenheit'

18 Vgl. Behmann 2009
19 Vgl. Heidegger 1989

werden jetzt nicht mehr dem mehr oder weniger ,eigentlich' existierenden Menschen zur Last gelegt, sondern gründen als ,Entbergung' und ,Verbergung' im Seinsgeschick selbst, das zugleich Weltgeschick ist. Damit tritt die *Einzigartigkeit* des ,Ereignisses' der abendländischen Metaphysik an die Stelle der vormaligen Phänomenologie des Daseins und dessen Entwurfhaftigkeit. Von einer formalen Annäherung des ,gekehrten' Denkens Heideggers an die ,substanzontologisch' orientierte ,Kritische Patriarchatstheorie' im Sinne einer Rückkehr zum ,vorkritischen' Philosophieren kann dennoch nicht die Rede sein; das seingeschichtliche Denken bleibt eine Heideggersche Genuinität, ein Denken *sui generis*. Statt den transzendentalphilosophischen Boden rückwärtsgewandt zu verlassen, tritt er, wenn man so will, die Flucht nach vorne an, indem er lediglich eine neue Dimension in Bezug auf das Wahrheitsphänomen eröffnet: so wie er im Wahrheitskapitel von *Sein und Zeit* (§44)[20] der traditionellen Wahrheitstheorie, der von der *adaequatio intellectus et rei* ausgehenden Adäquationstheorie, das ursprüngliche fundamentalontologische Wahrheitsphänomen – den freien, entwurfhaften Handlungsvollzug des Menschen, in dem sich die Phänomene lichten – als ermöglichende Dimension zugrunde legt, so legt er in der Schrift *Vom Wesen der Wahrheit* (aus dem Jahr 1930) diesem freiheitlichen Handlungsvollzug des Menschen (dem Entwurf) als ermöglichende Dimension die bereits vorlaufende Offenheit und Gelichtetheit von Welt zugrunde (Welt konstituiert sich jetzt nicht mehr im menschlichen Freiheitsvollzug, sondern das menschliche Verhalten ist offenständig, es steht ek-sistierend in der vom Sein selbst geschickten Lichtung). So wird aus dem „Wesen der Wahrheit"[21], dem Freiheitsvollzug des Daseins als ermöglichender Dimension der Adäquationstheorie, die „Wahrheit des Wesens"[22] im Sinne der Abhängigkeit dieses Freiheitsvollzugs von der je epochalen Geworfenheit des Daseins in eine vom Sein bereits gelichtete Welt (,Wesen' hier als substantiviertes Verbum, das auf das Prozesshafte des singulären Ereignisses der abendländischen Metaphysik als Seinsgeschick verweist).

Das für die ,Kritische Patriarchatstheorie' Interessante besteht dabei darin, dass es aufgrund dieser ,Kehre' im Denken Heideggers, das nun nicht mehr so sehr am einzelnen Dasein hängt und folglich in der Lage ist, die für die Patriarchatskritik so zentrale, geschichtsphilosophisch relevante Makroebene (Neuzeit = Naturbeherrschung, Anthropozentrismus etc.) in den Blick zu nehmen, trotz formaler Unterschiede, auf inhaltlicher Ebene zu verblüffenden Parallelen zur ,Patriarchatskritischen Geschichtsphilosophie' kommt. So kritisiert Heidegger

---

20 Heidegger 2006, 212-230
21 Heidegger 1976, 186
22 Heidegger 1976, 200f

mit dem neuzeitlichen Subjekt, das seit Descartes nicht nur anthropozentrisch mit dem Menschen, sondern im Sinne der patriarchalen Metatrennung von Geist und Natur (Materie) spezifischer: *mit dem menschlichen ,Ich'* gleichgesetzt wird, zugleich seinen eigenen fundamentalontologischen Ansatz. Vom ,gekehrten' Denken aus gilt die Kritik damit nicht länger lediglich der Transhistorizität des cartesianischen *ego*, das Heidegger in *Sein und Zeit* zugunsten des faktischen, endlichen Daseins aufgibt, sondern im patriarchatskritischen Sinne dem aus dieser Zuspitzung auf das cartesianische *ego* folgenden Herrschaftsanspruch über die Natur bzw. das Universum insgesamt, wie bereits Bacon in seiner Utopie phantasierte. So fragt Heidegger nun: „Woher entspringt jene alles neuzeitliche Menschentum und Weltverständnis lenkende Herrschaft des Subjektiven? Diese Frage ist berechtigt, weil bis zum Beginn der neuzeitlichen Metaphysik mit Descartes und auch noch innerhalb dieser Metaphysik selbst, *alles Seiende*, sofern es ein Seiendes ist, als sub-iectum begriffen wird. Sub-iectum ist die lateinische Übersetzung und Auslegung des griechischen *hypokeimenon* und bedeutet das Unter- und Zugrunde-liegende, das von sich aus schon Vor-liegende. Durch Descartes und seit Descartes wird in der Metaphysik der Mensch, das menschliche ,Ich', in vorwaltender Weise zum ,Subjekt'.“[23] Dieser zum Egozentrismus radikalisierte Anthropozentrismus, der mit Descartes anhebt und im Rahmen der ,kopernikanischen Wende', der bewusstseinsphilosophischen Revolution Kants, zum endgültigen Durchbruch gelangt, ist für das Verständnis des patriarchalen Herrschaftsanspruchs über die Natur, den Bereich des ,Nicht-Subjektiven', wie er sich zu Beginn der Neuzeit herausbildet, unerlässlich.

Worin liegen also die Differenzen zwischen der Heideggerschen Frühphilosophie und der ,substanzontologisch' orientierten Naturphilosophie der ,Kritischen Patriarchatstheorie'?

Zum einen geht es der ,Kritischen Patriarchatstheorie' vor dem Hintergrund dessen, dass wir uns in einer bis ins Äußerste zugespitzten Naturkrise befinden, die im Kern auf die patriarchale Utopie einer maschinentechnisch-kapitalistischen Welt-neu-,Schöpfung' zurückzuführen ist, weniger um das Sein im Sinne der philosophiespezifischen, gesellschaftstheoretisch weitgehend irrelevanten Seinsfrage Heideggers, sondern um das *Seiende selbst* – v. a. in Gestalt des Von-Natur-aus-Seienden, das angesichts der Verwertungslogik des ,patriarchalen Materialismus' zusehends unter die Räder des neuzeitlichen ,Fortschritts' gerät. Für die ,Kritische Patriarchatstheorie' steht so gesehen keine existenzialontologische Neuauslegung des als unveränderlich und in seiner Unversehrtheit unproblematisiert vorausgesetzten Seienden im Zentrum, sondern die Sorge um dessen *Möglichkeit des Weiterbestehenkönnens* angesichts der Gefahr, die von

---

23 Heidegger 1997, 124

der technisch-ökonomischen Basis des ‚kapitalistischen Patriarchats' als vor-
herrschendem Gesellschaftssystem ausgeht. Geht es der ‚Kritischen Patriarchatstheorie' über diese Sorge um das Seiende hinaus, die zudem wenig mit der existenzphilosophischen Sorge des einzelnen Daseins um seine jeweilige Möglichkeit des Eigentlichseinkönnens zu tun hat, dennoch um das Sein, so handelt es
sich dabei weniger um das transzendentalphilosophisch generierte Sein-für-den-
Menschen, d. h. um das Sein, insofern es aus der Sicht des Subjekts (des Daseins) *für dieses* betrachtet wird, sondern im vorkantianischen Sinne um das
‚metaphysisch' interpretierte Sein als ‚Substanz'. So gesehen kann man konstatieren, dass sich die ‚Kritische Patriarchatstheorie' mit ihrer Naturphilosophie
formal betrachtet durchwegs auf dem ‚substanzontologischen' Boden der vorkantianischen und d. h. u. a. auch der cartesianischen Metaphysik befindet – mit
dem Unterschied allerdings, dass sie inhaltlich zu diametralen Positionen gelangt (Monismus). Aus dieser formalphilosophischen Gemeinsamkeit heraus
ergibt sich auch der Umstand, dass die ‚Kritische Patriarchatstheorie' nicht jedem Kritikpunkt, den Heidegger gegenüber Descartes vorbringt, nur Positives
abgewinnt: Wenn Heidegger bspw. den Vorwurf äußert, Descartes missachte,
weil er die *res cogitans* unter Anwendung der mittelalterlichen Schöpfungsonto-
logie als *ens creatum* fasse und damit das Sein des Geschaffenen in einem
höchsten Seienden (Gott) aufhebe[24], gemeinsam mit der gesamten Philosophie-
tradition die ‚ontologische Differenz', so ist aus patriarchatskritischer Perspektive einzuwenden, dass eine solche nach Heidegger unzureichende ‚*Onto-
Theologie*' mindestens den Vorteil hat, dass sie (sofern sie die Natur selbst mit
dem Göttlichen gleichsetzt – Pan(en)theismus) den Blick auf das Hervorbringen
freimacht, auf das unmittelbar gegenwärtige Faktum der *Geburt*, die Natalität
alles Von-Natur-aus-Seienden, d. h. auf das physische *archein*, den matriarchalen Prozess – auf jenes ursprüngliche ‚Ereignis', das selbst noch das Fundament der sog. Fundamentalontologie bildet, weil ohne Geburt kein Dasein
möglich ist. Im Unterschied zur Heideggerschen Kritik am cartesianischen Methodenideal, die vornehmlich das Überspringen des daseinsmäßigen, transzendentalphilosophisch generierten Seins moniert, zielt die patriarchatskritische
Kritik sowohl an der cartesianischen als auch der Heideggerschen Subjekt- bzw.
Daseinsphilosophie v. a. auf das Herabwürdigen bzw. Ignorieren des Seins der
subjektunabhängigen Natur als solcher, d. h. auf das Ignorieren der *unmittelbar
erfahrbaren, vorlaufenden, gerade nicht-daseinsmäßigen matri-archalen Seinsstrukturen alles Von-Natur-aus-Seienden* ab: Heidegger ignoriert die Natur und
damit das nicht-daseinsmäßige Sein vor dem Hintergrund seiner fundamentalontologischen Seinsfrage überhaupt, bei Descartes kommt die Natur zwar vor, ihr

---

24 Vgl. Heidegger 2006, 24

Sein aber wird vor dem Hintergrund des aufkommenden ‚patriarchalen Materialismus' und der ihm inhärenten Notwendigkeit, alles Von-Natur-aus-Seiende mathematisch beherrschen zu müssen, dualistisch statt matri-archal-monistisch interpretiert.

Wenn so gesehen der ‚frühe' Heidegger bspw. betont, mit der Zeuganalyse, d. h. der phänomenologischen Aufschlüsselung der Beziehung des Daseins zu seinem ‚Zeug', könne das Wesentliche, das ursprüngliche Wahrheitsphänomen, erhellt werden, dann ist aus Sicht der ‚Kritischen Patriarchatstheorie' immer schon zu fragen, inwiefern denn das innerhalb dieser Zeuganalyse begegnende ‚Zeug' nicht womöglich bereits ein Erzeugnis der patriarchalen Transformationsmaschinerie, ein Produkt jenes patriarchatskritischen Wahrheitsphänomens ist, das dem fundamentalontologischen vorausgeht und sich historisch manifestiert in der neuzeitlich-modernen, maschinentechnisch-kapitalistischen Transformation alles Von-Natur-aus-Seienden in Maschinenhaftes. Zum anderen ist auch nach den spezifischen Unterschieden zu fragen, die zwischen den Heideggerschen Werkzeugen und der modernen Maschine oder gar den neuesten Militär-Technologien[25] bestehen. Entfernt man sich nämlich von der ländlichen Schusterwerkstatt Heideggers, dann dürfte man, wie auch Anders betont, rasch zur Einsicht gelangen, dass gerade in der modernen Technik die Entfremdung, nicht aber der Schlüssel zum ursprünglichen Wahrheitsphänomen liegt: „In Wirklichkeit ereignet sich das Sich-Aufschließen des ‚Zeug' nur in solchen Akten, deren ‚Vermittlung' höchst einfach ist, wo also der Produzent und das Produkt, der ‚Benutzer' und das ‚Benutzte', der Verbraucher und das Gut eine simple, übersehbare Funktionseinheit bilden, wie etwa beim Schustern oder Apfelessen. Die Bedienung einer modernen Maschine erschließt diese durchaus nicht; ihre ‚Entfremdung' ist in die gegenwärtige Gesellschaft und ihre Arbeitsteilung offensichtlich miteinkalkuliert. Schon dies [...] Beispiel beweist, daß dort, wo Heidegger anscheinend ‚konkret' oder ‚pragmatisch' wird, er ganz altertümlich ist, [...] denn seine ganzen Beispiele stammen aus der ländlichen Schusterwerkstatt. Die Entfremdung, die gerade durch die angeblich ‚aufschließenden' Geräte produziert wird, ist ihm fremd."[26] Entfremdung ist bei Heidegger in diesem Sinne niemals konkret und von unmittelbarer gesellschaftstheoretischer Relevanz, sondern tritt in einer eigentümlichen ‚Verkopfung' auf bzw. in „einer harmlosen Verbrämung, als eine ‚metaphysische Entfremdung', z. B. als sogenanntes ‚Nichten' der Welt."[27] Was aber ist mit dem realen Hunger, dem Tod Hunderttausender, der Vernichtung der Natur durch militärische Experi-

---

25 Vgl. v. a. Bertell 2011
26 Anders 2001, 80
27 Ebd.

mente, der Maschine, der Fabrik, der Kategorie des Geschlechts? Heideggers
Frühphilosophie ist für die ‚Kritische Patriarchatstheorie' als explizit an der Kategorie des Geschlechts orientierter Gesellschaftstheorie gerade deshalb un-
brauchbar, weil in ihr, wie in der Existenzphilosophie allgemein, angesichts der
transzendentaltheoretischen Vorgabe nichts ‚Materielles' Platz hat und deshalb
Kategorien wie Hunger, Sexus, Klasse, Fabrik usw. keine Rolle spielen dürfen.
Überall, wo Heidegger pragmatisch zu werden scheint, bleibt er in einer anfäng-
lichen Pseudo-Konkretheit stecken. Zwar hat sein Dasein im Unterschied zu den
Transzendentalphilosophien Kants oder Husserls, die vom transhistorischen *ego*
abseits aller Konkretion ausgehen, einen phantastischen Reichtum und es erscheint sehr konkret, „aber der gesamte Reichtum ist eben in Hegelschem Sinne
‚aufgehoben'. Das Dasein ist zwar sehr beschäftigt: es hämmert und schustert
herum und ‚versteht' in dieser Sorge seine Leisten. Aber *warum* es sich herum-
sorgt: die Quelle der Sorge erwähnt er [Heidegger, Anm. M.B.] höchstens bei-
läufig und ohne philosophische Konsequenzen daraus zu ziehen, da sie eben
kein ‚Können' des Daseins ist."[28] In Wirklichkeit nämlich ist, wie Anders betont, die Quelle der Sorge der Hunger, der uns auf uns selbst als leibliche, zutiefst naturabhängige Wesen verweist, die mit dem in-der-‚Welt'-seienden Dasein Heideggers als unleiblichem Geistwesen der Existenzialanalytik nichts gemein haben. Unter diesem Aspekt betrachtet ist der ‚frühe' Heidegger im banals-
ten und schockierendsten Sinne weltfremd, idealistisch, naturblind. Er kennt nur
die nächste Umwelt des Hantierens, seine zivilisierte Werkstatt – die Mächtig-
keit der rohen Wildnis wird konsequent unthematisch belassen. Überhaupt ist zu
sagen, dass Heideggers ‚natürlicher' Weltbegriff der unnatürlichste ist, den man
haben kann, und man muss schon Philosoph sein, um ihn zu ersinnen – da
stimmt auch Karl Löwith zu, wenn er an Heidegger persönlich adressiert: „Was
man auf diese Weise entdeckt, ist immer nur das, was Sie die ‚Umweltnatur'
unserer nächsten Welt nannten. Nur diese nächste Welt läßt sich in überzeugen-
der Weise als eine ‚Bewandtnisganzheit' von Verweisungszusammenhängen
darstellen, die alle auf ein ‚Umwillen' verweisen, von dem aus sich alle Dinge
der Umwelt im Sinne eines Umzu und Dazu, Woraufhin, Womit und Wozu
strukturieren. Sobald man aber seine vier Wände und seinen Wohnort und das
geschichtliche Land und Volk, zu dem man zufällig gehört, verläßt und aus der
Zivilisation heraustritt, erschließt sich möglicherweise auch dem heutigen Höh-
lenbewohner der geschichtlichen Menschenwelt die elementare Gewalt und die
eintönige Größe *der* Welt, die nicht die unsere ist und die nicht auf uns als ihr
‚Umwillen' verweist, sondern nur auf sich selbst."[29] Was Heideggers Analysen

---

28 Anders 2001, 63
29 Löwith 1984, 287f

in diesem Sinne fehlt, ist, wie Günther Anders betont, die Tatsache, „daß wir nicht nur ‚In-der-Welt-Sein' sind, sondern selbst *Welt* – jawohl, so skandalisierend, so ‚materialistisch' das klingen mag, das hilft nichts –, daß wir *Stücke der Welt* sind.“[30] „Denn in Wahrheit ist das Dasein ‚Sorge', weil es *Hunger* ist. Das heißt: trotz aller Heideggerschen Beteuerungen ist der Mensch so ontisch, daß er sich Ontisches einverleiben muß, um ontologisch, nämlich ‚da' zu sein.“[31]

Das eigentliche Fundament wird so gesehen nicht in der Heideggerschen Fundamentalontologie zum Ausdruck gebracht, sondern in der matriarchalen Ausprägung klassischer Naturphilosophie, der ‚Matriarchalen Naturphilosophie' als Bestandteil der umfassenden Gesellschaftstheorie der ‚Kritischen Patriarchatstheorie'. Hier hat der Leib seinen Platz, hier wird das physische Hervorbringen, das *archein* im Sinne der Geburt zum Thema. Hier wird alles Von-Natur-aus-Seiende als *natura naturata* begriffen, hervorgebracht von derselben Natur insgesamt als *natura naturans*, der ‚Großen Mutter', die als Einheit sich durchhält im zyklischen Seinsverlauf des unaufhörlichen Werdens und Vergehens. Durch die Nichtausklammerung des sinnlichen Vernehmens begegnet hier neben dem Geborenwerden auch das Vergehen im Sinne des Todes. Dieser kommt bei Heidegger zwar vor, allerdings wieder nur als existenzial-ontologisches Phänomen – über die matri-archale Seinsstruktur des gesamten Kosmos wird, obwohl durch die Sinne unmittelbar gegenwärtig, nichts berichtet. Darin bestünde ja die eigentliche Opposition zu Descartes und der Moderne insgesamt, nicht so sehr in der Suche nach dem daseinsmäßigen Sein. Gerade der Tod nämlich zeigt an, wie sehr wir selbst Natur sind, sterbliche, leibliche *natura naturata*, oder, um in der Terminologie Heideggers zu bleiben, nicht nur Dasein, sondern vor allem und als absolute Basis: ‚*Vorhandensein*'. In Wirklichkeit nämlich muss das nicht-daseinsmäßige Sein immer die Basis des Daseins sein. „Dessen Finitheit, die H. zum Angelpunkt seiner Daseinsanalyse macht, ‚verdankt' es [gerade] der Tatsache, daß Dasein auch ein Stück Welt ist, also gerade dem nichtdaseinshaften Element des Daseins; bzw. der Tatsache – man entschuldige diese komisch klingende Paraphrasierung des Sterbens – daß Dasein in Nichts-als-vorhanden-Sein *umschlagen* kann. Offenbar siegt, wenn wir sterben, unser Vorhandensein (oder gerade nicht ‚unser') über unser Dasein. – Was solch ein Umschlagen freilich metaphysisch bedeutet, erwähnt H. trotz der Breite seiner Todesdiskussion nicht. Es ist, als hielte ihn die pedantische Scheu vor einer *metabasis* [...] davor zurück, sich auf ‚Dialektik' einzulassen. Nirgends spricht er eindeutig aus, daß er durch die Rolle, die er dem Tode zuweist, gerade

---

30 Anders 2001, 292; in der Terminologie der ‚Matriarchalen Naturphilosophie' ausgedrückt sind wir keine ‚Stücke' bzw. ‚Teile' der Natur, sondern deren ‚Ausfaltungen'.
31 Anders 2001, 63

das *nichtdaseinsmäßige Sein* zum Schlüssel des Daseins gemacht hat; daß also von einer ‚immanenten' Daseinsanalyse gar keine Rede sein kann. Nirgends, daß wir, sofern wir sterblich sind, eben immer auch schon Vorhandene waren – und daß das Dasein eben nur auf dem Grunde der Vorhandenheit ist und möglich ist ... eine Tatsache, die die heute abgenutzteste Leib-Seele-Theorie mit Recht zum Anlaß ihrer endlosen Spekulationen gemacht hat."[32] – Trotzdem bleiben bei Heidegger der Leib und die Natur das größte Tabu. „So bleibt z. B. in beiden Phasen, obwohl in beiden der Mensch vorkommt, des Menschen *Leib* unerwähnt. Ebenso die Tatsache seiner Geschlechtlichkeit; überhaupt seine *Animalitas* und die Tatsache, daß es neben ihm Tiere, ja ihm ‚verwandte' Tiere gibt."[33] Bei Heidegger wird vielmehr eine tiefe Kluft zwischen Mensch und Tier installiert, so tief, dass diese rein gar nichts mehr miteinander zu tun haben. „Nie zuvor hat es einen solchen Anthropozentrismus gegeben, niemals hat der Mensch (dem ‚das Wesen des Göttlichen' vielleicht ‚näher' stehe als ‚das Befremdende der Lebe-Wesen') eine ausdrücklichere Sonderstellung erhalten als hier. Keine antike oder christliche Philosophie hat Tier und Leib je in solchem Maße ignoriert wie H. Sie mögen den Leib verachtet haben, verflucht, geschlagen – aber *unterschlagen* wird er erst hier."[34] Auch Löwith betont ganz im Sinne der ‚Kritischen Patriarchatstheorie', dass die antike Fassung des Menschen als *animal rationale*, weil sie immerhin noch die Nabelschnur zur Natur indiziert, gegenüber der anthropozentrischsten aller Fassungen, d. i. neben dem ‚Dasein' auch der spät-Heideggersche ‚Hirte des Seins', zumindest „den Vorzug hat, daß sie den Menschen nicht eindeutig, einheitlich und einseitig durch Seele und Geist oder Bewußtsein und Existenz oder als ‚Da' des Seins bestimmt, sondern als einen leibhaftigen Zwiespalt von Animalität und Rationalität."[35] Nicht umsonst moniert er in seiner viel beachteten Rede *Die Natur des Menschen und die Welt der Natur* anlässlich des 80. Geburtstags Heideggers im Jahr 1969 das Fehlen der Natur im Konzept der Fundamentalontologie aus *Sein und Zeit*. Diesem Einwand, der uns als Schlusswort dienen soll, ist aus patriarchatskritischer Sicht nichts hinzuzufügen: „Was ich demgemäß an der existenzial-ontologischen Fragestellung vermißte, war die *Natur* – um uns herum und in uns selbst. Wenn aber die Natur fehlt, dann fehlt nicht ein Seiendes oder ein Seinsbereich unter anderen, sondern das Ganze des Seienden in seiner Seiendheit ist verfehlt und läßt sich nicht nachträglich zur Ergänzung hereinholen. Denn was sollte die Natur sein, wenn sie nicht die *eine* Natur *alles* Seienden ist, deren Hervorbrin-

---

32 Anders 2001, 295
33 Anders 2001, 296
34 Anders 2001, 297
35 Löwith 1984, 281

gungskraft alles, was überhaupt ist, also auch den Menschen, aus sich hervorgehen und wieder vergehen läßt. In *Sein und Zeit* schien mir die Natur im existenzialen Verständnis von Faktizität und Geworfenheit zu verschwinden."[36]

Literatur:

Anders, Günther: *Über Heidegger*, C. H. Beck, München 2001.

Behmann, Mathias: *Idee und Programm einer Matriarchalen Natur- und Patriarchatskritischen Geschichtsphilosophie. Zur Grundlegung der Kritischen
Patriarchatstheorie angesichts der ,Krise der allgemeinsten Lebensbedingungen'*, in: Projektgruppe ,Zivilisationspolitik': *Aufbruch aus dem Patriarchat – Wege in eine neue Zivilisation?*, Beiträge zur Dissidenz Nr. 23, Lang,
Frankfurt am Main 2009.

Behmann, Mathias: *Giordano Bruno im Kontext der Kritischen Patriarchatstheorie – eine Projektbeschreibung*, in: Projektgruppe ,Zivilisationspolitik'
(Hg.): *Kann es eine ,neue Erde' geben? Zur ,Kritischen Patriarchatstheorie'
und der Praxis einer postpatriarchalen Zivilisation*, Beiträge zur Dissidenz
Nr. 27, Lang, Frankfurt am Main 2011.

Bertell, Rosalie: *Kriegswaffe Planet Erde*, J. K. Fischer, Gelnhausen 2011.

Böhme, Hartmut: *Natur und Subjekt*, Suhrkamp, Frankfurt am Main 1988.

Böhme, Hartmut; Böhme, Gernot: *Das Andere der Vernunft. Zur Entwicklung
von Rationalitätsstrukturen am Beispiel Kants*, Suhrkamp, Frankfurt am
Main 1985.

Bruno, Giordano: *Von der Ursache, dem Prinzip und dem Einen*, Meiner, Hamburg 1993.

Derungs, Kurt: *Die Natur der Göttin*, in: James, Edwin O.: *Der Kult der Gros-
sen Göttin*, Amalia, Bern 2003.

Derungs, Kurt: *Naturverbundenheit als zweite Kultur*, in: Projektgruppe ,Zivili-
sationspolitik' (Hg.): *Kann es eine ,neue Erde' geben? Zur ,Kritischen Patriarchatstheorie' und der Praxis einer postpatriarchalen Zivilisation*, Beiträge zur Dissidenz Nr. 27, Lang, Frankfurt am Main 2011, S. 309 – 330.

Descartes, René: *Meditationen über die Erste Philosophie*, Reclam, Stuttgart
1986.

Descartes, René: *Bericht über die Methode*, Reclam, Stuttgart 2001.

---

36 Löwith 1984, 280

Ernst, Werner W.: *Metapsychologie und ,egologisches Subjekt'*, in: Werlhof, Claudia von; Schweighofer, Annemarie; Ernst, Werner W. (Hg.): *Herren-Los. Herrschaft – Erkenntnis – Lebensform*, Lang, Frankfurt am Main 1996, S. 80 – 110.

Genth, Renate: *Über Maschinisierung und Mimesis. Erfindungsgeist und mimetische Begabung im Widerstreit und ihre Bedeutung für das Mensch-Maschine-Verhältnis*, Beiträge zur Dissidenz Nr. 11, Lang, Frankfurt am Main 2002.

Genth, Renate: *Zivilisationskrise und Zivilisationspolitik*, in: Projektgruppe ,Zivilisationspolitik': *Aufbruch aus dem Patriarchat – Wege in eine neue Zivilisation?*, Beiträge zur Dissidenz Nr. 23, Lang, Frankfurt am Main 2009, S. 31 – 58.

Heidegger, Martin: *Sein und Zeit*, Max Niemeyer, Tübingen [19]2006.

Heidegger, Martin: *Vom Wesen der Wahrheit*, in: *Wegmarken*. Gesamtausgabe Band 9, Klostermann, Frankfurt am Main 1976, S. 177 – 202.

Heidegger, Martin: *Beiträge zur Philosophie (vom Ereignis)*. Gesamtausgabe Band 65, Klostermann, Frankfurt am Main 1989.

Heidegger, Martin: *Nietzsche: Der europäische Nihilismus*. Gesamtausgabe Band 48, Klostermann, Frankfurt am Main 1986.

Heidegger, Martin: *Nietzsche*. Gesamtausgabe Band 6.2, Klostermann, Frankfurt am Main 1997.

Kant, Immanuel: *Kritik der reinen Vernunft*, Fourier, Wiesbaden 2003.

Löwith, Karl: *Heidegger – Denker in dürftiger Zeit*. Sämtliche Schriften 8, Metzler, Stuttgart 1984.

Projektgruppe ,Zivilisationspolitik': *Aufbruch aus dem Patriarchat – Wege in eine neue Zivilisation?*, Beiträge zur Dissidenz Nr. 23, Lang, Frankfurt am Main 2009.

Projektgruppe ,Zivilisationspolitik' (Hg.): *Kann es eine ,neue Erde' geben? Zur ,Kritischen Patriarchatstheorie' und der Praxis einer postpatriarchalen Zivilisation*, Beiträge zur Dissidenz Nr. 27, Lang, Frankfurt am Main 2011.

Schelling, Friedrich W. J.: *Einleitung zu dem Entwurf eines Systems der Naturphilosophie*, in: ders.: Ausgewählte Werke, Schriften von 1799 – 1801, Wissenschaftliche Buchgesellschaft, Darmstadt 1975, S. 269 – 326.

Thurnher, Rainer: *Martin Heidegger*, in: Thurnher, Rainer; Röd, Wolfgang; Schmidinger, Heinrich: *Die Philosophie des ausgehenden 19. und des 20. Jahrhunderts 3: Lebensphilosophie und Existenzphilosophie*. Geschichte der Philosophie Band XIII, C. H. Beck, München 2002, S. 196 – 274.

Werlhof, Claudia von: *Fortschritts-Glaube am Ende? Das kapitalistische Patriarchat als ,Alchemistisches System'*, in: Werlhof, Claudia von et. al. (Hg.):

Subsistenz und Widerstand. Alternativen zur neoliberalen Globalisierung, Promedia, Wien 2003, S. 41 – 68.

Werlhof, Claudia, von: *Das Patriarchat als Utopie von einer mutterlosen Welt. ‚Utopie, nein danke!'*, in: Sitter-Liver, Beat (Hg.): *Utopie heute I. Zur aktuellen Bedeutung, Funktion und Kritik des utopischen Denkens und Vorstellens*, Academic Press/Kohlhammer, Fribourg/Stuttgart 2007, S. 423 – 455.

Werlhof, Claudia von: *West-End. Vom Scheitern der Moderne als ‚kapitalistisches Patriarchat' und die Logik der Alternativen*, PapyRossa, Köln 2010a.

Werlhof, Claudia von: *Vom Diesseits der Utopie zum Jenseits der Gewalt. Feministisch-patriarchatskritische Analysen – Blicke in die Zukunft?*, Centaurus, Freiburg 2010b.

Werlhof, Claudia von: *Der unerkannte Kern der Krise. Die Moderne als Er-Schöpfung der Welt*, Arun-Verlag, Uhlstädt-Kirchhasel 2012.

18. „Negativität", „Trennung" und „vorlaufender Zusammenhang"

Werner W. Ernst

Vorbemerkung

Irrtümer, Vergehen, Ungenügen, Mängel, vor allem aber Unwissenheit spiegeln die Ausgangslage der Menschen in dieser Welt (Negativität). Die dazu gegenteilige Ansicht, man könne bereits mit dem Richtigen beginnen, weil dieses stets voraus-gesetzt sei (Idealismus), wäre als mangelhaft zurückzuweisen, weil am Richtigen nur in der Weise der Verringerung von Falschem gearbeitet werden kann. Wenn es schon Unterschiede gibt, dann sind es nicht solche von Richtig und Falsch, sondern von Graden der Falschheit, die alle erst einmal als solche erkannt werden müssen, um schließlich aus der Negativität heraustreten zu können. Die Grade der Falschheit sind wie die Sprossen einer Leiter, die in absteigender Folge erleichternd wirken; erleichternd, gelinder, weil dem Absturz ferner und dem Boden näher, den zu betreten schließlich wirklich in eine andere (richtige) Richtung führen kann. Solange wir jedoch die falsche Leiter benützen, ist kein Richtungswechsel möglich; das Auf und Ab auf derselben Leiter sind das Auf und Ab auf der Skala von Negativität.

Methodisch gesehen haben wir es also stets mit einer Mängelsituation zu tun, welche wir als „vorlaufend" zur Kenntnis nehmen müssen und am besten gleich zum Ausgang nehmen. Für die Beantwortung der Frage nach dem Anfang bzw. dem Beginn Ausgang nehmenden Denkens haben wir den Begriff „Delinquenz" gewählt. Unser Auf-dem-Weg-Sein bedeutet so viel wie einen Fehlweg beschreiten. Das, was wir ganz individuell falsch machen, nicht wissen, nicht wissen wollen oder nicht wissen können, nennen wir „Eigendelinquenz".

Es scheint so, dass die große Erkenntnis Adornos des Ganzen als des Unwahren sich noch nicht herumgesprochen hat. Die Selbstverstrickung, von der Adorno (in Anlehnung an Kierkegaard) spricht, hat stets etwas mit der Verstrickung aller und des Systems zu tun. Es herrscht Negativität an Stelle von Positivität – also genau umgekehrt dazu, wie eine Welt und eine wissenschaftliche Welt es uns weismachen möchten.

Um nicht über Allgemeinheiten streiten zu müssen, ist es vielleicht besser, bei sich anzufangen, d.h. mit der Eigendelinquenz zu beginnen. Wer würde einem seine selbst eingestandene Negativität noch bestreiten wollen, wenn sie doch bei näherem Zusehen offen zu Tage liegt?! In diesem Sinn möchte ich auf einen Zusammenhang von Mängeln hinweisen, in den ich selber verstrickt bin. Ich sehe diese Mängel in dramatischer Weise vor uns und in uns liegen. Einige davon werde ich skizzenhaft darlegen.

In meiner Mängelanalyse gehe ich von fünf Bereichen bzw. Ausführungsarten aus, die einen Zusammenhang bilden und in sich und jeweils auch aufeinander wirken. Diese Bereiche oder Modalitäten sind: 1. Herkunft, Ursprung, Hervorbringung oder schlicht die Frage nach dem Anfang; 2. Liebe und Sexualität; 3. Gemeinschaft und Organisation; 4. Ökonomie; 5. Wissenschaft, Technik und Kunst.

Herkunft/Ursprung/Anfang/Hervorbringung versus Anthropozentrismus

Ich behaupte nun, dass alle genannten Bereiche/Modalitäten einer schweren Beschädigung unterliegen bzw. selber äußerst schädigend wirken. Ich möchte die Mängel, welche diesen Bereichen zukommen, als Fundamentalmängel begreifen, d.s. solche, welche ihnen von Vornherein hinzugehören und doch auch durch den Schaden oder die schädigenden Wirkungen der anderen Bereiche/Modalitäten zustande kommen. Systemmängel sind von der Art, dass sie in alle Teilsysteme streuen – und zwar so, dass sie ihre eigenen fundamentalen Teilmängel generieren, welche – und darauf liegt die Betonung – mit der Negativität des Gesamtsystems einen Zusammenhang bilden. Es genügte also nicht, was alle herrschenden Reformpolitiken tun, getrennt von anderen Bereichen/Modalitäten einzelne Bereiche/Modalitäten einer Reparatur zu unterziehen. Um einen fundamentalen Bereichsmangel zu beheben, dazu bedürfte es der Behebung der Fundamentalmängel aller anderen Bereiche/Modalitäten, eben weil diese untereinander einen Zusammenhang bilden und wir sie deshalb Fundamentalmängel nennen.

Mit Herkunft oder Ursprung ist jene Modalität benannt, welche die Frage der Hervorbringung im Verhältnis zum Hervorgebrachten, von Leben und Tod, zu regeln sucht. Zu fragen sei nach dem Anfang allen Anfangs, heute würde man sagen: nach dem Urschwung. Auch was nachher kommt, hat damit zu tun: wie erfolgen die Stufungen der Evolution und in welchem Verhältnis stehen sie zueinander?! Die Beschädigung der Modalität von Ursprung besteht nun darin, dass wir Menschen in der Regel uns eben nicht von unserer Herkunft her, d.h. nicht über ein vorlaufendes Geschehen der Hervorbringung begreifen wollen. Stattdessen begreifen wir uns durch einen Akt der Selbstschaffung (setzungsanalytisch: in Form der „Ich-Setzung"). Dabei erfolgt die Zuschreibung des Subjektcharakters ausschließlich durch den Menschen an ihn oder an eine seiner Vergesellschaftungsformen („gesellschaftliches Subjekt", „Subjekt einer Diskursgemeinschaft"). Tatsächlich kommen alle diese anthropozentrischen bzw.

gesellschaftlichen Setzungsakte immer schon zu spät. Indem sie sich um keine „Vorläufe" kümmern, bilden sie Herausnahmen aus und Verkürzungen von Ereignissen.

Sexuelle Armut

Als nächster Fundamentalmangel wäre derjenige des Bereichs Liebe und Sexualität zu nennen. Es war einem inzwischen sehr bekannten französischen Schriftsteller, Michel Houellebecq, vorbehalten, den Systemmangel materieller Armut mit dem sexuellen Elends und sexueller Armut zu vergleichen. Über die materielle Armut des Systems wird häufig gesprochen, doch warum nicht im selben Ausmaß über sexuelles Elend und sexuelle Armut? Wir denken, weil Sexualität in einer liberalen Anschauung eine subjektiv beliebige Wertzumessung erfährt, wie jedes andere Gut auf dem Markt auch. In Wahrheit ist Sexualität natürlich kein Nahrungsmittel, das konsumiert wird und dann einfach weg ist, verdaut und/oder ausgeschieden. Die Art sexueller Praktiken ist folgewirksam und hat spezifische Auswirkungen auf sexuelle Partner und darüber hinaus auf andere Mitmenschen. Infolge der Trennung von Sexualität und Liebe äußert sich ein Fundamentalmangel. Wir nennen die Ideologie, welche diese Trennung gutheißt: Libertinismus. Libertinismus und Liberalismus sind zwei Seiten derselben Medaille.

Libertin und Libertine gehören gewissermaßen zur sexuellen Elite. Sie können sich – analog dem freien Warenwunsch potenter Marktsubjekte – der Illusion hingeben, dass alle Menschen die „freie Liebe" wählen würden, wenn sie nur wollten. Das stimmt jedoch nicht! Der weniger begüterte Mensch muss auf schlechtere Güter ausweichen, der Arme schließlich kann sich gar keine mehr leisten. Analog zum Warenverkehr gibt es nun eine Art sexuellen Markt, der allerdings nach anderen Regeln funktioniert. Hier gelten gesellschaftlich generierte sexuelle „Images" von Mann und Frau, welche die Eintrittskarte zum sexuellen Verkehr bedeuten. Je nachdem, welche an- und aufreizenden Formen, Figuren und Phantasmen als „Images" gerade werbewirksam in Umlauf sind und wie gelungen Mann als auch Frau diese dann repräsentieren, gelangen sie an ihr sexuelles Ziel.

Es ist klar, wer bei diesem, von Liebe losgelösten sexuellen Wettbewerb den Kürzeren zieht. Wer den sexuellen Images nicht entspricht, verfällt sexuellem Elend. Das sind dann Menschen, die im Leben wenig oder gar keinen Zugang zu Geschlechtsverkehr haben und auf Ersatzmechanismen zurückgreifen müssen, wie häufiges Onanieren; oder man sieht ihnen in ihrem Verhalten das geistige Onanieren (Sublimieren) förmlich an. Diese sexuelle Armut kann mit materieller

Armut einhergehen, muss aber nicht. Viele materiell begüterte Menschen leben vollends in sexueller Armut.

Angesichts der sexuellen Pauperisierung allenorts wäre zu fragen, weshalb es zu keiner Erhebung kommt. Die Antwort liegt wohl in der liberalen Anschauung, in unserer Gesellschaft könne sich jeder Mensch das holen, was er wolle; wenigstens auf Gebieten geldunabhängiger geistiger Werte und Normen. Was diese Dinge betrifft, sei es jedermann/frau anheimgestellt, seine/ihre Orientierung zu leben. Gerade auf dem Gebiet sexueller Orientierungen und Wünsche halten sich die Menschen unserer Gesellschaft für besonders „frei". Im Falle eingestandener oder gerade auch uneingestandener sexueller Verarmung wird vorgespiegelt, man habe die Abstinenz gewählt, sich also „frei" gegen Sexualität entschieden. Abgesehen von dieser „liberalen" Erklärung gilt Sexualität – auch in unserer Gesellschaft – immer noch als Tabu. Menschen wollen nicht darüber reden, besonders dann nicht, wenn sie selber vom sexuellen Elend betroffen sind.

Der Fundamentalmangel bezüglich Sexualität liegt also in der Trennung von Sexualität und Liebe. Nun sei zumindest erwähnt, wie sich Fundamentalmängel der anderen Bereiche/Modalitäten mit der Sexualität verbinden, wie wir sagen: zusammen-setzen. Sexualität von Ursprung und Liebe entkoppelt, kann sich stets in den Dienst von etwas Anderem stellen. Dazu zählen: die eigene Organisation und ihren Gewaltcharakter libidinös besetzen; den Umgang mit Menschen mit dem von Waren verwechseln; Intimbeziehungen von Verstandesleistungen und technisch-instrumenteller Raffinesse leiten zu lassen.

Wenn sich also Sexualität nicht in den Dienst von Liebe stellt, sondern in den Dienst äußerlicher Formen, die der Liebe fremd sind, dann werden Sexualität und Liebe gleichermaßen und in höchstem Maße beschädigt. Das ist heute auch der Fall. Die „Freiheit", die wir mit Sexualität assoziieren, ist ein Einfallstor des Bösen. Es wäre ja auch verwunderlich, dass es einen Bereich im „negativen Ganzen" geben könne, der von Negativität und Beschädigung unbehelligt bliebe. Auch die vermeintlich schönen und guten Dinge des „Systems" sind beschädigt. Freilich, diese Erkenntnis trifft auch auf den zu, der sie ausspricht.

Moralkeule versus Moral der Barmherzigkeit

Das, was Liebe vielleicht am Nächsten kommt, scheint Moral zu sein. Doch auch diese, wie könnte es angesichts unserer Bedenken anders sein, ist fundamental beschädigt. Die systemisch herrschende Moral achtet nicht auf Duldsamkeit, Nachsicht und Verzeihung, vielmehr wird sie als Waffe gegen Quertreiberei und Abweichung eingesetzt („Moralkeule"). Diese Moral, die wir Setzungsmoral nennen, hat Gesetzescharakter insofern, als die allgemeine und formale

Sichtweise der Menschen über Menschen eine fiktive Gleichheit voraus-setzt. Sie ist Mittel zur Diskriminierung. Demgegenüber bedürfte es einer Inhalt und Form nach ganz anderen Moral, einer Moral der Barmherzigkeit, z.b. Barmherzigkeit auch gegenüber dem Täter.

Barmherzigkeit, Nachsicht und Verzeihung auf Seiten des Opfers, Bitte um Vergebung und Läuterung auf Seiten des Täters hätten die Anliegen zu sein. Wir denken hier an die „Idee" von „Gerechtigkeits- bzw. Versöhnungskommissionen", wie sie nach all der ungeheuerlichen Gewaltanwendung in Ruanda und Südafrika zum Tragen gekommen ist. Man stelle sich eine Schuldensituation vor, in der jeder gegen jeden offene Rechnungen hat. Nur ein Kniefall jeder vor jedem kann hier sinnbildlich noch einen Ausweg schaffen. Tatsächlich kommen Täter und Opfer (bzw.: Hinterbliebene von Opfern) zusammen und erklären sich gegenseitig – bis es zur Entschuldigung des Täters kommt. Der Akt des Verzeihens liegt dann beim Opfer, d.h. vor allem daran, ob das Opfer schon verzeihen kann oder noch Zeit braucht, um verzeihen zu können. Wir ahnen, wie schwierig ein solches Verzeihen ist.

Die Zeit, die das Opfer zum Verzeihen braucht, wird davon abhängen, inwieweit der Täter sein Läuterungswerk überzeugend nachzuweisen vermag – oder nicht. Vielleicht sollte ich dazu eine private Bemerkung einschieben. Meine Frau hat mich bezüglich des ersten Satzes dieses Absatzes mit dem Hinweis auf einen christlichen Grundsatz korrigiert. Bildet nämlich die Nachfolge Christi die Orientierung, dann gelänge der Akt des Verzeihens sogar unabhängig vom Läuterungswerk des Täters. Dazu wäre freilich zu sagen, dass es sich hier um die vielleicht höchste Form von Großmut und Güte handelt, zu der ein Mensch überhaupt fähig ist. Ich weiß von mir, dass ich weit davon entfernt bin, ich brauche wenn schon nicht die Strafe, die Läuterung des Täters.

Organisation und Gewalt

Nun zum Fundamentalmangel von Gemeinschaften, insbesondere aber dem aller Organisation. Der Mangel, von dem hier die Rede ist, geht von der Gemeinschaft aus und vervollständigt sich schließlich in der Organisation. Es handelt sich dabei um die Trennung von herrschaftlicher Gewalt und den durch ideelle Abstraktion zustande gekommenen gemeinschaftlichen Zielen bzw. „Inhalten" („politischen Ideen"). Wenn wir von Herrschaft sprechen, dann bereits im Sinne von herrschaftlicher Gewalt. Funktionäre und Kommissare sind die Menschen, die diese Gewalt personifizieren und pervers lieben („Fetischismus"). Sie arbeiten unter Bedingungen der Trennung von (Herrschafts-)Form und Inhalten. Wir nennen die von den Inhalten losgelöste Form „formale Form". In Durch-Setzung dieser formalen Form sind Funktionäre und Kommissare immer auch „Formalisten". Als Experten in Handhabung formaler Organisationsgewalt repräsentieren sie ein reduziertes Menschenbild. Wer kennt entgegen der für selbstverständlich gehaltenen Organisationsgewalt noch die „sozialistische Gretchenfrage": Wie hältst' Du's mit der Organisation? Gemeint war mit dieser Frage, dass es eine Alternative zur „bürgerlichen" Organisationsgewalt geben müsse.

Tatsächlich bedeuten kommissarische Entscheidungen Rationalisierungen durch Verdrängungsorgane. Wir sollten einmal praktisch von dem formalen Blendwerk organisierten Entscheidens zurückstehen, um aus der Distanz zu beobachten, welche unterdrückerische Gewalt die Antragsteller mit den Entscheidungsträgern und deren Abstimmungsverhalten verbindet. Die vorhergehenden Debatten finden im Dunkel von Beweggründen statt, welche unbewusst bleiben, vorgespiegelt oder überdeckt werden. Eine Kommission kann auch kollektives Verdrängungsorgan genannt werden, welches in Vereinen, Verbänden und Parteien eine ähnliche bzw. dieselbe Rolle spielt, nämlich Wahrheit verbergen. Wenn gesprochen wird, dann sind Vorwände und Rechtfertigungen aller Art erlaubt, um zu kommissarischen Entscheidungen zu gelangen. Es gibt darüber hinaus auch die Wahl, sich des Wortes zu enthalten.

Die Herrschaftsgewalt, die sich durch-setzt, ob in „rechten", „linken" oder die „politische Mitte" repräsentierenden Organen, ist formal identisch. Die Trennung von Form und Inhalten ist eben für alle gleich maßgeblich. Die politische Unterscheidung findet ausschließlich über die Inhalte statt. Jede Partei gibt vor, die besseren Inhalte zu haben und vermag dabei – wie selbstverständlich – über das formale Problem der Durch-Setzung mittels Herrschaftsgewalt hinwegzutäuschen. Insofern sind alle „politische Idealisten", weil sie die (besseren) „Ideen" („reinen Ideen") für das Unterscheidungsmerkmal halten und die Form des Durch-Setzens (und „Maßnahmen Setzens") in der Weise formaler Form unhinterfragt angenommen haben.

Gewalt und Kapitalismus

Auch das ökonomische System birgt einen Fundamentalmangel. Er liegt in der Trennung und im Widerspruch von Lohnarbeit und Kapital. Jedoch spielt er nicht, wie viele (marxistische) TheoretikerInnen glauben, eine Hauptrolle gegenüber den Fundamentalmängeln in den anderen Bereichen/Modalitäten. Negativität ist unteilbar und streut in alle Bereiche aus. Auch wenn die Negativität im ökonomischen System evidenter erscheinen sollte, dürfen wir sie hier nicht zur Ursache nehmen. Da das System, wie wir zu analysieren versuchen, als Ganzes krank ist, muss es aus dem vorlaufenden Zusammenhang erklärt werden. Es gibt kein Teilsystem, das von einer höhergradigeren Negativität geprägt wäre als die anderen. Würden wir trotzdem in eine solche Richtung denken, dann ergäbe sich

in der Folge, dass die „Teilschuld" der anderen an dieser vermeintlichen Höher-
gradigkeit eines Teilsystems abgeglichen werden müsste, sodass am Ende wieder der Primat des Zusammenhangs von Negativität hergestellt wäre.

Die kapitalistische Wirtschaft und das spekulative Finanzsystem generieren
von Vornherein und dauerhaft Pauperisierung für Viele und Reichtum für Wenige. Dass wir dieser Tatsache gegenüber ignorant geblieben sind, fällt uns gegenwärtig auf den Kopf. Einer liberalen Gesellschaftsauffassung gehören offenbar die Unkenntnis bzw. das Hinnehmen der strukturellen Mängel kapitalistischer Ökonomie hinzu. Wahrscheinlich wird uns die Zeit zu kurz werden, um
uns wieder, oder gar erstmals, durch die Kritik der Politischen Ökonomie von
Karl Marx über Symptomatik und Krisenanfälligkeit der Logik des Kapitals
aufklären zu lassen.

Trennungsgewalt in den Wissenschaften

Wir gehen nun auf die „Mängel in Wissenschaft und Technik (Kunst)" ein. Zunächst zur Wissenschaft. Was die disziplinäre Wissenschaft heute (Wissenschaft
in Disziplinen aufgespalten) auszeichnet, ist ein Denken aus der Trennungsper-
spektive heraus. Das Trennen setzt sich an die Stelle von Verbinden. Trennungsgewalt und Disziplinarismus traten an die Stelle eines vorlaufenden Zusammenhangs. Erinnern wir uns der heillosen Trennungen von Subjekt und Objekt (und von da her: subjektivistisch und objektivistisch), von Ich und allem
Anderen, von Natur und Kultur, von Form und Inhalt, von Mittel und Zweck,
von Sex und Gender! Wenn wir diesen – vollzogenen – Trennungen gegenüber
von vorlaufendem Zusammenhang sprechen, meinen wir nicht die Zusammen-
Setzung von Teilen zu einem vorgeblich Ganzen. Nein, wir meinen Zusammenhänge, welche die angesprochenen Bereiche/Modalitäten zusammenhalten, indem diesen Bereichen etwas Gemeinsames eignet.

Bezüglich der Frage nach dem Ausgang nehmenden Denken sind wir uns
bewusst, dass das Denken „immer schon später" erfolgt. Zuvor sind es Ereignisse und Gegebenheiten, welche sich im „Treiben" der Evolution und in der Folge
von Trieben und Leidenschaften (Eros und Thanatos) ausdrücken. Diese „Vorläufe", Leben und Tod, Liebe und Hass, gehen schließlich beim Menschen auch
in sein Denken und Wissen ein, sodass wir von einem liebenden, verbindenden
Denken, und im Gegensatz dazu, von einem zerstörerischen, trennenden, aus-
höhlenden, unterminierenden, unterstellenden, hassenden Denken sprechen können. Wilfred Bion hat bezüglich dieser neuen Sichtweise große Vorarbeiten geleistet. Wir müssen uns nur klar darüber sein, dass eine Denkweise, die Trennen,
Objektivieren, Abgrenzen als „normal" erachtet, für andere Sichtweisen wenig
übrig hat.

Die Negativität der Aufgetrenntheit emotionaler Erfahrung und Verstandesrationalität ist als gegeben zu verstehen. Stehen beide zumindest in Verbindung, so sprechen wir mit Hegel von Vernunft, welcher Sinnerleben und Gefühle inhärent sind. Die Verstandesrationalität allein bedeutet eine (beschädigende) Verkürzung. Wir sollten also an Stelle von Trennung, Aufspaltung oder falscher Abstraktion (Abstraktion, welche von etwas absieht, das sie nicht kennt!) den Zusammenhang treten lassen. Es käme darauf an, Emotionen, Leidenschaften, ja die sog. Irrationalitäten mit Denken und Wissen zu verbinden. Ein geschulter, empfindsamer Blick führte dann zur Einsicht, ob sich der Autor/die Autorin in liebender oder aber destruktiver Weise mit dem untersuchten Gegenstand befasst.

Gewalt und Setzungstechnik

Martin Heidegger versucht das „Wesen" der Technik zu ergründen. Ihm liegt es fern, die Technik bloß als Instrument zu sehen. Durch die instrumentale Sichtweise erfolge eine Trennung von Mittel und Zwecken (inhaltlichen Zielen), wodurch das Gefahrvolle jeweils auf die eine oder andere Seite geschoben werden kann. Sind es die technischen Mittel, die gefährlich sind, oder sind es vielmehr die Zwecke und Ziele, die „böse" sein können und sich der Technik bloß bedienen, während die „Technik an sich" doch neutral sei? Nach allem, was gesagt wurde, ist Negativität unteilbar. „Vernebelung" ist ein Charakterzug des Bösen. Davon ist auch die Technik betroffen. Technik ist nicht an sich böse, sondern die Aufspaltung von Mitteln und Zwecken macht die Technik erst böse.

Dass Techniken eine „praktische Erleichterung" für das Leben bringen können, ist eine Binsenweisheit, hat aber in keiner Weise mit einem Verstehen von Technik zu tun. Es ginge uns um eine Sichtweise, welche Mittel und Zwecke eben nicht voneinander trennt. Nur dann „sehen" wir, dass der überwiegende Anteil von Techniken „ein-die-Natur-auf-einen-Fremdzweck-hin-Stellen" ist. Wir folgen hier der Sprache Martin Heideggers. Durch die technische Betrachtungsweise wird z.B. ein Berg auf den Fremdzweck von Rohstoffgewinnung, oder ein Gebirgsbach auf den Fremdzweck von Elektrizität hin gestellt. Das Stellen bzw. Setzen – für Heidegger das Hauptmerkmal herrschender Metaphysik – bedeutet einen Austausch der Zwecke. An Stelle des Eigenzwecks der Natur (jawohl, es gibt einen Eigenzweck der Natur, welcher der Evolution zukommt!) tritt ein vom Menschen geschaffener Fremdzweck. Der Gesichtspunkt des Berges als Selbstzweck der Evolution weicht dem technischen Gesichtspunkt des Berges als Rohstofflieferant. Dieses „die-Natur-Stellen-auf-menschliche-Zwecke-hin" ist im technischen Denken universalisiert und stellt heute eine der größten Gefahren für Natur und Mensch dar.

Die hier gesichtete Negativität liegt am „Stellen" und „selber Setzen". Die letzten zwei Jahrzehnte meiner Forschungstätigkeit widmete ich der Analyse des Setzungswerks in all seinen Facetten. Einer Studentin verdanke ich die Prägung des Begriffs „Setzungsanalyse", den ich seither mit Erfolg verwende. Der größte Gegensatz zur Setzungsanalyse bildet der sog. „Konstruktivismus", welcher – scheinbar aus Mangel an Alternativen – ganz explizit das Setzungswerk vollzieht. Hier bilden „Ich-Setzung" und die ihr nachfolgenden Setzungsakte wie selbstverständlich die Ausgangnahme. Hybris, Anthropozentrismus und Selbstüberhöhung als Gefahren werden übersehen.

Was konnte die „Hybris", welche frühe Zeitalter – womöglich mit Respekt – bedachten, „vergessen" machen?! Was musste alles geschehen, dass die Schleusen einer gänzlich ich-bezogenen Sichtweise geöffnet wurden und selbst die bedeutsamste Differenz, zwischen der Hervorbringung und dem Hervorgebrachten, „verdrängt" wurde?! Es nützt nichts, wir müssen die Frage nach dem Ursprung nochmalig stellen. In den heiligen Büchern machen die Schöpfungsmythen den Anfang, im jüdisch-christlichen Kanon ist es das Buch „Genesis". Ebenso sollten auch im wissenschaftlichen Denken die Vorkommnisse aus dem Hervorgehen erfolgend erkannt werden (Evolution). Dazu verhelfen Fragen wie: Wodurch ergibt sich Anfang? Oder: Wie findet Anfang statt?

Negativität und Kunst

Die Frage nach Negativität und Gewalt in der Kunst ist ein weites Feld. Da die Künste in der Regel vom Geschmack und dem subjektiven Dafürhalten von „Konsumenten" abhängig gesehen werden, ist ein Mangelbewusstsein von Wahrhaftigkeit im Allgemeinen überhaupt nicht zu erwarten. Hölderlins Hinweis, dass der Mensch erst am Ende zum Schönen sich neige, lässt allerdings auch an der subjektiven Willkür und Beliebigkeit zweifeln. Tatsächlich unterliegt auch das ästhetische Empfinden Regeln allgemeiner Wahrheit. Doch sind gerade die Künste ohne Bildung nicht zu haben. Das Ringen um Kunstwahrheit (mehr noch als Schönheit!) ist eine Sache unaufhörlichen Dranbleibens und Verbesserns. Dabei handelt es sich gar nicht um die Wahrnehmung von Konsumenten, sondern um die Kunstpraxis eines Jeden.

Bezüglich der Künste wirkt unser Diktum von Negativität besonders nachhaltig. Zeigt nicht das Kunstgeschehen heute ganz besonders deutlich Aussichtslosigkeit und Negativität einer zur Globalisierung strebenden Systemlogik? Müssen wir nicht die Künste als letzte Bastion von Wahrheit, Authentizität und Empfindung anerkennen? Hat nicht der späte Adorno auf sie noch seine letzten Hoffnungen gesetzt?

Nein, konsequenterweise müssen wir sagen: Auch die Künste bieten keinen Ausstieg aus der systemischen Misere. Warum sollte gerade dieser Bereich Negativität mindern? Sind doch die Künste durch eine ganz besondere Bereichstrennung charakterisiert! Und sie können diese Trennung gar nicht aus der Welt schaffen. Im Gegenteil, die Künste wirken an ihrer Vergrößerung selber mit. Das System erlaubt es den Künsten, sich über nachauratische, revolutionäre Inhalte und in rabiaten Ausdrucksformen Geltung zu verschaffen – doch dies alles unter der einen Bedingung, von den anderen Modalitäten und Bereichen gänzlich isoliert zu bleiben.

Gerade diese Trennung der Künste von allen übrigen systemischen Bereichen ist der Preis dafür, sich derart exzessiv und rabiat aufführen zu können. Trennung, wo doch die Künste davon beseelt sind, einen fruchtbaren Zusammenhang mit allem Anderen zu bilden! Die Trennung ist hier besonders fatal, weil die KünstlerInnen im Gegensatz zu den Teilhabern anderer Teilsysteme, welche Trennung gutheißen oder gar nicht erst sehen, unter ihr leiden, die Sachlage selbst aber unerlöst bleibt. Künstlerische Freiheit schafft Privilegien (so zu tun, als könne man sich alles herausnehmen), welche der Wahrheit selber abhold sind. Wenn dann noch explizit von Wahrheit die Rede ist, dann anders als in den übrigen Bereichen. Es wird über Wahrheit geflunkert, ohne dass sich gesamtsystemisch auch hier etwas änderte. Das, was in den Künsten als das Wahrhaftigere sich ausdrückt, wird zugleich mit der Bitternis bestraft, dem System auch durch Sichtbarkeit, Hörbarkeit und Fühlnahme keinen Abbruch zu tun.

Ausblick

Wenn wir Anthropozentrismus, Setzungen und künstlerische Konstruktionen als das erkennen, was sie sind, ist bereits ein großer Schritt getan. Immer noch befinden wir uns im „System", doch wir wollen aus ihm heraustreten. Welchen Schritt könnten wir als den ersten Schritt „aus dem System heraus" bezeichnen? Viele – und nicht nur affirmative Systemiker – geben einem solchen Unterfangen keine Chance. Wir jedoch verweisen darauf, dass unser Herangehen gleich zu Anfangs eine andere Richtung eingeschlagen hat. Wir sprachen von Hervorbringung/Hervorgebrachtem, (Vor-)Gegebenheiten und Begebenheiten, Ereignissen (Heidegger), Vorgängen, Vorkommnissen, Evolution und schließlich dem „vorlaufenden Zusammenhang". Sind das nicht Vorlauf bezogene Begriffe, die tatsächlich eine andere Richtung anzeigen, die keine Bindung an Systeme erlauben, und die nicht durch Setzungsakte charakterisiert sind?

Doch Negativität ist nicht einfach nur wegzudenken. Alle genannten Systembereiche nehmen infolge von Trennung und Disziplinarismus Schaden. Es handelt sich um unser aller Schaden (Krankheiten). Selbst die Künste sind, wie be-

266

merkt, von diesem Schaden nicht ausgenommen. Solange wir „systemisch" denken, verdoppeln wir die scheinbar real vorhandene systemische Negativität. Wie die Modalitäten und Bereiche des Lebens systemisch wirken, wirken auch die selbst-generierten Ideenkonstruktionen in den Köpfen der Menschen systemisch. Da die Wirklichkeit also permanent und in allen Bereichen „systemisch" vorgestellt wird, scheint sie es auch zu sein. Mit Niklas Luhmann tauchen wir ständig in eine Welt der Systeme ein. Am Ende macht er uns noch auf der Metaebene glauben, dass die Dinge, die er systemisch trennt, um sie neu wieder zusammen zu setzen, auch auf diese Weise existierten.

Aus dem System aussteigen fällt zweifellos schwer. Doch liegt nicht das Ablaufdatum des Systems am System selber? Könnte nicht ein einziges Zeichen, das den Charakter des Systems als einer Erfindung oder Attrappe aufzeigt, dazu führen, das zur Globalisierung ansetzende Gesamtsystem System um System zusammenbrechen zu lassen? Wie Schuppen von den Augen fiele es uns, wir könnten sehen, hören und fühlen, was durch die herausgetrennten Systembestände zugleich unbesehen gehalten wurde. Der Zusammenbruch der Systeme macht jedoch keinen Unterschied zwischen den in Betracht gezogenen und den unberücksichtigten Teilen. Nunmehr brechen alle Teilsysteme zusammen. Sie geben den Blick frei auf ein Gut, das wir bisher nie sahen, nun aber im Zerfall erblicken können. Erst der Zusammensturz aller Systeme schafft einen Neuanfang.

Literaturhinweise:

Adorno, Theodor W. (2001): *Minima Moralia. Reflexionen aus dem beschädigten Leben.* Frankfurt am Main.
Adorno, Theodor W. (1975): *Negative Dialektik.* Frankfurt am Main.
Bion, Wilfred R. (1992): *Lernen durch Erfahrung.* Frankfurt am Main.
Ernst, Werner W. (2010): *Anmerkungen zu einer Theorie der Denkgewalt.* Innsbrucker Diskussionspapiere zu Politik, Religion und Kunst (IDPRK). Nummer 39. Innsbruck.
Freud, Sigmund (1975): *Jenseits des Lustprinzips.* S. Freud Studienausgabe. Band III. Psychologie des Unbewussten. Frankfurt am Main.
Hegel, Georg Wilhelm Friedrich (1980): *Phänomenologie des Geistes.* Hamburg.
Heidegger, Martin (2002): *Die Technik und die Kehre.* Stuttgart.
Heidegger, Martin (2000): *Über den Humanismus.* Frankfurt am Main.

Heidegger, Martin (1989): *Beiträge zur Philosophie (Vom Ereignis)*. Gesamtausgabe. Band 65. Frankfurt am Main.

Houellebecq, Michel (2003): *Ausweitung der Kampfzone*. Reinbek bei Hamburg.

Kierkegaard, Sören (2005): *Entweder – Oder*. München.

Luhmann, Niklas (1975): *Soziologische Aufklärung*. Opladen.

Marx, Karl (1972): *Das Kapital. Kritik der politischen Ökonomie*. Erster Band. Berlin (Ost).

V.

Jenseits des patriarchalen Paradigmas: Moderne Matriarchats-forschung, Matriarchatspolitik und die Ökonomie des Schenkens

„Heute denke ich, dass ich als selbstverständlich matriarchal empfindendes Wesen auf die Welt gekommen bin und daran bis heute festgehalten habe. Und von dieser Selbstverständlichkeit herrschaftsfreier matriarchaler Existenz als meiner inneren Normalität habe ich mich einfach nicht abbringen lassen. Alles andere hat mich je weder überzeugt noch interessiert, es war mir immer fremd und unverständlich, erschien mir unnötig kompliziert und empörend ungerecht."

Claudia von Werlhof, Die Verkehrung. Das Projekt des Patriarchats und das Gender-Dilemma, S. 29

19. Die philosophischen Grundlagen der Modernen Matriarchatsforschung

Heide Göttner-Abendroth

1. Eine Begriffsklärung

Trotz der schwierigen Konnotationen zu dem Begriff „Matriarchat" wird dieser Terminus in der modernen Matriarchatsforschung durchgängig gebraucht. Das hat mehrere Gründe:

Der Begriff „Matriarchat" war in seiner Bedeutung bis heute völlig unklar, denn er wurde schlecht oder gar nicht definiert. Darum blieb er der am häufigsten missverstandene und falsch interpretierte Begriff. Entgegen dem Anschein ist er nicht die Parallele zum Begriff „Patriarchat", was „Väterherrschaft" bedeutet. Ihn deshalb mit „Mütterherrschaft" zu übersetzen, ist weder sprachlich noch sachlich richtig. Denn *arché* heißt im Griechischen sowohl „Herrschaft" wie „Anfang", wobei die zweite Bedeutung die ältere ist.

Dass im Griechischen das Wort *arché* auch *Beginn, Ur-Anfang* bedeutet, geht aus solchen Begriffsbildungen wie „Archetyp" oder „Arche Noah" oder „Archäologie" hervor. Denn man würde „Archäologie" auch nicht als „Lehre von der Herrschaft" oder „Archetyp" als „Herrschaftstyp" übersetzen wollen, ebenso wenig bedeutet „Arche Noah" etwa „Noahs Herrschaft". Sondern Archäologie bezeichnet klar die „Lehre von den Anfängen (der Kultur)", Archetyp meint einen „uranfänglichen Typus", und die Arche Noah bezieht sich auf den neuen Anfang der Menschheit nach der Sintflut (siehe Bibel).

Wir übersetzen deshalb das Wort „Matriarchat" korrekt mit „am Anfang die Mütter". Erst später, als im Rahmen patriarchaler Ideologie behauptet wurde, dass es Herrschaft von Anbeginn der Geschichte an gegeben hätte, nahm das Wort *arché* auch die zweite Bedeutung von *Herrschaft* an. Deshalb übersetzt man „Patriarchat" korrekt mit „Herrschaft der Väter", was auch Männerherrschaft meint. Matriarchale Gesellschaften sind hingegen nicht das Spiegelbild patriarchaler Gesellschaften, sondern eine völlig andere Gesellschaftsform von sehr langer Dauer in der frühen Kulturgeschichte. Deshalb ist es falsch, „Matriarchat" mit „Herrschaft der Mütter" zu übersetzen und dabei auch Frauenherrschaft zu meinen, wie ein gängiges Vorurteil es will. Die Übersetzung „am Anfang die Mütter" trifft hingegen die Sache.

Diese Fehldeutung des Begriffs „Matriarchat" als „Mütter/Frauenherrschaft" hat dazu geführt, dass Hunderte von patriarchal orientierten Wissenschaftlern dieser Fiktion gefolgt sind, indem sie vergeblich in der Geschichte und in der Ethnologie nach solchen Gesellschaften gesucht haben. Es ist, als ob man sich ein Gespenst erschafft und dann nach diesem auf die Suche geht, um es, weil es nicht gefunden werden kann, zuletzt zu einem „Gespenst" zu erklären. Dies ist nichts anderes als ein unlogischer und beschämender Zirkelschluss.

Das zeigt, dass dieser Begriff re-definiert werden muss. Philosophische und wissenschaftliche Definitionen greifen meist allgemein bekannte Wörter auf und definieren sie neu. Danach können Wissenschaftler damit arbeiten, aber sie verlieren nicht den Kontakt zur Umgangssprache. Im Fall des Begriffs „Matriarchat" ist eine solche Re-Definition von großem Vorteil, denn das bedeutet gleichzeitig, das Wissen über mutter-zentrierte Kulturen zurückzufordern, das weitestgehend verdrängt wurde.

2. Erkenntnisleitendes Interesse

Warum habe ich mich mit diesem Gebiet, das vom Begriff her missverstanden und in der Sache häufig denunziert wird, überhaupt eingelassen? Während der Zeit, als ich traditionelle und moderne Philosophie studierte und meine Dissertation in Wissenschaftstheorie schrieb, quälte mich unausgesetzt die Frage, was dies eigentlich mit mir als Frau zu tun hat. Denn in allen philosophischen Systemen war stets allgemein vom „Menschen" die Rede, womit jedoch nur die männliche Hälfte der Menschheit gemeint war, die zur Norm erhoben und über alles gesetzt wurde. Die weibliche Hälfte der Menschheit existierte in diesen Theorien nicht, die Gleichsetzung von „Mensch" und „Mann" war in der Weltsicht und Sprache der europäisch-westlichen Philosophie allgegenwärtig. Ich fühlte mich hier fremd und litt unter einem schleichenden Verlust meiner Identität als Frau. So begab ich mich auf die Suche nach einer Welt und Denkweise, in der ich als Frau vorkam, und ich fand sie zu meiner Überraschung in der geschichtlichen Epoche *vor* der griechischen und römischen Zivilisation. Also begann ich die mythologischen und sozialen Muster von Gesellschaften zu untersuchen, die sich in den frühesten Kulturepochen Europas finden, aber auch im gesamten Mittelmeerraum und im Vorderen Orient.

Dabei entwickelte ich ein anderes Verständnis von Geschichte: Erstens ist alles, was Menschen sozial und kulturell geschaffen haben, schon immer Geschichte, eben die Kulturgeschichte der Menschheit. Der abwertende Begriff „Prähistorie" grenzt hier aus und verweist alle Kulturen vor der offiziell zugelassenen „Geschichte" in den Bereich des Vorläufigen und Primitiven. Damit wird den kulturellen Schöpfungen der Menschen in der Altsteinzeit, Jungsteinzeit, Bronzezeit genauso Unrecht getan, wie wir dies aus dem herrschenden Eurozentrismus der westlichen Zivilisation gegenüber den nicht westlichen Kulturen, die als „exotisch" betitelt werden, kennen. Die umgekehrte Haltung, nämlich die „prähistorischen" und „exotischen" Kulturen schwärmerisch zu verherrlichen, ist nur die andere Seite der Medaille und hebt den falschen Geschichtsbegriff längst nicht auf. Dieser Begriff von „Geschichte" erweist sich also als zu eng.

Zweitens ist er ideologisch besetzt. Denn bei den Historikern beginnt „Geschichte" immer erst dann, wenn sich jene Muster etabliert haben, die klassisch patriarchal sind: hierarchische Gesellschaftsstrukturen mit untergeordneter Stellung der Frau, feudale Reiche mit Adelsherrschaft, territoriale Staatsbildungen mit meist monotheistischen Staatsreligionen. Solche Strukturen werden als große, geistige Leistungen gerühmt, denen gegenüber alles andere das Etikett *prä* mit dem Unterton „vorläufig" und „wertloser" erhält. Dies zeigt, dass der gängige Begriff von „Geschichte" in höchstem Maß tendenziös ist, nämlich von patriarchaler Herrschaftsideologie geprägt, die sich dabei in schöner zirkulärer Argumentation selbst bestätigt. Patriarchale Herrschaftsmuster werden dabei stets positiv normiert und damit im Bewusstsein dauerhaft zementiert.

Dies alles begann ich zu hinterfragen und auf die Suche nach den kulturellen Leistungen von Frauen und Männern in nicht-patriarchalen Kulturen zu gehen.

3. Erkenntnistheoretische Situation

Die Frage hier lautet, schlicht formuliert, wie man etwas Sicheres übers Matriarchat wissen kann, das doch als Thema an den Rand gedrängt und mit Vorurteilen zugeschüttet wird. Dabei existiert die traditionelle Matriarchatsforschung im deutschsprachigen Raum seit langem. Sie begann schon 1861 mit dem Werk *Das Mutterrecht* von Johann Jakob Bachofen.[1] Kurz davor setzte durch Henry Lewis Morgan die anthropologisch-ethnologische Richtung der Matriarchatsforschung ein.[2] Über ein Jahrhundert ging die Diskussion zu „Mutterrecht" und „Matriarchat" dann weiter, sowohl in bürgerlich-konservativen wie in linken Kreisen, doch ausschließlich aus der Perspektive von Männern. Dabei wurde

---

1 Johann Jakob Bachofen: *Das Mutterrecht,* Stuttgart 1861, Neuausgabe in Auswahl durch H. J. Heinrichs, Frankfurt 1975, Suhrkamp Verlag.
2 Lewis Henry Morgan: *League of the Ho-de-no-sau-nee, or Iroquois,* (2 Bände), 1851/1871/1877, Neuausgabe 1965 bei Sage & Brother/USA.

dieses Thema unter den verschiedensten Gesichtspunkten von philosophischen Schulen und politischen Strömungen gebraucht und missbraucht.[3]

Was mich an den verschiedenen Werken zum Thema Mutterrecht oder Matriarchat erstaunte, war – trotz guter Materialsammlungen – der Mangel an einer klaren Definition und einer wissenschaftlichen Begründung dieses Wissensbereiches. Der Begriff „Matriarchat" blieb derart verschwommen, dass nahezu jeder etwas anderes darunter verstehen konnte. Wie aber will man wissenschaftlich arbeiten, wenn man nicht einmal den Bereich definiert, über den man redet? Das öffnete Tür und Tor für Emotionen und Ideologien, mit denen diese Diskussion von Anfang an beladen war. Immer spielen dabei gängige Klischees vom „Wesen der Frau" eine Rolle, die lediglich zeigen, dass die eigene patriarchatskritische Selbstreflexion beim Umgang mit diesem Thema nicht geleistet wurde. So finden wir massive Rückprojektionen bürgerlich-patriarchaler Verhältnisse in die frühe Kulturgeschichte, ebenso in der Ethnologie auf andere, nicht westliche Gesellschaften – eine Situation, die viele sogenannte „Forschungsergebnisse" wertlos macht. Darum steht die gesamte traditionelle, bürgerlich-patriarchale Matriarchatsforschung auf schwankendem Boden.

Hinzu kommt, dass die kulturhistorisch ausgerichtete Matriarchatsforschung bald an Grenzen stößt. Denn die frühen matriarchalen Kulturen wurden zerstört, und wir haben nur noch Fragmente und Überreste, obendrein durch dicke Schichten von Interpretation verzerrt, die nicht ausreichen, um das volle Bild matriarchaler Gesellschaften zu gewinnen. Sie können nicht weiterhelfen herauszufinden, wie die Menschen in matriarchalen Gesellschaften leben, handeln, feiern und Politik machen. Wenn man nicht Gefahr laufen will, Wissen durch Phantasie zu ersetzen, kann man nicht mit der Kulturgeschichte beginnen, sondern muss sich den noch lebenden Gesellschaften dieses Typs zuwenden, das heißt, man muss sich mit der ethnologischen Forschung vertraut machen.

Jedoch finden sich hier dasselbe Unverständnis, dieselbe Zerstückelung und Missinterpretation wie schon in der historischen Forschung, denn die Quelle der westlichen Ethnologie ist dieselbe europäisch-westliche Philosophie. Dabei werden indigene Völker auf allen Kontinenten zu Objekten gemacht und mit einer Kombination von Imperialismus, Rassismus und Sexismus betrachtet, selbst wenn dies unbewusst geschieht. Das trifft noch verschärft für matriarchale Völker zu. Genauso wie es „die Frau" in der westlich-patriarchalen Philosophie nicht gibt, existieren Gesellschaften und Kulturen matriarchaler Prägung gemäß dieser Ideologie ebenfalls nicht und haben angeblich niemals existiert.

---

3 Siehe Heide Göttner-Abendroth: *Das Matriarchat I – Geschichte seiner Erforschung*, Stuttgart 1988-2010, (4 Auflagen), Verlag Kohlhammer.

So war es vom erkenntnistheoretischen Standpunkt dringend notwendig, eine *ideologiekritische Methode* zu entwickeln, welche die offenen und latenten patriarchalen Vorurteile aufdecken kann, um dieses Sachgebiet davon zu befreien. Um sie zu erkennen, braucht es einen radikalen Wechsel der Perspektive, wie er sich heute in der feministischen und indigenen Matriarchatsforschung zeigt. Es stellt eine Wende von nicht zu unterschätzender Brisanz dar, dass feministische und indigene Wissenschaftlerinnen in den letzten Jahrzehnten die Erforschung der matriarchalen Gesellschaftsform selbst in die Hände genommen haben. Sie treten damit in scharfen Gegensatz zur traditionellen Matriarchatsforschung seit Bachofen (1861) und Morgan (1851), die trotz interessantem Material noch immer klassisch patriarchale Werturteile enthält und damit dem patriarchalen und kolonialistischen Weltbild zudient.

Feministische und indigene Forscherinnen sind durch ihr erwachtes Selbstbewusstsein, das patriarchale und kolonialistische Denknormen kritisch hinterfragt und sprengt, am besten in der Lage, diese von Frauen geprägte Gesellschaftsform in ihrer Eigenheit zu erfassen, und zwar aus folgenden Gründen:

Erstens macht es ihnen keine Mühe, sich Frauen als handelnde Subjekte in Geschichte und Gesellschaft vorzustellen – eine Betrachtungsweise, mit der patriarchal geprägte Forscher große Mühe haben. Denn die Forscherinnen sind selbst solche denkenden und handelnden Subjekte, sei es im Rahmen ihrer traditionellen Kulturen oder im Protest gegen patriarchale Gesellschaften, in denen sie leben.

Zweitens können sie sich in die Bedingungen, die sozialen Wirkungen und die symbolischen Bilder von Mutterschaft sowie in die Werte der Mütterlichkeit, die in Matriarchaten ökonomisch, sozial und kulturell eine strukturgebende Rolle spielen, eher hineinversetzen als Männer. Denn im Gegensatz zu Männern, die daran nicht teilhaben können oder wollen, kennen viele von ihnen diese grundlegende Lebenssituation selbst.

Drittens wird dies besonders wichtig bei ethnographischer Arbeit in den matriarchalen Gesellschaften der Gegenwart. Für feministische Forscherinnen ist es leichter, mit den Frauen matriarchaler Kulturen in Kontakt zu kommen und dabei aus einem ganz anderen Blickwinkel zu anderen Ergebnissen zu kommen als die patriarchal geprägten Ethnologen vor ihnen mit ihrem einseitigen Blick. Diese neue Perspektive wird entscheidend vorwärtsgebracht durch indigene Forscherinnen und Forscher, deren Forschung innerhalb der eigenen matriarchalen Gesellschaften am tiefsten blickt und am weitesten trägt, wie es Außenstehenden niemals möglich ist.

Die ideologiekritische Methode ist dabei immer Patriarchatskritik. Sie wird gewonnen durch die Analyse des „inneren Kolonialismus" innerhalb der westlichen Gesellschaften gegenüber Frauen und Andersdenkenden, sowie durch die

Analyse des „äußeren Kolonialismus", dem indigene Gesellschaften unterworfen waren und sind. Deshalb sind feministische und indigene Matriarchatsforschung notwendig immer von Patriarchatskritik begleitet. Alles zusammen bedeutet einen so radikalen Perspektivewechsel, dass die Matriarchatsforschung damit an einem neuen, historischen Ort angekommen ist. Sie wird deshalb „moderne Matriarchatsforschung" genannt und stellt ein *neues Paradigma* zum Verständnis von Gesellschaft und Geschichte dar.[4]

4. Wissenschaftliche Methodologie, oder: Nichts ist so praktisch wie eine gute Theorie

Die moderne Matriarchatsforschung ist in den letzten Jahrzehnten entstanden und entwickelt sich rasch weiter. Durch meine eigene Arbeit hat sie ein definitorisches, methodologisches und theoretisches Fundament erhalten, ohne das sie ihre weitgespannte Aufgabe nicht bewältigen könnte. Sie besteht darin, die enorme geschichtliche und geographische Reichweite der matriarchalen Gesellschaftsform angemessen, das heißt interdisziplinär, systematisch, ideologiekritisch und sensibel zu erfassen.

Diese Fundierung enthält:

- erstens die Formulierung einer zunehmend genaueren Definition von „Matriarchat", welche die Tiefenstruktur dieser Gesellschaftsform erfassen kann;
- zweitens die Entwicklung einer Methodologie, die ihr Untersuchungsgebiet: matriarchale Gesellschaftsform, angemessen darstellen kann;
- drittens die Entwicklung eines theoretischen Rahmens, der die enorme geschichtliche und geographische Reichweite der matriarchalen Gesellschaftsform umfassen kann.

Den ersten Entwurf der modernen Matriarchatsforschung schrieb ich 1978 nieder, indem ich skizzenhaft einen theoretischen Rahmen und eine Methodologie der Matriarchatsforschung vorstellte, welche Ideologiekritik als eine wesentliche Methode einbezieht.[5] Zugleich formulierte ich eine erste, noch sehr verein-

---

4   Siehe die Präsentation der modernen Matriarchatsforschung auf zwei Weltkongressen, publiziert in: Heide Göttner-Abendroth (Hg.): *Gesellschaft in Balance. Dokumentation des Ersten Weltkongresses für Matriarchatsforschung in Luxemburg 2003*, Stuttgart 2006, Edition HAGIA und Kohlhammer Verlag; und Heide Goettner-Abendroth (ed.): *Societies of Peace. Matriarchies Past, Present and Future (Selected papers of the First and Second World Congresses on Matriarchal Studies 2003 and 2005)*, Toronto 2009, Inanna Press, York University.

5   Heide Goettner-Abendroth: „Zur Methodologie der Frauenforschung am Beispiel einer Theorie des Matriarchats", in: *Dokumentation der Tagung "Frauenforschung in den Sozialwissenschaften"*, München 1978, Deutsches Jugendinstitut (DJI).

276

fachende Definition von Matriarchat, die sich jedoch klar auf die ökonomischen, sozialen, politischen und kulturellen Muster der matriarchalen Gesellschaftsform bezieht – und nicht nur auf das eine oder andere.

Als nächsten Schritt erarbeitete ich in meiner Reihe „Das Matriarchat" die Strukturmuster der matriarchalen Gesellschaftsform auf diesen vier gesellschaftlichen Ebenen.[6] Da dies nicht allein durch die Analyse von Kulturgeschichte möglich ist, wandte ich mich der Ethnologie zu und fand diese Muster an den heute noch existierenden matriarchalen Gesellschaften weltweit heraus.

Die detaillierte und reiche Struktur der matriarchalen Gesellschaftsform auf allen ihren Ebenen, die ich auf diese Weise gewann, stellt zugleich eine explizite und systematische Definition von „Matriarchat" dar. Ihr Vorzug ist, dass sie nicht abstrakt vorausgesetzt und damit in dieses Forschungsfeld hineinprojiziert wurde, sondern dass sie induktiv aus einer analytischen Betrachtung dieser Gesellschaften entwickelt wurde. Ich nenne diese Definition eine „strukturelle Definition", denn sie gibt die Tiefenstruktur der matriarchalen Gesellschaftsform wieder.

Hier in äußerster begrifflicher Kürze zusammengefasst, besagt diese strukturelle Definition, dass die matriarchale Gesellschaftsform

- ökonomisch auf einer *Ausgleichsgesellschaft* beruht, in der Frauen die Güter verteilen und ständig für ökonomischen Ausgleich sorgen;
- sozial auf einer *matrilinearen Verwandtschaftsgesellschaft* beruht, deren Hauptzüge Matrilinearität und Matrilokalität bei gleichzeitiger Gender-Egalität sind;
- politisch auf einer *Konsensgesellschaft* beruht, mit den Clanhäusern als realpolitischer Basis und einem Delegiertenwesen der Männer; in den meisten Fällen bringt dies nicht nur eine gender-egalitäre, sondern eine insgesamt egalitäre Gesellschaft hervor;
- kulturell auf einer *sakralen Kultur* beruht, in der die gesamte Welt als göttlich gilt und als *Weiblich-Göttliches* das Weltbild prägt (siehe „Mutter Erde", „Frau Welt").

4.1. Von der Logik des Definierens

Die Basis jedes wissenschaftlichen Arbeitens ist eine wissenschaftliche Definition des Gegenstandsbereiches. Die gesamte traditionelle Matriarchatsforschung

---

6 Heide Göttner-Abendroth: *Das Matriarchat II.1. Stammesgesellschaften in Ostasien, Indonesien, Ozeanien,* Stuttgart 1991, 1999, Verlag Kohlhammer; und dieselbe: *Das Matriarchat II.2. Stammesgesellschaften in Amerika, Indien, Afrika (Matriarchy II.2. Matriarchal Societies in America, India, Africa),* Stuttgart 2000, Verlag Kohlhammer.

krankt an dem Mangel einer solchen Definition und gehört deshalb – trotz wichtiger Einzelerkenntnisse – noch in den vorwissenschaftlichen Bereich. Eine Definition der matriarchalen Gesellschaftsform ist auf systematische Weise, nämlich in den zwei Schritten einer normalen und einer strukturellen Definition, bisher noch nicht entwickelt worden. Beide Schritte bauen aufeinander auf, müssen aber nicht notwendig zusammen angewendet werden.

Zur ersten Definitionsweise: Eine *normale Definition* ist der Kern jeder wissenschaftlichen Theorie, sie gibt an, was die Theorie eigentlich untersucht; hier ist es der Bereich „matriarchale Gesellschaft". Um eine wissenschaftliche Definition zu sein, muss sie die notwendigen und hinreichenden Merkmale ihres Untersuchungsbereichs explizit angeben, wobei unter „hinreichenden Merkmalen" die eher zufälligen Eigenschaften verstanden werden. Was die notwendigen Merkmale betrifft, so dürfen diese weder zu eng noch zu weit formuliert sein. Sind sie zu eng, dann kann die Theorie nicht alles erfassen, was zu ihr gehört. Sind sie zu weit, dann nimmt die Theorie zuviel in ihren Untersuchungsbereich auf, was die Sache sehr unklar macht. In jedem Fall aber muss sie die adäquate Angabe der notwendigen Merkmale geben, sonst weiß man nicht, was man untersuchen will und wovon man eigentlich redet.

Die notwendigen Merkmale in der Definition von „Matriarchat" sind die Matrilinearität und die ökonomische Verteilungsmacht der Frauen, bei gleichzeitiger Geschlechter-Egalität. Wenn diese bei einer konkreten Gesellschaft erfüllt sind, kann man von einem „Matriarchat" sprechen. Die Matrilinearität ist unverzichtbar, weil sie nicht nur die gesamte Gesellschaft strukturiert, sondern durch die weibliche Genealogie – auch der Ahninnen bis hin zur ersten Stammmutter – die Frauen auch spirituell ins Zentrum rückt. Die Geschlechter-Egalität ist unverzichtbar, denn sie gibt an, dass trotz der zentralen Stellung der Frauen matriarchale Gesellschaften keine Geschlechter-Hierarchie kennen, sondern beide Geschlechter als gleichwertig gelten und gleichwertige Aktionssphären haben. Matriarchale Gesellschaften sind eben keine Spiegelbilder des Patriarchats. Diese Aktionssphären sind nicht festgelegt, etwa durch unverrückbare „Geschlechtsmerkmale", sondern sie können in verschiedenen Gesellschaften völlig verschieden eingerichtet sein, z.B. sind in einer Gesellschaft die Frauen die Ackerbäuerinnen und die Männer die Händler (Mosuo, Südchina), in einer anderen ist es genau umgekehrt: Die Männer sind die Ackerbauern und die Frauen die Händlerinnen (Juchitán, Mexiko). Dennoch wären diese Merkmale von Matrilinearität und Geschlechter-Egalität nicht genug, um ein Matriarchat zu kennzeichnen, es muss die ökonomische Verteilungsmacht der Frauen hinzukommen. Auch das ist unverzichtbar, denn genau dadurch wird die matriarchale Ausgleichsökonomie hergestellt, die dem mütterlichen Wert des Verteilens statt des Hortens von Gütern folgt.

Es ist sinnvoll, auch hinreichende Merkmale in die Definition aufzunehmen, denn durch ihre Variabilität zeigt sich die Verschiedenartigkeit der konkreten matriarchalen Gesellschaften. Zum Beispiel ist die Matrilokalität, der Wohnsitz bei der Mutter, eine hinreichende Bedingung, das heißt, Matrilokalität kann vorhanden sein, muss es aber nicht. So gibt es bei konkreten matriarchalen Gesellschaften sehr unterschiedliche Wohnformen, die jedoch nichts an ihrem matriarchalen Charakter ändern.

Eine solche wissenschaftliche Definition ist ein sehr praktisches, geistiges Werkzeug und für jede Forscherin und jeden Forscher verwendbar, die damit weiterarbeiten wollen.

Zur zweiten Definitionsweise: Ich ging beim Definieren noch einen Schritt weiter, indem ich eine *strukturelle Definition* von „Matriarchat" formulierte. Eine solche strukturelle Definition erfasst ihr Untersuchungsgebiet, hier die matriarchale Gesellschaftsform, in ihrem tieferen Zusammenhang, das heißt, in ihren inneren Beziehungen, die alle ihre Teile konsistent miteinander verbinden. Genau diese konsistenten, inneren Beziehungen ergeben ihre Tiefenstruktur. Beispielsweise gehört die „Matrilokalität", auch wenn sie nur ein hinreichendes Merkmal ist, jedoch zum inneren, logischen Zusammenhang einer matriarchalen Gesellschaft. Darum erscheint sie in der strukturellen Definition.

Das heißt, die konkreten matriarchalen Gesellschaften entsprechen der strukturellen Definition von „Matriarchat" nur annähernd. Sie haben mit ihr alle möglichen „Familienähnlichkeiten", erfüllen sie aber nicht vollständig. Zumindest erfüllen sie diese jetzt kaum mehr nach ihrer langen Geschichte, angefüllt von Kämpfen zur Verteidigung der angestammten Kultur und heute umringt vom wachsenden Druck aus ihrer patriarchalen Umgebung.

4.2. Wirksame Hypothesenbildung

Diese letzte Bemerkung widerspricht keineswegs der strukturellen Definition von „Matriarchat", denn diese hat – als ein behutsam rekonstruierendes Verfahren – sehr wirksame wissenschaftliche Funktionen. Man kann von ihr zahlreiche Hypothesen zu konkreten matriarchalen Gesellschaften ableiten, die anhand dieser Gesellschaften bestätigt oder modifiziert werden; als bestätigte Hypothesen sind sie wissenschaftliche Hypothesen, und nur von diesen sprechen wir hier. Dabei zeigt sich ihre Effizienz, denn:

Erstens können matriarchale Gesellschaften durch sie besser aus sich selbst verstanden und genauer beschrieben werden.

Zweitens werden durch sie die verschiedenen Ausprägungen einzelner matriarchaler Gesellschaften sehr differenziert deutlich.

Drittens können durch sie die Deformations- und Zerfallserscheinungen matriarchaler Gesellschaften erfasst werden.

Dies alles kann erst „im Lichte der Theorie", das heißt bei der praktischen Anwendung dieses geistigen Werkzeugs von Definition und Hypothesen wissenschaftlicher Art sichtbar werden, und daran erweist sich die erklärende Kraft der Theorie.

Nun wäre es aber ein fataler Irrtum anzunehmen, eine strukturelle Definition enthalte unumstößliche Kategorien oder sei in sich geschlossen und brächte damit eine „idealtypische" Theorie hervor. Eine solche Position ist heute völlig überholt. „Unumstößliche Kategorien" und „geschlossene Systeme" gehören zur Position der traditionellen, patriarchal geprägten Philosophie mit ihrem absoluten Wahrheitsanspruch, nicht aber zur modernen Wissenschaftstheorie und zur modernen Matriarchatsforschung. Es geht hier ums Praktische: um die Entwicklung eines differenzierten, angemessenen Werkzeugs für die wissenschaftliche Erforschung eines äußerst komplexen Untersuchungsbereichs. Auch die Weiterentwicklung der strukturellen Definition ist im Verlauf der Entfaltung dieser neuen Wissenschaft ein offener, kreativer Prozess, an dem viele Forscher/innen beteiligt sein können. Denn der Prüfstein für die Matriarchatstheorie ist das genaue, sensible und respektvolle Erfassen der konkreten matriarchalen Gesellschaften in ihrer Vielfalt selber.

4.3. Methodologie: Interdisziplinarität und Ideologiekritik

In der traditionellen Matriarchatsforschung wurde eine eigene Methodologie nirgends explizit formuliert. Für die moderne Matriarchatsforschung habe ich schon sehr früh gezeigt, dass eine solche Methodologie auf zwei Säulen beruht: einer weitgespannten Interdisziplinarität und einer tiefgreifenden Ideologiekritik. In diesem Sinne kam sie bei allen heute mit der modernen Matriarchatsforschung beschäftigten Wissenschaftler/innen zur Anwendung.

Was die *Interdisziplinarität* betrifft, so ist sie, um eine ganze Gesellschaftsform und ihre Geschichte erfassen zu können, schlichte Notwendigkeit. Die Fragmentierung des Wissens, die wesentlich durch die Zerteilung in die herkömmlichen Disziplinen zustande kommt und größere Zusammenhänge unsichtbar macht, wird auf diese Weise aufgehoben. Im Gegensatz zu diesen Disziplinen kommt es nicht auf noch mehr Spezialistentum an, sondern auf das Erkennen und Integrieren von gesellschaftlichen und geschichtlichen Zusammenhängen. Ich habe anhand der Forschungsgeschichte zum Thema Matriarchat gezeigt, welche verschiedenen Forschungszweige herangezogen werden müssen, um diesem Thema gerecht zu werden.[7] Die hier notwendige Interdisziplinarität umfasst nicht weniger als sämtliche Geistes- und Kulturwissenschaften, und gelegentlich braucht es auch Resultate aus einzelnen Naturwissenschaften.

Um jedoch zu wissenschaftlichen Erkenntnissen zu kommen, muss die Beliebigkeit von Eklektizismus, der sich wahllos überall bedient, vermieden werden. Denn das würde nur wieder eine andere Art von Fragmentierung mit sich bringen. Es ist deshalb erforderlich, die relevanten Forschungszweige für die Entwicklung der Theorie systematisch aufeinander zu beziehen. Dabei wird diese systematische Anordnung je nach theoretischem Schwerpunkt unterschiedlich ausfallen, ebenso wird sie für Einzelstudien im Rahmen der Theorie unterschiedlich sein. In jedem Fall braucht es aber die ausdrückliche Nennung der verwendeten Forschungszweige und eine Begründung für die jeweils gewählte Anordnung.

Auch die *Ideologiekritik* braucht eine Methode, um sich nicht selbst wieder in undurchschauter Ideologie zu verfangen. Eine solche Methode wurde 1978 von mir skizziert und 1988 ausgearbeitet.[8] In ihr kommt ein Negativ-Verfahren und ein Positiv-Verfahren zur Anwendung. Im Negativ-Verfahren werden die typischen Vorurteile herausgearbeitet, die zum Thema Matriarchat in der Forschungsliteratur auf Schritt und Tritt vorkommen – bis hin zum Selbstwiderspruch. Dazu ist die Interdisziplinarität von großem Vorteil, denn beim Vergleich von Forschermeinungen aus verschiedenen Disziplinen – aber auch schon in einer einzigen Disziplin – enthüllen sich die unvollständigen, einseitigen und verzerrten Darstellungen.

Im Positiv-Verfahren werden die sachlichen Ergebnisse der traditionellen Matriarchatsforschung kritisch gewürdigt, nachdem sie von diesen Vorurteilen befreit wurden. Obwohl diese Ergebnisse in der herkömmlichen Forschung zusammenhanglos bleiben, können sie in den theoretischen Rahmen der modernen Matriarchatsforschung eingegliedert werden, wo sie ihren logisch richtigen Ort erhalten.

4.4. Ein neues Paradigma

Eine Theorie zu entwickeln und sie ein „Paradigma" zu nennen meint gerade nicht, eine universalistische Theorie zu entwerfen, sondern es bedeutet einen vollständigen Wechsel der Perspektive. Die moderne Matriarchatstheorie und

---

7 Siehe Heide Göttner-Abendroth: *Das Matriarchat I. Geschichte seiner Erforschung*, a.a.O., insgesamt.
8 Siehe Heide Göttner-Abendroth: *Das Matriarchat I. Geschichte seiner Erforschung*, a.a.O., 1. Kapitel.

-forschung enthält einen solchen Perspektivewechsel, weshalb ich sie als ein „neues Paradigma" bezeichne.

Eine universalistische Theorie ist sie nicht, weil sie kein geschlossenes System darstellt und keine inhaltlich universellen Aussagen macht. Das heißt, es werden keine Annahmen über universelle Gleichheit von Frauen oder von matriarchalen Kulturen gemacht. Es wird auch keine Gleichheit der patriarchalen Unterdrückungsformen im konkreten Einzelfall behauptet. Allerdings ist heute die Unterdrückung durch patriarchale Eliten weltweit geworden, welche die meisten Menschen gemeinsam betrifft, aber darauf gibt es heute auch verschiedene Antworten.

Universelle Theorien waren in der traditionellen, patriarchalen Philosophie üblich und hatten in der Regel normativen Charakter. Wenn sie dann zu evolutionistischen Geschichts- oder Sozialtheorien ausgebaut wurden, traten die patriarchalen Wertvorstellungen hervor, die das Bild anderer Gesellschaften und Kulturen weitgehend verzerrten.

Demgegenüber ist die hier formulierte Matriarchatstheorie ein theoretischer Rahmen, der von verschiedenen Forscher/innen für ihre eigenen Untersuchungen aufgenommen und weiterentwickelt werden kann. Dieses Prozessuale ist typisch für ein neues Paradigma, das nicht von einer Einzelperson erfüllt werden kann. Obwohl ich etliche matriarchale Gesellschaften der Gegenwart auf verschiedenen Kontinenten (Asien, Amerika, Afrika) selbst erforschte und darstellte, zeigt schon die Kürze, in der sie in diesem theoretischen Rahmen vorkommen, dass hier keine abgeschlossene Untersuchungen vorliegen, sondern dass sie paradigmatische Beispiele sind. Der theoretische Rahmen ist damit keineswegs schon gefüllt, sondern es eröffnet sich eine Vielzahl neuer Aufgaben. Neue Paradigmen müssen in ihrem Anfangsstadium solche Lücken lassen. Es ist ja nicht die Aufgabe eines Paradigmas, ein Lexikon zu sein. Seine Leistung ist, einen weitergreifenden Erklärungszusammenhang aus ganz anderer Perspektive herzustellen als bisher bekannt.

Die Reichweite des Matriarchats-Paradigmas ist enorm. Es umfasst nicht nur die gesamte bisher bekannte Kulturgeschichte und – gerade mit der Patriarchatskritik – auch die verschiedenen Gesellschaftsformen der Gegenwart, sondern sie betrifft auch die Inhalte aller Kultur- und Sozialwissenschaften, wie ich an verschiedenen Stellen aufgezeigt habe.[9]

---

9 Siehe zu dieser Reichweite: Heide Goettner-Abendroth: "Matriarchal Society: Definition and Theory", in: Genevieve Vaughan (ed.), *The Gift*, Rome, 2004, Meltemi (Athanor Books).

So hoffe ich, dass Generationen von Forscherinnen und Forschern mit dem matriarchalen Paradigma kreativ weiterarbeiten werden, so lange, bis die neue Weltsicht ein Teil des öffentlichen Bewusstseins geworden ist.

Schlussbemerkung

Ihrem Erkenntnisinteresse folgend, ist die moderne Matriarchatsforschung grundsätzlich kritische und emanzipatorische Forschung, nicht nur für Frauen, sondern auch für Menschen in alternativen gesellschaftskritischen Bewegungen und für die indigenen matriarchalen Gesellschaften, die es heute noch gibt. In diesem Sinne kann die moderne Matriarchatsforschung ihre politische Relevanz entfalten, die allgemein visionär ist und zugleich zu konkreten praktischen Handlungsmöglichkeiten anregt. Wir nennen dies „Matriarchatspolitik", doch deren Prinzipien können hier nicht mehr ausgeführt werden.[10]

---

10 Siehe Näheres dazu in Heide Göttner-Abendroth: *Der Weg zu einer egalitären Gesellschaft. Prinzipien und Praxis der Matriarchatspolitik,* Klein Jasedow 2008, Drachen-Verlag.

20. Kontinuität, Diskontinuität und animistische Naturphilosophie

Kurt Derungs

Die Frage der Kontinuität und Diskontinuität stellt sich sowohl in der Archäologie wie auch allgemein in den Kulturwissenschaften.[1] Darin werden gesellschaftliche Umwälzungen, Brüche in der Kulturfortsetzung oder kulturelle Neubesiedelungen beschrieben, die je nach Betrachtungsweise und Betrachtende interpretiert werden. Die Vertreter einer evolutionistischen Theorie beispielsweise kennen zwar Veränderungsprozesse, dennoch sehen sie ein Kontinuum des steten Wachstums und Kulturfortschrittes, so dass die jeweiligen Letztgeborenen sich immer als die Krone der Schöpfung betrachten. Das materialistische Weltbild wiederum geht von einer Dialektik von These, Antithese und Synthese aus, was grundsätzlich ebenso eine Fortschrittsideologie darstellt – eben hin zum „besseren Menschen" oder zur „besseren Natur". Das Problem solcher Fortschrittstheorien ist, dass sie ihrem eigenen Paradigma verhaftet sind und nicht aus ihrem gedanklichen Gebäude herauskommen, obwohl sie soziologische Brüche feststellen.[2] Dies gilt auch dort, wo Sozialwissenschaftler manchmal von matriarchalen und patriarchalen Zeiten sprechen, denn erstens wird nicht genau definiert, was ethnologisch unter einer matriarchalen (matrifokalen) Gesellschaft zu verstehen ist, und zweitens wird der Begriff „Matriarchat" im Rahmen des patriarchalen Paradigmas gedeutet, was nicht zum Verständnis desselben, sondern zur Selbstbestätigung des eigenen, patriarchalen Establishments dient.[3] Ein Kuriosum stellt dabei die sogenannte Tiefenpsychologie dar, die von einer ehemaligen Unterdrückung des Mannes in matriarchalen Gesellschaften ausgeht, wobei sich dieser dann gleichsam in einem Befreiungskampf emporschwang und einen Kulturfortschritt erzwang. Die Ablösung der matriarchalen Kultur durch das Patriarchat sei zwar „bedauerlich", jedoch „notwendig", weil sich dadurch eine „höhere Zivilisation" erst entwickeln könne.[4] Dieser primitive Evolutionismus sagt sehr viel über das moderne Patriarchat aus, jedoch nichts über die unterschiedliche Sozialstruktur matrifokaler Gesellschaften. Zudem impliziert er, dass letztgenannte keine Kultur haben, sondern nur die „zivilisierte Herrenkultur", was eine kolonialistische Ideologie ist.

Eine Gesellschaftswissenschaft, die das patriarchale Paradigma verneint, in dem sie sich bewegt, steht im Verdacht, diesem zu dienen. Es ist dringend notwendig, in den sozialwissenschaftlichen Arbeitshypothesen von einem matrifokalen Paradigma auszugehen, was aus meiner Erfahrung immer sehr erkenntnisreich ist. Dazu gehören natürlich auch Fragen wie: Was ist ein Paradigma? – Ein welterklärendes Gedankengebäude mit Struktur und Inhalt. Und: Was ist ein Matriarchat? – Eine Gesellschaft in Balance mit ihrer eigenen, matrifokalen Struktur.[5] Oder: Was ist ein Patriarchat? – Die Etablierung einer Trennungs- und Herrschaftsideologie, die jegliche kulturellen Werte zur Ausbeutung und Herrschaftssicherung benutzt.[6]

In der modernen Mythen- und Matriarchatsforschung sind Transformation und Paradigmawechsel sehr nützliche Begriffe, die immer wieder zu Aufschlüssen führen.[7] Unter *Transformation* versteht man dabei die vielschichtige Veränderung von Gestalten und Funktionen in einem Umfeld, so dass ein Vorher-Nachher erkennbar wird. Ein *Paradigmawechsel* stellt die Umwertung jeglicher Werte dar, hin zu einem neuen Muster der Welterklärung, die durch ihre eigene Gesetzmäßigkeit erkennbar wird. Es ist also prinzipiell nicht möglich, mit Prämissen aus dem patriarchalen Paradigma die andersgesetzlichen Phänomene des matrifokalen Musters zu erkennen, sofern die Projektionen aus dem ersteren nicht aufgehoben sind. Dies bedingt aber einen längeren Prozess der Entsozialisierung und Entwöhnung vom Patriarchat, was gewiss keine leichte Aufgabe ist, jedoch unabdingbar für einen neuen Paradigmawechsel.

Leider ist in der europäischen Kulturanthropologie (Volkskunde, Ethnologie) sowie in der Anthropologie der Landschaft, zu der sich der Verfasser zählt, ein Mangel an oben beschriebener Theorie feststellbar, besonders wenn es um Relikte oder Archaismen in den traditionellen Überlieferungen geht. Ich möchte daher aus meinem Forschungsgebiet ein paar Beispiele der Transformation aufzeigen, um den erwähnten Veränderungsprozess in seiner sehr allgemeinen Gesetzmässigkeit zu veranschaulichen. Der Vorteil meiner Beispiele ist, dass sie bekannt sind, jedoch kaum in die Fragestellung der Kontinuität und Diskontinuität einbezogen wurden.

Das erste Beispiel betrifft die alteuropäische Ahnfrau Sequana, die den Fluss Seine repräsentiert und uns in gallo-römischer Zeit als Göttin Sequana inschriftlich überliefert ist.[8] Im Burgund, nordwestlich von Dijon, war ihr ab dem 2. Jahrhundert v.u.Z. an der Quelle der Seine ein Heiligtum geweiht. Dieses erfreute sich eines regen Zulaufs, so dass zahlreiche Weihegaben entdeckt wurden, besonders Modelle aus Bronze und Silber, die menschliche Organe zeigen (Kopf, Augen, Brüste, Arme, innere Organe und Geschlechtsteile etc.). Die Göttin war also nicht nur für die Quelle und das Wasser zuständig, sondern auch für die Heilung von Krankheiten. Sequana selbst ist als Bronzestatuette erhalten: Sie steht mit einem langen Gewand bekleidet und mit einem Diadem bekränzt auf einem Boot, das vorne einen Entenkopf aufweist. Den Namen der Göttin finden wir wie erwähnt bei der *Seine* (< Sequana) sowie auch beim Fluss *Saône* und beim „keltischen" Ethnikon *Sequani*. Die Grundform lautet etwa **sek-ona* oder *sep-ona*, wobei die Sprachwurzel *sek-* oder *sep-* „Wasser, Fluss" präindoeuropäischer Herkunft sein dürfte.

Sequana war zweifellos die Grosse Ahnfrau der Region, d.h. sie repräsentierte nicht nur die Landschaft, sondern gemäss der animistischen Naturphilosophie[9] war sie die Quelle, das Wasser, der Fluss und das Land selbst. Die Muttergöttin war für die Geburt der Kinder zuständig und schenkte den Kranken ein neues Dasein, denn sie war auch Herrin des Schicksals und der Heilung. Ihr Symboltier war die Ente, die ihre Anwesenheit darstellen konnte und die eine Kugel (Perle?) im Schnabel hält. Die Ahnin war der Genius loci (Ortsgeist) in dieser wesenhaften Landschaft, die als belebt und beseelt betrachtet wurde, so dass die Menschen von Mutter Fluss oder Mutter Erde sprachen.

Zur Frage der Kontinuität im Sequanakult ist es nun spannend, dass die Ahnfrau aus der alteuropäischen Naturverehrung stammt und dann via nichtkeltischer Bevölkerung in den keltischen Kult aufgenommen wurde. Galt vorher das Prinzip der direkten Naturverehrung der Gewässer, so erscheinen in keltischer und römischer Zeit Tempelbauten und Häuser bei der Quelle. Im Heiligtum ist eine gewisse Geschäftigkeit feststellbar, wobei die vielfältige Göttin allmählich zur bereitwilligen Allgeberin mutiert. Verantwortlich dafür ist das keltische und vor allem römische Patriarchat, wie wir es bei anderen Göttinnen der Antike kennen. Die Transformation der Sequana – eine ursprünglich allumfassende Landschaftsahnin – geschieht folgendermassen: Gestaltlich erscheint sie nun in einem römischen Gewand, und vom Inhalt her ist ihre Funktion auf die Geberin und Heilerin reduziert. Die völlige Transformation und auch der Paradigmawechsel geschieht im 6. Jahrhundert n.u.Z. In der frühchristlichen Periode wird die alte Göttin gänzlich zu einem Sequanus vermännlicht. Dieser soll – laut Auskunft im Museum von Dijon – nur zehn Kilometer von der heiligen Quelle entfernt ein christliches Sanktuarium errichtet haben, das unter dem Namen Saint-Seine l'Abbaye bekannt ist. Vor Ort zweifelt zwar niemand, dass hinter dem vermeintlichen Saint-Seine die Göttin Sequana steckt, jedoch liegt ein schwerwiegender Umbruch der Gestalt und Funktion vor: Der Heilige ist weder mit der Quelle noch mit dem Fluss verbunden, so dass die natürliche Landschaft geistlos ist. Ebenso ist seine Gestalt entsinnlicht und seine Funktion sinnlos, denn er ist kein Heiler und kann auch keine Kinder schenken, was in Anbetracht der alten Wiedergeburtsmythologie, die bei der Heilung und bei der Herkunft der Kinder von Bedeutung ist, ohnehin absurd wäre.

Im 19. Jahrhundert geschieht eine der Antike nachgebildete Remythologisierung der Seine-Quelle(n). Diese werden 1864 zunächst privatisiert bzw. Eigentum der Stadt Paris. Ein Jahr später wird im Zuge der Romantik und angesichts des neokeltischen Nationalgefühls in Frankreich eine künstliche Grotte errichtet und die Statue einer Nymphe hineingestellt, welche die Seine versinnbildlichen soll. In diesem Zustand dient die Göttin aus weissem Marmor nur noch der äs-thetischen Betrachtung und dem schönen Schein, d.h. der Sehnsüchte und der Projektionen. Denn sie ist von ihrer ursprünglichen, matrifokalen und animisti-schen Bedeutung enthoben, was auch für ihre Landschaft gilt. Gewiss soll sie die Seine symbolisieren, jedoch tut sie dies isoliert von ihrem Kulturhintergrund auf schöngeistige Weise, zudem in einer entfremdeten und entzauberten Welt, die durch die schönen Künste an Sinn gewinnen soll. Das Land und die Gewäs-ser sind nicht mehr die Sequana selbst – ihr Wesen und ihr Körper –, wie dies in der allverbundenen Naturphilosophie der Fall war.

Mein nächstes Beispiel führt uns an den Rhein, der seit gallo-römischer Zeit als „Vater Rhein" (Rhenus Pater) beschrieben wird.[10] Dieser Flussgott wird dem römischen Neptunus gleichgesetzt, ebenso verglichen mit dem Danuvius, dem Gott der Donau. Inschriftlich erwähnt ist der „keltische" Name R(h)eno auf rö-mischen Weihesteinen, die in Eschenz (Schweiz), in Strassburg (Frankreich), in Remagen (Deutschland) und in Vechten (Niederlande) geborgen wurden. Rhen-us selbst erscheint dabei als Hochgott über allen anderen Göttern oder als „Vater aller Nymphen und Flüsse" (*Nympharum pater amniumque*). Obwohl nun ver-schiedene Reime den „Vater Rhein" bis hin zum Karnevalschlager besingen, liegt auch bei diesem Namen eine Diskontinuität vor. Seit der Antike existieren nämlich für das Gewässer zwei Überlieferungen: erstens eine der „Oberschicht" mit einem Rhenus Pater, und zweitens eine der „Unterschicht" mit einer göttli-chen Ahnfrau, die auch in einer Dreiheit erscheinen kann. So kennen wir aus dem keltisch-römischen Bonn eine fast 2000-jährige Weiheinschrift an die Mat-ronen (Muttergöttinnen), wie sie in dieser Region hundertfach in ihrer Dreiheit abgebildet und namentlich erwähnt werden. Geweiht ist dort eine Stele den *Mat-ronis Renahenae*, die als Flussgöttinnen aufgefasst werden.[11] Bei der Namens-form *Rena* handelt es sich um den eigentlichen Namen des Rheins, der als Ver-körperung und Genius loci der Landschaftsahnin erscheint. Ausserdem erwäh-nen die „Sagen vom Rhein" von Hans F. Blunck eine Geschichte mit dem Titel „Der Rheinvater begegnet der Meerfrau", worin die alte Meeres- und Wasser-frau Rahen vorkommt. Diese „Greisin Rahen" oder einfach Frau Rahen ist eine Wassergöttin, die den Rheinfluss geboren hat. Spannend ist nun, dass Mutter Rahen ihren Sohn vaterlos entstehen ließ – entweder kannte sie den Gatten nicht oder sie schuf den Rhein aus sich selbst heraus bzw. im mythischen Sinn parthenogen. Dies dürfte ein mutterrechtliches Sinnbild sein. Und damit doch noch ein Vater genannt werden kann, führt der Sagenerzähler Gott als Erschaffer ein, was jedoch nicht so recht passen will.[12]

Die Transformationsgeschichte der Muttergöttin Rena verläuft ähnlich wie diejenige der Sequana. Auch sie stammt mit ihrer Sprachwurzel *ren-a* „Was-ser" aus prä-indoeuropäischer Zeit und zeigt sich im Sinn der matrifokalanimistischen Naturphilosophie als Wesen und Verkörperung des beseelten Flusses. In (proto)-römischer Zeit geschieht dann eine Vermännlichung und „Verväterlichung" der Flussgöttin zu einem Rhenus Pater. Jedoch ist dieser Veränderungsprozess nicht überall und gleichzeitig durchgeführt, denn parallel zum Rhenuskult werden auch die *Matronis Renahenae* verehrt, welche den ursprünglichen Kult tradieren. Betont wird bei Rhenus, dass er „Vater" aller Flüsse und „Vater" der Nymphen sei, also einen Herrschaftsanspruch und eine „Schöpfung" beansprucht. Dadurch werden die alten Göttinnen zu namenlosen Nymphen gemacht, zudem zu seinen Töchtern. Diese schenkten dem Land und dem Fluss einst ihre Fruchtbarkeit, wie die Muttergöttinnen Renahenae belegen, was jedoch vom Vater Rhein als „Fruchtbarkeitsgott" imitiert wird. Nicht die Mutter schafft aus sich heraus neues Leben, sondern der Vater in seiner Vereinnahmung der Göttinnenfunktionen. Ferner findet die Gestaltwandlung der weibliche Rena zum männlichen Rhenus seine Entsprechung bei der Donau. Fast gleichzeitig erscheint hier wie erwähnt ein kelto-romanischer Flussgott Danuvius (Danubius), der mit seinem Namen an die irische Muttergöttin Danu oder an die walisische Ahnfrau Dôn erinnert.

Mit dem dritten Beispiel gelangen wir in den französisch-schweizerischen Jura, der noch bis ins 19. Jahrhundert ein sehr abgelegenes Gebiet war. Hier begegnen wir in den Mythensagen und in den Feengeschichten der geheimnisvollen Ahnfrau Arie, die mit vielen Naturorten verbunden ist und von den Einheimischen „Tante Arie" genannt wird.[13] Diese Arie weist einige Züge der schwarzen und weissen Percht (Bertha) auf, mit der sie manchmal verglichen wird, so zum Beispiel das Spinnen und Weben und den Besuch der Spinnstuben. Im Glauben der Leute lebt Arie in Grotten und Höhlen, zuweilen auch in Felsnischen, die besonders von Frauen aufgesucht werden, wenn sie einen Wunsch oder ein Anliegen haben. In Tiergestalt erscheint sie als Drachenschlange Vouivre (< Vipera), in welche sie sich hin und her verwandeln kann. So sind also Gänge und Gewässer ihre bevorzugten Wohnstätten, aber auch ein Stein kann Arie repräsentieren. In der sogenannten Feengrotte wohnt sie als Hüterin und besitzt alle Reichtümer der Welt. Sie haust dort mit ihren Schwestern, was an den Matronenkult der dreigestaltigen Rena erinnert. Auch soll sie Gänsefüsse haben. Verweisen diese auf das Symboltier der Sequana mit dem Entenkopf auf ihrem Boot? Am bekanntesten ist Arie jedoch als gute Fee, die in einer Höhle Kuchen backt, es schneien lässt sowie an Weihnachten Kinder und Erwachsene besucht, um ihnen Geschenke zu bringen. Sie ist eine klassische Mittwinterfrau, die zur Winterszeit aus ihrer Landschaft hervortritt, auf einem Esel reitet und so zu den Menschen kommt.[14]

Im Brauchtum, in der mündlichen Tradition, an Naturorten und in der Subkultur der Region ist Tante Arie gegenwärtig. Man kann sie sogar als dreifaltige

Ahnfrau erkennen, nämlich im Frühjahr als Maibraut (Fille de Mai), als Liebesgöttin in der Feengrotte und als Mittwinterfrau der Spinnstuben. Ebenso spannend ist ihre Transformationsgeschichte. Der Name *Arie* beinhaltet wahrscheinlich die alteuropäische Sprachwurzel *ar-* „Wasser", so dass wir auch hier eine Wassergöttin vorfinden. In keltischer und römischer Zeit entdecken wir ihren Namen als Herecura, Aerecura oder Eracura wieder. Ein Bildnis aus dem 5. Jahrhundert n.u.Z., das in Roussas (Dauphiné, Südfrankreich) gefunden wurde, zeigt eine Era, die auf einem Tier (Hirsch?) reitet – ähnlich wie die Tante Arie an Mittwinter. Im 15. Jahrhundert glaubten Bauern in der Pfalz, dass eine Hera während der Zwölf Nächte zwischen Weihnachten und Dreikönig umherfliege und als Spenderin von Überfluss betrachtet wurde![15]

Bestrebungen, Arie im Mittelalter zu christianisieren, waren erfolglos, denn es gibt keine hl. Arie. Somit ist eine religiöse Vereinnahmung nicht geglückt, jedoch die Verbreitung eines dämonischen Aspektes. So soll Arie zuweilen eiserne Zähne haben und Kinder rauben, ja sie wird als Schreckgestalt beschrieben. Im Gegensatz dazu ist sie überwiegend die Bonne Fée, die den Kindern Kuchen bringt und von den Ansässigen wie folgt charakterisiert wird: la bonne fée, amie des enfants et des femmes laborieuses; genie bienfaisant, si cher à toutes les familles; charmante fée au front serein, au coeur aimant, à la main libérale et caressante.[16] – Ernsthafte Konkurrenz erhielt sie durch den Nikolaus und die Dreikönige, die ihre Funktionen in männlicher Gestalt vereinnahmen und so zu Weihnachts- und Neujahrsgestalten werden. In der Folge gibt es im Jura je nach Ortschaft zwei parallele Kulte: den älteren Kult der Arie mit ihrem Reittier und den jüngeren Nikolausbrauch der Kirche. Andere Aspekte der Arie leben partiell im Volksbrauchtum weiter, oder die Landschaftsgöttin existiert als feenhafte Frau in der Erinnerung. Allerdings ist es nicht gelungen, Arie in die reine Fiktionalität abzudrängen, denn sie ist konkret mit den Naturorten (Höhlen, Felsen, Wasser) verbunden und erscheint fassbar zur Weihnachtszeit. Dennoch hat die christliche Obrigkeit erreicht, verschiedene Orte der Arie zu transformieren. So wird heute in Mariastein in einer Felsenhöhle die Gottesmutter verehrt. Ebenso besuchen in einer Grotte, aus der heilendes Quellwasser rinnt, die Leute eine dunkelhäutige Sainte Colombe, die aus Spanien stammen soll und zum Christentum konvertiert sei.[17] Hier wird demnach die alte Muttergöttin durch eine weibliche Heilige ersetzt, die historisch gesehen aus der Feder eines Mönches stammt. Unsere Colombe jedoch ist nicht Arie. Sie imitiert vordergründig einen weiblichen Kult, den die Menschen in der Zweideutigkeit mit der Arie verwechseln. Ausserdem soll sie den viel älteren Ahninnenkult absorbieren und wie Maria Magd des Herrn sein.[18]

Die alteuropäische Arie hingegen ist wie ihre Schwestern Rena und Sequana die wesenhafte Verkörperung ihrer Landschaft. Die animistische Personifizierung drückt sich oft auch in der Namensgleichheit von Ahnfrau und Bezirk aus. Zu den Beispielen Rhein/Rena und Seine/Sequana sei noch erwähnt: die Göttin Genava von Genf, die Ardbinna der Ardennen, die Reitia der Räter sowie Noreia für die Region Norikum. Aufschlussreich dazu ist ein keltisch-römischer Weihestein aus dem ehemaligen Tempelbezirk von Thun-Allmendingen im Berner Oberland. Darauf werden die Alpen erwähnt, nämlich als *Alpibus* „Alpengöttinnen".

Mein letztes Beispiel stammt aus Irland, wo verschiedene Berge „Frauenberge" heissen, Steine und Täler „der Alten" geweiht sind, so manche Hügel „Brüste der Anu" genannt werden und die dreifache Erdgöttin Eire dem Land ihren Namen gab. Wer nun in den Süden der Grünen Insel reist, entdeckt zwischen Kilkenny und Waterford das ehemalige Kloster Jerpoint Abbey. Hier befindet sich im südlichen Teil des nördlichen Querhauses eine interessante Steinplatte aus dem 15. Jahrhundert. Abgebildet ist eine Dreiergruppe, die links Katharina mit dem Rad, rechts Margaretha mit dem Drachen und in der Mitte den Engel Michael zeigt. Bekannt ist die Darstellung unter dem seltsamen Namen „The Weepers" (die Weinenden), obwohl keine der Figuren wirklich weint. In der europäischen Ikonographie ist allerdings diese Dreiheit etwas anders abgebildet. Normalerweise handelt es sich um die drei Schutzheiligen Katharina, Margaretha und Barbara, die im Volk als segenspendende drei Mädchen in Erscheinung treten. Allgemein bekannt sind dazu die im deutschen Sprachgebiet überlieferten Reime: „Margaretha mit dem Wurm, Barbara mit dem Turm, Katharina mit dem Radl, das sind unsere heiligen drei Madl." Die christliche Frauendreiheit gleicht dabei den keltisch-römischen Matronen, die ebenfalls Schutz, Segen und Wohlergehen bewirken und die ursprünglich auf die alteuropäischen Schicksalsfrauen zurückgehen wie die dreigestaltigen Parzen, Moiren, Nornen oder Bethen.[19] Setzen wir diese als Grundgestalt und verfolgen die Transformationsgeschichte der weiblichen Triade, so werden die Schicksalsfrauen nicht nur durch weibliche Heilige substituiert, sondern allmählich auch vermännlicht, wozu Michael ein gutes Beispiel ist. Er ersetzt auf der Steinplatte Barbara, gleichzeitig trägt er eine Menschenfigur auf seinem Bauch. Dieses Bildnis wird so gedeutet, dass der Engel eine Menschenseele in den Himmel trage. Andererseits könnte man Michael in dieser Komposition auch als einen schwangeren Mann betrachten, was zum Kontext der Vermännlichung passen würde. Er imitiert dabei die lebenschöpfende Funktion der Muttergöttin, die gebären, erhalten und erneuern kann, während die patriarchalen Schöpfergötter diesen natürlichen Zyklus künstlich nachahmen. So gebiert Zeus aus dem Knie oder Adam aus der Rippe, was dann in einer Verwirrung stiftenden Theologie umständlich erklärt werden muss. Die Kirche geht sogar so weit und lässt aus den drei Schicksalsfrauen die heiligen drei Könige werden: Kaspar, Melchior und Baltasar. Ihre

Kürzel C-M-B jedoch, die sich als magisches Zeichen am Eingang der Häuser befinden, lassen sich leicht als (C)atharina, (M)argaretha und (B)arbara erkennen. Dass die patriarchale Umwertung System hat, konnten wir schon beim Rhenus Pater in keltisch-römischer Zeit aufzeigen. Die Transformation setzt sich immanent im christlichen Patriarchat fort. Nikolaus, Dreikönige und Michael sind dazu nur einige Beispiele. So wurde an der Mosel noch nach dem 15. Jahrhundert aus einer Diana ein hl. Hubertus gemacht.[20]

Im historischen Prozess der Umwertung werden die als Mutter Erde aufgefassten Landschaftsahninnen somit vielfach transformiert. Sie werden vermännlicht (Sequanus, Rhenus Pater, Hubertus), namenlos gemacht (Nymphen, Feen), zu Töchtern eines Vaters subordiniert (Rhenus Pater), durch weibliche und männliche Heilige substituiert (Colombe, Michael, etc.) oder zu Schreckgestalten dämonisiert (Arie). All dies sind Indizien für einen patriarchalen Paradigmawechsel, ein Prozess, der schon in keltischer, germanischer und römischer Zeit begann, sich in christlicher Zeit weiter verbreitet und bis in die Moderne reicht. Mit der Transformation der animistisch-matrifokalen Landschaftsahninnen geht auch eine kontinuierliche Veränderung der Naturbezogenheit einher, so dass schliesslich Mutter Natur in der Neuzeit als tote Materie und als entpersonifizierte Rohstofflieferantin betrachtet wird.[21]

Eine andere Frage betrifft unsere Kulturgeschichte und die Interpretation in den etablierten Wissenschaften. Wird darin das Phänomen der Kontinuität und Diskontinuität in der hier dargestellten Problematik überhaupt diskutiert? Wer im Rahmen des patriarchalen Paradigmas deutet, wird vor allem die (oberflächliche) Ebene des „Rhenus Pater" berücksichtigen und die andere Geschichte der „Matronis Renahenae" verkennen. Es ist also von grundsätzlicher Bedeutung, auf welcher Ebene wir interpretieren und welche Schlussfolgerungen wir daraus ziehen. Ferner zeigt die Geschichte der Transformation, dass wir durchaus in einer „verkehrten" Welt leben, und die Sinnhaftigkeit der allverbundenen Frau Welt erst dadurch wieder erlangen, indem die gemachte Künstlichkeit aufgearbeitet und aufgehoben wird.[22]

Literatur:

1 Kontinuität und Diskontinuität in den Geisteswissenschaften. Hrsg. von Hans Trümpy. Darmstadt 1973.
2 Zum Paradigmawechsel siehe Thomas S. Kuhn: Die Struktur wissenschaftlicher Revolutionen. Frankfurt a.M. 1976.
3 Zur kritischen Diskussion darüber siehe die Beiträge in: Die Diskriminierung der Matriarchatsforschung. Hrsg. von der AutorInnengemeinschaft. Bern 2003.
4 Vgl. dazu Kurt Derungs: Der psychologische Mythos. Bern 1996.

5   Zur Definition von „Matriarchat" siehe Heide Göttner-Abendroth: Das Matriarchat I-IV. Stuttgart 1988 ff.; ebenso dieselbe (Hg.): Societies of Peace. Matriarchies past, present and future. Toronto 2008.

6   Zur Definition von „Patriarchat" siehe den Band Aufbruch aus dem Patriarchat – Wege in eine neue Zivilisation? Hrsg. von der Projektgruppe „Zivilisationspolitik". Frankfurt a.M. 2009.

7   Zur Transformation siehe Heide Göttner-Abendroth: Die Göttin und ihr Heros. Stuttgart 2011; Kurt Derungs: Struktur des Zaubermärchens I-II. Bern, Hildesheim 1994.

8   Miranda Green: Celtic Goddesses. London 1995.

9   Zur Definition der „animistischen Naturphilosophie" siehe Kurt Derungs: Naturverbundenheit als Zweite Kultur. In: Kann es eine „neue Erde" geben? Hrsg. von der Projektgruppe „Zivilisationspolitik". Frankfurt a.M. 2011, S. 309-329.

10 Rainer Vollkommer: Rhenos, Rhenus. In: Lexicon Iconographicum Mythologiae Classicae, Band VII. Zürich 1994, S. 632-635.

11 M. Rech: Ein gallo-römischer Tempel in Dransdorf? In: Dransdorfer Bote. Mitteilungen des Ortsausschusses. Nr. 7, März 1981, S. 5-9.

12 Kurt Derungs: Die Namen der Eifel. In: Judith Mies & Kurt Derungs: Magische Eifel. Reisen zu mythischen Orten. Grenchen 2012.

13 Arthur Daucourt: Landschaft der Grünen Fee. In: Mythologische Landschaft Schweiz. Hrsg. von Kurt Derungs. Grenchen 2010, S.120-134.

14 Hervé Thiry-Duval: Tante Arie. Bonne Fée et Mère Noël. Yens sur Morges 2007.

15 Carlo Ginzburg: Hexensabbat. Entzifferung einer nächtlichen Geschichte. Frankfurt a.M. 1993, S. 122-123.

16 Eduard Hoffmann-Krayer: Die „Tante Arie". In: Zeitschrift des Vereins für Volkskunde. Berlin 1915, S. 116-123.

17 Kurt Derungs: Magische Quellen Heiliges Wasser. Grenchen 2009.

18 Zur Problematik der Marienorte siehe Kurt Derungs und Isabelle M. Derungs: Magische Stätten der Heilkraft. Marienorte mythologisch neu entdeckt. Grenchen 2006.

19 Kurt Derungs & Sigrid Früh: Der Kult der drei heiligen Frauen. Grenchen 2008.

20 Matthias Zender: Die Verehrung von drei heiligen Frauen im christlichen Mitteleuropa. In: Matronen und verwandte Gottheiten. Köln 1987, S. 227.

21 Carolyn Merchant: Der Tod der Natur. München 1987.

22 Siehe zur Aufarbeitung des Patriarchats u. a. den Beitrag von Claudia von Werlhof: Das Patriarchat: „Befreiung" von Mutter (und) Natur? In: Aufbruch aus dem Patriarchat a.a.O., S. 59-103; ebenso Mathias Behmann: Idee und Programm einer Matriarchalen Natur- und Patriarchatskritischen Geschichtsphilosophie. In: Aufbruch aus dem Patriarchat a.a.O., S. 107-177; sowie zur Philosophiegeschichte Ingrid Straube: Die Quellen der Philosophie sind weiblich. Vom Einfluss weiser Frauen auf die Anfänge der Philosophie. Aachen 2001.

21. Shifting the Paradigm to a Maternal Gift Economy[*]

Genevieve Vaughan

I have been working on the idea of a gift economy since the 1960s. In the early days no one was interested or even understood what I was saying, but over the years interest in a free economy has grown among people seeking alternative ways of living, and the internet has made the term 'gift economy' almost a household word.

There are many examples of the gift economy in indigenous societies and now in Euro-America and elsewhere in subsistence economies, in alternative communities, in movements for free stores and free schools. The internet allows new possibilities of collaboration and of forming groups in a horizontal many-to-many way. Wikipedia is a good example of the internet gift economy in action. Couch surfing is another. Most of these initiatives fill in gaps in the market economy though, and to a certain extent they rely on the market economy. Widespread commerce in computer hardware is necessary for Wikipedia to exist, and couch surfing requires not only the computer but the ability to use commercial means to travel from place to place. Still, these new initiatives are a very positive development because they show the possibility of a different paradigm which brings about a positive change in relationships among people.

A paradigm is a framework, a relatively stable group of coordinates and interpretations which determine a world view. Unfortunately, the contemporary gift paradigm does not include the connection with a maternal source even when women themselves are participating in it. What is needed is a radical rethinking, a revision of economics – and language – material and linguistic *communication* from a maternal perspective (Latin *muni* means 'gifts' so *com muni cation* means 'giving gifts together').

In order to do this rethinking, we have to look at mothering in a different way, as a or *the* basic economy, a mode of distribution, the direct distribution of goods and services to needs. This kind of distribution is not imposed by some essential characteristic of mothers but by the nature of dependent infants, who cannot nurture themselves nor can they exchange. That is, they cannot give back an equivalent of what has been given to them. A free economy of unilateral giving has to take place for young children to survive. In fact, motherers, whether

---

[*] Article based on a speech at *Women's Worlds Conference 2011* in Ottawa.

the biological mother, the extended family, or the whole village, actually create the bodies of the members of the community through this free giving. Although children are dependent, they are not passive, and receiving itself is not passive. It is the creative complement of the gift, without which the gift or service does not really exist. The receiver must accept and use the gift or it is wasted and becomes negative.

Actually the market is a limited entity floating on a sea of gifts. Profit itself is a gift, as it comes from the part of the labor of workers which is not covered by the salary, their so-called 'surplus labor'. But there are also the gifts of housework and of nature which are exploited by the market, which does not have to pay for the reproduction of the workers or the cleanup of pollution. As someone said in the recent movie on the internet gift economy, *Us Now*, the kind of capitalism we are living in has only really been so extreme during the last century. Before, there were more relations based on trust, outside the market. This economic system, patriarchal capitalism or capitalist patriarchy, is limited in time but also geographically and culturally.

The gift economy is practiced in indigenous and matriarchal societies though it is largely unrecognized or discredited as traditional or primitive by the Euro-American mainstream people who are telling the tale. My contention is that something like this gift economy also exists in the West in the so-called domestic sphere, in the free housework and childcare done mainly by women. In fact, free work is gift work, given to satisfy needs. This is subsistence work or what some economists call 'provisioning'. But we should consider it not just as an add-on to the market economy, a sort of instinctual behavior. Instead this maternal economy is the basic human economy of communication from which other economies derive and of which they are elaborations. By considering gift giving as an economy on its own, we can reframe the oppression of women as caused by a struggle between kinds of economies. We have recently come out of the struggle between the economies of communism and capitalism but a more fundamental distinction and more universal struggle continues to exist between the economy of unilateral gift giving and the economy of the market.

There are two main oppressive factors causing this struggle: One is patriarchy, and the other is market exchange. Patriarchy is the hierarchical control of giving (and of the givers) mainly by men. Exchange is the denial of gifts by requiring a quantitative equivalent in return for what is given. Patriarchal capitalism is the combination of patriarchy and exchange so that gifts are controlled and leveraged through the market mechanisms, renamed 'profit', accumulated and re-invested in order to leverage still more gifts. The values of male dominance have been abstracted and generalized and used to motivate market exchange and capitalist accumulation for hegemonic power.

Another advantage of considering mothering as economic is that we can call on Marx's categories of structure and superstructure to explain what we usually call gender differences and male and female values. The economic structure of gift giving would produce an ideological superstructure of the values of care, while the economic structure of market exchange would produce an ideological superstructure of competition and domination. That is, direct giving and receiving produce other-orientation, mutuality, and trust, and these values come from a practical, life-sustaining, interactive behavior rather than from a specifically innate moral sense. The participation of biological males in the structure of this maternal gift economy, first as children and then in some aspects even in our society as adults, would produce their other-orientation, their so-called feminine side, which in Euro-America has often been submerged under an ideology of male dominance. The participation of biological women in the economic structure of the patriarchal market would have the superstructural effect of giving them what we usually call 'masculine' values based on exchange and competition for dominance. In a more positive light these values include equality and justice, but they also diminish compassion and forgiveness. However, women too maintain their childhood gift economy values throughout life, and they are not altogether symmetrical with men because they often do give birth to children and in our society have to mother them in a nuclear family or as single mothers while men do not (though there are also a few single 'motherer' fathers). The practice of the gift economy furthers the values of the gift economy. However, in situations of scarcity and duress caused by the market system, practicing the gift economy can become difficult, dangerous, and frustrating.

One of the great weapons that patriarchal capitalism has for dominating the gift economy is its ability to propose its own superstructural view of the world, creating an ethics based on the market and imposing its own epistemology. This view, which I call the exchange paradigm, eliminates mothering from consciousness, not only because mothers are rarely seen in positions of patriarchal power but because unilateral giving and receiving is *not* used as an interpretative key for understanding the way we know the world or the way we inhabit it.

Actually, patriarchal market-based epistemology and ethics are part of the reason for wars and exploitation. They make us believe there is no alternative so we accept their decisions as inevitable. The market wants us to pay and pay back, and this same 'economic' logic underlies the attack and counterattack, vengeance and retribution that supposedly justify wars. If we want to make peace, we need to bring into consciousness a gift-based interpretation of the world that will redefine humans as a maternal species, not a warmongering species. We are already a maternal species. We have simply created an economy that is in contradiction with who we are.

Superstructurally the pervasive (and self-confirming) epistemology of patriarchal capitalism takes the maternal gift logic out of thinking. Looking through the glasses of exchange eliminates the gift.

My contrary hypothesis is simple, but it has a lot of consequences. The hypothesis is that early child care is based on free giving and receiving and that this kind of other-oriented mode of distribution of goods to needs is the basis not only of another form of economy, a free gift economy but also of language and other sign behavior. Language and sign behavior are one of the main themes of epistemology, but they are usually seen as inherited capacities (inherited is a gift word) or constructions (I believe construction can also be seen in gift terms).

Patriarchy makes unilateral giving seem unrealistic, sentimental, and even saintly, but it is actually just a basic transitive interaction in which one person satisfies another's needs. Unilateral gift giving comes before bilateral gift giving. It is the fundamental first step of a transitive logic which requires a receiver and of which bilateral giving is just one possible elaboration. Other possible elaborations of the gift are giving unilaterally at other levels, giving forward, giving unilaterally to many, receiving unilaterally, receiving and passing it on, receiving at different levels and giving and receiving different kinds of things in different ways, giving together with others and receiving together with others. In bilateral giving and receiving which I call turn taking, each person becomes a giver in turn. This develops into reciprocity, and there are also many variations on that theme, including what anthropologists call generalized reciprocity, where everyone gives to everyone else. In this kind of economy, relations of mutuality and trust are established throughout the community. In fact, maternal egalitarian giving-and-receiving creates the bonds of mutuality, which continue to be created in similar ways throughout adult life, though we no longer recognize them as such.

On the other hand, constrained bilateral exchange which is typical of market economies means giving in order to receive an equivalent of what has been given. This is an ego-oriented rather than an other-oriented interaction, and the relations it creates are completely changed. Reciprocal independence, suspicion, competitiveness, dishonesty, fear of lack, and anxiety are relational products of exchange, debt and obligation.

The market requires scarcity while gift giving requires and creates abundance. The gifts of the many are channeled to the few, actually creating the scarcity that is necessary for the market to function and maintain control but which at the same time makes gift giving difficult. Wars are used to further create the scarcity when the economy and its power structure are threatened by abundance. See for example the destruction of the abundance that had accrued under Clinton in the US economy by Bush's wars on Iraq and Afghanistan.

But let's take a closer look at mothering:

Even in scarcity mothers and other caregivers are a kind of special first ecological niche for their children, a niche which takes the initiative to satisfy its creature's needs. In this they are like nature but more proactive.

Mothers lay down the pattern of A gives X to B from the child's earliest days where X is a need-satisfying good or service that the mother (A) gives to the child (B).

This simple pattern is the beginning of a thread of the transitive gift logic that permeates life though we have learned not to see it.

This is a logic of human relations because in childhood it is invested with emotion. That is, the interaction of giving and receiving is the way expectations are created and fulfilled and positive relations are created. Since this interaction is necessary for the child's survival, it is not surprising that humans, both children and adults, would have endowed it with a lot of significance.

Motherers give and receive many different kinds of things and babies learn to imitate and do turn taking from very early on. Very young children smile when their parents smile at them, respond to their sister's antics by laughing, try to put a half eaten cookie in their mother's mouth.

We sometimes use the word 'exchange' for this giving and receiving, but it is a dangerous use, because it assimilates the interaction to the exchange that takes place on the market, which cancels the gift. Similarly, anthropologists following Marcel Mauss do not recognize free giving and instead speak of symbolic gift 'exchange', which has three necessary steps: giving, receiving, and giving back. This denial of the unilateral gift is what Ivan Illich called the "Mauss Trap".

I prefer to use the term turn taking. The mother takes the initiative to give to the child who receives. The child takes the initiative to give to the mother who receives. This giving and receiving continues throughout life at many levels. Recently cognitive neuropsychologists have done experiments, which they say show that altruism is innate. Mothering is left out of the explanation of childhood altruism by researchers like Michael Tomasello, but 'altruism' is not necessarily hereditary, it comes from being mothered, from someone recognizing your needs and satisfying them day after day, minute after minute, with many different things and in many different contexts.

We can all play the different roles in this basic script which we learn very early from our mothers. Cognitive psychologists Lakoff and Johnson started a kind of philosophical revolution some 30 years ago (1980) when they began to revise the concept of metaphor, recognizing it as a cognitive device coming from common human experiences of the body. They say that the corporeal or spatial logic, arising from bodily experience, is what provides the basis for the logic of abstract thought. (2002) However they only consider the individual body from the skin inward. Instead it would be more accurate if they said '*inter*corporeal' logic and '*inter*corporeal' bodily experience.

Lakoff and Johnson introduced and made popular the idea of image schemas, which are very elementary but repeatable patterns of bodily experience such as: "up and down", "path to goal", and going into or out of containers, which are mapped into language at various levels. I believe the image schema that underlies both material and verbal communication is the interactive, interpersonal sensory-motor schema of giving and receiving, first located not in the body of the child alone but between the mother and child, beginning in a moment in which the child has recently been part of the body of the mother and proceeding through the long period during which s/he is dependent on the mother's need-satisfying gifts and services for h/er body's very existence.

From this point of view, giving and receiving is the underlying pattern or image schema of material *and* verbal communication, expressed and embodied in a routine that the child learns with her mother's milk, a minimal play or script with three roles: giver, gift (or service), and receiver. This routine which is repeated in many different ways is the interpersonal, intercorporeal experience that "provides the basis for the logic of abstract thought".

Two other early mother-child interactions are mind reading, which is necessary for satisfying needs, and joint attention. Mind reading is not a psychic ability but a down-to-earth capacity to guess what the baby needs by putting ourselves in her place and by thinking of the context. The baby is crying, and she has not eaten for several hours so she is probably hungry. So the motherer satisfies her need for food instead of giving her a bath for example. Young children around the age of 15 months have been tested by psychologists for mind reading ability, and it has been found they are able to mind-read some of the contextual information adults have and understand their intentions and desires by following posture and eye gaze.

Pointing for joint attention is giving a perceptual gift by drawing the other's attention to it. I would say that in joint attention both mother and child are receivers together of the same perceptual gift. Both perceptually receive the same thing, and they bond with each other in the common perception/reception.

These abilities and their elaborations continue to permeate adult life in many ways, but we do not recognize them as such even though we are doing them. For example, we watch a movie together, and this is joint attention. Or go to a conference and listen to the speaker together.

These are patterns that are an integral part of mothering and being mothered, which can be said to also be matriarchal patterns in the adult elaboration of care for the other and the direct satisfaction of needs through gifting. The understanding of others' needs by 'mind reading', putting oneself in the others' place, and by attentive listening is necessary for gift giving but also for the kinds of communication upon which community is founded. Joint attention is also a community-building capacity when it is done in a group which focuses its attention on the same thing, creating mutuality, trust, and, finally possibly, consensus.

As adults we continue to mind read what others are attending to or not. We give them what they need to cause them to turn their attention to something. If I want to call your attention to cats, I can point to them if they are present, but now they are not present, so you need something else, to direct your attention, a word. The word 'cats' satisfies this need. I call this kind of need a communicative need. It is not primarily my own needs I satisfy with the words I speak or write but the communicative needs of the listener or reader. We speak in the language others understand, use the words they know, otherwise they will not understand us. We mind read what the others' communicative needs are and unilaterally give them words to satisfy them. These are virtual verbal gifts, which create relations among givers and receivers, in the same way that giving and receiving material gifts creates relations. Language, like mothering, is other-oriented. Since all our words come to us as gifts passed on to us from others in the linguistic community, they carry with them a relation to the group as well as to the individual giver, speaker, or writer. This other-oriented maternal relation among individuals and with the group is reaffirmed whenever we speak or write. Even when I say ego-oriented things, I have to satisfy the others' communicative needs. If I say 'that is my piece of cake and you can't have any', I still have to use the words you understand, and this puts us in a social relation to my refusal to give.

Both economics and language are based in maternal material communication which produces both our bodies and our minds. Many adult communicative patterns come from the transitive interactions of mothering and being mothered. These interactions create the mutuality that causes physical and psychological well-being and encourage solidarity. Dominance creates a different kind of relationship based on force. Hitting is probably also a derivative of giving, in that as in giving, the hitter reaches out and touches the other person and thereby establishes a relation – of domination (unfortunately) rather than mutuality. This pattern, begun early among boys as an alternative to maternal giving, is carried out in adulthood as individual violence and finally generalized to violence among nations. Unfortunately we have imposed an anti-maternal, anti-gift economic gender identity on little boys, which artificially forces them away from their potential as *homo donans*, the gift giving being, and makes them just *homo sapiens* or (worse) just *homo economicus*. This is how patriarchy regenerates in every male child and in every female child who adapts to the (anti-gift) male.

The capitalist mode of production is built on top of the gift economy and functions by surreptitiously taking the free gifts of all and making them into profit. This makes everyone hungry for gifts and is the systemic basis of greed. In fact, by denying and exploiting the maternal economy, the market alters the creative receiving side of the interaction, transforming it into aggressive taking. Without greed there would be no motivation for the accumulation of excessive capital. The motivation towards hegemonic masculinity is validated by the hegemony of money – and vice versa. The logic of exchange itself is programming us towards the negative personal characteristics that are functional to the system.

We psychologically need to return to the positive relational logic of the unilateral gift economy where goods circulate to needs connecting people and forming community. However, if we do not assert the importance of a mother-based framework in which to view the gift economy, we will simply accept the domination of the field of giving one more time by patriarchal technologies, sciences, and religions that ignore or control mothering, and the modern gift economy movement will lose most of its healing and revolutionary potential. Women will be left to follow the assimilationist path to integration into these institutions or to try to achieve equality with patriarchal capitalist men. And as we are assimilated and reap the material rewards, we will be equally responsible for the evil that is perpetrated by the patriarchal capitalist gift-plundering system.

The values of the gift economy validate other-orientation not only towards our individual families and friends but towards all the social groups which are exploited by patriarchal capitalism. Not being other-oriented in this way contradicts our maternal heritage as do the wars that our governments are now engaged in, including the war against poor people and the war against Mother Earth. We need to generalize mothering and turn our other-oriented consciousness and care towards all the victims of these wars, including Earth herself.

How can we shift the paradigm? How can we turn away from the economic structure and superstructure of the exchange economy towards the gift economy which already exists within and around us? Perhaps we can begin by recognizing that environmental niches also function as the giving and receiving of gifts.

We unconsciously project mothering onto the world around us also at a more conscious level when we respond with gratitude to our perceptions as gifts: the warmth of the sun, the cool breeze, the rain. We are intensely mothered children, so it is not surprising that we would project mothering onto the world. This projection is not fanciful and far-fetched. It is a true projection and we are also, our biological selves, her. Our environmental niches mother us and we respond to them with knowledge and gratitude, and we are also biologically, and perceptually self-motherers. That is, we unconsciously select the perceptual gifts to which we attend just as our mothers selected aspects of our surroundings to give to us. At the same time, we are also culturally self-and-other-motherers and receivers of others' gifts. And we mother each other linguistically, satisfying each other's communicative needs with verbal gifts and combinations of gifts. Giving to Mother Nature and the spirits of nature also causes relations of mutuality and trust, creating a circulation of gifts that bridges the border between human and non-human.

By projecting giving and receiving and mothering more consciously onto the environment, we bond with the environment, give to it, care for it and communicate with it. This can aid our survival as well as our own evolution as a maternal species. Instead at the present we are eliminating the consciousness of the projection in favor of a neutral scientific-objective epistemology and at the same time, tragically, we are eliminating the environment's and our own capacity to give.

I have tried to give you just a few of the elements I have been trying to put together for an epistemology based on mothering and being mothered. This needs to be done so that the gift economy movements that are now taking place do not renounce and deny the very maternal and matriarchal patterns that make them function. The question of the avidity of human nature making the gift economy impossible is true within the exchange paradigm but not within the gift paradigm. Thus we need a maternal prototype in order to make the gift economy work for all.

Mothers and all women have been denied long enough. The maternal aspect of the human must be recognized, restored, and loved if we are ever going to be able to function as a viable species.

Bibliography

Johnson, Mark and Lakoff, George, 1980. *Metaphors We Live By*, Chicago, Chicago University Press.
Johnson, Mark and Lakoff, George, 2002. "Why Embodied Realism Is Required" in *Cognitive Linguistics* 13-3, The Hague, Walter de Gruyter, p. 256.

AutorInnenverzeichnis

Farida Akhter, Executive Director of UBINIG (Policy Research for Development Alternative) involved in research, campaign and advocacy and to undertake action programmes in the field of social development. UBINIG runs an ecological agriculture programme called Nayakrishi Andolon with over 300,000 farming families. She has been actively involved in the national level women's movement and is an active member of various international networks such as FINRRAGE (Feminist International Network for Resistance against Reproductive and Genetic Engineering). She is the Convenor of Anti-Tobacco Women's Alliance (in Bangla called Tamak Birodhi Nari Jote TABINAJ). She is author of several books written in English and in Bangla.

Jörg Becker, geboren 1946, ist seit 1987 Honorarprofessor für Politikwissenschaft an der Universität Marburg, war von 1987 bis 2010 Geschäftsführer des KomTech-Instituts für Kommunikations- und Technologieforschung in Solingen und von 1999 bis 2011 Gastprofessor für Politikwissenschaft an der Universität Innsbruck. Zahlreiche deutsche und internationale Veröffentlichungen in den Bereichen internationale Medienpolitik, Medien und Krieg und Medien und Migration.

Mathias Behmann, geboren 1980 in Bregenz, studierte Politikwissenschaft, Philosophie und Soziologie an den Universitäten Wien und Innsbruck. Er beschäftigt sich vor allem mit Fragen aus den Bereichen Natur-, Religions- und Geschichtsphilosophie und arbeitet derzeit an einer philosophischen Fundierung der „Kritischen Patriarchatstheorie". Er ist Mitarbeiter im Cluster „Matriarchatsthese/Patriarchatskritik" der Forschungsplattform „Politik-Religion-Kunst" der Universität Innsbruck. Forschungsprojekte über Giordano Bruno und Martin Heidegger. Er ist Geschäftsführer des FIPAZ e.V. und Träger mehrerer Wissenschaftspreise (u. a. Theodor-Körner-Preis, Würdigungspreis des Bundesministeriums für Wissenschaft und Forschung).

Veronika Bennholdt-Thomsen, geb. 1944, Ethnologin und Soziologin, seit 1966 auch in Mexiko beheimatet, erst zum Studium, dann zu Forschungen. Mitschöpferin der deutschen Frauenforschung. Zahlreiche Bücher und Artikel, die auch in mehrere Sprachen übersetzt wurden, zu folgenden Themen: Soziale Bewegungen von Bauern und Frauen, feministische Gesellschaftstheorie, alternative Wirtschaftstheorie. Nach langen Jahren der Hochschultätigkeit in Bielefeld, Den Haag, Berlin, Oaxaca, zurzeit Forschung im Rahmen des unabhängigen „Institut für Theorie und Praxis der Subsistenz", e.V., Bielefeld und Lehre an der Universität für Bodenkultur, Wien.

Kurt Derungs studierte Ethnologie, Germanistik, Geschichte und Philosophie. Er ist freier Dozent an verschiedenen Hochschulen, zudem Leiter der Akademie der Landschaft. In den 1990er Jahren begründete er die Landschaftsmythologie, die Themen der Modernen Matriarchatsforschung mit der Anthropologie der Landschaft miteinander verbindet. Ferner führt er Studien- und Forschungsreisen zu archäologisch-ethnologischen Stätten durch, konzipiert Ausstellungen für Museen und leitete ein Studienprojekt an der Hochschule der Künste in Bern zum Thema Landart. Er ist Referent bei internationalen Kongressen, Seminarleiter und Autor verschiedener Bücher. (www.derungs.org)

Werner W. Ernst, geb. 1947 in Salzburg, Studium der Wirtschaftswissenschaften, Politikwissenschaft und Philosophie in Wien, seit 1987 Professor für Politikwissenschaft an der Universität Innsbruck, seit 1997 Psychoanalytiker, Forschungsschwerpunkte: Theoriebildung, Religionspolitologie, Positivismus- und Systemkritik, Setzungsanalyse, Gewaltforschung und Theorie des Bösen.

Gustavo Esteva is an independent writer and grassroots activist. Author of more than 30 books and scores of articles, he writes regularly in *La Jornada*, a leading Mexican newspaper, and occasionally in *The Guardian*. He was an advisor to the Zapatistas in their negotiations with the government. In Oaxaca, where he lives, Gustavo participates in the Centro de Encuentros y Diálogos Interculturales and Universidad de la Tierra en Oaxaca, of which he is a founding member.

Andreas Exenberger, geboren 1972 in Kufstein (Tirol), ist Privatdozent der Wirtschafts- und Sozialgeschichte, promovierter Volkswirt und diplomierter Politikwissenschaftler. Er arbeitet seit 1999 als wissenschaftlicher Mitarbeiter in verschiedenen Funktionen an der Universität Innsbruck. Seine Forschungsschwerpunkte sind Globalisierungs-, Armuts- und Gewaltforschung. Dabei ist er Autor zahlreicher Aufsätze und Bücher, darunter *Außenseiter im Weltsystem* (2002), *Globalisierung und Gerechtigkeit* (2007, gemeinsam mit Alexander Eberharter) und *Unser kleines Dorf* (2009, gemeinsam mit Josef Nussbaumer und Stefan Neuner).

Silvia Federici is a long time activist, teacher and writer. She is the author of many essays on political philosophy, feminist theory, cultural studies, and education. Her published works include *Revolution at Point Zero.* (September 2012); *Caliban and the Witch: Women, the Body and Primitive Accumulation* (2004); *A Thousand Flowers: Social Struggles Against Structural Adjustment in African Universities* (2000, co-editor). *Enduring Western Civilization· The Con struction of Western Civilization and its "Others"* (1994 editor). *Caliban and the Witch* has been translated and published in Spanish, Korean, Greek and Turkish and is presently being translated into French, Japanese, and Serbian. Federici is Emerita Professor of Political Philosophy and International Studies at Hofstra University (Hempstead, New York).

Theresa Frick, Studium der Politikwissenschaft und Pädagogik (Studienzweig: Psychoanalytische Erziehungswissenschaft) an der Leopold-Franzens-Universität Innsbruck. Promovierte über die *Tiefenstruktur der Krise der Moderne und das Phänomen der Entfremdung*. Seit 2011 in der offenen Jugendarbeit tätig (seit Nov. 2012 Leiterin des Jugendzentrums Axams/Tirol).

Renate Genth, geb. 1943 in Stettin, 1976-1982 wiss. Assistentin an der TU Berlin; Promotion 1977; 1982-1989 wiss. Mitarbeiterin in mehreren Projekten in Berlin und Bielefeld; von 1989-2004 Lehrbeauftragte und Professorin an der Universität Hannover am Institut für Politische Wissenschaft im Bereich politische Theorie und Wissenschaftskritik; Lehrbeauftragte an der Universität Marburg; 2000 Gastprofessur an der Westfälischen Musikhochschule in Detmold; SS 1998 und SS 2002 Gastprofessorin und Habilitation an der Universität Innsbruck, bis 2007 dort Lehraufträge als Universitätsdozentin. Forschungsschwerpunkte: Maschinisierung und Politik; Europäische Vereinigung und Demokratie; Zivilisationstheorie, Zivilisationspolitik und Demokratie; die theoretischen und politischen Vorstellungen von Hannah Arendt.

Heide Göttner-Abendroth, geb. 1941 und Mutter von drei Kindern. Sie lehrte zehn Jahre an der Universität München Philosophie und Wissenschaftstheorie, ab 1976 war sie Mitbegründerin der Frauenforschung. Durch ihre lebenslange Forschungsarbeit und ihr Hauptwerk „Das Matriarchat" (1995-2000) wurde sie zur Begründerin der Modernen Matriarchatsforschung. 1986 gründete sie die „Internationale Akademie HAGIA" und leitet sie seither. Lehrbeauftragte an verschiedenen Universitäten (Bremen, Hamburg, Kassel), 1980 Gastprofessorin in Montréal (Kanada), 1992 Gastprofessorin in Innsbruck (Österreich). Im Jahr 2003 organisierte und leitete sie in Luxemburg den 1. Weltkongress für Matriarchatsforschung: „Gesellschaft in Balance", und im Jahr 2005 den 2. Weltkongress für Matriarchatsforschung: „Societies of Peace" in den USA. Im Jahr 2011 folgte in der Schweiz unter ihrer Leitung der dritte große Kongress für Matriarchatsforschung und Matriarchatspolitik.
(www.goettner-abendroth.de und www.hagia.de)

Elisabeth List, geboren 1946, Prof. für Philosophie an der Universität Graz. Lehrtätigkeit international: Norwegen, Schweiz, Deutschland. Arbeitsschwerpunkte: Wissenschaftstheorie, Theorie der Sozial- und Kulturwissenschaften,

Gesellschaftstheorie, Feministische Theorie, Theorien des Lebendigen, Biotechnologie und Philosophische Anthropologie. Publikationen: *Denkverhältnisse. Feminismus und Kritik* (1989); *Die Präsenz des Anderen. Theorie und Geschlechterpolitik* (1993); *Grenzen der Verfügbarkeit. Die Technik, das Subjekt und das Lebendige* (2001), *Alfred Schütz, Relevanz und Handeln. Zur Phänomenologie des Alltagswissens* (2004); *Grundlagen der Kulturwissenschaften. Interdisziplinäre Kulturwissenschaften* (2004); *Vom Darstellen zum Herstellen. Eine Kulturgeschichte der Naturwissenschaften* (2007); *Ethik des Lebendigen* (2009).

Barbara Alice Mann, an Ohio Bear Clan Seneca, is an Assistant Professor in the Honors College of the University of Toledo. Her scholarship in Native American Studies has resulted in several books, among them *The Tainted Gift: The Disease Method of Frontier Advance* (2009), *George Washington's War on Native America* (2005), *Native Americans, Archaeologists, and the Mounds* (2003); and *Iroquoian Women: The Gantowisas* (2000), as well as numerous articles and book chapters. As co-director of the Native American Alliance of Ohio, she lives, writes, teaches, and works for indigenous causes in Ohio.

Maria Mies, geboren 1931 in Steffeln, ist emeritierte Professorin für Soziologie in Köln. Neben zahlreichen Zeitschriftenveröffentlichungen verfasste sie eine Reihe von Büchern zur Frauen-, Ökologie-, Friedens- und Antiglobalisierungsbewegung, die als ausgesprochene Klassiker gelten. Zusammen mit Veronika Bennholdt-Thomsen und Claudia von Werlhof erarbeitete sie in den 1970er Jahren den Bielefelder Ansatz der Subsistenzperspektive.

Christa Müller ist promovierte Soziologin, übrigens nicht zuletzt auch wegen Claudia von Werlhof, die sie auf dem Weltkongress der Soziologie 1992 in Bielefeld überredete, endlich ihre Dissertation zu schreiben. Nach längeren Feldaufenthalten in Lateinamerika und Westfalen forscht Christa Müller seit 1999 zu urbaner Subsistenz in der Stiftungsgemeinschaft anstiftung & ertomis, die sie heute leitet. Letzte Publikation: Urban Gardening. Über die Rückkehr der Gärten in die Stadt (München 2011).
www.anstiftung-ertomis.de; www.urban-gardenning.eu

Vandana Shiva is a philosopher, environmental activist, author and eco feminist. She has authored more than 20 books and was awarded the Right Livelihood Award in 1993. She is one of the leaders and board members of the International Forum on Globalization and a figure of the global solidarity movement known as the alter-globalization movement. Shiva has argued for the wisdom of many traditional practices. She is also a member of the International Organization for a Participatory Society.

Mariam Irene Tazi-Preve, geb. in Innsbruck, Studium der Politikwissenschaft und Romanistik an der Univ. Innsbruck, verfügt über langjährige Forschungserfahrung (Öst. Akad. der Wissenschaften, Univ. Wien, Univ. of New Orleans) und unterrichtet an Universitäten in Österreich, Deutschland und den USA. Sie versteht sich als patriarchatskritische interdisziplinäre Sozialwissenschaftlerin mit den Forschungsthemen Geschlechtertheorie, Familie, Mutter- und Vaterschaft sowie Familien- und Bevölkerungspolitik und Frauen im Islam; zahlreiche Vorträge, (Fach-)Artikel und Buchbeiträge sowie die Bücher „Mutterschaft im Patriarchat" (2004), „Väter im Abseits" (2007) und als Herausgeberin „Familienpolitik – nationale und internationale Perspektiven" (2009).

Ursula Scheiber, geb.1982; Studium der Politikwissenschaft an den Universitäten Innsbruck und Santiago de Compostela, Spanien; laufendes Dissertationsprojekt zur patriarchatskritischen Auseinandersetzung mit dem gegenwärtigen zerstörerischen Naturumgang in den Bergen, konkret in den Ötztaler Alpen (Doktoratsstipendium aus der Nachwuchsförderung 2008 der Leopold-Franzens-Universität Innsbruck); Mitglied des „Forschungsinstitutes für Patriarchatskritik und Alternative Zivilisationen" (FIPAZ e.V.) sowie der „Planetaren Bewegung für Mutter Erde (PBME); beruflich im Bereich Öffentlichkeitsarbeit und Kommunikation tätig.

Genevieve Vaughan, (b. 1939) has lived in USA and Italy. She founded the all-woman activist „Foundation for a Compassionate Society" (1989-2005), with many projects based on the political use of 'women's values'. Her books are *For-Giving, a Feminist Criticizm of Exchange* (1997) and *Homo Donans* (2005) and two anthologies: *Athanor. IlDono/The Gift: A Feminist Perspective* (2004) and *Women and the Gift Economy: A Radically Different Worldview is Possible.* (2007). A film about her life and work *Giving for Giving*, came out in 2007. In 2001 she founded the network of activists and academics „International Feminists for a Gift Economy". www.gift-economy.com

Immanuel Wallerstein is Senior Research Scholar at Yale University. He is the author of *The Modern World-System*, and most recently, *European Universalism: The Rhetoric of Power*. He was the director of the Fernand Braudel Center (1976-2005), president of the International Sociological Association (1994-1998), and chair of the international Gulbenkian Commission for the Restructuring of the Social Sciences, whose report is *Open the Social Sciences*.

Simone Wörer, geboren 1981 in Bruneck/Südtirol, Studium der Politikwissenschaft und Erziehungswissenschaft an der Universität Innsbruck. Derzeit Doktorandin im Dissertationsfach Politikwissenschaft; 2009 Trägerin des „Förderpreises für wissenschaftliche Arbeiten zum Thema Chancengleichheit zwischen Mann und Frau" der Autonomen Provinz Bozen-Südtirol; Mitglied der Forschungsplattform „Politik – Religion – Kunst" an der Universität Innsbruck und Sprecherin des Clusters „Matriarchatsthese und Patriarchatskritik"; Mitarbeiterin des „Forschungsinstituts für Patriarchatskritik und alternative Zivilisationen FIPAZ e.V.", der „Planetaren Bewegung für Mutter Erde – PBME" und des "Rationalpark, Verein für Philosophie und Kulturwissenschaften" in Innsbruck. Forschungsschwerpunkte: Kritische Patriarchatstheorie, Theorien und Praktiken der Gabe, Alternativen der/zur Ökonomie und Politik, Wissenschaftskritik; soziale Bewegungen.